中国指数研究院简介

中国指数研究院整合了中国房地产指数系统、中国房地产TOP10研究组等众多资源，由国内外几十位专家和数家学术机构共建，全方位服务于中国商业经济。中国指数研究院下设华北、华东、华中、华南、西南五大分院，分支机构遍布全国75个大中城市，并拥有500多位专业分析师团队，是目前中国最大的房地产专业研究机构。

中国房地产指数系统

中国房地产指数系统（China Real Estate Index System，简称CREIS）是一套以价格指数形式反映全国各主要城市房地产市场运行状况和发展趋势的指标体系和分析方法。它最早由国务院发展研究中心、中国房地产业协会、中国房地产开发集团于1994年发起，分别于1995年和2005年两次通过由国务院发展研究中心、建设部、国土资源部、中国银监会、中国房地产业协会、清华大学和北京大学等单位的著名专家学者组成的鉴定委员会的学术鉴定。中国房地产指数系统（CREIS）目前覆盖全国17个主要城市，定期发布中国主要城市的房地产价格指数，是国内国际房地产投资与开发的最主要依据之一，被称为中国房地产市场的"晴雨表"和引导投资置业的"风向标"。2010年起，中国房地产指数系统启动“百城价格指数”研究，每月1日发布100个城市住宅价格指数，成为中国覆盖范围最广、城市最多的房屋价格指数系统，得到了新华社、中央电视台、第一财经、彭博社、路透社等国内外主流媒体和政府部门、主流开发企业的广泛关注。

中国房地产TOP10研究组

中国房地产TOP10研究组由国务院发展研究中心企业研究所、清华大学房地产研究所、中国指数研究院三家研究机构于2002年发起，2003年1月10日正式成立，致力于对中国规模大、效益佳、品牌优的房地产企业群体进行研究；本着客观、公正、准确、全面的基本原则，排除主观因素的影响，以客观数据为唯一依据，充分借鉴国外TOP10研究的理论框架和操作实务，结合中国房地产发展特点，开展TOP10系列研究工作。中国房地产TOP10研究组办公室设于中国指数研究院，由国务院发展研究中心企业研究所所长马骏、清华大学房地产研究所所长刘洪玉、中国指数研究院院长莫天全任联席组长，中国指数研究院常务副院长黄瑜任办公室主任，共同指导管理研究组的工作。经过十年多的努力，TOP10研究组发展成为一支数十人的研究团队、长期专职进行中国房地产TOP10研究具体工作，形成的中国房地产百强企业研究、中国房地产上市公司10强研究、中国房地产品牌价值研究等系列成果，已成为评判房地产企业经营实力和行业地位的重要标准。基于以上研究，中国指数研究院提供以下专项研究服务：企业认证研究、企业品牌价值评估、顾客满意度调研、企业对标研究、企业战略顾问等。

中国指数研究院总院

地址：北京市丰台区南四环西路186号四区汉威国际广场5号楼3层

邮编：100160

电话：010-56319200

传真：010-56319191

2014中国房地

万科 让建筑赞美生命 | 保利地产 和者筑善 | 恒大集团 EVERGRANDE GROUP | 中海地产 | 碧桂园 中国驰名商标 | 绿城集团 GREENTOWN | SHIMAO 世茂房地产

新城控股 FUTURE HOLDINGS | RiseSun 荣盛 | FORTE复地 以人为益润 | 金融街控股 Financial Street Holdings | Nimble 敏捷集團 | 卓越集团 Excellence Group | BBMG | 蓝光BRC

AILIANG 海亮地产 | 禹洲地产 YUZHOU PROPERTIES | 花样年 FANTASIA | 泰禾集团（股票代码：000732） | 鑫苑中国 XINYUAN CHINA | 龙光地产 LOGAN PROPERTY | 红星地产 MACALLINE | 俊发地产 JUNFA REAL ESTATE 品质筑就生活 中国房地产百强企业

AUX 奥克斯地产 | LANDSEA 朗诗 绿色创新未来 | 联发集团 | SRE GROUP LIMITED 上置集团 | 正商地产 ZENSUN 品质生活 制永远 | 银亿股份 20周年 | Midea 美的地产 筑城·筑家·筑未来

富通地产 FUTONG REAL ESTATE | 福晟集团 FULLSUN GROUP | 广西东方航洋实业集团 | CASIC 中国航天·三江地产 SPACE ESTATE | 新鸥鹏地产集团 NEW OPEN REAL ESTATE GROUP | 美好集团 MYHOME GROUP | 晋愉地产 JINYU REAL ESTATE

祥生房产 XIANGSHENG REAL ESTATE | 金昌集团 | TITAN 天朗 | 中惠熙元 ZOVIE Real Estate | 三盛地产 成就极致生活 | 奥宸集团 成就世界人居梦想 | Boee Real Estate 保亿置业

湖北福星科技股份有限公司 HUBEI FUXING SCIENCE AND TECHNOLOGY CO.,LTD | 中昂集团 ZHONG ANG GROUP | 領地 LEADING | 庭瑞集团 TEAMRISE GROUP | 浙江广厦 ZHEJIANG GUANGSHA | 实力集团 中国房地产双百强企业

悦达地产 YUEDA REAL ESTATE | 联东U谷 LIANDO U VALLEY | 重庆高科 CHONGQING GAOKE | 银湖科技 YIN HU | 华创集团 HUACHUANG GROUP | 步步高置业 Better Life | 百世金谷实业 BLESSGO INDUSTRIAL | 新港投

JINQIAO GROUP 金侨集团 | 名门地产 MIEN REAL ESTATE | BDG 蓝润集团 | TDG 同德实业集团 | 北辰实业 BEIJING NORTH STAR | 東原 | 金大元 GOLD TAIYUEN | 宁夏中房集团

新聚仁 NEW TALENTEAM GROUP | 博思堂 地产综合服务股份有限公司 | 新景存 NEW VISUAL ANGLE | KINVO 金网络·地产顾问 | 華燕房盟 | 金丰易居 | ZOHARO 正合地产 | 信达行 X&D Real Estate

首开物业 | JUMBO CHAINS 均豪物业 | COLOUR LIFE 彩生活 | 康景物业 Esteem Property | 中奥物業 ZHONGAO PROPERTY SERVICE | 中粮 COFCO | 新城物业 | 佳兆业物业 KAISA PROPERTY | 银湾集团 YINWAN GROUP

LONCIN 隆鑫物业 | 昆明银海物业服务有限公司 Kunming Yinhai Property Management Co.,Ltd. | 景瑞物业 | 绿升服务 GREENTOWN | 奥宸物业 AUTREN PROPERTY | Yi hua | CIFI GROUP 永升物业

产优秀企业

首开集团 | 中信地产 CITIC REAL ESTATE | 金地集团 Gemdale 科学筑家 | 家在·情在 Home is where the heart is 招商地产 | JINKE 金科 | Kaisa 佳兆业 | CFLD 华夏幸福

天房集团 TIANFANG GROUP | 中南集团·中南建设 ZHONGNAN GROUP · ZHONGNAN CONSTRUCTION 股票代码：000961.SZ【中南建设】 | YanGo 阳光城 深交所上市代码000671 | 滨江集团 BINJIANG REAL ESTATE 股票代码：002244 | CIFI GROUP 旭辉集团 | 奥园 | 海伦堡地产 让家重新想象 | 福星惠誉 | POWERLONG 宝龙

COASTAL 滨海 | 武汉地产集团 WUHAN REAL ESTATE GROUP 缔造城市价值 建设城市未来 | 景瑞地产 | SINCERE 协信 让建筑具有生命 | 方圆 fineland | 隆基泰和 LONGJITAIHE | 三盛宏业 SAN SHENG HONG YE

上海爱家 SHANGHAI AIJIA | 上实城开 SIUD | 中梁地产集团 ZHONGLIANG REAL ESTATE GROUP | 广电地产 文化景地品生活 | 百步亭 Baibuting | 星河集团 GALAXY GROUP 创想无界 心筑未来 | 東方銀座集團 ORIENTAL GINZA | 宋都股份 SUNDY CORPORATION 证券代码 600077

金龙集团 GOLD DRAGON GROUP | 上海城建置业 Shanghai Urban Construction Realty | Greattown 大名城 股票代码600094 900940 | 嘉凯城 CALXON | 保集集团 | 合正集团 HAZENS REAL GROUP | DoThink 德信集团 远见你的生活

CEEC 中国能建 | 中国葛洲坝集团房地产开发有限公司 CHINA GEZHOUBA GROUP REAL ESTATE CORPORATION | XING MAO 兴茂集团 | 上亿 SHANGY | VERAKIN 同景 | ORSUN 奥山集团 | 泽京集团

華都集團 | 长安地产 CHANGAN REAL ESTATE 建筑城市之美 | 尚東地产 | 德杰地产 筑家圆梦 德弘天下 | 银泰置地 YINTAI LAND | 首创置业 BEIJING CAPITAL LAND | 中基集团 FOREBASE GROUP | LIFAN 力帆置业

金源集团 KINGSWEALTH GROUP | 东湖高新 | SUNAC 融创 至臻·致远 | 广物地产 GUANGWU REAL ESTATE 广厦千万 厚德载物 | 颐和地产 YIHE REAL ESTATE | 北京城建投资发展股份有限公司 | 泛海控股 OCEANWIDE HOLDINGS | 京汉置业 KINGHAND HOUSING

中国中铁 中铁建工华升地产 | 圆融集团 HARMONY GROUP 中国商业地产主力运营商 | 博济 BOJIPARK.COM | 中国节能 | BLUETOWN 蓝城 | WOZ 五洲国际 WUZHOU INTERNATIONAL | 世联行 | TOSPUR 同策咨询

HG.Capital Management 翰盖资产经营管理有限公司 | 万科物业 | 绿城服务 GREENTOWN | 网信物业 WANGXIN PROPERTY | 金融街物业 FSPM 服务精英 福泽大众 | 上房物业 SF PROPERTY MANAGEMENT | 长城物业 CHANGCHENG PROPERTY 值得托付 | Gemdale 金地物业

HAILIANG 海亮物业 | 阳光城物业 | 港联物业 asiaasset | 名流物业 | 东光物业 DONGGUANG PROPERTY | 盛全物业 SHENGQUAN PROPERTY | BETWEEN 佰全物业 | 卓越物业 EXCELLENCE PROPERTY | PM Jiayuan 佳源物业

保集物业 | 巨和物业 JUHE PROPERTY | KC 其仕物业 Shenyang.KC Property | ROBAM 老板 | JOMOO 九牧 | 长富汇银 MAI | 嘉禾装饰 Garden & Home Decoration | Power Dekor 圣象

中国指数研究院房地产数据库

中国房地产指数系统自1994年成立以来组建了专业调研团队，依托遍布全国的分析师实地调研和搜房网平台的长期跟踪监测，掌握了大量一手数据，汇集了20年来的房地产开发经营数据、130余个城市的房地产交易数据和2300余个城市的土地交易信息，同时收录了46万余宗土地、10万多个住宅项目和超5万栋商用物业的600多项指标共6000余万条详细信息，建立了中国历时最长、信息最全的房地产专业数据库。

CREIS中指数据 http://fdc.fang.com

土地版	城市版	企业版	宏观版	客户专享版
搜地 供地计划 地块标书 土地统计 地块排行 土地报告 大数据拿地	宏观经济 土地供求 市场供求 项目交易 开盘监测 竞品分析 大数据房价决策	土地储备 经营业绩 项目布局 项目销售 财务数据 企业公告 竞企分析	交易数据 开发经营 指数研究 宏观经济 政策法规 城市规划	券商版 英文版 家居企业版 EXCEL插件版 ……

中国指数研究院房地产研究报告

（六大类3000余册）

中国指数研究院长期致力于跟踪研究中国房地产市场，与全国主流房地产企业构建了良好的战略合作与互动关系，并在合作过程中积累了大量经验及成功案例，形成了政策研究、指数研究、全国市场研究、城市市场研究、企业研究及相关专题研究等6大系列研究报告，全年研究成果达3000余册，总字数超千万，全面帮助用户解读政策调控方向、把握行业长期发展趋势、研究标杆企业经营策略、监测最新市场变化。

报告类别	研究报告
政策研究报告	《中国房地产政策即时解读报告》 《中国房地产政策月度跟踪报告》 《中国房地产政策季度评估报告》 《中国房地产政策年度评估及预测报告》
企业研究报告	《企业资讯周报》 《企业动态研究月报》 《房地产企业监测年报》 《中国房地产百强企业研究报告》 《中国房地产上市公司研究报告》 《中国房地产品牌价值研究报告》 《中国房地产百强企业白皮书》 《中国房地产企业动态监测》 《中国房地产百亿企业深度研究报告》
专题研究报告	市场热点专题研究报告 房地产政策专题分析报告 土地市场专题研究报告 城市投资吸引力及细分市场研究报告

报告类别	研究报告
指数研究报告	《百城价格指数报告》 《中国房地产指数系统月报》 《百城住宅用地价格报告》
全国市场研究报告	《土地市场交易情报》(周度、月度、年度) 《住宅市场交易情报》(周度、月度、年度) 《全国房地产开发经营数据解读》 《中国房地产市场季度报告》 《中国房地产市场形势分析与趋势展望》 《中国城市房地产开发投资吸引力研究报告》
城市市场研究报告	《城市数据信息周报》 《城市风险测评月报》 《城市房地产市场发展研究报告》 《城市住宅市场研究报告》 《城市别墅市场研究报告》 《城市写字楼市场研究报告》 《城市商铺市场研究报告》

2014

中国房地产统计年鉴

CHINA REAL ESTATE STATISTICS YEARBOOK

国家统计局
中国指数研究院
编

中国统计出版社
China Statistics Press

图书在版编目（CIP）数据

中国房地产统计年鉴. 2014 / 国家统计局，中国指数研究院编. -- 北京 ：中国统计出版社, 2014.12
ISBN 978-7-5037-7352-5

Ⅰ. ①中… Ⅱ. ①国… ②中… Ⅲ. ①房地产业－统计资料－中国－2014－年鉴 Ⅳ. ①F299.233-54

中国版本图书馆 CIP 数据核字(2014)第 272819 号

中国房地产统计年鉴—2014

作　　者/国家统计局　中国指数研究院
责任编辑/佘竞雄
封面设计/李雪燕
出版发行/中国统计出版社
通信地址/北京市丰台区西三环南路甲 6 号　邮政编码/100073
电　　话/邮购（010）63376909　书店（010）68783171
网　　址/http://csp.stats.gov.cn
印　　刷/河北天普润印刷厂
经　　销/新华书店
开　　本/880mm×1230mm　1/16
字　　数/968 千字
印　　张/31.25　0.25 彩页
版　　别/2014 年 12 月第 1 版
版　　次/2014 年 12 月第 1 次印刷
定　　价/500.00 元

如有印装差错，由本社发行部调换。

编委会名单

前　言

2014 年前三季度，中国房地产市场下行趋势渐显：成交量同比去年明显下降，供应量小幅增长，整体库存不断增加，去化周期延长。三季度末，央行出台住房金融新政，为 2014 年四季度房地产市场平稳发展提供了良好的政策环境，随着各类需求陆续入市，房地产市场有望逐步摆脱下行趋势。为了及时准确地反映中国房地产市场的发展状况，给行业内提供一个全面客观研究房地产市场的辅助工具，帮助大家有效透析房地产投资、开发、交易等运作过程，也为了便于房地产行业相关人士对房地产市场进行深入的量化分析，从 1999 年到 2014 年，国家统计局与中国指数研究院共同编辑出版了《中国房地产统计年鉴》系列。

《中国房地产统计年鉴》以客观数字真实地反映与记载中国房地产市场发展状况，是房地产业权威的综合性资料年刊。她创刊于 1999 年，至今已经连续出版 16 年。《中国房地产统计年鉴（1999）》，是当时国内第一部全方位汇集我国房地产业发展状况的统计资料工具书，出版后得到了行业内的普遍好评。此后又陆续出版了《中国房地产统计年鉴（2000）》、《中国房地产统计年鉴（2001）》、《中国房地产统计年鉴（2002—2003）》、《中国房地产统计年鉴（2004）》、《中国房地产统计年鉴（2005-2006）》、《中国房地产统计年鉴（2007）》、《中国房地产统计年鉴（2008）》、《中国房地产统计年鉴（2009）》、《中国房地产统计年鉴（2010）》、《中国房地产统计年鉴（2011）》、《中国房地产统计年鉴（2012）》和《中国房地产统计年鉴（2013）》。

《中国房地产统计年鉴（2014）》由国家统计局固定资产投资统计司提供权威数据，中国指数研究院在此基础上，通过加工整理、认真编排后推出的。《中国房地产统计年鉴(2014)》收录了 2013 年全国各地区及 35 个大中城市的房地产经济统计数据。全书内容共分四个部分：第一部分全国及地区篇，收录了 2013 年全国及各地区房地产行业各项指标综合统计数据，以便读者按地区分类来了解中国及各地房地产行业的发展及状况。第二部分大中城市篇，收录 2013 年 35 个大中城市房地产综合统计数据，对 2013 年各城市的房地产发展进行了深度整理，方便了查阅及各城市的对比。第三部分省与城市篇，囊括了 2013 年各省及 35 个大中城市的房地产数据，在数据上实现了年度同比，有利于观察全国各省及城市的房地产发展变化。为了使读者全面了解 2014 年房地产行业及上下游企业最新的研究状况，我们在第四部分附录收录：《2014 中国房地产百强企业研究报告》、《2014 中国房地产策划代理百强企业研究报告》、《2014 中国房地产上市公司 TOP10 研究报告》、《2014 中国房地产品牌价值研究报告》、《2014 中国房地产策划代理品牌价值研究报告》、《2014 中国物业服务百强企业研究报告》，同时为了便于读者了解项目的最新情况还收录了《2014 中国重要城市部分典型地产指数系统样本楼盘》等内容。

中国指数研究院是目前中国最大的房地产专业研究机构，它整合了中国房地产指数系统、中国房地产TOP10研究组等众多资源，由国内外几十位专家和数家学术机构共建，全方位服务于中国商业经济。中国指数研究院运营的中国房地产指数系统，被誉为中国房地产市场的“晴雨表”和引导投资置业的“风向标”；中国指数研究院与国务院发展研究中心企业研究所、清华大学房地产研究所共同发起成立的“中国房地产TOP10研究组”连续发布中国房地产百强企业研究、中国房地产品牌价值研究等系列研究成果，已成为评判房地产企业经营实力及行业地位的重要标准。

《中国房地产统计年鉴（2014）》的成功出版，首先要感谢我们的合作单位——国家统计局固定资产投资司的领导：贾海、李俊波、李皎、路亚南、杲海青、刘晓琼、肖雪等。在《中国房地产统计年鉴（2014）》出版过程中，他们不仅是基础资料的提供者，同时作为我们的顾问和学术指导，提出了许多非常有帮助的意见和建议，使我们的工作得以不断完善。

同时也要感谢中国指数研究院年鉴编辑部的全体成员，他们对庞大的房地产统计数据进行收集、整理、计算、分类，没有他们辛苦细致的工作，就不可能有如今比较完备的房地产数据库和中国房地产指数系统资料库，也就不可能编辑完成本书的很多章节。他们查阅、汇总了大量的专业资料和行业数据，并进行了细致的整理、编辑。正是他们严谨、周密的工作态度促使本书得以更新和完善，以满足不断发展的行业研究需求。

还要感谢搜房网全国 330 多个城市的分支机构，在我们进行数据采集、整理和分析当中给予大力的支持。正是因为有了搜房网全国机构作为后盾，本年鉴的数据完整性才得到保障。

最后，感谢一直支持中国指数研究院和搜房网体系的房地产行业及上下游企业（附鸣谢企业列表），他们为本书资料收集工作提供了许多方便，让我们更好地完善了各类信息和数据。

我们力求本年鉴中所有的数据翔实、客观，但鉴于所载内容涉及面广，数据量浩大，且各省、市、自治区采集的样本资料及其内容特点各异，结构体系也不尽相同，因此，书中难免出现遗漏及不足，敬请读者及业内人士谅解，并提出宝贵意见，以便在今后编写下一年度《中国房地产统计年鉴》时予以修正。

中国指数研究院　院长

莫天全

2014 年 11 月

鸣谢企业：

万科企业股份有限公司	宁波奥克斯置业有限公司
保利房地产（集团）股份有限公司	朗诗集团股份有限公司
恒大地产集团有限公司	联发集团有限公司
中国海外发展有限公司	上置投资控股有限公司
碧桂园控股集团有限公司	河南正商置业有限公司
绿城房地产集团有限公司	银亿房地产股份有限公司
世茂房地产控股有限公司	美的地产集团
北京首都开发控股（集团）有限公司	上海爱家集团
中信房地产股份有限公司	上海实业城市开发集团有限公司
金地（集团）股份有限公司	中梁地产集团
招商局地产控股股份有限公司	广州广电房地产开发集团股份有限公司
金科地产集团股份有限公司	百步亭集团有限公司
佳兆业集团控股有限公司	星河控股集团有限公司
华夏幸福基业股份有限公司	东方银座集团中国有限公司
新城控股集团有限公司	杭州宋都房地产集团有限公司
荣盛房地产发展股份有限公司	深圳市富通房地产集团有限公司
复地（集团）股份有限公司	福晟集团有限公司
金融街控股股份有限公司	广西东方航洋实业集团有限公司
广州市敏捷投资有限公司	武汉三江航天房地产开发有限公司
卓越置业集团有限公司	新鸥鹏集团
北京金隅股份有限公司	美好置业集团股份有限公司
四川蓝光和骏实业股份有限公司	重庆晋愉地产(集团)股份有限公司
天津房地产集团有限公司	浙江金龙房地产投资集团有限公司
江苏中南建设集团股份有限公司	上海城建置业发展有限公司
阳光城集团	上海大名城企业股份有限公司
杭州滨江房产集团股份有限公司	嘉凯城集团股份有限公司
旭辉控股（集团）有限公司	上海保集（集团）有限公司
中国奥园地产集团股份有限公司	深圳市合正房地产集团有限公司
海伦堡地产集团有限公司	德信控股集团有限公司
福星惠誉房地产有限公司	浙江祥生房地产开发有限公司
宝龙地产控股有限公司	浙江金昌房地产集团有限公司
海亮地产控股集团有限公司	天朗控股集团
禹洲地产股份有限公司	三盛地产集团
花样年控股集团有限公司	奥宸地产（集团）有限公司
泰禾集团股份有限公司	保亿置业集团有限公司
鑫苑（中国）置业有限公司	中国葛洲坝集团房地产开发有限公司
龙光地产控股有限公司	重庆市兴茂产业发展（集团）有限公司
上海红星美凯龙房地产有限公司	上亿企业集团有限公司
俊发地产有限责任公司	中惠熙元房地产集团有限公司
沿海绿色家园集团	重庆同景置业有限公司
武汉地产开发投资集团有限公司	奥山集团
景瑞地产有限公司	重庆泽京实业发展(集团)有限责任公司
协信地产控股有限公司	中昂地产（集团）有限公司
方圆地产控股有限公司	领地房地产集团股份有限公司
隆基泰和实业有限公司	庭瑞集团股份有限公司
上海三盛宏业投资（集团）有限责任公司	浙江广厦股份有限公司

鸣谢企业（续前表）

云南实力房地产开发经营集团有限公司	上海华燕房盟网络科技股份有限公司
浙江华都控股集团股份有限公司	上海金丰易居房地产顾问有限公司
重庆长安房地产开发有限公司	沈阳信达行房地产经纪有限公司
广州尚东地产集团有限公司	上海骅盖资产经营管理有限公司
重庆德杰地产集团	万科物业发展有限公司
银泰置地（集团）有限公司	绿城物业服务集团有限公司
五洲国际控股有限公司	长城物业集团股份有限公司
湖南华创地产集团有限公司	金地物业管理集团公司
首创置业股份有限公司	北京首开鸿城实业有限公司
重庆申基实业（集团）有限公司	均豪物业管理股份有限公司
重庆力帆置业有限公司	彩生活服务集团有限公司
上海悦达房地产发展有限公司	广东中奥物业管理有限公司
北京联东投资（集团）有限公司	广东康景物业服务有限公司
重庆高科集团有限公司	深圳市卓越物业管理有限公司
武汉银湖科技发展有限公司	北京网信物业管理有限公司
武汉新港建设投资开发集团有限公司	北京金融街物业管理有限责任公司
百世金谷实业有限公司	佳兆业物业管理集团
广西金源置业集团有限公司	上海银湾物业管理连锁集团
湖北福星科技股份有限公司	新城物业服务有限公司
武汉东湖高新集团股份有限公司	阳光城物业服务（福建）有限公司
融创中国控股有限公司	港联物业（中国）有限公司
广东广物房产开发有限公司	北京东光物业管理股份有限公司
颐和地产集团有限公司	盛全物业服务有限公司
金侨投资控股集团股份有限公司	杭州佰全物业管理有限公司
云南同德实业集团有限公司	浙江佳源物业管理有限公司
北京北辰实业股份有限公司	重庆隆鑫物业管理有限公司
重庆东原房地产开发有限公司	海亮物业
金大元集团	昆明银海物业服务有限公司
宁夏中房实业集团股份有限公司	上海永升物业管理有限公司
年年丰集团有限公司	上海景瑞物业管理有限公司
苏州圆融发展集团有限公司	上海上置物业集团有限公司
北京中铁华升房地产开发有限责任公司	云南奥宸物业管理有限公司
博济科技园	杭州怡华物业管理有限公司
中节能实业发展有限公司	浙江绿升物业服务有限公司
蓝城房产建设管理集团有限公司	云南巨和物业服务有限公司
北京城建投资发展股份有限公司	沈阳其仕物业服务有限公司
泛海控股股份有限公司	上海上房物业管理有限公司
步步高	武汉名流幸福物业服务有限公司
深圳世联行地产顾问股份有限公司	杭州老板电器股份有限公司
同策房产咨询股份有限公司	九牧厨卫股份有限公司
博思堂地产综合服务股份有限公司	长富汇银投资基金管理有限公司
上海新聚仁物业咨询有限公司	武汉嘉禾装饰集团有限公司
新景祥投资控股有限公司	圣像集团有限公司
北京金网络联行地产顾问有限公司	

目 录

第一部分　全国及地区篇

第三部分　省与城市篇

第八章　各省、自治区、直辖市房地产开发投资综合统计（2013）

第九章　35 个大中城市分城市房地产开发投资综合统计（2013）

第四部分 附 录

第一部分
全国及地区篇

第一章　房地产开发综合（2013）

1-1　房地产开发企业主要指标完成情况

指　标	绝对量		增速	
	2012	2013	2012	2013
一、企业个数(个)	**89859**	**91444**	**1.6**	**1.8**
内资	84695	86379	2.0	2.0
#国有	3354	1739	-2.1	-48.2
集体	904	570	-11.6	-36.9
港、澳、台投资	3451	3391	-3.2	-1.7
外商投资	1713	1674	-7.1	-2.3
二、本年完成投资(亿元)	**71803.79**	**86013.38**	**16.2**	**19.8**
1.按构成分				
建筑安装工程	52036.26	63919.25	17.2	22.8
设备工器具购置	1019.39	1250.03	24.9	22.6
其他费用	18748.13	20844.10	13.1	11.2
#土地购置费	12100.15	13501.73	5.0	11.6
2.按工程用途分				
住宅	49374.21	58950.76	11.4	19.4
办公楼	3366.61	4652.45	31.6	38.2
商业营业用房	9312.00	11944.83	25.4	28.3
其他	9750.96	10465.34	30.1	7.3
三、本年新增固定资产(亿元)	**33541.42**	**37400.56**	**15.5**	**11.5**
四、本年土地购置面积(万平方米)	**35666.8**	**38814.4**	**-19.5**	**8.8**
五、房屋建筑面积(万平方米)				
施工面积	573417.5	665571.9	13.2	16.1
#住宅	428964.1	486347.3	10.6	13.4
竣工面积	99425.0	101435.0	7.3	2.0
#住宅	79043.2	78740.6	6.4	-0.4
六、商品房销售				
商品房销售面积(万平方米)	111303.6	130550.6	1.8	17.3
#住宅	98467.5	115722.7	2.0	17.5
#别墅、高档公寓	3476.0	3632.0	-6.8	4.5
商品房平均销售价格(元/平方米)	5791	6237	8.1	7.7
#住宅	5430	5850	8.7	7.7
#别墅、高档公寓	11460	12591	4.2	9.9
七、利润总额(亿元)	**6300.70**	**9820.60**	**7.8**	**55.9**

注：商品房平均销售价格由报告期内新建商品房销售额除以销售面积计算而成。不同时期的商品房平均销售价格可能会受商品房区域、房屋类型等各种因素的影响(以下相关各表同)。

1-2 各地区按登记注册类型分的房地产开发企业个数

单位：个

地区	总计	内资					
			国有	集体	股份合作	国有联营	集体联营
全国总计	**91444**	**86379**	**1739**	**570**	**101**	**7**	**4**
北京	2957	2694	70	19	2		
天津	1209	1103	85	12	1	2	1
河北	3283	3225	23		5		
山西	2269	2254	73	10			
内蒙古	2192	2184	16	1	1		
辽宁	4082	3671	33	6	8		
吉林	1700	1670	6	1	1		
黑龙江	2118	2081	49	1	2		
上海	3045	2579	86	23	1	2	1
江苏	6784	6164	101	43	6		
浙江	6114	5801	56	25	5	1	
安徽	3418	3321	70	6		1	
福建	3187	2725	88	23			
江西	2080	1980	50	8	2		1
山东	6113	5885	130	79	14		
河南	5438	5318	91	19	5		
湖北	4267	4139	101	21	2		
湖南	3739	3621	87	8	6		
广东	6581	5706	134	191	10		1
广西	2685	2557	75	19	7		
海南	1030	951	26	1	1		
重庆	2594	2470	37	5	2		
四川	3962	3829	56	14	9		
贵州	2300	2261	30	4	1		
云南	2736	2697	51	4	3		
西藏	29	29					
陕西	1690	1656	62	7	3		
甘肃	1399	1378	36	16	2		
青海	308	305	3		1	1	
宁夏	501	497	1	3			
新疆	1634	1628	13	1	1		

1-2　续表 1

单位：个

地　区	内　资						
	国有与集体联　营	其他联营	国有独资公　司	其他有限责任公司	股份有限公　司	私营独资	私营合伙
全国总计	**10**	**7**	**1534**	**38212**	**3689**	**267**	**65**
北　京			54	1855	65	1	
天　津			58	541	54	5	2
河　北			15	1591	159	9	1
山　西			31	369	24	1	
内蒙古	1		16	983	87	9	1
辽　宁			39	1422	137	18	
吉　林	1		17	835	96	5	1
黑龙江			22	996	137	5	2
上　海	1	1	137	1170	53	3	1
江　苏	1		115	2083	281	31	9
浙　江	1		134	2415	97	6	3
安　徽			62	1280	113	19	4
福　建	1		95	1229	66	3	2
江　西			32	881	155	5	5
山　东			93	2759	363	10	1
河　南		1	30	2941	393	17	5
湖　北	1		54	1698	247	11	3
湖　南		2	67	1577	243	18	8
广　东		1	65	2919	138	28	5
广　西		1	32	823	130	15	4
海　南	1		26	614	55	3	
重　庆			80	863	50	2	
四　川			64	1750	220	12	3
贵　州			42	1177	70	4	3
云　南	1		43	1119	102	14	1
西　藏	1	1	4	8	2		
陕　西			46	850	84	5	
甘　肃			16	679	46	3	
青　海			9	73	11	3	
宁　夏			12	116	3	2	
新　疆			24	596	8		1

1-2 续表 2

单位：个

地 区	内资			港澳台商投资			
	私营有限责任公司	私营股份有限公司	其他内资企业		合资经营	合作经营	独资
全国总计	**37290**	**2697**	**187**	**3391**	**1253**	**352**	**1725**
北 京	602	26		159	60	60	39
天 津	315	18	9	54	27		24
河 北	1306	106	10	33	18		15
山 西	1678	67	1	9	5		4
内蒙古	1011	55	3	4	4		
辽 宁	1908	94	6	268	115	10	139
吉 林	665	41	1	21	9	1	9
黑龙江	786	78	3	24	11		10
上 海	1051	48	1	296	116	21	158
江 苏	3233	240	21	392	157	15	213
浙 江	2990	66	2	193	83	1	103
安 徽	1594	160	12	59	27	1	28
福 建	1157	58	3	351	96	14	232
江 西	741	96	4	73	32	2	39
山 东	2239	181	16	151	77	12	61
河 南	1620	181	15	78	30	5	41
湖 北	1861	137	3	89	43	2	42
湖 南	1380	217	8	84	39	2	42
广 东	2086	117	11	669	133	192	335
广 西	1353	89	9	76	39	7	30
海 南	207	14	3	56	18		34
重 庆	1320	102	9	82	31	2	49
四 川	1571	116	14	70	22	3	41
贵 州	822	107	1	30	18		12
云 南	1238	103	18	32	20	1	11
西 藏	12	1					
陕 西	528	70	1	17	6	1	10
甘 肃	539	40	1	14	12		2
青 海	188	15	1	2	1		1
宁 夏	339	21		1	1		
新 疆	950	33	1	4	3		1

1-2　续表 3　　　　　　　　　　　　　　　　　　　　　　　　　　单位：个

地　区	港澳台商投资		外商投资					
	股份有限	其　他		合资经营	合作经营	独　资	股份有限	其　他
全国总计	**51**	**10**	**1674**	**681**	**149**	**784**	**50**	**10**
北　京			104	41	41	19	3	
天　津	3		52	23	3	21	4	1
河　北			25	11	1	13		
山　西			6	3		3		
内蒙古			4	1		2		1
辽　宁	4		143	68	6	65	4	
吉　林	1	1	9	7	1	1		
黑龙江	2	1	13	6	1	6		
上　海	1		170	64	8	92	6	
江　苏	5	2	228	90	10	124	3	1
浙　江	6		120	61	2	55	2	
安　徽	3		38	14	2	21	1	
福　建	9		111	34	2	70	3	2
江　西			27	14		12	1	
山　东	1		77	40	9	28		
河　南	1	1	42	19	1	20	2	
湖　北	2		39	19	1	16	1	2
湖　南	1		34	20		12	2	
广　东	7	2	206	52	45	100	9	
广　西			52	26	4	21	1	
海　南	2	2	23	4	2	15	2	
重　庆			42	14	2	20	4	2
四　川	3	1	63	27	3	32	1	
贵　州			9	4	2	3		
云　南			7	3	1	1	1	1
西　藏								
陕　西			17	6	2	9		
甘　肃			7	5		2		
青　海			1	1				
宁　夏			3	2		1		
新　疆			2	2				

1-3 各地区按资质等级分的房地产开发企业个数

单位：个

地 区	总 计	一 级	二 级	三 级	四 级	暂 定	其 他
全国总计	**91444**	**1224**	**9817**	**22307**	**18107**	**34344**	**5645**
北 京	2957	116	203	259	1225	566	588
天 津	1209	28	108	144	644	250	35
河 北	3283	43	280	597	1290	984	89
山 西	2269	15	175	364	1122	566	27
内 蒙 古	2192	32	190	378	1108	404	80
辽 宁	4082	57	244	1119	79	2210	373
吉 林	1700	6	185	374	446	671	18
黑 龙 江	2118	19	332	1199	172	351	45
上 海	3045	52	284	388	10	1821	490
江 苏	6784	107	2104	1296	78	2767	432
浙 江	6114	130	610	1599	817	2275	683
安 徽	3418	36	330	873	348	1757	74
福 建	3187	31	147	772	661	1336	240
江 西	2080	4	219	677	352	768	60
山 东	6113	90	415	1025	1462	2704	417
河 南	5438	65	586	1052	614	2860	261
湖 北	4267	57	451	969	1114	1570	106
湖 南	3739	26	229	1710	521	1131	122
广 东	6581	86	290	1487	1770	2293	655
广 西	2685	10	115	586	433	1394	147
海 南	1030	3	32	104	112	659	120
重 庆	2594	46	629	809	92	985	33
四 川	3962	48	614	2313	206	657	124
贵 州	2300	6	144	424	666	936	124
云 南	2736	30	222	317	1092	941	134
西 藏	29	1	2	12	8	5	1
陕 西	1690	35	248	460	643	230	74
甘 肃	1399	6	120	452	425	371	25
青 海	308	5	99	96	53	47	8
宁 夏	501	10	96	111	115	163	6
新 疆	1634	24	114	341	429	672	54

1-4 各地区按隶属关系分的房地产开发企业个数

单位：个

地区	合计	中央属	地方属				
				省属	地市属	县属	其他
全国总计	**91444**	**659**	**90785**	**1788**	**8473**	**8371**	**72153**
北京	2957	114	2843	225	255	10	2353
天津	1209	38	1171	116	259	71	725
河北	3283	12	3271	19	298	333	2621
山西	2269	10	2259	36	132	81	2010
内蒙古	2192	10	2182	19	154	303	1706
辽宁	4082	25	4057	21	331	269	3436
吉林	1700	7	1693	8	172	192	1321
黑龙江	2118	8	2110	78	294	359	1379
上海	3045	49	2996	184	396	46	2370
江苏	6784	27	6757	52	254	370	6081
浙江	6114	8	6106	57	225	264	5560
安徽	3418	12	3406	73	347	232	2754
福建	3187	7	3180	49	297	334	2500
江西	2080	8	2072	40	148	247	1637
山东	6113	28	6085	91	533	846	4615
河南	5438	18	5420	50	657	624	4089
湖北	4267	36	4231	44	579	354	3254
湖南	3739	14	3725	86	481	412	2746
广东	6581	35	6546	49	774	557	5166
广西	2685	6	2679	24	294	222	2139
海南	1030	9	1021	103	137	155	626
重庆	2594	45	2549	71	279	110	2089
四川	3962	25	3937	47	320	538	3032
贵州	2300	18	2282	44	77	267	1894
云南	2736	10	2726	67	169	431	2059
西藏	29		29	2	9	1	17
陕西	1690	22	1668	53	281	223	1111
甘肃	1399	5	1394	38	173	192	991
青海	308	1	307	11	35	19	242
宁夏	501	4	497	14	23	20	440
新疆	1634	48	1586	17	90	289	1190

1-5 各地区按登记注册类型分的房地产开发企业从业人数

单位：人

地　区	总　计	内　资					
			国　有	集　体	股份合作	国有联营	集体联营
全国总计	**2591814**	**2397762**	**66072**	**12976**	**3883**	**448**	**117**
北　京	93509	79948	3075	431	80		
天　津	38417	33333	3485	540	43	41	30
河　北	106327	103557	907		84		
山　西	55391	54961	2794	340			
内蒙古	55500	55158	395	10	173		
辽　宁	98023	84411	861	97	219		
吉　林	44903	43349	87	11	5		
黑龙江	48450	47632	1279	5	19		
上　海	71048	52135	2341	442	8	59	27
江　苏	177670	156884	3439	813	137		
浙　江	115967	106803	1804	304	129	335	
安　徽	102474	98577	2129	58			
福　建	87396	75616	2956	523			
江　西	59003	55500	1344	103	36		20
山　东	198198	189422	6046	2917	634		
河　南	156359	152333	2603	793	1141		
湖　北	125590	120698	4840	392	4		
湖　南	108041	103874	2558	232	153		
广　东	211205	173599	3672	3919	263		40
广　西	72327	68180	2361	303	114		
海　南	37044	32242	1481		108		
重　庆	91351	85102	1778	48	54		
四　川	129495	123773	2273	158	245		
贵　州	57437	56174	785	21	23		
云　南	73235	71121	1061	59	40		
西　藏	958	958					
陕　西	71002	68982	7843	172	64		
甘　肃	41286	39798	1323	237	54		
青　海	10027	9958	261		35	13	
宁　夏	17444	17221	25	43			
新　疆	36737	36463	266	5	18		

1-5　续表 1

单位：人

地　区	内　资						
	国有与集体联营	其他联营	国有独资公司	其他有限责任公司	股份有限公司	私营独资	私营合伙
全国总计	**105**	**443**	**65485**	**1104275**	**126280**	**7756**	**1220**
北　京			2699	59700	3646	3	
天　津			2415	15217	2345	231	16
河　北			520	51428	5360	281	53
山　西			932	11131	774	16	
内蒙古			760	23163	2167	135	38
辽　宁			2199	37517	4912	530	
吉　林	18		431	21722	2296	264	12
黑龙江			1584	23933	3078	58	24
上　海	8	5	3370	22584	2170	82	17
江　苏	6		3380	57265	8228	1499	240
浙　江	33		3084	47892	3506	40	10
安　徽			2601	38348	10617	486	63
福　建	10		4312	34991	1740	27	45
江　西			1046	24159	5122	48	51
山　东			5957	88042	12706	331	6
河　南		60	923	88541	9084	567	106
湖　北			4462	50299	9486	326	69
湖　南		65	2700	48637	6665	381	194
广　东		7	4600	87914	6438	672	76
广　西		50	1284	23105	3306	335	81
海　南	15		1692	19913	1952	75	
重　庆			3888	29512	2242	67	
四　川			2697	57111	8495	201	41
贵　州			1016	31473	2477	255	47
云　南	11		1492	33451	2921	244	8
西　藏	4	256	156	202	57		
陕　西			2030	35630	3142	182	
甘　肃			847	19657	858	51	
青　海			358	2831	210	128	
宁　夏			1019	4326	109	241	
新　疆			1031	14581	171		23

1-5 续表 2

单位：人

地区	内资			港澳台商投资			
	私营有限责任公司	私营股份有限公司	其他内资企业		合资经营	合作经营	独资
全国总计	**930672**	**73026**	**5004**	**121807**	**44438**	**10737**	**64168**
北京	9805	509		8158	2444	2847	2867
天津	8017	728	225	2496	1076		1243
河北	39076	5494	354	1277	696		581
山西	37641	1325	8	199	100		99
内蒙古	27346	863	108	35	35		
辽宁	36070	1859	147	8185	3425	183	4462
吉林	17606	887	10	1227	375	2	786
黑龙江	16180	1378	94	572	267		273
上海	20111	911		11930	6384	688	4835
江苏	75713	5655	509	13019	4585	268	7965
浙江	48589	1054	23	5975	2440	16	3374
安徽	39639	4218	418	2333	816	33	1441
福建	29339	1599	74	8970	2789	313	5547
江西	21247	2207	117	2255	983	46	1226
山东	65812	6273	698	6076	2953	166	2928
河南	42652	5322	541	2176	690	225	1222
湖北	47220	3450	150	3291	1341	33	1803
湖南	35836	6156	297	2717	1135	32	1512
广东	62423	3450	125	22665	4217	5482	12678
广西	34454	2584	203	2395	913	285	1197
海南	6598	368	40	3744	1646		1447
重庆	43557	3747	209	4010	1583	38	2389
四川	48857	3487	208	2937	734	40	1979
贵州	17997	2078	2	1110	661		449
云南	28741	2721	372	1877	717	10	1150
西藏	283						
陕西	17471	2398	50	889	290	30	569
甘肃	16069	691	11	867	760		107
青海	5707	415		39	20		19
宁夏	10884	574		113	113		
新疆	19732	625	11	270	250		20

1-5 续表 3

单位：人

地区	港澳台商投资		外商投资					
	股份有限	其他		合资经营	合作经营	独资	股份有限	其他
全国总计	**2189**	**275**	**72245**	**24015**	**6266**	**38790**	**2280**	**894**
北京			5403	2187	1790	930	496	
天津	177		2588	669	139	1250	80	450
河北			1493	400	8	1085		
山西			231	148		83		
内蒙古			307	99		88		120
辽宁	115		5427	1731	429	3168	99	
吉林	38	26	327	279	28	20		
黑龙江	32		246	71	7	168		
上海	23		6983	2172	277	4094	440	
江苏	171	30	7767	2694	255	4789	29	
浙江	145		3189	1447	21	1710	11	
安徽	43		1564	340	80	1116	28	
福建	321		2810	705	22	1794	189	100
江西			1248	883		335	30	
山东	29		2700	1368	587	745		
河南		39	1850	756	5	1035	54	
湖北	114		1601	754	110	617	45	75
湖南	38		1450	576		847	27	
广东	164	124	14941	2873	1387	10421	260	
广西			1752	741	120	686	205	
海南	617	34	1058	210	192	603	53	
重庆			2239	716	112	1189	120	102
四川	162	22	2785	1046	204	1437	98	
贵州			153	70	57	26		
云南			237	100	45	29	16	47
西藏								
陕西			1131	281	391	459		
甘肃			621	581		40		
青海			30	30				
宁夏			110	84		26		
新疆			4	4				

1-6 各地区按资质等级分的房地产开发企业从业人数

单位：人

地区	总计	一级	二级	三级	四级	暂定	其他
全国总计	**2591814**	**126216**	**443392**	**635804**	**414322**	**856809**	**115271**
北京	93509	13107	14067	10228	31906	13963	10238
天津	38417	2354	5839	5256	16670	7381	917
河北	106327	9030	15880	19927	31781	27610	2099
山西	55391	1371	9925	11124	23373	9249	349
内蒙古	55500	2778	7458	10226	25600	7914	1524
辽宁	98023	3706	12553	26901	1345	45536	7982
吉林	44903	379	8456	10339	8178	17258	293
黑龙江	48450	1666	12381	23382	3028	6618	1375
上海	71048	3862	10180	9995	345	36233	10433
江苏	177670	7904	65253	25240	1839	67932	9502
浙江	115967	7480	18394	30015	10287	40668	9123
安徽	102474	2220	14995	23773	6637	52792	2057
福建	87396	3599	8131	24715	13444	34639	2868
江西	59003	431	8262	19392	7019	22538	1361
山东	198198	8472	22543	39037	39890	78728	9528
河南	156359	4437	27499	27662	16834	73873	6054
湖北	125590	7149	21759	30003	25313	40087	1279
湖南	108041	2174	12900	50270	11607	28215	2875
广东	211205	13663	16901	57417	43177	64114	15933
广西	72327	881	7285	17235	9517	33658	3751
海南	37044	81	2026	4871	3844	22713	3509
重庆	91351	7124	31750	21756	1339	28691	691
四川	129495	6200	28544	70582	3015	18467	2687
贵州	57437	706	9310	11564	13310	20595	1952
云南	73235	2814	14071	8358	23216	22142	2634
西藏	958	4	208	553	71	117	5
陕西	71002	7373	15953	16980	20241	8152	2303
甘肃	41286	830	6929	14580	11121	7417	409
青海	10027	375	4705	2298	986	1371	292
宁夏	17444	1273	4392	3777	3118	4741	143
新疆	36737	2773	4843	8348	6271	13397	1105

1-7　各地区按隶属关系分的房地产开发企业从业人数

单位：人

地　区	合　计	中央属	地方属				
				省　属	地市属	县　属	其　他
全国总计	**2591814**	**33401**	**2558413**	**70693**	**280993**	**251958**	**1954769**
北　京	93509	4466	89043	12064	11119	261	65599
天　津	38417	1031	37386	4672	7952	2378	22384
河　北	106327	636	105691	832	10222	9886	84751
山　西	55391	315	55076	1263	4040	2042	47731
内蒙古	55500	779	54721	553	3738	6487	43943
辽　宁	98023	1125	96898	1027	8425	8112	79334
吉　林	44903	269	44634	424	4004	5596	34610
黑龙江	48450	775	47675	1723	8476	8493	28983
上　海	71048	1496	69552	6162	9754	1249	52387
江　苏	177670	710	176960	1549	8297	10049	157065
浙　江	115967	300	115667	1241	6541	6032	101853
安　徽	102474	549	101925	3632	17936	6052	74305
福　建	87396	138	87258	1818	10079	9053	66308
江　西	59003	371	58632	1200	3854	7655	45923
山　东	198198	3176	195022	4508	18505	29384	142625
河　南	156359	664	155695	2256	17473	22318	113648
湖　北	125590	3241	122349	2060	20276	13258	86755
湖　南	108041	645	107396	2634	14851	13153	76758
广　东	211205	4499	206706	2814	25662	15860	162370
广　西	72327	215	72112	651	8253	5606	57602
海　南	37044	614	36430	3244	5495	5654	22037
重　庆	91351	1576	89775	3662	10727	4014	71372
四　川	129495	1817	127678	1760	9690	18325	97903
贵　州	57437	698	56739	1007	2116	7044	46572
云　南	73235	284	72951	2047	5414	10859	54631
西　藏	958		958	15	531	4	408
陕　西	71002	981	70021	2022	16371	11402	40226
甘　肃	41286	225	41061	2082	5737	5185	28057
青　海	10027	21	10006	534	1597	503	7372
宁　夏	17444	506	16938	729	721	993	14495
新　疆	36737	1279	35458	508	3137	5051	26762

第二章

房地产开发投资与资金状况（2013）

2-1　各地区房地产开发企业投资规模与完成情况

单位:万元

地　区	计划总投资	自开始建设至本年底累计完成投资	本年完成投资
全国总计	**4309221521**	**2758812831**	**860133826**
北　京	206688496	145297619	34834045
天　津	121650512	70479178	14808152
河　北	151217144	100743237	34454155
山　西	57892914	36694587	13086275
内蒙古	74421257	44432551	14790074
辽　宁	258901273	178526342	64507513
吉　林	59340018	39166939	12524257
黑龙江	57810218	39909895	16048330
上　海	180887277	124035122	28195915
江　苏	397907960	253315828	72414512
浙　江	276835922	191619843	62162493
安　徽	198409117	125107341	39462264
福　建	173419871	120334805	37029727
江　西	63078451	39773256	11745768
山　东	284007462	172808339	54445312
河　南	193264108	100662538	38437590
湖　北	144613132	90699249	32860234
湖　南	142098246	84959324	26283245
广　东	382068080	248550015	64895920
广　西	93004966	63733947	16146322
海　南	67521371	35633380	11967581
重　庆	165391985	106190378	30127838
四　川	156433073	115804628	38529951
贵　州	90763364	52989609	19425435
云　南	100633891	59256412	24883284
西　藏	465962	283102	96777
陕　西	106758193	60457917	22401692
甘　肃	29814442	17304716	7246490
青　海	11308099	6434648	2476138
宁　夏	26313853	14936008	5589682
新　疆	36300864	18672078	8256855

2-2 各地区按登记注册类型分的房地产开发企业计划总投资

单位：万元

地区	总计	内资					
			国有	集体	股份合作	国有联营	集体联营
全国总计	**4309221521**	**3811948010**	**90511666**	**10304599**	**4893948**	**604938**	**56686**
北京	206688496	187814215	6217308	1096042	45000		
天津	121650512	108985048	9643940	611721	500000	130000	
河北	151217144	146113807	903289		64537		
山西	57892914	56956168	2129870	272213			
内蒙古	74421257	74190763	716751		42400		
辽宁	258901273	195000627	3239840	171940	789233		
吉林	59340018	55718562	45044		9600		
黑龙江	57810218	55748067	873519	4000			
上海	180887277	144026776	1981586	717646			6000
江苏	397907960	334572446	17615489	867301	868000		
浙江	276835922	247936169	1367555	421227	230264	468938	
安徽	198409117	187900838	4995672	13090			
福建	173419871	152998054	5160915	689587			
江西	63078451	57340286	635143	10800	8000		420
山东	284007462	263327152	8714913	1409143	524486		
河南	193264108	187238580	2815966	216312	320850		
湖北	144613132	132084175	2550315	269906			
湖南	142098246	132603611	2141147	45163	44377		
广东	382068080	294247285	3401737	2646269	178900		50266
广西	93004966	85550238	3170736	119701	17050		
海南	67521371	55242816	291815	1716	200000		
重庆	165391985	135498261	1488652	3100	9500		
四川	156433073	132478680	1339266	338550	699741		
贵州	90763364	88018682	850816	11560	26000		
云南	100633891	98010516	2165694	3586	6500		
西藏	465962	465962					
陕西	106758193	99879589	3593149	183800	165310		
甘肃	29814442	29345407	1507696	58170			
青海	11308099	11268099	343387		24200	6000	
宁夏	26313853	25290632	204728	119056			
新疆	36300864	36096499	405728	3000	120000		

2-2　续表 1

单位：万元

地　区	内资						
	国有与集体联营	其他联营	国有独资公司	其他有限责任公司	股份有限公司	私营独资	私营合伙
全国总计	**64127**	**307041**	**160751200**	**2076779722**	**182322568**	**9275262**	**807262**
北　京			6962686	157397805	6464601		
天　津			8037629	56544137	11752690	1091620	1000
河　北			1194615	78429494	7351158	256775	9947
山　西			1331408	15072032	898855	2405	
内蒙古			2576768	30228310	3321337	191806	27346
辽　宁			7262531	95228366	12346675	465198	
吉　林	38627		827039	34643788	3149603	100321	5000
黑龙江			4347638	30041568	2734802	23195	7500
上　海			10084326	86058524	2937157	395575	
江　苏			11908922	147600217	13347119	1536239	279650
浙　江	5500		10591236	141115209	5101564	52500	18576
安　徽			11228697	96220088	6427140	767820	60000
福　建			12550526	86266096	2892534	24000	3870
江　西			505394	30486086	4411893	58182	12708
山　东			10678513	141310141	16800401	367568	8000
河　南			2487278	117840531	11724527	403400	80700
湖　北			4179975	69952133	12801335	129000	7000
湖　南		209181	3310711	78550830	6483995	352715	127200
广　东		25000	7416705	177356064	16530492	1155350	25070
广　西		8900	2766645	33129087	5020758	368465	103600
海　南	20000		4845450	34549942	4831507	309278	
重　庆			16857883	56517737	3562315	12000	
四　川			2758452	73316056	6561958	505500	23000
贵　州			2223295	61276832	2831431	65000	7095
云　南			2627114	53462533	5008647	86916	
西　藏		63960	15380	72735	18180		
陕　西			4760808	54824506	4402694	274800	
甘　肃			911831	15104494	597960	1160	
青　海			1064669	3435351	221494	108000	
宁　夏			2483382	5142476	30000	170474	
新　疆			1953694	15606554	1757746		

2-2 续表 2

单位：万元

地　区	内资			港澳台商投资			
	私营有限责任公司	私营股份有限公司	其他内资企业		合资经营	合作经营	独资
全国总计	**1182711768**	**84675706**	**7881517**	**330498140**	**122171508**	**27028529**	**173967407**
北　京	9135468	495305		12475723	3872260	3238116	5365347
天　津	16584128	3452766	635417	5492678	2914939		2033459
河　北	51912835	5419841	571316	2030479	767955		1262524
山　西	36103763	1120378	25244	388749	14000		374749
内蒙古	36208472	863573	14000				
辽　宁	70909724	4420774	166346	41109845	18073540	999585	21655292
吉　林	15765221	1134319		3067281	1704577		1212704
黑龙江	16516303	1150473	49069	831201	411221		419980
上　海	40322120	1523842		21034479	10154534	587583	10292362
江　苏	130397981	8731638	1419890	42115316	16688044	1539931	22892713
浙　江	86516212	1997388	50000	20524511	8334611		11767774
安　徽	61869686	4962910	1355735	6716092	2457694	170000	3748398
福　建	43245184	1980342	185000	16052139	8179721	543000	6928418
江　西	19014733	2137179	59748	3965670	2335978		1629692
山　东	76009508	7101991	402488	15471021	6794327	1032480	7569255
河　南	45844273	4953188	551555	3336013	1377296	179856	1718861
湖　北	38939195	3148116	107200	8665729	2724431	12000	5429298
湖　南	37095490	4109268	133534	7292075	2678565	5490	4606020
广　东	78984710	6268457	208265	62738159	14763521	17644917	29389744
广　西	38424716	1869417	551163	4608194	1748731	218571	2640892
海　南	9715851	440751	36506	10125176	2180675		5889220
重　庆	53950660	2711990	384424	21023327	8340281	457000	12226046
四　川	44013487	2587609	335061	12290341	2572982		9252342
贵　州	18574748	2143405	8500	2477342	786300		1691042
云　南	29703169	4547301	399056	1463875	840690		623185
西　藏	295707						
陕　西	29041331	2513191	120000	4179725	506000	400000	3273725
甘　肃	10770792	293304	100000	244635	194635		50000
青　海	5309349	755649		14000			14000
宁　夏	16013925	1126591		560000	560000		
新　疆	15523027	714750	12000	204365	194000		10365

2-2 续表 3

单位：万元

地区	港澳台商投资		外商投资					
	股份有限	其他		合资经营	合作经营	独资	股份有限	其他
全国总计	**6656695**	**674001**	**166775371**	**55685887**	**16769776**	**86411005**	**7278967**	**629736**
北京			6398558	2893159	1971479	1240025	293895	
天津	544280		7172786	2407154	226500	3443078	705954	390100
河北			3072858	193647		2879211		
山西			547997	82879		465118		
内蒙古			230494	72187		52480		105827
辽宁	381428		22790801	9686070	2097614	10008873	998244	
吉林	150000		554175	496175		58000		
黑龙江			1230950	155950		1075000		
上海			15826022	4988831	2933975	7435484	467732	
江苏	875628	119000	21220198	8486041	1512680	11203977	17500	
浙江	422126		8375242	2309815	344936	5720491		
安徽	340000		3792187	907505	285674	1949008	650000	
福建	401000		4369678	904036	4500	2767142	600000	94000
江西			1772495	1312381		332114	128000	
山东	74959		5209289	2639588	700650	1869051		
河南		60000	2689515	370885	45500	2083190	189940	
湖北	500000		3863228	685983	1200000	1671200	306045	
湖南	2000		2202560	1186016		1006544	10000	
广东	518321	421656	25082636	8564095	1897673	13593046	1027822	
广西			2846534	429422	23100	2294012	100000	
海南	2026936	28345	2153379	193954	363027	1462563	133835	
重庆			8870397	2153863	1253987	4612738	810000	39809
四川	420017	45000	11664052	3009449	660481	7794122	200000	
贵州			267340	165740	98000	3600		
云南			1159500	119500	400000		640000	
西藏								
陕西			2698879	841162	750000	1107717		
甘肃			224400	218400		6000		
青海			26000	26000				
宁夏			463221	186000		277221		
新疆								

2-3 各地区按资质等级分的房地产开发企业计划总投资

单位:万元

地区	总计	一级	二级	三级	四级	暂定	其他
全国总计	**4309221521**	**248804902**	**796785618**	**809588222**	**474936613**	**1777104958**	**202001208**
北京	206688496	32470890	28980811	20595888	65321798	49753146	9565963
天津	121650512	6511663	19342192	13334885	47460097	32804560	2197115
河北	151217144	11651098	24407617	23194421	38491725	50048191	3424092
山西	57892914	1799198	11330733	10077715	24125828	9953963	605477
内蒙古	74421257	5999178	13177443	10868258	32101636	9848893	2425849
辽宁	258901273	7425106	25435468	54435208	1091473	154233339	16280679
吉林	59340018	991234	16932440	11426864	5645826	23877468	466186
黑龙江	57810218	4445434	17692928	21710768	907662	11662350	1391076
上海	180887277	3606546	19684438	15048950	133812	130325739	12087792
江苏	397907960	22718757	162886654	32186758	1150150	163836356	15129285
浙江	276835922	14325403	37120461	54523984	13942117	128144230	28779727
安徽	198409117	4850764	33526015	43734799	6543363	104810112	4944064
福建	173419871	8427542	23758963	43967824	19877109	75159084	2229349
江西	63078451	1011091	11124912	16916425	4604523	28094069	1327431
山东	284007462	15440253	30768611	40148741	33837658	147806790	16005409
河南	193264108	8786366	35475338	21464963	7816237	113390658	6330546
湖北	144613132	14080910	32627565	23825923	13586681	56810054	3681999
湖南	142098246	7420771	18151172	56667728	7761607	49787248	2309720
广东	382068080	29699470	30374237	105367745	62948975	122475222	31202431
广西	93004966	3142968	14747611	18901393	6798189	44719750	4695055
海南	67521371	108900	3727684	9430856	4812152	40866356	8575423
重庆	165391985	12134345	65091377	16538226	977074	70003944	647019
四川	156433073	9860316	32269377	74336162	1860167	29731253	8375798
贵州	90763364	700143	22053032	12815931	12451382	38198970	4543906
云南	100633891	5609491	20627043	8902262	20813388	40154773	4526934
西藏	465962		28000	351266	32000	54696	
陕西	106758193	5570135	21012211	25030205	25833555	21374351	7937736
甘肃	29814442	964098	6135370	9921599	5017975	7348935	426465
青海	11308099	1139797	5231622	2256142	1364450	1186039	130049
宁夏	26313853	4820737	8491390	4044202	3686197	4941699	329628
新疆	36300864	3092298	4572903	7562131	3941807	15702720	1429005

2-4 各地区按登记注册类型分的房地产开发企业完成投资

单位：万元

地区	总计	内资					
			国有	集体	股份合作	国有联营	集体联营
全国总计	**860133826**	**782517863**	**18433726**	**2273469**	**1186633**	**49400**	**6250**
北京	34834045	31828698	1073630	205497	820		
天津	14808152	13248783	1444717	233561	105000	500	
河北	34454155	33452892	150870		47949		
山西	13086275	12906750	782759	180933			
内蒙古	14790074	14772909	311789		180		
辽宁	64507513	52571306	834498	29380	216909		
吉林	12524257	12041482	1469		1750		
黑龙江	16048330	15781482	285380	100			
上海	28195915	24202798	544218	185294			2000
江苏	72414512	62449553	4020599	209254	126256		
浙江	62162493	55215043	337239	58901	25311	47000	
安徽	39462264	37768016	1065582	4280			
福建	37029727	33266711	745608	159481			
江西	11745768	11028610	135869	2070	1320		272
山东	54445312	51148545	1546990	201300	168921		
河南	38437590	37321507	591094	62644	122604		
湖北	32860234	31151096	550729	118601			
湖南	26283245	24905558	546272	11741	7710		
广东	64895920	53698415	547512	473681	56715		3978
广西	16146322	15130060	307813	29750	10211		
海南	11967581	10269754	98007	10	37704		
重庆	30127838	26069720	282348	40	5750		
四川	38529951	34767319	387883	51637	147840		
贵州	19425435	18901594	86419	65	1950		
云南	24883284	24003707	402724	1271			
西藏	96777	96777					
陕西	22401692	21177709	717668	27769	97403		
甘肃	7246490	7215670	414168	6841			
青海	2476138	2471688	98286		4030	1900	
宁夏	5589682	5445976	11316	19318			
新疆	8256855	8207735	110270	50	300		

2-4 续表 1　　　　单位：万元

地　区	内　资						
	国有与集体联　营	其他联营	国有独资公　司	其他有限责任公司	股份有限公　司	私营独资	私营合伙
全国总计	**15555**	**88541**	**33180818**	**413873374**	**34194290**	**1963065**	**142142**
北　京			1038047	26329650	1342541		
天　津			874120	7525615	731968	36910	560
河　北			351824	17473413	1803104	92986	376
山　西			409616	3054584	386438	90	
内蒙古			394588	6379092	528089	46711	150
辽　宁			1857496	24299274	2640608	164770	
吉　林	15188		163326	6712521	831551	47910	120
黑龙江			1447150	8389288	516523	510	400
上　海			1996801	14486213	359007	91324	
江　苏			2456535	25670518	2363860	348135	51438
浙　江	257		2525656	30408809	928273	15044	7496
安　徽			2330973	18144789	1271064	140231	1791
福　建			2338994	19040816	727571	1852	629
江　西			89649	5545872	850581	5705	10158
山　东			2846599	26792073	3175415	71481	7350
河　南			854836	22781935	2636167	70038	13058
湖　北			1160601	15355965	2957698	30530	
湖　南		78565	646371	13894164	1064321	99340	32177
广　东			714654	31853422	2128903	188188	3679
广　西			617426	6169613	814626	88293	8514
海　南	110		1129790	6550794	605531	145034	
重　庆			2736887	10710200	679919	1953	
四　川			784203	18726908	1705900	98393	
贵　州			418745	12922172	599969	13333	4246
云　南			661007	13002077	1277001	36494	
西　藏		9976	5611	38088	3016		
陕　西			886811	12191573	1050500	70809	
甘　肃			285964	3765984	117688	810	
青　海			267971	618375	28906	19500	
宁　夏			465878	1315836	2253	36691	
新　疆			422689	3723741	65299		

2-4　续表 2

单位：万元

地　　区	内资			港澳台商投　资			
	私营有限责任公司	私营股份有限公司	其他内资企　业		合资经营	合作经营	独　资
全国总计	**257867978**	**17310966**	**1931656**	**51919069**	**20140165**	**3275186**	**27328284**
北　京	1743002	95511		1983310	1148186	452810	382314
天　津	2067378	116396	112058	743540	430336		254715
河　北	12161781	1224837	145752	486565	255344		231221
山　西	7927563	161178	3589	39413	14902		24511
内蒙古	6856196	253014	3100				
辽　宁	21095856	1370113	62402	8263482	3788895	352205	4031789
吉　林	3921578	346069		454388	185827		258761
黑龙江	4880325	253896	7910	205519	172084		33435
上　海	6307812	230129		2335211	1134886	128517	1071808
江　苏	25321612	1633404	247942	6558628	2421924	120986	3825120
浙　江	20464751	378917	17389	5301391	2296844		2872085
安　徽	13348477	1171872	288957	1133085	357395	4905	701502
福　建	9620191	574360	57209	2930605	1454619	27553	1363351
江　西	4002303	363225	21586	516271	273319		242952
山　东	15020936	1191580	125900	2610177	1118533	155143	1334227
河　南	9166191	982253	40687	693051	246159	11062	421376
湖　北	10029297	906390	41285	1212755	189770	5000	999741
湖　南	7634073	847751	43073	1006206	300409		703793
广　东	16847775	847657	32251	7541090	1762997	1861066	3751026
广　西	6567913	403980	111921	726444	250674	69685	406085
海　南	1584413	103647	14714	1289141	338215		761891
重　庆	11042065	540910	69648	2512602	888083	68443	1556076
四　川	11865734	851877	146944	1650617	426368		1077134
贵　州	4335844	518851		490199	227825		262374
云　南	7434439	888446	300248	483206	260637		222569
西　藏	40086						
陕　西	5645599	484707	4870	614601	67689	17811	529101
甘　肃	2549523	52571	22121	9092	6792		2300
青　海	1359679	73041		4450			4450
宁　夏	3341161	253523		74910	74910		
新　疆	3684425	190861	10100	49120	46543		2577

2-4 续表 3 单位：万元

地区	港澳台商投资		外商投资					
	股份有限	其他		合资经营	合作经营	独资	股份有限	其他
全国总计	**1032181**	**143253**	**25696894**	**8229264**	**2562896**	**14040975**	**787769**	**75990**
北京			1022037	545419	225951	242847	7820	
天津	58489		815829	240762	39315	442913	64011	28828
河北			514698	68821		445877		
山西			140112	7848		132264		
内蒙古			17165	4900		8000		4265
辽宁	90593		3672725	1515345	353982	1694647	108751	
吉林	9800		28387	10143		18244		
黑龙江			61329	15634		45695		
上海			1657906	448503	199647	996579	13177	
江苏	176056	14542	3406331	1183084	142118	2062476	18653	
浙江	132462		1646059	409919	162112	1074028		
安徽	69283		561163	144161	49003	349609	18390	
福建	85082		832411	240083	240	492405	69283	30400
江西			200887	133764		57123	10000	
山东	2274		686590	281628	103616	301346		
河南		14454	423032	82415	3928	333375	3314	
湖北	18244		496383	167367	56130	262987	9899	
湖南	2004		371481	198083		166619	6779	
广东	88604	77397	3656415	1169258	298474	2066490	122193	
广西			289818	53125	6315	187678	42700	
海南	165035	24000	408686	41571	164646	185933	16536	
重庆			1545516	401906	184021	895401	51691	12497
四川	134255	12860	2112015	651573	248660	1211782		
贵州			33642	16535	17017	90		
云南			396371	16935	154864		224572	
西藏								
陕西			609382	141092	152857	315433		
甘肃			21728	18554		3174		
青海								
宁夏			68796	20836		47960		
新疆								

2-5　各地区按资质等级分的房地产开发企业完成投资

单位:万元

地　区	总　计	一　级	二　级	三　级	四　级	暂　定	其　他
全国总计	**860133826**	**40218674**	**144562316**	**159674788**	**91639903**	**379913960**	**44124185**
北　京	34834045	4495086	3952569	2069057	8712851	13042339	2562143
天　津	14808152	749662	2186387	1481424	5802952	4218383	369344
河　北	34454155	2071538	5508078	5765226	8941177	11524376	643760
山　西	13086275	645501	2406307	2447376	5254072	2277053	55966
内蒙古	14790074	758025	2251641	2121152	7159449	2060030	439777
辽　宁	64507513	1432399	5793131	12649272	358725	39751383	4522603
吉　林	12524257	241092	3195809	2288582	1487851	5137847	173076
黑龙江	16048330	1428346	3946526	6567579	330094	3303970	471815
上　海	28195915	672669	2708697	1699415	79687	20301187	2734260
江　苏	72414512	3788211	27751952	5292680	222452	32008188	3351029
浙　江	62162493	2655583	7745797	11430654	2682541	31640597	6007321
安　徽	39462264	729395	5853291	8212442	1153624	22387224	1126288
福　建	37029727	1245320	3909013	9001515	3315017	18924031	634831
江　西	11745768	163039	1602494	3097062	814758	5626007	442408
山　东	54445312	2712288	5176673	7188509	6552619	29489854	3325369
河　南	38437590	1367134	6773111	4591137	1856324	22539301	1310583
湖　北	32860234	2527905	6504863	5764514	3226248	13886170	950534
湖　南	26283245	994658	2851398	10409644	2002113	9368005	657427
广　东	64895920	3702919	4534827	14893121	11432926	24758072	5574055
广　西	16146322	492110	2220871	3287845	1123228	8233840	788428
海　南	11967581	2667	556775	1338312	768625	8193061	1108141
重　庆	30127838	1982504	10894353	3222746	354100	13455248	218887
四　川	38529951	1808426	7332640	19147433	437595	7896402	1907455
贵　州	19425435	131490	5889982	2787561	2307142	7516937	792323
云　南	24883284	1014730	4218675	1987376	5917291	10377194	1368018
西　藏	96777		17000	62574	2566	14637	
陕　西	22401692	1013473	3418126	5314033	5755067	4869506	2031487
甘　肃	7246490	139963	1317202	2250286	1494768	1893159	151112
青　海	2476138	212659	1219529	499432	246098	249314	49106
宁　夏	5589682	701488	1691199	1103274	805677	1259830	28214
新　疆	8256855	338394	1133400	1703555	1042266	3710815	328425

2-6 各地区按隶属关系分的房地产开发企业完成投资

单位:万元

地 区	合 计	中央属	地方属				
				省 属	地市属	县 属	其 他
全国总计	**860133826**	**16476776**	**843657050**	**29803732**	**105500941**	**77267272**	**631085105**
北 京	34834045	1524629	33309416	5584147	6173462	9870	21541937
天 津	14808152	775883	14032269	2426585	3842250	911951	6851483
河 北	34454155	259985	34194170	469161	3440899	3264522	27019588
山 西	13086275	67794	13018481	335395	1624421	550662	10508003
内 蒙 古	14790074	28886	14761188	368912	1758216	1660795	10973265
辽 宁	64507513	745820	63761693	271409	5933024	5429149	52128111
吉 林	12524257	208758	12315499	59771	1100004	1100198	10055526
黑 龙 江	16048330	876752	15171578	672279	3197614	2392890	8908795
上 海	28195915	575062	27620853	2572638	3880673	598089	20569453
江 苏	72414512	507916	71906596	819912	5803503	5808749	59474432
浙 江	62162493	177620	61984873	575620	3358925	3613247	54437081
安 徽	39462264	358866	39103398	2006496	6145831	3029524	27921547
福 建	37029727	95523	36934204	725554	5896269	4833907	25478474
江 西	11745768	215505	11530263	726040	988564	1349128	8466531
山 东	54445312	1612964	52832348	1860899	5626389	8289043	37056017
河 南	38437590	296348	38141242	541970	5910473	4066851	27621948
湖 北	32860234	1127105	31733129	978846	5378573	2691131	22684579
湖 南	26283245	337386	25945859	1069771	3590465	2459745	18825878
广 东	64895920	2203789	62692131	371459	8650025	3901998	49768649
广 西	16146322	355728	15790594	97377	2615382	1013355	12064480
海 南	11967581	129401	11838180	764874	2133569	2252419	6687318
重 庆	30127838	1344636	28783202	2804841	3688800	835599	21453962
四 川	38529951	423202	38106749	467700	3109262	5693066	28836721
贵 州	19425435	616514	18808921	233625	1021299	2005333	15548664
云 南	24883284	101889	24781395	1091094	2455967	4657076	16577258
西 藏	96777		96777		38025		58752
陕 西	22401692	592214	21809478	1071601	5852054	2298165	12587658
甘 肃	7246490	161469	7085021	415366	901728	1159373	4608554
青 海	2476138		2476138	86241	465285	158286	1766326
宁 夏	5589682	253381	5336301	194798	240586	188362	4712555
新 疆	8256855	501751	7755104	139351	679404	1044789	5891560

2-7　各地区按构成分的房地产开发企业完成投资

单位：万元

地　区	本年完成投　资	建筑工程	安装工程	设备工器具购　置	其他费用	#土地购置费
全国总计	**860133826**	**577642302**	**61550171**	**12500312**	**208441041**	**135017292**
北　京	34834045	14669971	429971	530413	19203690	11594732
天　津	14808152	9780319	888252	133215	4006366	1072489
河　北	34454155	24894727	3784882	752836	5021710	2976755
山　西	13086275	9799247	1323524	143612	1819892	1079909
内蒙古	14790074	11117156	950187	199020	2523711	1772684
辽　宁	64507513	47339656	5736056	1311337	10120464	5695472
吉　林	12524257	9238833	743549	121506	2420369	1735697
黑龙江	16048330	12441873	976645	214380	2415432	1253332
上　海	28195915	16913710	1992324	139695	9150186	5888399
江　苏	72414512	49491511	2997454	1717019	18208528	12627037
浙　江	62162493	30367939	3529098	647061	27618395	21217263
安　徽	39462264	26825656	3335426	440124	8861058	6514770
福　建	37029727	23946095	2150076	287902	10645654	8569064
江　西	11745768	8277862	1036950	154348	2276608	1476089
山　东	54445312	37278349	6220756	601674	10344533	7579715
河　南	38437590	31175813	153925	572609	6535243	3916993
湖　北	32860234	21660870	2600839	757857	7840668	4410076
湖　南	26283245	18508158	2407244	443396	4924447	2800672
广　东	64895920	42726606	5368308	654736	16146270	9817712
广　西	16146322	11499346	1320543	195799	3130634	1890087
海　南	11967581	7899131	1060237	146804	2861409	1251889
重　庆	30127838	18488223	2575894	415406	8648315	5196470
四　川	38529951	26299933	2943860	794281	8491877	6090460
贵　州	19425435	14196519	817750	235627	4175539	1771019
云　南	24883284	17477218	1925797	278174	5202095	3747250
西　藏	96777	84013	8718	297	3749	
陕　西	22401692	17098227	2249808	278485	2775172	1169727
甘　肃	7246490	5506302	663672	102931	973585	630694
青　海	2476138	1907008	215428	45261	308441	208494
宁　夏	5589682	4303464	489058	45617	751543	467042
新　疆	8256855	6428567	653940	138890	1035458	595300

2-8 各地区按用途分的房地产开发企业完成投资

单位：万元

地区	本年完成投资	住宅	#别墅、高档公寓	办公楼	商业营业用房	其他
全国总计	**860133826**	**589507627**	**36379004**	**46524470**	**119448308**	**104653421**
北京	34834045	17245610	1356381	6117479	3175052	8295904
天津	14808152	9862785	639806	999098	1652899	2293370
河北	34454155	25392944	551354	1403944	4569765	3087502
山西	13086275	9588469	137297	484284	1825554	1187968
内蒙古	14790074	10035733	286222	628224	2836742	1289375
辽宁	64507513	46660308	2434567	1557668	10969210	5320327
吉林	12524257	9114450	380422	418277	1935594	1055936
黑龙江	16048330	11247187	308161	311156	2763097	1726890
上海	28195915	16155060	3486040	3771832	3700298	4568725
江苏	72414512	51714983	4611870	3241780	11199460	6258289
浙江	62162493	40892167	3625127	3774281	7175352	10320693
安徽	39462264	25498814	645382	1661961	8008625	4292864
福建	37029727	24020834	1378577	2702759	4914305	5391829
江西	11745768	7953764	364883	1007398	1539141	1245465
山东	54445312	39766293	1599637	2878102	7017187	4783730
河南	38437590	28270863	270427	1753969	4421026	3991732
湖北	32860234	22515586	637958	1474357	4966951	3903340
湖南	26283245	18458103	785168	896405	3511544	3417193
广东	64895920	45306255	5108747	3372659	7054675	9162331
广西	16146322	11666137	415950	516716	1748792	2214677
海南	11967581	9950886	2186480	121807	743916	1150972
重庆	30127838	20442392	1398788	1445592	3774147	4465707
四川	38529951	25378926	1243880	1891148	5786755	5473122
贵州	19425435	12242284	325260	1320287	3448961	2413903
云南	24883284	16424032	1068639	1174987	4109691	3174574
西藏	96777	58669	20755	1056	27821	9231
陕西	22401692	17689545	387283	798458	2240840	1672849
甘肃	7246490	5398519	90117	193416	986394	668161
青海	2476138	1597196	8534	167543	444914	266485
宁夏	5589682	3402650	150230	187933	1271150	727949
新疆	8256855	5556183	475062	249894	1628450	822328

2-9　各地区按控股情况分的房地产开发企业完成投资

单位：万元

地　区	总　计	国有控股	集体控股	私人控股	港澳台控股	外商控股	其他
全国总计	**860133826**	**133671076**	**23970752**	**512900370**	**50186029**	**25074520**	**114331079**
北　京	34834045	16522494	2956371	10437367	1757561	1042177	2118075
天　津	14808152	5752367	758294	3599505	583727	873553	3240706
河　北	34454155	1629804	442190	25596759	337903	533191	5914308
山　西	13086275	2052525	362848	9433097	39413	139144	1059248
内蒙古	14790074	1611098	571422	11868878		77520	661156
辽　宁	64507513	5808840	1562370	37389456	7797975	2816895	9131977
吉　林	12524257	991959	67718	10416232	454388	36887	557073
黑龙江	16048330	3460497	322912	9463237	100858	145278	2555548
上　海	28195915	11184750	1475833	8552756	2307452	1634135	3040989
江　苏	72414512	12328142	1331557	39942094	6330169	3327765	9154785
浙　江	62162493	6459811	1518982	40048401	5015953	1803145	7316201
安　徽	39462264	7356440	476594	24442250	897745	621301	5667934
福　建	37029727	5019120	468607	22037383	3132197	829768	5542652
江　西	11745768	1277697	236598	8247259	533185	210617	1240412
山　东	54445312	8500278	2561857	30531149	2921398	488917	9441713
河　南	38437590	2925276	1140108	28120394	590968	476686	5184158
湖　北	32860234	5201517	1462832	19687863	1208968	687107	4611947
湖　南	26283245	3427065	1008991	16916540	1042639	360182	3527828
广　东	64895920	6777298	1797069	33200235	7501098	3772864	11847356
广　西	16146322	1913801	149425	11298601	659815	358108	1766572
海　南	11967581	1913522	406033	5764756	1090262	377341	2415667
重　庆	30127838	5674041	259781	17270984	2379571	1335574	3207887
四　川	38529951	3364334	653313	24665895	1693672	1974034	6178703
贵　州	19425435	2326024	116105	15151751	495622	17107	1318826
云　南	24883284	3150771	601807	16300028	608862	569461	3652355
西　藏	96777	22611	9976	64190			
陕　西	22401692	3326668	898856	14598720	615443	501925	2460080
甘　肃	7246490	1222510	153977	5468590	6048	14328	381037
青　海	2476138	471477	89702	1735695	4450		174814
宁　夏	5589682	653131	52734	4677549	74910	49510	81848
新　疆	8256855	1345208	55890	5972756	3777		879224

2-10 各地区按投资规模分房地产开发企业完成投资

单位：万元

地区	500万元以下	500-1000万元	1000-3000万元	3000-5000万元	5000万-1亿元	1-5亿元	5-10亿元	10亿元及以上
全国总计	**50742**	**325938**	**3781633**	**6980399**	**27613338**	**221443942**	**184196454**	**415741380**
北京		866	12928	38007	165136	1443343	3669872	29503893
天津	118	1419	6519	17052	91466	2046892	2871990	9772696
河北	1740	3333	112467	206396	1040154	10197750	7273885	15618430
山西		14497	168400	222213	976406	4704874	2698142	4301743
内蒙古	876	22887	188384	310059	955009	4627280	3211770	5473809
辽宁	2187	12777	115753	234824	1194285	16509188	16072514	30365985
吉林	2519	12658	101225	173918	598715	3845848	3101908	4687466
黑龙江	75	14881	142710	480141	699953	4109871	3000063	7600636
上海		113	10200	24261	113837	2389199	4578148	21080157
江苏	746	5021	110168	249908	1224174	18035103	17753450	35035942
浙江	11	4159	86921	174386	1041146	13964760	13980343	32910767
安徽	1913	17971	150352	242466	896869	9595619	9811126	18745948
福建	1539	5827	98101	180466	702062	7556799	7552318	20932615
江西	1805	7198	85590	185941	642456	4887223	3326766	2608789
山东	4492	17579	222629	453056	2428900	16350662	13379944	21588050
河南	2595	12567	178735	327863	1898429	13845611	9126868	13044922
湖北	3021	12480	242295	388456	1380104	8634606	5346870	16852402
湖南	4033	21095	265091	459556	1627232	9552883	5066205	9287150
广东	4974	21472	218504	336580	1279343	13540337	12455919	37038791
广西	2130	11508	111493	236646	811349	5653860	3848106	5471230
海南		450	12276	39843	257896	2551740	2279595	6825781
重庆	1885	7716	107280	170109	823143	6297789	5417438	17302478
四川	50	14704	172584	372635	2094389	12749023	12839236	10287330
贵州	1956	10008	92402	213765	709128	5740666	2989828	9667682
云南	1318	12938	169570	325297	1269035	7323562	3678729	12102835
西藏	361		640		10127	84249		1400
陕西	383	6104	90262	176682	515222	4695851	4406613	12510575
甘肃	4707	17679	163024	238796	775737	3291448	1357451	1397648
青海	499	2146	17704	11819	120052	900957	541216	881745
宁夏		838	38252	98667	252468	2656465	1388298	1154694
新疆	4809	33047	289174	390591	1019116	3660484	1171843	1687791

2-11　各地区按登记注册类型分的房地产开发企业住宅完成投资

单位：万元

地　区	总　计	内　资					
			国　有	集　体	股份合作	国有联营	集体联营
全国总计	**589507627**	**540205022**	**14039621**	**1699583**	**983102**	**45693**	**3198**
北　京	17245610	16347964	704412	170195	820		
天　津	9862785	9017152	1289035	109107	70000	285	
河　北	25392944	24833089	136576		38091		
山　西	9588469	9550179	610453	156025			
内蒙古	10035733	10019730	162740		180		
辽　宁	46660308	38312080	553092	28480	189085		
吉　林	9114450	8724285	965		1750		
黑龙江	11247187	11075780	225110	50			
上　海	16155060	14281315	412416	131699			1600
江　苏	51714983	44504564	3277361	161651	66565		
浙　江	40892167	36616792	253650	45925	19671	43850	
安　徽	25498814	24360466	669628	4059			
福　建	24020834	21574960	485231	102457			
江　西	7953764	7464983	98784	1920	1320		272
山　东	39766293	37338869	1194894	147702	146231		
河　南	28270863	27647864	482635	61569	122604		
湖　北	22515586	21562705	307694	82428			
湖　南	18458103	17641759	413592	9286	6346		
广　东	45306255	38412718	427163	381244	52827		1326
广　西	11666137	10885516	247792	23250	9770		
海　南	9950886	8505173	80006	10	35654		
重　庆	20442392	18091569	194532		3569		
四　川	25378926	23302415	323165	35630	116844		
贵　州	12242284	11884895	55830	65	1050		
云　南	16424032	15760132	301528	1039			
西　藏	58669	58669					
陕　西	17689545	16662312	654413	27769	96943		
甘　肃	5398519	5374309	307633	5020			
青　海	1597196	1595096	74673		3782	1558	
宁　夏	3402650	3273962	10778	13003			
新　疆	5556183	5523720	83840				

2-11 续表 1

单位：万元

地 区	内资						
	国有与集体联营	其他联营	国有独资公司	其他有限责任公司	股份有限公司	私营独资	私营合伙
全国总计	**11646**	**82103**	**23709880**	**282997137**	**24501456**	**1198378**	**80674**
北 京			551977	12919706	963638		
天 津			590699	4866383	533365	12387	
河 北			288413	13213805	1100924	75204	250
山 西			332190	2210951	351708	90	
内蒙古			228789	4657548	308028	38561	115
辽 宁			1567830	17355034	2017382	112455	
吉 林	11646		127800	4759180	612119	33022	120
黑龙江			1127961	5747232	355153	510	400
上 海			1407718	8773195	141772		
江 苏			1849424	18374054	1790049	220082	19206
浙 江			1654293	20068339	620134	9071	5377
安 徽			1902571	11745692	764974	81698	951
福 建			1640032	11963748	565644	1662	471
江 西			74907	3679948	551401	4912	5408
山 东			1584765	19753554	2396039	58566	6788
河 南			571495	16733874	2002234	57773	11723
湖 北			786610	11333456	1686226	26220	
湖 南		72127	430974	9666733	777689	83340	19067
广 东			563558	22573078	1607735	127623	269
广 西			364599	4502330	620080	49122	7383
海 南			1006198	5538803	534766	2415	
重 庆			1992189	7439256	517794		
四 川			557551	12453407	1223496	65452	
贵 州			232599	8153086	410448	11631	3146
云 南			426007	8636030	918316	25871	
西 藏		9976	3270	25444	2996		
陕 西			746167	9485832	961730	56689	
甘 肃			197446	2823925	93741	760	
青 海			247617	386450	19114	19500	
宁 夏			313218	743040	1453	23762	
新 疆			341013	2414024	51308		

2-11　续表 2　　　　单位：万元

地　　区	内　　资			港澳台商投资			
	私营有限责任公司	私营股份有限公司	其他内资企业		合资经营	合作经营	独资
全国总计	**177825214**	**11636291**	**1391046**	**33466399**	**12778554**	**1792756**	**18078659**
北　京	1007017	30199		758892	492636	103656	162600
天　津	1377111	89524	79256	331538	238753		87425
河　北	9056957	805143	117726	337691	150123		187568
山　西	5772047	114365	2350	16714			16714
内蒙古	4476210	146589	970				
辽　宁	15336662	1094658	57402	5849967	2825503	135054	2806483
吉　林	3000512	177171		373990	142347		224398
黑龙江	3389910	222429	7025	110126	85934		24192
上　海	3262634	150281		934509	372346	65028	497135
江　苏	17318878	1286712	140582	4568149	1576135	89108	2740747
浙　江	13703565	181716	11201	3418833	1592292		1775053
安　徽	8335246	621014	234633	760624	254677	3090	443025
福　建	6432096	340088	43531	1914924	1005165	21821	876168
江　西	2798417	228975	18719	331939	204314		127625
山　东	11174623	810283	65424	1940440	813974	103492	1020900
河　南	6775650	797710	30597	345549	78643	5769	253597
湖　北	6784927	515059	40085	658110	172213	3500	464153
湖　南	5482025	647981	32599	531225	231572		297649
广　东	12191774	474718	11403	4562827	870113	1140477	2445501
广　西	4652490	307759	100941	602286	186540	61909	353837
海　南	1217137	75542	14642	1091648	333614		568999
重　庆	7533027	346513	64689	1605853	375473	42918	1187462
四　川	7944780	530270	51820	1051466	268645		672805
贵　州	2711549	305491		340539	184757		155782
云　南	4575293	619961	256087	377213	181754		195459
西　藏	16983						
陕　西	4311861	316038	4870	551988	48183	16934	486871
甘　肃	1903151	42633		3492	1658		1834
青　海	781608	60794		2100			2100
宁　夏	1980961	187747		61304	61304		
新　疆	2520113	108928	4494	32463	29886		2577

2-11 续表 3

单位：万元

地　区	港澳台商投资		外商投资					
	股份有限	其　他		合资经营	合作经营	独　资	股份有限	其　他
全国总计	**708793**	**107637**	**15836206**	**5345470**	**1466697**	**8522858**	**462600**	**38581**
北　京			138754	39396	94825	2031	2502	
天　津	5360		514095	198479	11715	279478	22637	1786
河　北			222164	27346		194818		
山　西			21576	7008		14568		
内蒙古			16003	4900		8000		3103
辽　宁	82927		2498261	1089818	224742	1114709	68992	
吉　林	7245		16175	8098		8077		
黑龙江			61281	15594		45687		
上　海			939236	333509	96316	500734	8677	
江　苏	154312	7847	2642270	953085	115542	1570618	3025	
浙　江	51488		856542	223108	71902	561532		
安　徽	59832		377724	78128	42310	244106	13180	
福　建	11770		530950	144659	130	362528		23633
江　西			156842	113223		38119	5500	
山　东	2074		486984	186107	74127	226750		
河　南		7540	277450	63188	3928	207020	3314	
湖　北	18244		294771	71587	39255	174030	9899	
湖　南	2004		285119	137352		147767		
广　东	45763	60973	2330710	713137	148096	1397548	71929	
广　西			178335	44433	5523	128379		
海　南	165035	24000	354065	35201	164646	137682	16536	
重　庆			744970	337287	117153	268634	11837	10059
四　川	102739	7277	1025045	362803	105831	556411		
贵　州			16850		16825	25		
云　南			286687	6364	55751		224572	
西　藏								
陕　西			475245	114313	78080	282852		
甘　肃			20718	17761		2957		
青　海								
宁　夏			67384	19586		47798		
新　疆								

2-12　各地区按资质等级分的房地产开发企业住宅完成投资

单位:万元

地　区	总　计	一　级	二　级	三　级	四　级	暂　定	其　他
全国总计	**589507627**	**28359301**	**101152198**	**113627274**	**64141289**	**253876058**	**28351507**
北　京	17245610	2904061	2165499	828232	4410581	5838670	1098567
天　津	9862785	563719	1713876	1141265	3518941	2645725	279259
河　北	25392944	1511754	3490076	4477760	6881678	8499378	532298
山　西	9588469	376150	1743594	1903399	3805788	1716575	42963
内蒙古	10035733	438068	1396598	1524158	4947360	1429647	299902
辽　宁	46660308	925952	4303032	9497093	214467	28607273	3112491
吉　林	9114450	171363	2302767	1691778	1218963	3621604	107975
黑龙江	11247187	1161541	2875753	4451133	257710	2082278	418772
上　海	16155060	393775	1692913	1086976	72188	11630510	1278698
江　苏	51714983	3160417	20026798	4009269	164256	21886442	2467801
浙　江	40892167	1924444	5330516	7715849	1837201	20556063	3528094
安　徽	25498814	402092	3911579	5667356	806002	13922846	788939
福　建	24020834	750331	2708402	6307927	2061917	11819143	373114
江　西	7953764	113414	1130462	2308569	570114	3636218	194987
山　东	39766293	1921009	4005030	5407089	5084450	20898886	2449829
河　南	28270863	1071163	4880034	3501032	1563152	16349332	906150
湖　北	22515586	1636889	4339225	3995098	2430305	9504031	610038
湖　南	18458103	740995	2059783	7758300	1436714	5958980	503331
广　东	45306255	2646570	3272031	10686897	8331814	16669485	3699458
广　西	11666137	325154	1605495	2450515	819386	5818866	646721
海　南	9950886	2644	524916	1157199	706140	6748349	811638
重　庆	20442392	1335619	7386407	2257391	299193	9034193	129589
四　川	25378926	1378762	5125548	12633818	311591	5134000	795207
贵　州	12242284	86830	4018216	1758962	1424448	4580926	372902
云　南	16424032	682083	2895946	1297633	3839464	6941981	766925
西　藏	58669		12000	35207	1746	9716	
陕　西	17689545	766996	2583995	4266248	4516395	3785745	1770166
甘　肃	5398519	90711	985783	1662894	1179013	1346645	133473
青　海	1597196	146747	778093	303972	140548	196876	30960
宁　夏	3402650	456225	1041142	656891	560051	660965	27376
新　疆	5556183	273823	846689	1187364	729713	2344710	173884

2-13 各地区按资质等级分的房地产开发企业90平方米及以下住宅完成投资

单位:万元

地 区	总 计	一 级	二 级	三 级	四 级	暂 定	其 他
全国总计	**194462774**	**8654580**	**33400931**	**38467519**	**19289766**	**84679621**	**9970357**
北 京	7849215	1390475	836295	324275	1876776	3157483	263911
天 津	3819897	296062	1040480	367431	1057949	943250	114725
河 北	9809247	650173	1431578	1599232	2509531	3403249	215484
山 西	2902892	241463	544834	822316	796165	490135	7979
内蒙古	3228778	38259	310762	563149	1719304	542446	54858
辽 宁	23259507	315870	1835767	4950905	138802	14267214	1750949
吉 林	4621516	21771	1097824	850317	829575	1753952	68077
黑龙江	4842328	102900	1086251	2203531	223013	860388	366245
上 海	6676592	147736	764569	334204	1350	4993910	434823
江 苏	11780580	576662	5123534	874510	45135	4512502	648237
浙 江	11031805	345649	1416467	1954270	498192	5871247	945980
安 徽	8772045	128464	1431320	2193568	220965	4581518	216210
福 建	5725554	164584	590971	1536497	549007	2720942	163553
江 西	1743216	40753	327032	512697	110742	720414	31578
山 东	10585562	427442	903404	1290644	1465348	5655939	842785
河 南	8578580	363789	1553607	918892	238899	5274297	229096
湖 北	5753617	859883	940906	989076	436045	2463411	64296
湖 南	3853832	134844	532513	1669342	222514	1205324	89295
广 东	12128761	809446	816613	2417883	2163937	4475071	1445811
广 西	3578828	72402	477419	806729	283859	1625712	312707
海 南	3962442	2644	102592	531034	297254	2610035	418883
重 庆	10117690	457315	3781515	1017122	175277	4620095	66366
四 川	11135714	499353	1983761	5937201	134145	2166204	415050
贵 州	3625869	13849	1920903	426849	266269	933061	64938
云 南	4673359	161169	952258	307752	936516	2180669	134995
西 藏	14393			11351	1000	2042	
陕 西	5666151	250461	826885	1610443	1129980	1321597	526785
甘 肃	2009339	11875	245590	750248	475398	479158	47070
青 海	293840	1695	101797	81277	31147	77679	245
宁 夏	896954	78432	211911	245567	198231	150395	12418
新 疆	1524671	49160	211573	369207	257441	620282	17008

2-14 各地区按资质等级分的房地产开发企业144平方米以上住宅完成投资

单位:万元

地区	总计	一级	二级	三级	四级	暂定	其他
全国总计	**104562234**	**4823950**	**17143684**	**19409581**	**11199635**	**46980594**	**5004790**
北京	3821576	361033	279236	231911	1413937	941884	593575
天津	1351501	26294	105089	147923	546427	523117	2651
河北	3088641	186249	560922	394296	1058269	857861	31044
山西	1935760	45625	344207	264307	915338	361513	4770
内蒙古	1693917	122140	430137	273876	621176	201984	44604
辽宁	6613019	144870	558698	1166968	7719	4543030	191734
吉林	1066601	5535	293246	277575	70002	419746	497
黑龙江	1873957	395025	552772	632170	5817	256038	32135
上海	4705758	140417	343929	355175		3552153	314084
江苏	10877930	520438	3950874	820252	7231	5274805	304330
浙江	13389541	669700	1655572	2537651	578131	6940485	1008002
安徽	1922171	20901	336042	359267	62298	1118821	24842
福建	5157081	164664	525849	1780781	570816	2055766	59205
江西	990003	16564	149913	321953	49960	438816	12797
山东	6778922	373369	621849	655711	646564	4100245	381184
河南	3520104	117537	827640	368131	184359	1972501	49936
湖北	2540907	50952	441873	520442	193671	893012	440957
湖南	3324871	73434	386189	1417877	198735	1187884	60752
广东	11584606	686952	906954	3279712	2006606	3908414	795968
广西	1464362	4544	164384	250808	102937	855833	85856
海南	1399967		5402	90914	34500	1119024	150127
重庆	2622184	128381	947034	223000	48879	1274890	
四川	2786461	94619	649880	1369852	53808	481918	136384
贵州	1798264	37843	773316	192108	155366	571645	67986
云南	3877656	132502	628643	382695	929067	1735551	69198
西藏	28597		10000	13953	480	4164	
陕西	2493606	190296	375496	598248	499404	714020	116142
甘肃	465551	6714	52545	176506	94937	131204	3645
青海	88215	10130	35260	19573	10373	5379	7500
宁夏	483430	50554	137214	92605	56404	146653	
新疆	817075	46668	93519	193341	76424	392238	14885

2-15 各地区按资质等级分的房地产开发企业别墅、高档公寓完成投资

单位:万元

地区	总计	一级	二级	三级	四级	暂定	其他
全国总计	**36379004**	**1285872**	**5110679**	**7012333**	**3509808**	**17870921**	**1589391**
北京	1356381	151021	34335	61521	831048	254032	24424
天津	639806	68103	13763	189372	186282	143233	39053
河北	551354	25977	125385	27383	127705	244154	750
山西	137297		35639	2338	35707	63613	
内蒙古	286222	10601	32332	107064	105336	30789	100
辽宁	2434567	4315	97590	575905		1631395	125362
吉林	380422		121957	75514	1300	181651	
黑龙江	308161	11723	82700	102930	260	109605	943
上海	3486040	44904	310786	353754		2429632	346964
江苏	4611870	164941	1476680	387810		2480345	102094
浙江	3625127	99085	337633	1006111	255367	1670269	256662
安徽	645382	11320	41543	125404	14422	447207	5486
福建	1378577	21646	104276	402023	190377	660255	
江西	364883	12610	35086	137132	15011	163273	1771
山东	1599637	181602	96077	104007	87175	1039580	91196
河南	270427	36401	25994	9452	8504	189776	300
湖北	637958	26944	238680	142205	26408	203721	
湖南	785168	360	44530	373892	29503	295617	41266
广东	5108747	174987	330988	1615064	896262	1841946	249500
广西	415950	67	81827	83588	39837	209487	1144
海南	2186480		158187	183641	70321	1592178	182153
重庆	1398788	39878	609202	148465	40719	560524	
四川	1243880	53371	232569	529154	40978	364143	23665
贵州	325260	20152	9336	13754	11026	267516	3476
云南	1068639	78392	239899	79301	324004	309379	37664
西藏	20755		12000	5152		3603	
陕西	387283	33951	86615	61220	125667	50134	29696
甘肃	90117	500	9010	2600		78007	
青海	8534		1350	284	6700	200	
宁夏	150230	3165	26690	42985	18134	59256	
新疆	475062	9856	58020	63308	21755	296401	25722

2-16　各地区按登记注册类型分的房地产开发企业办公楼完成投资

单位：万元

地　区	总　计	内　资					
			国　有	集　体	股份合作	国有联营	集体联营
全国总计	**46524470**	**40197509**	**564911**	**29961**	**41775**		
北　京	6117479	5173565	61174	13303			
天　津	999098	894831	10659	50	5500		
河　北	1403944	1236671	2228				
山　西	484284	429305	1030				
内蒙古	628224	627652	127				
辽　宁	1557668	1217405	980	300	1040		
吉　林	418277	416797					
黑龙江	311156	271012	63				
上　海	3771832	2896681	10148	5430			
江　苏	3241780	2867430	75927	1960	34877		
浙　江	3774281	3313050	10359		5		
安　徽	1661961	1529205	30119				
福　建	2702759	2438040	131622				
江　西	1007398	949047	650				
山　东	2878102	2750070	41765	745	14		
河　南	1753969	1598605	18732	5			
湖　北	1474357	1391096	39247	514			
湖　南	896405	758298	26305		124		
广　东	3372659	2324193	25658	6814			
广　西	516716	476508	14531		100		
海　南	121807	110492	1297				
重　庆	1445592	1226288	6794				
四　川	1891148	1339374	11990	840			
贵　州	1320287	1268849	11				
云　南	1174987	1113314	24632				
西　藏	1056	1056					
陕　西	798458	783418	7464		115		
甘　肃	193416	190637	10715				
青　海	167543	166793					
宁　夏	187933	187933					
新　疆	249894	249894	684				

2-16 续表 1　　单位：万元

地　区	内资 国有与集体联营	其他联营	国有独资公司	其他有限责任公司	股份有限公司	私营独资	私营合伙
全国总计		**200**	**2091606**	**24622857**	**1441253**	**88656**	**1300**
北　京			59584	4601437	121200		
天　津			58012	667061	47019	16541	
河　北			12442	655796	135591		
山　西			19443	169783	844		
内蒙古			24656	260582	9001	1600	
辽　宁			68349	643650	167915	2380	
吉　林			10	205923	6383		
黑龙江			1283	142035	18006		
上　海			125222	1652235	103455	9402	
江　苏			102092	1353920	69114	23817	1200
浙　江			142600	2073507	51881	648	
安　徽			26197	866011	41357	4281	
福　建			264864	1508520	10577		
江　西			7685	822860	31821		
山　东			442257	1452535	61984		
河　南			9094	1226918	46791	3400	
湖　北			177587	434181	231563		
湖　南		200	92807	482990	33601	350	
广　东			61594	1497386	102053	1180	
广　西			54375	162556	14001	9800	100
海　南			17089	58156	600		
重　庆			195473	529146	1554	1070	
四　川			13747	770431	50124	11758	
贵　州			22974	1061339	2819	817	
云　南			1630	564968	70745		
西　藏			416				
陕　西			48606	494672	9854	1200	
甘　肃			27789	75836	500		
青　海			5400	44303	600		
宁　夏			6383	65686		412	
新　疆			1946	78434	300		

2-16　续表 2　　　　单位：万元

地　区	内资			港澳台商投资			
	私营有限责任公司	私营股份有限公司	其他内资企业		合资经营	合作经营	独资
全国总计	**10627631**	**604746**	**82613**	**4138408**	**1992483**	**370985**	**1671560**
北　京	284178	32689		622187	350981	189020	82186
天　津	65632	10017	14340	35027	21612		2897
河　北	382494	37459	10661	17374			17374
山　西	237342	863		50			50
内蒙古	316169	13837	1680				
辽　宁	324532	8259		218592	81207	18292	118493
吉　林	100604	103877		1000			1000
黑龙江	104545	5080		40144	40144		
上　海	984512	6277		644809	365608	80	279121
江　苏	1163304	21369	19850	335580	157262		178318
浙　江	988448	45602		341389	98909		211300
安　徽	521488	20613	19139	58008	21325		36683
福　建	496360	21880	4217	213654	71918		89179
江　西	82516	3495	20	49006	10468		38538
山　东	720739	21933	8098	87162	58277	5399	23486
河　南	291459	935	1271	139783	69230		70553
湖　北	479494	28510		33489	362		33127
湖　南	114279	7042	600	135515	2792		132723
广　东	533363	94928	1217	790945	502117	158194	124592
广　西	213791	6954	300	24909			24909
海　南	32720	630		9499			9499
重　庆	479581	11650	1020	139933	100024		39909
四　川	438507	41977		156123	30140		123500
贵　州	166082	14807		36722	6989		29733
云　南	427073	24066	200				
西　藏	640						
陕　西	216852	4655		3979	339		3640
甘　肃	74848	949		2779	2779		
青　海	116320	170		750			750
宁　夏	113199	2253					
新　疆	156560	11970					

2-16 续表 3 单位：万元

地 区	港澳台商投资		外商投资					
	股份有限	其 他		合资经营	合作经营	独 资	股份有限	其 他
全国总计	**101807**	**1573**	**2188553**	**664182**	**285462**	**1173154**	**65183**	**572**
北 京			321727	263579	36859	18552	2737	
天 津	10518		69240	16105	12357	28894	11884	
河 北			149899	37400		112499		
山 西			54929	66		54863		
内蒙古			572					572
辽 宁	600		121671	3541	20738	88854	8538	
吉 林			480	480				
黑龙江								
上 海			230342	38396	29610	160736	1600	
江 苏			38770	8312	1	30457		
浙 江	31180		119842	41346	11285	67211		
安 徽			74748	31443		43305		
福 建	52557		51065	9737		23094	18234	
江 西			9345	4790		55	4500	
山 东			40870	16331	610	23929		
河 南			15581			15581		
湖 北			49772	49772				
湖 南			2592	2001		591		
广 东	6042		257521	33276	68519	155726		
广 西			15299	168		15131		
海 南			1816	1816				
重 庆			79371	5146	3656	52879	17690	
四 川	910	1573	395651	64182	50722	280747		
贵 州			14716	14716				
云 南			61673	10568	51105			
西 藏								
陕 西			11061	11011		50		
甘 肃								
青 海								
宁 夏								
新 疆								

2-17　各地区按资质等级分的房地产开发企业办公楼完成投资

单位:万元

地　区	总　计	一　级	二　级	三　级	四　级	暂　定	其　他
全国总计	**46524470**	**1884315**	**7396984**	**6310271**	**4710318**	**23022102**	**3200480**
北　京	6117479	268217	417094	402758	1327929	3057635	643846
天　津	999098	8977	37765	26786	501663	405817	18090
河　北	1403944	62378	499785	164273	328820	328030	20658
山　西	484284	28241	125599	61519	203630	65295	
内蒙古	628224	53362	117796	56167	329532	57952	13415
辽　宁	1557668	45654	106342	190492	1123	1076185	137872
吉　林	418277	283	206882	33062	18047	155723	4280
黑龙江	311156	4548	73933	134595	2515	92687	2878
上　海	3771832	82630	175764	168075		3097104	248259
江　苏	3241780	144370	1282495	128844	7102	1589788	89181
浙　江	3774281	85521	275809	668524	116552	2123836	504039
安　徽	1661961	88278	356550	369535	11520	826557	9521
福　建	2702759	94598	318434	456823	282475	1475778	74651
江　西	1007398	24254	31378	67928	5778	687313	190747
山　东	2878102	141258	230414	469297	252319	1640760	144054
河　南	1753969	11910	347941	80228	26535	1265101	22254
湖　北	1474357	128338	357612	206787	38086	546609	196925
湖　南	896405	36652	70550	190803	29260	560359	8781
广　东	3372659	275061	266798	780005	465013	1352951	232831
广　西	516716	30473	31131	52512	13320	359338	29942
海　南	121807	10		23233	60	95730	2774
重　庆	1445592	87842	594903	132035	2010	623697	5105
四　川	1891148	21583	288636	929249	15060	318173	318447
贵　州	1320287	7996	553057	131700	131739	377691	118104
云　南	1174987	41282	208984	102828	290497	400040	131356
西　藏	1056			1056			
陕　西	798458	74734	192426	112098	249555	144398	25247
甘　肃	193416	9152	25149	60708	14730	83677	
青　海	167543	3803	118257	26300	13726	1137	4320
宁　夏	187933	18858	59188	35030	15778	59079	
新　疆	249894	4052	26312	47021	15944	153662	2903

2-18 各地区按登记注册类型分的房地产开发企业商业营业用房完成投资

单位：万元

地区	总计	内资					
			国有	集体	股份合作	国有联营	集体联营
全国总计	**119448308**	**107817070**	**1433234**	**187602**	**85003**	**1317**	**1526**
北京	3175052	2563635	24166	9494			
天津	1652899	1314514	67478	6000	28500	215	
河北	4569765	4390281	4228		9858		
山西	1825554	1751160	118568	13977			
内蒙古	2836742	2836242	81370				
辽宁	10969210	8591578	72063	400	15230		
吉林	1935594	1872689	415				
黑龙江	2763097	2753528	19507	50			
上海	3700298	3045600	47759	19556			200
江苏	11199460	9794484	297481	34184	9636		
浙江	7175352	5963091	12851	5962	1622	950	
安徽	8008625	7708774	79908	45			
福建	4914305	4495851	52606	20479			
江西	1539141	1427653	13901	150			
山东	7017187	6595424	128904	21724	4206		
河南	4421026	4252437	42772	1015			
湖北	4966951	4702004	41841	18805			
湖南	3511544	3312871	54911	1753	746		
广东	7054675	5707227	32108	24452	2267		1326
广西	1748792	1640412	8910	1230	341		
海南	743916	718076	8512				
重庆	3774147	3214171	36389		634		
四川	5786755	5287400	31053	2423	10741		
贵州	3448961	3397763	16902		475		
云南	4109691	4003924	20658				
西藏	27821	27821					
陕西	2240840	2133646	31808		345		
甘肃	986394	984162	51592	1821			
青海	444914	444014	21898		102	152	
宁夏	1271150	1267646	73	4032			
新疆	1628450	1618992	12602	50	300		

2-18　续表 1　　　　　　　　　　　　　　　　　　　　　　　单位：万元

地　区	内　资						
	国有与集体联　营	其他联营	国有独资公　司	其他有限责任公司	股份有限公　司	私营独资	私营合伙
全国总计	**3542**	**6138**	**2629803**	**54656444**	**4649237**	**276855**	**42895**
北　京			140004	2169481	17890		
天　津			75627	638347	105964	6566	560
河　北			44488	1948761	441544	17421	126
山　西			31204	374141	5461		
内蒙古			78313	1021443	139175	3618	35
辽　宁			136419	4126922	250155	20637	
吉　林	3542		30262	1090656	134563	10710	
黑龙江			110407	1575400	87301		
上　海			72257	1716193	67663	1922	
江　苏			271355	3718960	346670	44528	28728
浙　江			148677	2993688	85171	3658	405
安　徽			112742	3658318	249345	39187	191
福　建			187868	2890745	45930		158
江　西			4357	532244	198518	733	4050
山　东			329906	3300788	408466	3692	562
河　南			15678	2683590	287653	1600	1282
湖　北			67668	2018065	667241	4140	
湖　南		6138	62862	1885868	113284	10053	4546
广　东			35049	3497420	251123	39039	121
广　西			75936	661471	87879	28218	1031
海　南			71226	411518	44015	360	
重　庆			130054	1482023	74169	682	
四　川			102505	2645912	250625	8725	
贵　州			54151	2285515	125003	879	1100
云　南			62916	2242845	77246	6805	
西　藏			1925	9086	20		
陕　西			35236	1213484	48004	11920	
甘　肃			25638	560487	22719		
青　海			6352	117923	5212		
宁　夏			77915	349102	500	11762	
新　疆			30806	836048	10728		

2-18 续表 2

单位：万元

地区	内资			港澳台商投资			
	私营有限责任公司	私营股份有限公司	其他内资企业		合资经营	合作经营	独资
全国总计	**40678000**	**2939422**	**226052**	**7769287**	**2980361**	**577966**	**4122374**
北京	181075	21525		258539	115991	78391	64157
天津	367052	9033	9172	210921	46090		153332
河北	1700658	215051	8146	88106	70795		17311
山西	1196206	10484	1119	20849	14902		5947
内蒙古	1448589	63279	420				
辽宁	3799719	168033	2000	1694010	705003	131966	854617
吉林	574971	27570		51738	24670		25628
黑龙江	946988	13350	525	9547	2624		6923
上海	1067341	52709		387616	136563	63299	187754
江苏	4769627	241165	32150	1073558	462619	25953	574955
浙江	2590478	117177	2452	754581	228819		503397
安徽	3098289	438415	32334	227002	39479		183494
福建	1188364	105201	4500	312859	159843	1375	150517
江西	619969	52245	1486	88240	35061		53179
山东	2075658	295043	26475	316314	170799	30233	115082
河南	1149850	66536	2461	122330	52016	4501	58899
湖北	1723919	159725	600	158270	8948	1000	148322
湖南	1068505	103080	1125	176658	31563		145095
广东	1735539	74249	14534	965603	229054	224441	496651
广西	749165	25231	1000	35715	12696	6393	16626
海南	162214	20231		19367	1054		18313
重庆	1413361	73400	3459	420614	287458	10313	122843
四川	2030816	156433	48167	230430	75101		142226
贵州	844759	68979		49122	7537		41585
云南	1398302	165331	29821	57757	42978		14779
西藏	16790						
陕西	697957	94892		24464	4986	101	19377
甘肃	318744	3161		1285	820		465
青海	283831	8544		900			900
宁夏	797289	26973		3434	3434		
新疆	661975	62377	4106	9458	9458		

2-18 续表 3

单位：万元

地 区	港澳台商投资		外商投资					
	股份有限	其 他		合资经营	合作经营	独 资	股份有限	其 他
全国总计	**79398**	**9188**	**3861951**	**1167296**	**429729**	**2034940**	**201445**	**28541**
北 京			352878	94337	45628	211740	1173	
天 津	11499		127464	10315	8327	61942	19838	27042
河 北			91378	2503		88875		
山 西			53545	759		52786		
内 蒙 古			500					500
辽 宁	2424		683622	252609	58599	341203	31211	
吉 林	1440		11167	1000		10167		
黑 龙 江			22	20		2		
上 海			267082	45595	29275	190712	1500	
江 苏	8397	1634	331418	114573	23764	177453	15628	
浙 江	22365		457680	89156	29376	339148		
安 徽	4029		72849	20910	5990	45019	930	
福 建	1124		105595	21922	45	43576	39963	89
江 西			23248	10256		12992		
山 东	200		105449	56106	20693	28650		
河 南		6914	46259	1305		44954		
湖 北			106677	37261	9925	59491		
湖 南			22015	12160		3184	6671	
广 东	14910	547	381845	255099	10260	93317	23169	
广 西			72665	5742	627	24476	41820	
海 南			6473	3759		2714		
重 庆			139362	18157	19625	81128	19542	910
四 川	13010	93	268925	104200	46173	118552		
贵 州			2076	1819	192	65		
云 南			48010	2	48008			
西 藏								
陕 西			82730	6939	73222	2569		
甘 肃			947	742		205		
青 海								
宁 夏			70	50		20		
新 疆								

2-19 各地区按资质等级分的房地产开发企业商业营业用房完成投资

单位:万元

地 区	总 计	一 级	二 级	三 级	四 级	暂 定	其 他
全国总计	**119448308**	**4096141**	**18961451**	**21980753**	**12132819**	**55682743**	**6594401**
北 京	3175052	415324	203678	217274	1013255	1083436	242085
天 津	1652899	48414	178653	166068	853824	382572	23368
河 北	4569765	234702	920494	613141	1053147	1693218	55063
山 西	1825554	135292	269260	299729	806599	311822	2852
内蒙古	2836742	178900	536726	355711	1314443	335315	115647
辽 宁	10969210	205322	839591	1949814	121166	6816775	1036542
吉 林	1935594	1025	465581	377021	170916	866024	55027
黑龙江	2763097	54882	586182	1355671	43907	690428	32027
上 海	3700298	59123	349022	246574	3850	2354179	687550
江 苏	11199460	267997	3935297	808069	44243	5682188	461666
浙 江	7175352	151029	680217	1198438	434242	3722052	989374
安 徽	8008625	162884	866068	1528008	239512	4953051	259102
福 建	4914305	115931	473021	1025243	396141	2805081	98888
江 西	1539141	21421	309886	330849	126927	714624	35434
山 东	7017187	331293	492942	836673	771038	4085359	499882
河 南	4421026	174942	720460	554854	169229	2645763	155778
湖 北	4966951	405547	870244	925351	529263	2184292	52254
湖 南	3511544	98439	329304	1200597	260761	1521822	100621
广 东	7054675	259046	448672	1494086	1091321	3133954	627596
广 西	1748792	30667	219813	352287	93268	976221	76536
海 南	743916	12	20772	80476	18470	604577	19609
重 庆	3774147	207797	1481443	471531	26557	1570526	16293
四 川	5786755	192583	1020587	3027854	64096	1239095	242540
贵 州	3448961	12843	888229	492763	426482	1445520	183124
云 南	4109691	80498	527237	383597	860556	1966998	290805
西 藏	27821		5000	17087	820	4914	
陕 西	2240840	86770	357018	602337	630384	452127	112204
甘 肃	986394	20920	207725	315130	199144	236766	6709
青 海	444914	24564	215379	124633	38537	35331	6470
宁 夏	1271150	83381	393995	302112	132264	359025	373
新 疆	1628450	34593	148955	327775	198457	809688	108982

2-20　各地区按资质等级分的房地产开发企业本年新增固定资产

单位:万元

地　区	总　计	一　级	二　级	三　级	四　级	暂　定	其　他
全国总计	**374005582**	**22720689**	**76546353**	**85674762**	**46715183**	**128946437**	**13402158**
北　京	11828893	2238489	2000515	1271681	4247158	1670924	400126
天　津	13080423	1243028	1027962	916251	4205575	4643190	1044417
河　北	16272687	707963	3666278	2345361	5197577	4150245	205263
山　西	5439709	581825	1088114	1367893	1831061	569504	1312
内蒙古	7444759	461943	816029	1590053	3615695	885984	75055
辽　宁	22124010	540755	2416719	5831891	256661	11423536	1654448
吉　林	7635088		2139928	1870441	1200925	2377001	46793
黑龙江	8353877	485728	3322623	3195598	277919	645974	426035
上　海	13547473	161297	1463694	1150075	17400	10388770	366237
江　苏	42550592	2666116	16978587	4745205	159726	16748368	1252590
浙　江	20477551	1106846	3737817	5497645	1132005	7119835	1883403
安　徽	20075451	653096	3359926	6209388	706211	8885061	261769
福　建	10923257	569000	1514668	3120239	1621450	4089319	8581
江　西	5777574	9798	921139	2305032	559080	1923319	59206
山　东	25454296	1592985	3328443	4445220	3952119	11451229	684300
河　南	15729037	790669	3592252	2975611	1228531	6720018	421956
湖　北	11343063	803459	1750091	3391068	1705441	3561480	131524
湖　南	14456456	631965	1842755	5869146	1169645	4609805	333140
广　东	28193318	2781868	2029006	7059140	5933931	7539523	2849850
广　西	5584193	128596	705191	1456297	574221	2484832	235056
海　南	4230296	22697	390248	366942	188462	2809934	452013
重　庆	15232337	1346408	6464234	2306922	171360	4886748	56665
四　川	18248462	939291	4386009	9846517	276026	2606402	194217
贵　州	5117738	42697	1342778	1053569	1344142	1273430	61122
云　南	6972525	312257	1605486	849860	1815272	2301229	88421
西　藏	77652		40000	2533	18000	17119	
陕　西	5134691	361724	1443620	1579269	924463	754040	71575
甘　肃	2991604	15190	484861	1001624	950120	514517	25292
青　海	1705103	149894	994730	282325	219509	38750	19895
宁　夏	3702254	1095008	1079202	521647	526688	432864	46845
新　疆	4301213	280097	613448	1250319	688810	1423487	45052

2-21 各地区房地产开发企业实际到位资金情况

单位:万元

地区	本年实际到位资金合计	上年末结余资金	本年实际到位资金小计	国内贷款	#银行贷款
全国总计	**1535039582**	**313814868**	**1221224714**	**196726600**	**171647844**
北京	96875708	23873891	73001817	18369482	14840160
天津	35723324	8108605	27614719	7652235	6687123
河北	48351940	7116502	41235438	3364016	2931556
山西	16221188	2449595	13771593	657898	510664
内蒙古	18478707	2098357	16380350	1132732	911504
辽宁	85851028	11361155	74489873	8476357	7631960
吉林	17736718	2568880	15167838	1265717	811521
黑龙江	20920924	2584488	18336436	1301852	1269183
上海	68512930	17586223	50926707	12923582	12040751
江苏	158089682	31269337	126820345	23739676	19926174
浙江	117726276	29143818	88582458	15906485	13416385
安徽	61877475	11105902	50771573	4668745	3823816
福建	68306617	10636244	57670373	7476562	6711478
江西	24149556	5083112	19066444	2366343	2251130
山东	89200028	15486782	73713246	9954081	8818441
河南	51569792	7542761	44027031	3871277	3624533
湖北	50054870	7810062	42244808	7965677	6975923
湖南	44920102	8997417	35922685	5331473	4682058
广东	135702919	30973476	104729443	21435911	20032347
广西	26932028	5379648	21552380	3243473	2997846
海南	23414365	4648811	18765554	3273004	2722381
重庆	58468351	12327702	46140649	11122918	9376665
四川	88247527	35002235	53245292	7254508	6415810
贵州	25005488	3548254	21457234	2268249	1997559
云南	34617583	5373991	29243592	4188013	3383137
西藏	159558	34002	125556		
陕西	32701819	6777900	25923919	3260991	2990967
甘肃	11465562	1832032	9633530	1687531	1566232
青海	3285456	694600	2590856	444349	353719
宁夏	7755774	814280	6941494	1057417	984552
新疆	12716287	1584806	11131481	1066046	962269

2-21　续表 1

单位:万元

地　区	#非银行金融机构贷款	利用外资	#外商直接投资	自筹资金	#自有资金
全国总计	**25078756**	**5341655**	**4671196**	**474249467**	**205242974**
北　京	3529322	116024	116007	21382276	6239742
天　津	965112	162176	104539	8920835	3895896
河　北	432460	99786	99785	23946652	11654812
山　西	147234			7583132	2789797
内 蒙 古	221228			11180039	5625747
辽　宁	844397	619242	478811	40901661	20718014
吉　林	454196	51504	20010	8045892	4436394
黑 龙 江	32669			11026235	4402741
上　海	882831	381414	373177	15699109	7611865
江　苏	3813502	1094088	1017780	39329669	14970573
浙　江	2490100	470329	462518	27650698	9050353
安　徽	844929	10000	10000	21436629	7553821
福　建	765084	215817	214313	20165142	10177901
江　西	115213	8236	8236	5824903	2098049
山　东	1135640	335110	316879	31490821	13951806
河　南	246744	53968	2714	24726702	10666451
湖　北	989754			17353291	7566923
湖　南	649415	391547	382547	12153919	5185122
广　东	1403564	362931	318747	27983353	12589233
广　西	245627	6150	6150	8156908	3334279
海　南	550623	1030	30	7384185	3931722
重　庆	1746253	441801	441301	12637033	5178005
四　川	838698	323252	223252	21508673	11974662
贵　州	270690			8771999	3419155
云　南	804876	122850		15417636	5776075
西　藏				51017	24621
陕　西	270024	74400	74400	11431835	4186944
甘　肃	121299			4310787	2155359
青　海	90630			1179734	603316
宁　夏	72865			2476903	1084478
新　疆	103777			4121799	2389118

2-21 续表 2

单位:万元

地　区	其他资金来源	#定金及预收款	#个人按揭贷款	本年各项应付款合　计	#工程款
全国总计	**544906992**	**344989672**	**140332618**	**214197586**	**118014553**
北　京	33134035	22574977	5977978	2251187	1440102
天　津	10879473	8677634	914274	7723974	3672191
河　北	13824984	8789174	2829834	9806129	4551662
山　西	5530563	4170338	944219	3009281	1836034
内蒙古	4067579	2595795	870326	3176247	1645435
辽　宁	24492613	15809722	5241377	12730319	6927537
吉　林	5804725	3942657	1233409	2675579	1565024
黑龙江	6008349	3865659	1004367	1758755	929760
上　海	21922602	15715002	3568651	8452021	4663072
江　苏	62656912	38727698	18651583	25997658	15578203
浙　江	44554946	28279767	13929603	12819867	7490035
安　徽	24656199	13627912	7577371	10588841	6219521
福　建	29812852	16581056	9748096	4461058	2273864
江　西	10866962	6478482	3152820	3202868	2038625
山　东	31933234	20895814	7239087	12711448	6860591
河　南	15375084	8359606	4184788	8060029	4242301
湖　北	16925840	9281710	5021863	7959807	4163411
湖　南	18045746	11662462	4949684	8431198	4582112
广　东	54947248	36382977	14746797	15879548	9128746
广　西	10145849	5520260	3338205	3922281	2103372
海　南	8107335	5954551	317667	4683441	2082609
重　庆	21938897	12819023	6593816	10102952	5167856
四　川	24158859	15571381	6290305	9849027	5576431
贵　州	10416986	5889485	3413969	4538047	2419509
云　南	9515093	5814156	2602453	7560199	3886566
西　藏	74539	42086	17280	22107	14860
陕　西	11156693	7436229	2912976	4660209	2548313
甘　肃	3635212	2737949	552340	2870363	1613433
青　海	966773	696338	188333	546716	345218
宁　夏	3407174	2267718	811427	1719760	1217634
新　疆	5943636	3822054	1507720	2026670	1230526

2-22 各地区按登记注册类型分的房地产开发企业本年实际到位资金小计

单位：万元

地区	总计	内资	国有	集体	股份合作	国有联营	集体联营
全国总计	**1221224714**	**1102162277**	**24213520**	**2741196**	**1646149**	**59067**	**18811**
北京	73001817	68688052	3565996	220571	830		
天津	27614719	23939335	1681415	146875	155000	35667	
河北	41235438	40399721	136869		45304		
山西	13771593	13572498	537123	152021			
内蒙古	16380350	16351319	227255		380		
辽宁	74489873	60894594	906223	29380	316875		
吉林	15167838	14416255	1487		6771		
黑龙江	18336436	17991934	253046	100			
上海	50926707	43502466	1287744	237999			2000
江苏	126820345	109300792	4972696	391003	304198		
浙江	88582458	79312037	332455	79142	26575	23400	
安徽	50771573	48711014	1126095	7128			
福建	57670373	51022810	933915	161151			
江西	19066444	17249583	201887	1530	1320		
山东	73713246	68596141	1956557	274968	217055		
河南	44027031	42786441	644612	65670	105510		
湖北	42244808	40215892	631604	141181			
湖南	35922685	34005891	516099	9111	11410		
广东	104729443	84552259	637749	669988	72053		16811
广西	21552380	20206693	400040	33148	2140		
海南	18765554	15091402	132741		55893		
重庆	46140649	39504001	542929	120	4477		
四川	53245292	48486121	638812	49537	166385		
贵州	21457234	21035484	129167	438	7608		
云南	29243592	28242330	324393	1257	210		
西藏	125556	125556					
陕西	25923919	24128382	836259	25790	102663		
甘肃	9633530	9477148	424136	23220			
青海	2590856	2578393	42933		8492		
宁夏	6941494	6671953	42128	19818			
新疆	11131481	11105780	149155	50	35000		

2-22 续表 1

单位：万元

地 区	内资						
	国有与集体联营	其他联营	国有独资公司	其他有限责任公司	股份有限公司	私营独资	私营合伙
全国总计	**15911**	**101739**	**46912438**	**593794453**	**51505083**	**2779322**	**287147**
北 京			2573136	52753978	5731622		
天 津			2146399	13481938	1740338	158321	
河 北			339233	21272213	2708197	39181	7000
山 西			324778	3596381	296377	100	
内蒙古			377361	7353357	576506	31593	100
辽 宁			2374127	27030101	3214530	222241	
吉 林	14688		327246	8266278	1015864	67997	500
黑龙江			1545129	10037750	536584	920	400
上 海			2766999	24801238	737207	119988	
江 苏			5671537	45681603	4337731	626064	89927
浙 江	257		2897166	45469640	1546614	21739	18576
安 徽			2583299	24883045	1543574	197271	974
福 建			3101347	30022732	1459518	1852	5384
江 西			360050	8927787	1062737	17120	9958
山 东			3322864	35219625	4055242	123761	8000
河 南			733725	26410820	2969698	82438	17925
湖 北			2715280	20917258	3189099	43492	
湖 南		94004	837025	19467413	1350035	123203	94778
广 东		116	1362736	49975576	4389225	332924	11193
广 西		10	898828	8146187	1167945	112859	15432
海 南	966		1199804	10388415	705620	147124	
重 庆			3928549	16093199	1278324	4332	
四 川			1287478	27265389	2379150	103388	
贵 州			352283	14388511	706308	14215	7000
云 南			649800	16242058	1265416	37923	
西 藏		7609	14911	46158	14611		
陕 西			849259	13454140	1068576	91876	
甘 肃			287437	5011181	201319	810	
青 海			150331	649671	43861	10891	
宁 夏			463213	1512806	7239	45699	
新 疆			471108	5028005	206016		

2-22 续表 2

单位：万元

地区	内资			港澳台商投资			
	私营有限责任公司	私营股份有限公司	其他内资企业		合资经营	合作经营	独资
全国总计	**352613958**	**22995852**	**2477631**	**79124801**	**28925766**	**5171920**	**43204027**
北京	3571953	269966		2687957	928475	953769	805713
天津	3958702	187639	247041	1697120	1030755		484130
河北	14205031	1308880	337813	585745	311976		273769
山西	8470921	190372	4425	39280	14671		24609
内蒙古	7509701	271966	3100				
辽宁	25246042	1499251	55824	9406473	4490146	331044	4509688
吉林	4335526	379653	245	585323	310022		265501
黑龙江	5354327	255768	7910	230523	191384		39139
上海	13172752	376539		4313991	1504445	138140	2670467
江苏	43395407	3384410	446216	11321484	4017567	164737	6968233
浙江	28485911	393212	17350	6842879	2667660		4006701
安徽	16601437	1368916	399275	1219020	429216	4905	596809
福建	14588417	697602	50892	5203061	2321107	13157	2727712
江西	6117946	518592	30656	1398666	736119	1405	661142
山东	21671980	1620554	125535	3823730	1653001	259920	1909479
河南	10613760	1065510	76773	630165	230765	60840	324096
湖北	11510891	1054087	13000	1475558	368519	5000	1049468
湖南	10193303	1256078	53432	1521573	384969		1134600
广东	25442298	1602722	38868	13462609	2636206	2940727	7718966
广西	8918282	486308	25514	891248	288221	132323	470704
海南	2318137	124450	18252	3148024	1518086		1162877
重庆	16955164	604937	91970	4199043	1437656	79134	2682253
四川	15448418	1000846	146718	2053472	496015	3500	1372218
贵州	4864630	565324		378780	221339		157441
云南	8209661	1243890	267722	702601	434541		268060
西藏	42267						
陕西	6967184	728385	4250	1026000	47187	83319	895494
甘肃	3456816	66529	5700	49698	38763		10935
青海	1597276	74938		4450			4450
宁夏	4403983	177067		200627	200627		
新疆	4985835	221461	9150	25701	16328		9373

2-22 续表 3

单位：万元

地区	港澳台商投资		外商投资					
	股份有限	其他		合资经营	合作经营	独资	股份有限	其他
全国总计	**1688917**	**134171**	**39937636**	**12580222**	**4652160**	**21221119**	**1169776**	**314359**
北京			1625808	616461	622767	281573	105007	
天津	182235		1978264	559033	32000	1234418	78760	74053
河北			249972	33293		216679		
山西			159815	11240		148575		
内蒙古			29031	7161		8020		13850
辽宁	75595		4188806	1716805	580337	1765940	125724	
吉林	9800		166260	148016		18244		
黑龙江			113979	42367		71612		
上海	939		3110250	799117	727914	1557639	25580	
江苏	156854	14093	6198069	1944892	235426	3972851	44900	
浙江	168518		2427542	603115	116480	1707947		
安徽	188090		841539	176136	146107	495177	24119	
福建	141085		1444502	228573	300	962589	151411	101629
江西			418195	329715		84164	4316	
山东	1330		1293375	647000	153709	492666		
河南		14464	610425	129632	15500	444000	21293	
湖北	52571		553358	120937	114495	268096	49830	
湖南	2004		395221	211069		177374	6778	
广东	88956	77754	6714575	2092063	740618	3601179	280715	
广西			454439	118967	8865	287807	38800	
海南	452061	15000	526128	32289	158622	294329	40888	
重庆			2437605	881830	353025	1027303	50620	124827
四川	168879	12860	2705699	759330	304400	1641969		
贵州			42970	17079	25771	120		
云南			298661	20614	157012		121035	
西藏								
陕西			769537	189987	158812	420738		
甘肃			106684	103482		3202		
青海			8013	8013				
宁夏			68914	32006		36908		
新疆								

2-23 各地区按资质等级分的房地产开发企业本年实际到位资金小计

单位:万元

地区	总计	一级	二级	三级	四级	暂定	其他
全国总计	**1221224714**	**72743983**	**215328775**	**222963780**	**132394899**	**519297992**	**58495285**
北京	73001817	11886811	11182007	6034549	19966055	20674470	3257925
天津	27614719	1767468	2814246	2723366	11534744	8118568	656327
河北	41235438	2395847	6642032	6828660	10795991	13805745	767163
山西	13771593	504131	2511758	2403764	5945297	2342298	64345
内蒙古	16380350	853407	2536608	2369269	7820157	2260486	540423
辽宁	74489873	1947611	6894719	14326221	374687	45684427	5262208
吉林	15167838	261538	3876744	2832585	1557904	6461987	177080
黑龙江	18336436	1769095	4674486	7501680	361099	3611668	418408
上海	50926707	896336	5725549	4400138	276785	36370403	3257496
江苏	126820345	9313839	47482359	10519821	335426	53894613	5274287
浙江	88582458	4990833	10588564	16263518	3882135	43864498	8992910
安徽	50771573	1183029	7353860	10740719	1355514	28853313	1285138
福建	57670373	3969070	7202237	12955370	5923163	26543761	1076772
江西	19066444	111388	2941357	5101151	1242980	9186120	483448
山东	73713246	4062726	7963105	9329474	9326912	38928864	4102165
河南	44027031	1935899	8067754	5098302	2081390	25555017	1288669
湖北	42244808	4578935	8344311	7441383	3990976	17218340	670863
湖南	35922685	1385540	4237528	14134121	2419805	13010345	735346
广东	104729443	7058436	7640752	25331501	18013569	36978815	9706370
广西	21552380	432876	3128381	5131513	1516118	10127375	1216117
海南	18765554	12901	2036899	2442428	1638551	10847962	1786813
重庆	46140649	3471012	18343809	4996407	330768	18732375	266278
四川	53245292	3156732	10840759	25117563	443819	11600461	2085958
贵州	21457234	227876	6298361	3108534	2943935	7999857	878671
云南	29243592	933755	5571812	2582041	6945484	11680344	1530156
西藏	125556		19000	71722	17777	17057	
陕西	25923919	1439768	4046110	6075839	6730642	5534430	2097130
甘肃	9633530	257148	1603770	2833298	2061964	2720852	156498
青海	2590856	210238	1193884	566538	353782	215145	51269
宁夏	6941494	961171	1941555	1440276	872957	1660603	64932
新疆	11131481	768567	1624459	2262029	1334513	4797793	344120

2-24 各地区按登记注册类型分的房地产开发企业国内贷款

单位：万元

地 区	总 计	内 资					
			国 有	集 体	股份合作	国有联营	集体联营
全国总计	**196726600**	**176643832**	**5714065**	**249309**	**211352**		
北 京	18369482	17827934	828975				
天 津	7652235	7169251	770159	34100			
河 北	3364016	3351016			40000		
山 西	657898	653848	4590				
内蒙古	1132732	1132732	1430				
辽 宁	8476357	7027931	48558		67800		
吉 林	1265717	1218717			1895		
黑龙江	1301852	1292852	69620				
上 海	12923582	10631950	140274	55200			
江 苏	23739676	21352456	2382565	16269	49870		
浙 江	15906485	14722532	86015	200	13050		
安 徽	4668745	4560355	53954				
福 建	7476562	6138353	155452	6000			
江 西	2366343	2117143	18500				
山 东	9954081	9055461	266301	43180			
河 南	3871277	3799372	49455		3000		
湖 北	7965677	7742477	258666	12800			
湖 南	5331473	5097173	58500	50			
广 东	21435911	17209976	48494	62880	14477		
广 西	3243473	3129222	8952	600			
海 南	3273004	2480430	20000				
重 庆	11122918	9262016	76109				
四 川	7254508	6199648	60030	6430	20000		
贵 州	2268249	2181249	9258				
云 南	4188013	4143413	28540				
西 藏							
陕 西	3260991	2988380	174589		460		
甘 肃	1687531	1679031	64079	3000			
青 海	444349	444349			800		
宁 夏	1057417	968919	31000	8600			
新 疆	1066046	1065646					

2-24 续表 1 单位：万元

地　区	内资						
	国有与集体联营	其他联营	国有独资公司	其他有限责任公司	股份有限公司	私营独资	私营合伙
全国总计		**5000**	**12104623**	**96691392**	**12110564**	**407929**	**18786**
北　京			1024200	11331189	4005060		
天　津			795088	4363680	387394		
河　北			6400	1742456	219082	9200	5200
山　西			24716	138257	31268		
内蒙古			74000	405532	94830	1350	
辽　宁			575850	3082822	547155	20000	
吉　林				882887	38452	13400	
黑龙江				975755	26775		
上　海			1201930	5596158	233446		
江　苏			1537013	9497461	564941	35469	2400
浙　江			1220084	8800486	276777		
安　徽			306054	2445067	146781	22500	
福　建			248883	3874121	220200		125
江　西			16482	1072275	146960	3400	
山　东			928935	4953593	480846	34500	
河　南			39403	2428281	355048	19000	
湖　北			562624	4105348	932676	6700	
湖　南		5000	199238	3187085	196981	24850	2461
广　东			489215	9239116	1925477	120730	7600
广　西			456210	1254386	155760	39000	1000
海　南			163390	1741542	119002		
重　庆			1468173	3613086	413656	3430	
四　川			128199	3798050	274529	15000	
贵　州			83800	1462898	20720		
云　南			132385	2997104	132026		
西　藏							
陕　西			54818	1999345	147692	39200	
甘　肃			53567	887579	15030	200	
青　海			25000	117400			
宁　夏			187137	155161			
新　疆			101829	543272	2000		

2-24 续表 2 单位：万元

地　区	内资			港澳台商投资			
	私营有限责任公司	私营股份有限公司	其他内资企业		合资经营	合作经营	独资
全国总计	**46713680**	**2026759**	**390373**	**13412550**	**5557233**	**686724**	**6982395**
北　京	568510	70000		274730	35064	199666	40000
天　津	724830	30000	64000	253715	79115		140600
河　北	1208186	82042	38450	13000	800		12200
山　西	453617	800	600				
内蒙古	543365	12225					
辽　宁	2568093	115353	2300	977250	629127		348123
吉　林	275825	6258		47000			47000
黑龙江	216602	4100					
上　海	3295300	109642		1386433	371131	67341	947961
江　苏	6824642	402076	39750	1301424	472608	1500	821075
浙　江	4319920	6000		948579	314126		614453
安　徽	1352538	106811	126650	100390	11190		25200
福　建	1587372	43350	2850	1209445	835574		373371
江　西	831752	26974	800	182200	125200		57000
山　东	2172136	145057	30913	788240	617388		170852
河　南	831055	73130	1000	36200	29500		
湖　北	1806253	55410	2000	167000	21100		145900
湖　南	1259074	162924	1010	98800	47300		51500
广　东	5181038	106749	14200	2734716	501041	379076	1800902
广　西	1164844	48070	400	64851	37051		27800
海　南	419996	15300	1200	742274	535100		206114
重　庆	3627692	49870	10000	1512050	594020		918030
四　川	1785305	105305	6800	265114	137300		127814
贵　州	560289	44284		81000	51000		30000
云　南	716973	92935	43450	44600	19600		25000
西　藏							
陕　西	513626	56650	2000	94641	4000	39141	51500
甘　肃	646656	8920					
青　海	295149	6000					
宁　夏	562997	24024		88498	88498		
新　疆	400045	16500	2000	400	400		

2-24　续表 3　　　　单位：万元

地　区	港澳台商投资		外商投资					
	股份有限	其　他		合资经营	合作经营	独　资	股份有限	其　他
全国总计	**157755**	**28443**	**6670218**	**2216199**	**683647**	**3506444**	**163328**	**100600**
北　京			266818	45602	103866	105081	12269	
天　津	34000		229269	67069	32000	97000		33200
河　北								
山　西			4050	300		3750		
内蒙古								
辽　宁			471176	66400	55000	344851	4925	
吉　林								
黑龙江			9000	9000				
上　海			905199	293562	93990	517647		
江　苏		6241	1085796	345870	53800	658626	27500	
浙　江	20000		235374	89289	20500	125585		
安　徽	64000		8000	3000		5000		
福　建	500		128764	21400		26700	62264	18400
江　西			67000	67000				
山　东			110380	69580		40800		
河　南		6700	35705	11010		24695		
湖　北			56200	26000	15000	15200		
湖　南			135500	60500		75000		
广　东	39195	14502	1491219	656412	107091	706346	21370	
广　西			49400	14400		35000		
海　南	60	1000	50300	3300		24000	23000	
重　庆			348852	161385	60000	66467	12000	49000
四　川			789746	142000	34400	613346		
贵　州			6000	6000				
云　南								
西　藏								
陕　西			177970	48620	108000	21350		
甘　肃			8500	8500				
青　海								
宁　夏								
新　疆								

2-25 各地区按资质等级分的房地产开发企业国内贷款

单位:万元

地区	总计	一级	二级	三级	四级	暂定	其他
全国总计	**196726600**	**18421816**	**39579762**	**31318278**	**16478613**	**81595114**	**9333017**
北京	18369482	5075962	3605646	1561376	3517286	4334884	274328
天津	7652235	826629	854464	685261	3411899	1815620	58362
河北	3364016	559213	679549	575751	832946	702346	14211
山西	657898	36400	216134	54305	236530	114529	
内蒙古	1132732	129380	167862	120283	437630	235484	42093
辽宁	8476357	216322	559857	1763715	9901	5322554	604008
吉林	1265717	10000	427495	171502	43851	587869	25000
黑龙江	1301852	48550	216491	428525	1079	576696	30511
上海	12923582	326635	1517439	1080724	7865	8779821	1211098
江苏	23739676	1739901	9339539	1437011	8943	10051693	1162589
浙江	15906485	1105150	1762360	2908734	391701	8225658	1512882
安徽	4668745	270042	941167	947405	99648	2232537	177946
福建	7476562	1066773	800362	1222165	650860	3617920	118482
江西	2366343	5000	403390	415433	81845	1348925	111750
山东	9954081	708295	1357192	1008696	458630	6109288	311980
河南	3871277	296160	657672	515075	175472	2136625	90273
湖北	7965677	1223462	1698529	1298543	427596	3211747	105800
湖南	5331473	298259	804583	2037418	244840	1894858	51515
广东	21435911	2133944	1851387	5494690	3016857	7096673	1842360
广西	3243473	61600	591786	882328	191718	1394355	121686
海南	3273004		684297	304061	211575	1800696	272375
重庆	11122918	765400	5525311	528218	8800	4256451	38738
四川	7254508	526952	1123256	3528841	38508	1429501	607450
贵州	2268249	13600	631615	380025	398845	786974	57190
云南	4188013	294771	1473835	307194	557940	1297073	257200
西藏							
陕西	3260991	310014	605735	815765	439750	896387	193340
甘肃	1687531	64500	397669	393856	238402	588004	5100
青海	444349	48000	191009	42270	126030	37040	
宁夏	1057417	190352	283415	162686	141136	248828	31000
新疆	1066046	70550	210716	246422	70530	464078	3750

2-26　各地区按登记注册类型分的房地产开发企业利用外资

单位：万元

地　区	总　计	内　资					
			国　有	集　体	股份合作	国有联营	集体联营
全国总计	**5341655**	**77289**					
北　京	116024	2551					
天　津	162176	11700					
河　北	99786						
山　西							
内蒙古							
辽　宁	619242	26360					
吉　林	51504						
黑龙江							
上　海	381414	1200					
江　苏	1094088	14000					
浙　江	470329	1000					
安　徽	10000						
福　建	215817						
江　西	8236						
山　东	335110						
河　南	53968	5000					
湖　北							
湖　南	391547	9000					
广　东	362931	5978					
广　西	6150						
海　南	1030						
重　庆	441801	500					
四　川	323252						
贵　州							
云　南	122850						
西　藏							
陕　西	74400						
甘　肃							
青　海							
宁　夏							
新　疆							

2-26 续表 1

单位：万元

地　区	内　资						
	国有与集体联营	其他联营	国有独资公司	其他有限责任公司	股份有限公司	私营独资	私营合伙
全国总计		**5000**		**42538**	**14251**		
北　京					2551		
天　津					11700		
河　北							
山　西							
内蒙古							
辽　宁				12060			
吉　林							
黑龙江							
上　海							
江　苏				14000			
浙　江				1000			
安　徽							
福　建							
江　西							
山　东							
河　南				5000			
湖　北							
湖　南		5000		4000			
广　东				5978			
广　西							
海　南							
重　庆				500			
四　川							
贵　州							
云　南							
西　藏							
陕　西							
甘　肃							
青　海							
宁　夏							
新　疆							

2-26　续表 2　　　　单位：万元

地　区	内资			港澳台商投资			
	私营有限责任公司	私营股份有限公司	其他内资企业		合资经营	合作经营	独　资
全国总计	**15500**			**3253186**	**396416**	**284306**	**2559230**
北　京				113473	7082		106391
天　津				32330	25970		6360
河　北				44550			44550
山　西							
内蒙古							
辽　宁	14300			383138	59504	174000	144634
吉　林				51504			51504
黑龙江							
上　海	1200			87481			87481
江　苏				727002	107484	2400	617118
浙　江				126115	16760		109355
安　徽							
福　建				178057	13778		162989
江　西				3530			3530
山　东				315828	13400	23318	279110
河　南				48968	44254		
湖　北							
湖　南				382547	90		382457
广　东				317662	106594	47017	162851
广　西				6150			6150
海　南				1030			
重　庆				76571	1500	37571	37500
四　川				160000			160000
贵　州							
云　南				122850			122850
西　藏							
陕　西				74400			74400
甘　肃							
青　海							
宁　夏							
新　疆							

2-26 续表 3 单位：万元

地　　区	港澳台商投资		外商投资					
	股份有限	其　他		合资经营	合作经营	独　资	股份有限	其　他
全国总计	**7520**	**5714**	**2011180**	**252659**	**140224**	**1603767**	**14530**	
北　京								
天　津			118146	36318		81828		
河　北			55236			55236		
山　西								
内蒙古								
辽　宁	5000		209744	29400		165814	14530	
吉　林								
黑龙江								
上　海			292733	47767	40224	204742		
江　苏			353086	25355		327731		
浙　江			343214	16904		326310		
安　徽			10000	10000				
福　建	1290		37760			37760		
江　西			4706	4706				
山　东			19282	3434		15848		
河　南		4714						
湖　北								
湖　南								
广　东	1200		39291	13618		25673		
广　西								
海　南	30	1000						
重　庆			364730	65157		299573		
四　川			163252		100000	63252		
贵　州								
云　南								
西　藏								
陕　西								
甘　肃								
青　海								
宁　夏								
新　疆								

2-27　各地区按资质等级分的房地产开发企业利用外资

单位:万元

地　区	总　计	一　级	二　级	三　级	四　级	暂　定	其　他
全国总计	**5341655**	**20918**	**209360**	**357711**	**358242**	**3801357**	**594067**
北　京	116024	2551			113473		
天　津	162176				88188	37670	36318
河　北	99786			4395	50841	44550	
山　西							
内蒙古							
辽　宁	619242			96192		347050	176000
吉　林	51504					51504	
黑龙江							
上　海	381414		8398	85976		283512	3528
江　苏	1094088		131748	12940		949400	
浙　江	470329	8560		22607		368447	70715
安　徽	10000					10000	
福　建	215817	9807		3624		67343	135043
江　西	8236			3231		5005	
山　东	335110		3000	600	900	192007	138603
河　南	53968		4714			49254	
湖　北							
湖　南	391547			1893		389654	
广　东	362931			103001	30440	195660	33830
广　西	6150					6150	
海　南	1030					1000	30
重　庆	441801		1500			440301	
四　川	323252		60000	23252		240000	
贵　州							
云　南	122850					122850	
西　藏							
陕　西	74400				74400		
甘　肃							
青　海							
宁　夏							
新　疆							

2-28 各地区按资质等级分的房地产开发企业自筹资金

单位:万元

地区	总计	一级	二级	三级	四级	暂定	其他
全国总计	**474249467**	**16597926**	**65006207**	**78367886**	**56242838**	**229201897**	**28832713**
北京	21382276	758925	3301337	718179	5544565	9328311	1730959
天津	8920835	226117	914476	489441	3845899	2967589	477313
河北	23946652	598817	3568621	3871197	6089576	9325052	493389
山西	7583132	181657	992842	1391252	3291726	1680936	44719
内蒙古	11180039	507459	1447349	1638489	5521775	1606554	458413
辽宁	40901661	989404	2912431	6916791	320149	26554880	3208006
吉林	8045892	5208	1665358	1434275	1249522	3539449	152080
黑龙江	11026235	1363720	2000239	4589192	315091	2469849	288144
上海	15699109	460199	1533136	899709	124945	11184761	1496359
江苏	39329669	2954949	12191721	2872666	255611	19040810	2013912
浙江	27650698	1488957	3087330	4255053	1166395	14665112	2987851
安徽	21436629	278529	2015435	4038738	624600	13850767	628560
福建	20165142	244557	2550853	3429911	1398662	12126504	414655
江西	5824903	36099	575942	1358821	517321	3113865	222855
山东	31490821	1552124	1952337	3546934	4758512	17349179	2331735
河南	24726702	505005	3612406	2859743	1398762	15353815	996971
湖北	17353291	1011021	3007066	2620542	2058164	8243323	413175
湖南	12153919	212173	795764	4428052	1271252	5074033	372645
广东	27983353	1246344	1616641	4645078	4886369	12113586	3475335
广西	8156908	64850	830742	1459923	650344	4428886	722163
海南	7384185	957	315612	759372	362592	4768729	1176923
重庆	12637033	361537	3877669	1738985	131585	6373531	153726
四川	21508673	495999	3958559	10105306	186926	5604164	1157719
贵州	8771999	43436	867122	1208542	1308110	4796690	548099
云南	15417636	233374	2383562	1169880	3481122	7156377	993321
西藏	51017			39597	5120	6300	
陕西	11431835	360771	1076083	2860057	3558090	2209505	1367329
甘肃	4310787	54575	515048	1424347	917141	1273453	126223
青海	1179734	86411	578492	250506	115233	99676	49416
宁夏	2476903	190628	543772	611231	287355	832789	11128
新疆	4121799	84124	318262	736077	600324	2063422	319590

2-29　各地区按资质等级分的房地产开发企业定金及预收款

单位:万元

地　区	总　计	一　级	二　级	三　级	四　级	暂　定	其　他
全国总计	**344989672**	**24837460**	**68012964**	**71457573**	**38986822**	**129544688**	**12150165**
北　京	22574977	5070253	2819203	1811305	7086632	4942435	845149
天　津	8677634	381463	710107	1424534	3654664	2442281	64585
河　北	8789174	718700	1621420	1570655	2678118	2083664	116617
山　西	4170338	152499	1077682	754338	1768125	398068	19626
内蒙古	2595795	129134	535373	444286	1214318	267574	5110
辽　宁	15809722	574767	2306677	3527955	27436	8634772	738115
吉　林	3942657	233762	1206874	927935	166347	1407739	
黑龙江	3865659	87224	1715899	1719907	36013	292290	14326
上　海	15715002	65726	1308612	1675284	140136	12039917	485327
江　苏	38727698	3125320	15493065	3868710	47976	15016370	1176257
浙　江	28279767	1664409	3522854	5821225	1463038	13151332	2656909
安　徽	13627912	292961	2273414	3257839	367292	7152737	283669
福　建	16581056	1423944	2466420	4484345	2031029	5983369	191949
江　西	6478482	47958	1199184	2026753	334269	2830644	39674
山　东	20895814	1265371	2994120	3269869	2658661	9918202	789591
河　南	8359606	632553	2188632	882429	269894	4283720	102378
湖　北	9281710	950363	1947395	2174379	867059	3211805	130709
湖　南	11662462	625107	1827955	4774378	547967	3665009	222046
广　东	36382977	2476316	2706761	10285114	6468016	11566644	2880126
广　西	5520260	202850	927307	1328805	334868	2481935	244495
海　南	5954551	2572	322240	1162635	961167	3280018	225919
重　庆	12819023	1309557	5474332	1575364	102153	4308428	49189
四　川	15571381	1226618	3596447	7540942	130602	2814637	262135
贵　州	5889485	96865	2822602	788616	654319	1395981	131102
云　南	5814156	296963	1175775	631546	1630501	1938953	140418
西　藏	42086		19000	7970	6980	8136	
陕　西	7436229	608049	1497646	1566673	1843386	1608360	312115
甘　肃	2737949	131695	562593	650760	756911	634868	1122
青　海	696338	53688	339275	183049	85125	34439	762
宁　夏	2267718	433834	724825	459193	279733	359757	10376
新　疆	3822054	556939	629275	860780	374087	1390604	10369

2-30 各地区按资质等级分的房地产开发企业个人按揭贷款

单位:万元

地区	总计	一级	二级	三级	四级	暂定	其他
全国总计	**140332618**	**8457391**	**29078451**	**30044969**	**14184724**	**53297059**	**5270024**
北京	5977978	821828	610191	643486	2021761	1694764	185948
天津	914274	56950	72419	76872	252011	446297	9725
河北	2829834	490316	364829	526839	725518	659736	62596
山西	944219	22717	198254	135290	497642	90316	
内蒙古	870326	80063	140415	116086	470712	61301	1749
辽宁	5241377	127816	709478	1075859	14590	3095989	217645
吉林	1233409	8056	436879	229904	65102	493468	
黑龙江	1004367	33190	412582	430332	7318	116641	4304
上海	3568651	15490	619904	490496	3839	2392768	46154
江苏	18651583	1240392	7839283	1938386	16506	7011028	605988
浙江	13929603	630034	1718825	2710707	690642	6587140	1592255
安徽	7577371	280201	1383188	1882063	237672	3666243	128004
福建	9748096	854993	1073129	2999865	1385885	3225125	209099
江西	3152820	2500	562329	968331	251434	1330175	38051
山东	7239087	329542	936815	1115346	1042108	3573671	241605
河南	4184788	478658	1016085	435703	125114	2096908	32320
湖北	5021863	355286	1093959	1101438	514680	1935618	20882
湖南	4949684	190726	683352	2236588	218177	1538922	81919
广东	14746797	850646	1154213	3684997	2948374	4817732	1290835
广西	3338205	55535	603834	864105	229678	1472492	112561
海南	317667		1664	56509	50101	192769	16624
重庆	6593816	611610	2793519	751019	38606	2376770	22292
四川	6290305	520335	1294111	3238642	39225	1151233	46759
贵州	3413969	22144	1435180	611283	472975	834903	37484
云南	2602453	61933	407622	342164	820309	835492	134933
西藏	17280			10105	5677	1498	
陕西	2912976	133901	733696	653493	616951	665175	109760
甘肃	552340	6000	101280	210620	85522	148865	53
青海	188333	22139	47776	69577	24292	24538	11
宁夏	811427	102176	295935	164136	101629	135801	11750
新疆	1507720	52214	337705	274728	210674	623681	8718

2-31　各地区按资质等级分的房地产开发企业各项应付款合计

单位:万元

地　区	总　计	一　级	二　级	三　级	四　级	暂　定	其　他
全国总计	**214197586**	**8136379**	**38563613**	**42058136**	**25394013**	**90250147**	**9795298**
北　京	2251187	178567	261713	170026	744237	861167	35477
天　津	7723974	384511	1220659	1014037	2839989	2153080	111698
河　北	9806129	864202	1658612	1824458	2457647	2857724	143486
山　西	3009281	318825	374091	530204	1260397	514775	10989
内蒙古	3176247	23536	453166	535136	1592201	425578	146630
辽　宁	12730319	249890	1306958	2917379	119941	7083734	1052417
吉　林	2675579	19413	794731	475106	317557	1053272	15500
黑龙江	1758755	24859	390591	797575	47983	397477	100270
上　海	8452021	200616	1012250	1024956	14347	5626266	573586
江　苏	25997658	873846	10364889	2013746	70174	11409117	1265886
浙　江	12819867	427703	1238570	3160757	897292	5897542	1198003
安　徽	10588841	200578	1725261	2116399	370316	5962156	214131
福　建	4461058	78201	330245	1116935	634843	2200285	100549
江　西	3202868	50182	353487	1021294	250539	1447539	79827
山　东	12711448	624219	1343974	2007394	1922030	6033410	780421
河　南	8060029	177562	1175252	1075548	362229	5004654	264784
湖　北	7959807	524302	1231894	1347679	1068040	3686869	101023
湖　南	8431198	182673	834867	3812908	743021	2630589	227140
广　东	15879548	536984	781109	2845638	3853585	6398545	1463687
广　西	3922281	97676	365167	818717	315437	2079576	245708
海　南	4683441	2627	1178012	288923	290847	2639425	283607
重　庆	10102952	962255	3854839	1264341	158479	3773492	89546
四　川	9849027	250949	1572148	5599123	107779	1959368	359660
贵　州	4538047	76615	902689	759611	742228	1856597	200307
云　南	7560199	296097	1638589	614528	1825452	2906524	279009
西　藏	22107			12896		9211	
陕　西	4660209	237983	715374	1112280	1244592	1051709	298271
甘　肃	2870363	47912	479709	858349	544931	909436	30026
青　海	546716	50508	265743	155855	31629	16953	26028
宁　夏	1719760	59715	586671	345915	275775	418107	33577
新　疆	2026670	113373	152353	420423	290496	985970	64055

房天下
Fang.com
搜房控股有限公司旗舰网站
中國指數研究院
CHINA INDEX ACADEMY
搜房土地网
Land.Fang.com
资金与项目高效聚合
招商引资网络平台
土地项目流转渠道
有资金，没有合适的土地或项目怎么办？
想转让土地或项目，找不到投资方怎么办？
搜地帮产品
2300城招拍挂信息、土地/项目信息及联系方式；
关注信息订阅、定制搜索器；
无限制下载土地报告；
搜房土地APP实现移动互联时代高效拿地。
土地推广
线上推广：项目整合包装，目标客群定向推介；
线下推广：携手中国指数研究院每年召开4次土地洽谈会，专家解析土地市场，土地方与开发商面对面交流，促成合作。
VIP委托服务
项目方委托项目
土地网推广包装
项目成交
资讯热线 400 890 9915转0

第三章

房地产开发开竣工面积（2013）

3-1　各地区按用途分的房地产开发企业房屋施工面积

单位：平方米

地　区	房屋施工面　积	住　宅	#别　墅、高档公寓	办公楼	商业营业用房	其　他
全国总计	**6655718884**	**4863473285**	**194268726**	**245774076**	**806267551**	**740203972**
北　京	138868667	74068835	5300571	21141321	12333734	31324777
天　津	108921748	75624831	3492710	8410005	11586121	13300791
河　北	299491173	235582606	3958692	6593431	30910245	26404891
山　西	140400463	107549465	933719	3271129	16478129	13101740
内蒙古	186243206	126341053	2872215	6928978	34961397	18011778
辽　宁	416256030	314165103	9404680	7964625	62302769	31823533
吉　林	121812769	93177664	3215260	3027171	16275329	9332605
黑龙江	135673668	102413971	1096115	1993260	18778597	12487840
上　海	135165832	81257388	14487545	14317330	15007172	24583942
江　苏	525741736	387567789	26593823	19896645	69047112	49230190
浙　江	376472402	238283084	16935460	24770196	42269885	71149237
安　徽	302352047	215312267	4317162	10340259	47877116	28822405
福　建	262872821	178354244	7000668	13634462	30028227	40855888
江　西	119956700	90187901	2950696	4239112	15153604	10376083
山　东	505491659	385718397	9127931	15532625	61609498	42631139
河　南	359793297	281135915	2293739	12970646	37090969	28595767
湖　北	218658140	166402685	3579737	5961103	25842873	20451479
湖　南	254000906	195942736	5377045	5807039	25780676	26470455
广　东	464804659	336906742	26826818	16757148	43238350	67902419
广　西	160401719	124196768	2680525	3219050	15343974	17641927
海　南	61730000	51734863	7835681	531123	4394414	5069600
重　庆	262518928	192489455	7339197	7819761	29657174	32552538
四　川	321649797	232089086	6454179	9225370	37848443	42486898
贵　州	173569607	123163643	1798239	5021286	24197562	21187116
云　南	182607156	129693854	10501491	5579545	25460859	21872898
西　藏	576994	391533	75225	15552	131909	38000
陕　西	172408620	142258587	2490876	5011267	14477556	10661210
甘　肃	68483978	53244870	312511	1078019	8195927	5965162
青　海	23766416	17482615	77850	751357	3117529	2414915
宁　夏	60432278	40908334	1213270	1712018	11415852	6396074
新　疆	94595468	69827001	3725096	2253243	15454549	7060675

3-2 各地区按资质等级分的房地产开发企业房屋施工面积

单位:平方米

地区	总计	一级	二级	三级	四级	暂定	其他
全国总计	**6655718884**	**332737269**	**1240839573**	**1451296970**	**847461196**	**2523672516**	**259711360**
北京	138868667	20683246	19433386	10426837	45818036	34341367	8165795
天津	108921748	5540371	16912361	11165801	42736649	30524008	2042558
河北	299491173	19197206	50886614	58311826	82139156	82832398	6123973
山西	140400463	6129350	26181501	28504476	56459174	22011227	1114735
内蒙古	186243206	13675299	31786841	28617561	83618446	23910795	4634264
辽宁	416256030	10531924	44690801	91853259	2365557	240947281	25867208
吉林	121812769	2332908	33167806	22973310	17249386	45086698	1002661
黑龙江	135673668	9221385	35754813	59779584	3975401	22138195	4804290
上海	135165832	3694973	19009059	10457279	141509	92991466	8871546
江苏	525741736	29967127	208089775	49184647	1684189	212159900	24656098
浙江	376472402	17822046	55535625	88294434	22594136	156577211	35648950
安徽	302352047	6872436	47758219	71386561	10920770	158456361	6957700
福建	262872821	11900661	33273387	75785442	26517386	112173666	3222279
江西	119956700	1904637	17494388	35446543	10210380	52432260	2468492
山东	505491659	24518565	60955149	85074120	81785582	231128869	22029374
河南	359793297	15674111	77729953	52461073	21764272	181473406	10690482
湖北	218658140	12991092	37693700	45375736	34604890	84517073	3475649
湖南	254000906	9147176	30983978	110264468	19871700	78954253	4779331
广东	464804659	26014898	32751043	114112276	95787872	163655380	32483190
广西	160401719	3316420	21131193	36446573	14212199	77257878	8037456
海南	61730000	139625	2387105	8864784	6071038	38378161	5889287
重庆	262518928	18222907	96720177	37236571	1799572	107106601	1433100
四川	321649797	19176910	71461666	161174029	5671699	55224605	8940888
贵州	173569607	1953105	39570781	32702173	31431509	61785976	6126063
云南	182607156	11056701	37453824	18474162	42472039	65716601	7433829
西藏	576994		62600	349878	88275	76241	
陕西	172408620	10056656	36530833	46337162	43066247	27722193	8695529
甘肃	68483978	1580239	14051862	22110448	14797382	14971377	972670
青海	23766416	1908737	10732103	5012769	3400519	2239376	472912
宁夏	60432278	8439219	18041948	11608246	10140140	11177549	1025176
新疆	94595468	9067339	12607082	21504942	14066086	35704144	1645875

3-3　各地区按资质等级分的房地产开发企业住宅施工面积

单位:平方米

地　区	总　计	一　级	二　级	三　级	四　级	暂　定	其　他
全国总计	**4863473285**	**242921281**	**924553366**	**1097584499**	**631105312**	**1787267695**	**180041132**
北　京	74068835	13244748	11638821	6248472	24358004	15083921	3494869
天　津	75624831	4948015	13309831	8416308	26380402	20995430	1574845
河　北	235582606	14978654	38476374	47270979	65072477	64279309	5504813
山　西	107549465	4835975	20309918	22083276	42752268	16579431	988597
内蒙古	126341053	8508712	20282195	20005278	58224910	16234436	3085522
辽　宁	314165103	7491358	33527812	73091974	1697609	179998988	18357362
吉　林	93177664	1683358	24504354	18431112	14430157	33409785	718898
黑龙江	102413971	7703550	28033628	44466260	3095643	14922720	4192170
上　海	81257388	2084593	12344529	6416972	97648	55061812	5251834
江　苏	387567789	24287002	153633988	38427279	1408480	150339411	19471629
浙　江	238283084	12309287	38071162	58172316	15486335	94078828	20165156
安　徽	215312267	4138747	35393748	52913596	8516475	109484357	4865344
福　建	178354244	8282673	23842940	54338726	18658427	71553008	1678470
江　西	90187901	1647456	13016038	28141588	8497482	37118316	1767021
山　东	385718397	19111900	47985787	67510574	65630412	169099052	16380672
河　南	281135915	12091428	60524164	42635470	18254176	139018411	8612266
湖　北	166402685	10191850	28702866	35211812	27589212	62895251	1811694
湖　南	195942736	6690056	23487212	88287993	16195389	57412857	3869229
广　东	336906742	16609506	24886261	83003044	73192393	116847182	22368356
广　西	124196768	2393239	16343668	29077681	11368512	58783703	6229965
海　南	51734863	117058	1984161	7593574	5310006	31760643	4969421
重　庆	192489455	12278193	71031811	27328709	1428390	79587285	835067
四　川	232089086	14541770	54605993	116443130	4296123	36948017	5254053
贵　州	123163643	1209022	30064757	24326994	21889220	42348984	3324666
云　南	129693854	8026247	27643828	13238924	29863863	46040318	4880674
西　藏	391533		56600	241530	40365	53038	
陕　西	142258587	7908903	29587977	38909651	35641398	22781394	7429264
甘　肃	53244870	825920	10993544	17482930	11716194	11466655	759627
青　海	17482615	1507543	7897455	3757585	2208832	1816661	294539
宁　夏	40908334	5960916	12606944	7930790	6928754	6533908	947022
新　疆	69827001	7313602	9765000	16179972	10875756	24734584	958087

3-4 各地区按用途分的房地产开发企业房屋新开工面积

单位：平方米

地区	房屋新开工面积	住宅	#别墅、高档公寓	办公楼	商业营业用房	其他
全国总计	**2012078421**	**1458448011**	**44545931**	**68872386**	**259020016**	**225738008**
北京	35775238	17365374	806164	6713983	3510120	8185761
天津	26729302	17448490	851129	1738386	3701067	3841359
河北	69326456	54457690	701979	1720186	7048190	6100390
山西	36733362	27233857	204985	764671	4727956	4006878
内蒙古	50428081	36333289	611424	995041	8793001	4306750
辽宁	134444501	101416585	2449108	1967966	19654992	11404958
吉林	37462431	28580063	548878	962091	5057305	2862972
黑龙江	40304430	29204846	210517	347159	7339332	3413093
上海	27059518	16430929	2522792	2640574	2749628	5238387
江苏	163581844	122118054	5522426	5479353	20479044	15505393
浙江	93151038	57879849	3473709	5767114	11239713	18264362
安徽	100777146	71439862	1413662	2460885	16247740	10628659
福建	71930075	47958333	1878544	3815720	8888489	11267533
江西	41389557	30508301	869361	1671250	5295691	3914315
山东	153907591	114972651	2077391	5672444	19768307	13494189
河南	124650920	100553125	854264	3299049	11855137	8943609
湖北	82267115	62502260	1118461	2013280	10221554	7530021
湖南	88691284	68541533	1547889	1497105	9204162	9448484
广东	142654768	101147526	6221431	5631998	14815841	21059403
广西	37156659	29019285	532927	727366	3310908	4099100
海南	17354194	14716908	1715714	145875	1347429	1143982
重庆	76416324	53875951	1525224	2411484	10013212	10115677
四川	101635691	70087143	1184017	2644242	14021846	14882460
贵州	56282413	39741638	722189	1713325	8063899	6763551
云南	64817961	45290932	2804487	1713344	10030775	7782910
西藏	277633	223699	67849		15934	38000
陕西	44833504	34881570	312675	1792114	4748274	3411546
甘肃	24511929	19170533	180140	301253	3006849	2033294
青海	8597550	5998511	77850	437473	1234069	927497
宁夏	21631198	14357657	464169	598609	4244425	2430507
新疆	37298708	24991567	1074576	1229046	8385127	2692968

3-5　各地区按资质等级分的房地产开发企业房屋新开工面积

单位:平方米

地　区	总　计	一　级	二　级	三　级	四　级	暂　定	其　他
全国总计	**2012078421**	**74039455**	**308752425**	**405053424**	**238651272**	**887186115**	**98395730**
北　京	35775238	4487609	3668499	2196990	9728344	13026836	2666960
天　津	26729302	882839	3599607	2063812	11848980	7756897	577167
河　北	69326456	3201021	10816248	12103833	17282799	24170060	1752495
山　西	36733362	995162	4510412	7606599	14885513	8404615	331061
内蒙古	50428081	2326544	4915295	7246716	25101670	8659704	2178152
辽　宁	134444501	3485221	15944260	27437997	917923	75387820	11271280
吉　林	37462431	1316638	8249678	7216284	5037758	14898952	743121
黑龙江	40304430	1084170	7163822	18863669	1480272	9590981	2121516
上　海	27059518	762258	3754958	1461044	81380	16610586	4389292
江　苏	163581844	7835508	57693867	12045163	554929	75927275	9525102
浙　江	93151038	2885378	10463706	16917701	4407327	48953935	9522991
安　徽	100777146	1565654	12804619	21372389	2783751	59237458	3013275
福　建	71930075	2111656	4516734	14950153	4163945	44547653	1639934
江　西	41389557	197481	4646534	11172946	2987372	21600150	785074
山　东	153907591	6520794	14412047	23620572	21081868	80281056	7991254
河　南	124650920	2512510	21666399	15417618	9094725	70604529	5355139
湖　北	82267115	3216472	11883735	14441506	12523704	39296523	905175
湖　南	88691284	2584102	9171109	36958563	8768268	29323534	1885708
广　东	142654768	7310665	6878872	28189055	29549116	59558935	11168125
广　西	37156659	575484	4579421	8879349	2696331	18122912	2303162
海　南	17354194		622109	2065460	705756	12341758	1619111
重　庆	76416324	4954992	20256312	10866024	665956	38797973	875067
四　川	101635691	3914472	19133110	54881987	1055156	19989053	2661913
贵　州	56282413	282724	10473334	7647259	8489870	25609921	3779305
云　南	64817961	2311481	10260726	5924165	13490178	27866647	4964764
西　藏	277633		62600	165204	20855	28974	
陕　西	44833504	1892206	6703271	11637476	13414798	9258731	1927022
甘　肃	24511929	436217	3496239	7800392	5796284	6353891	628906
青　海	8597550	573163	4108722	1278407	1726846	727404	183008
宁　夏	21631198	2494471	6735007	4680223	2628908	4767392	325197
新　疆	37298708	1322563	5561173	7944868	5680690	15483960	1305454

3-6 各地区按资质等级分的房地产开发企业住宅新开工面积

单位:平方米

地区	总计	一级	二级	三级	四级	暂定	其他
全国总计	**1458448011**	**51480993**	**226525364**	**305353066**	**179309722**	**626820051**	**68958815**
北京	17365374	2836222	2169464	1209759	5124600	5348523	676806
天津	17448490	843868	1808036	1798446	7509537	5233091	255512
河北	54457690	2435405	7532041	9852262	14241933	18842494	1553555
山西	27233857	559645	3476233	5477920	11316622	6105721	297716
内蒙古	36333289	1472333	3594665	5386547	17642714	6509801	1727229
辽宁	101416585	2513708	11225261	21904809	649657	56351463	8771687
吉林	28580063	815097	6336657	5745593	4168660	10975981	538075
黑龙江	29204846	967594	5409345	13222253	1228565	6480612	1896477
上海	16430929	312522	2281638	904298	62530	9872899	2997042
江苏	122118054	6469264	43456721	9596824	397783	54728458	7469004
浙江	57879849	1874557	7162225	11176959	2769675	30114004	4782429
安徽	71439862	882099	9345273	15946809	1907455	41109734	2248492
福建	47958333	1368847	3305451	10364071	3018176	29008110	893678
江西	30508301	197481	3341353	9162685	2508076	14731934	566772
山东	114972651	4613349	11190833	18803770	16974200	57712209	5678290
河南	100553125	1842785	16908815	12688644	8054317	56927679	4130885
湖北	62502260	2609871	8822427	11424654	10316576	28499702	829030
湖南	68541533	1787422	7310598	29503873	7154890	21328625	1456125
广东	101147526	4479858	4937740	20563857	22754842	40652685	7758544
广西	29019285	430802	3555178	7396661	2081634	13812807	1742203
海南	14716908		397505	1852679	633365	10633592	1199767
重庆	53875951	3155632	13706636	7828508	530942	28055575	598658
四川	70087143	2947202	14069065	37701969	827407	12953363	1588137
贵州	39741638	115268	9077921	5747016	5359440	17328527	2113466
云南	45290932	1502352	7194419	4613750	9446389	18738798	3795224
西藏	223699		56600	123593	20855	22651	
陕西	34881570	1291373	4542012	9504364	10724101	7121095	1698625
甘肃	19170533	305860	2655241	6193368	4680533	4859892	475639
青海	5998511	385704	2834596	902435	1187921	565794	122061
宁夏	14357657	1496600	4766902	3252517	1890785	2638845	312008
新疆	24991567	968273	4054513	5502173	4125542	9555387	785679

3-7　各地区按用途分的房地产开发企业房屋竣工面积

单位：平方米

地　区	房屋竣工面　积	住　宅	#别　墅、高档公寓	办公楼	商业营业用房	其　他
全国总计	**1014349920**	**787406216**	**28560362**	**27893993**	**108524151**	**90525560**
北　京	26663519	16920382	1335124	2730543	1783635	5228959
天　津	28053693	21176645	829347	1885922	1878036	3113090
河　北	44370153	35177952	422256	1582367	5017652	2592182
山　西	22848204	18479861	90443	307505	2729776	1331062
内蒙古	26382430	20012110	436056	416637	3914285	2039398
辽　宁	61519737	50256920	459124	662431	7160794	3439592
吉　林	22536496	17699470	386653	256054	3075023	1505949
黑龙江	29327010	23444092	141351	320683	3398376	2163859
上　海	22544350	14174113	2363957	1760124	2534452	4075661
江　苏	97115969	75841663	5177920	3324337	9955904	7994065
浙　江	46923435	31876188	2479688	2464379	4719920	7862948
安　徽	51803477	39190002	694106	1319186	6988218	4306071
福　建	33697633	23380622	857014	983343	4048481	5285187
江　西	17902613	14275297	370467	245541	2601599	780176
山　东	75085237	60633524	1105436	1271712	8164655	5015346
河　南	59658658	49163110	169213	1217969	6208120	3069459
湖　北	30408434	25473941	446070	430660	3286795	1217038
湖　南	45937631	37647106	1052539	494725	4133294	3662506
广　东	62732984	47482471	3966495	2645815	4691472	7913226
广　西	17126793	13853670	317331	181317	1754402	1337404
海　南	6093959	5176237	800390	13105	428695	475922
重　庆	38043584	28674528	1221810	757561	4560779	4050716
四　川	51088647	40288772	785190	1013324	4826988	4959563
贵　州	17647766	13522943	89039	299955	2185841	1639027
云　南	20192016	15761336	1537060	412362	2208593	1809725
西　藏	180938	106497	56600		74441	
陕　西	15116691	12727673	155927	426760	1149216	813042
甘　肃	9155605	7690707	785	33416	976193	455289
青　海	5926216	4743898		87395	527768	567155
宁　夏	11044486	8613711	228164	98611	1336863	995301
新　疆	17221556	13940775	584807	250254	2203885	826642

3-8 各地区按资质等级分的房地产开发企业房屋竣工面积

单位:平方米

地 区	总 计	一 级	二 级	三 级	四 级	暂 定	其 他
全国总计	**1014349920**	**58966024**	**209231447**	**259108340**	**143271982**	**313653389**	**30118738**
北 京	26663519	5386180	4924294	3426238	8200167	3909688	816952
天 津	28053693	2772878	2857977	2456906	10138612	9063102	764218
河 北	44370153	2130748	9692574	7809471	13412382	10625759	699219
山 西	22848204	2672822	4483064	5719882	7933658	2032218	6560
内蒙古	26382430	1561710	3097227	5644396	12181751	3737648	159698
辽 宁	61519737	1986868	7306735	17567849	950474	30473352	3234459
吉 林	22536496		5670020	5680446	4382080	6761345	42605
黑龙江	29327010	1242668	8904598	13297796	1110212	2829283	1942453
上 海	22544350	446318	3096056	2379978	60129	15731337	830532
江 苏	97115969	7061736	38172513	11356802	458437	35380948	4685533
浙 江	46923435	2568700	8132835	13395975	2850375	15807981	4167569
安 徽	51803477	1018657	9995667	17306305	2245217	20233138	1004493
福 建	33697633	1871097	4914794	10990282	4190544	11714204	16712
江 西	17902613	34222	2876550	7414041	2177057	5188731	212012
山 东	75085237	4651401	9969551	15003013	15375015	28297284	1788973
河 南	59658658	2455775	12599163	11365145	4552707	26761594	1924274
湖 北	30408434	1377732	4775061	7549504	6836755	9610645	258737
湖 南	45937631	2148028	5872435	20610595	4489448	11727703	1089422
广 东	62732984	3811985	5220734	17721991	15600010	16939387	3438877
广 西	17126793	439928	2639544	4722300	2089464	6808657	426900
海 南	6093959	90787	243609	841383	518482	3741019	658679
重 庆	38043584	3699043	15748238	7758423	360620	10272041	205219
四 川	51088647	2908483	13596815	27003714	842272	6137595	599768
贵 州	17647766	265269	4083930	4252470	4443470	4446609	156018
云 南	20192016	1138559	4879609	2302361	5835021	5874975	161491
西 藏	180938		62600	3987	67420	46931	
陕 西	15116691	759839	5034591	4319451	3019187	1666995	316628
甘 肃	9155605	106211	1307707	3092994	2926659	1630279	91755
青 海	5926216	630507	3197572	1066212	775942	165550	90433
宁 夏	11044486	2562874	3212622	2181996	1755121	1162961	168912
新 疆	17221556	1164999	2662762	4866434	3493294	4874430	159637

3-9　各地区按资质等级分的房地产开发企业住宅竣工面积

单位:平方米

地　区	总　计	一　级	二　级	三　级	四　级	暂　定	其　他
全国总计	**787406216**	**45743478**	**163221230**	**203797721**	**113600600**	**237342835**	**23700352**
北　京	16920382	3772581	3188308	2375336	4997532	2149332	437293
天　津	21176645	2599631	2188381	2047409	7618922	6122302	600000
河　北	35177952	1518961	7295248	6305357	10676948	8710652	670786
山　西	18479861	2246009	4012417	4873342	5954201	1388132	5760
内蒙古	20012110	1227159	2441241	4143395	9482558	2609478	108279
辽　宁	50256920	1704327	5890660	14553993	785056	24613127	2709757
吉　林	17699470		4096329	4585348	3760999	5214189	42605
黑龙江	23444092	814999	7108972	10557033	864859	2251239	1846990
上　海	14174113	304953	2128614	1628568	35118	9449863	626997
江　苏	75841663	5606859	30111710	8851507	434329	26844799	3992459
浙　江	31876188	1836592	5862151	9342816	1877596	10282803	2674230
安　徽	39190002	752454	7894366	12580386	1726583	15583673	652540
福　建	23380622	1284808	3721242	7734434	3055686	7573006	11446
江　西	14275297	34222	2184157	5999613	1786308	4106393	164604
山　东	60633524	3872926	7965379	11809375	13252495	22324060	1409289
河　南	49163110	1993981	9699804	9722752	3917460	22175106	1654007
湖　北	25473941	944191	4145243	6515618	5995436	7626264	247189
湖　南	37647106	1695860	4642388	17320697	3891055	9128782	968324
广　东	47482471	2383245	4021430	12972237	12583840	13028938	2492781
广　西	13853670	377203	2009402	3971471	1704531	5446441	344622
海　南	5176237	84687	208287	657792	435311	3210304	579856
重　庆	28674528	2867595	11837601	5839626	260303	7736592	132811
四　川	40288772	2397223	10811999	21342488	678203	4629376	429483
贵　州	13522943	210035	3053034	3421263	3299466	3428138	111007
云　南	15761336	998465	4222941	1709980	4321373	4376374	132203
西　藏	106497		56600		19510	30387	
陕　西	12727673	643065	4126548	3861255	2589905	1231557	275343
甘　肃	7690707	67550	947965	2691801	2562101	1334425	86865
青　海	4743898	530113	2562834	784435	635226	152622	78668
宁　夏	8613711	2022751	2472416	1764500	1372769	812363	168912
新　疆	13940775	951033	2313563	3833894	3024921	3772118	45246

3-10 各地区按资质等级分的房地产开发企业90平方米及以下住宅竣工面积

单位:平方米

地区	总计	一级	二级	三级	四级	暂定	其他
全国总计	**236763940**	**14679145**	**47037253**	**63336684**	**29638038**	**72446481**	**9626339**
北京	8710289	2562133	1890212	1059327	1659598	1198129	340890
天津	8296968	1112835	205822	812148	2260905	3305258	600000
河北	11584913	495720	2347699	2259006	2915185	3270140	297163
山西	6744334	1514955	1769125	1717491	1060323	679290	3150
内蒙古	6900367	294849	737655	1506973	3570984	761906	28000
辽宁	30544787	1339118	3162746	7464967	577204	16117965	1882787
吉林	10053685		2346518	2725327	2617473	2348567	15800
黑龙江	14914589	151311	2751890	7495683	775680	1963675	1776350
上海	6878951	121201	745680	572703	9845	4917152	512370
江苏	14757894	919128	6579025	2213238	179886	4104166	762451
浙江	7446112	436557	1411004	2035769	387064	2341866	833852
安徽	11567605	276251	2372190	4070764	300839	4448152	99409
福建	5117600	125642	888660	1892320	771637	1439341	
江西	2209412		404829	1126099	175167	456417	46900
山东	14077017	970635	1695666	3264410	3315985	4496291	334030
河南	10254464	563926	2550880	2043052	576741	4278596	241269
湖北	3675095	401892	552593	884123	565049	1220667	50771
湖南	5211018	93455	1092071	2595284	388871	898251	143086
广东	9626858	669319	932957	1985063	2300134	3133213	606172
广西	3127860	125354	509351	617423	505875	1212248	157609
海南	2733412	84687	14976	310774	281066	1625205	416704
重庆	11199617	1007678	4441439	2244766	94704	3382899	28131
四川	13315375	638595	3451987	7418236	153743	1444581	208233
贵州	2280197	39844	758218	594538	504361	379171	4065
云南	3160015	136733	727863	443459	874148	967999	9813
西藏	10129				7500	2629	
陕西	3187856	43165	1026561	1286079	485777	283445	62829
甘肃	2464161	24604	268296	717427	882917	501915	69002
青海	715961	16095	275072	302209	100414	22171	
宁夏	1977344	451820	497139	515850	280063	155115	77357
新疆	4020055	61643	629129	1162176	1058900	1090061	18146

3-11 各地区按资质等级分的房地产开发企业别墅、高档公寓竣工面积

单位:平方米

地　区	总　计	一　级	二　级	三　级	四　级	暂　定	其　他
全国总计	**28560362**	**1145164**	**5978256**	**7230506**	**3860807**	**10020849**	**324780**
北　京	1335124	174339	119214	107809	933762		
天　津	829347	129015	95114	163600	253911	187707	
河　北	422256		187733	34942	110295	89286	
山　西	90443		40157		50286		
内蒙古	436056	18394	36912	84878	264433	31439	
辽　宁	459124			290794		127210	41120
吉　林	386653		59775	326466		412	
黑龙江	141351	66201	45033	20957	2160	2500	4500
上　海	2363957	27903	227908	226510		1881636	
江　苏	5177920	71999	2060963	716390		2316372	12196
浙　江	2479688	116165	305785	720854	211142	1104601	21141
安　徽	694106		93880	342380	56725	201121	
福　建	857014	51507	69934	384765	160478	190330	
江　西	370467		92256	112902	52577	107132	5600
山　东	1105436	66620	239806	83035	202731	473688	39556
河　南	169213		17014	35080		117119	
湖　北	446070		128228	246770	66135	4937	
湖　南	1052539		204461	331511	14683	501884	
广　东	3966495	77324	232693	1840412	671843	1098323	45900
广　西	317331		60000	108991		136787	11553
海　南	800390		144608	56212	18857	454621	126092
重　庆	1221810	251114	404862	164682		401152	
四　川	785190	16345	110220	371806	222048	64771	
贵　州	89039		5923	12088	17211	38695	15122
云　南	1537060	37678	601485	131356	384822	379719	2000
西　藏	56600		56600				
陕　西	155927		155927				
甘　肃	785					785	
青　海							
宁　夏	228164	39152	18320	82441	88251		
新　疆	584807	1408	163445	232875	78457	108622	

3-12 各地区按用途分的房地产开发企业不可销售面积

单位：平方米

地区	不可销售面积	住宅	#别墅、高档公寓	办公楼	商业营业用房	其他
全国总计	60263408	28078488	432739	2252744	8079374	21852802
北京	3557384	853145		15909	180945	2507385
天津	1371996	1086635	4610		16661	268700
河北	2736039	1792136		36032	407923	499948
山西	2798039	2127366		33809	296509	340355
内蒙古	1081294	777481		14092	159849	129872
辽宁	1818995	823732	14380	89862	276529	628872
吉林	1509849	1075185	52201	24677	328794	81193
黑龙江	3772076	2428193	66201	230090	519569	594224
上海	2356929	220910	84135	22651	471755	1641613
江苏	6124657	2454128	93900	379063	857052	2434414
浙江	6116771	1589309	58025	343698	740655	3443109
安徽	2368183	927258	24839	21968	595916	823041
福建	2452702	1052365		137672	233512	1029153
江西	501786	236006		11726	173668	80386
山东	2118674	1115639		31995	325566	645474
河南	5144294	3263633	108	271370	746612	862679
湖北	1019961	581846	1963	45213	202236	190666
湖南	1531329	405356	376	64288	219747	841938
广东	3174436	783065	100	259345	393539	1738487
广西	434650	157423	3232	37386	3206	236635
海南	104317	51549		952	7201	44615
重庆	1010521	425317	28669	12396	176434	396374
四川	2144263	1178738		32669	234790	698066
贵州	708215	291899		35071	57516	323729
云南	886748	434531		5275	173378	273564
西藏						
陕西	488499	342935		6061	52062	87441
甘肃	364055	150563		16736	57123	139633
青海	190168	5001		5763	35089	144315
宁夏	1495837	943210		24533	54370	473724
新疆	880741	503934		42442	81168	253197

3-13　各地区按资质等级分的房地产开发企业不可销售面积

单位:平方米

地　区	总　计	一　级	二　级	三　级	四　级	暂　定	其　他
全国总计	**60263408**	**4727599**	**11297956**	**16370969**	**7244321**	**17842434**	**2780129**
北　京	3557384	459205	833162	378153	1065457	688628	132779
天　津	1371996	7332	209500	165580	148550	841034	
河　北	2736039		881120	665734	906748	241786	40651
山　西	2798039	120878	622452	1172618	703242	178049	800
内蒙古	1081294		132929	326518	592097	29750	
辽　宁	1818995	282101	86277	558351	21910	854186	16170
吉　林	1509849		407632	180217	221369	684831	15800
黑龙江	3772076	270504	626140	1537098	133498	239627	965209
上　海	2356929	90672	362231	170960		1707261	25805
江　苏	6124657	262421	2455433	729029	132	2619648	57994
浙　江	6116771	229386	826675	2363911	234262	1996192	466345
安　徽	2368183	21937	248108	1144850	65987	885801	1500
福　建	2452702	49315	128918	1120044	738155	416270	
江　西	501786		29375	212202	13782	246427	
山　东	2118674	24027	153576	304991	456810	972343	206927
河　南	5144294	580555	1035412	655226	71715	2341332	460054
湖　北	1019961	31844	138080	497170	113187	239456	224
湖　南	1531329	216860	277806	396727	24279	604032	11625
广　东	3174436	821473	215394	938294	467929	567508	163838
广　西	434650	23940	11894	128402	30163	192187	48064
海　南	104317			2695	8101	72013	21508
重　庆	1010521	17518	462315	156304	13360	356748	4276
四　川	2144263	219421	376018	1370576	13781	161295	3172
贵　州	708215	9677	70327	233594	206732	171639	16246
云　南	886748	981	339761	128244	290144	75783	51835
西　藏							
陕　西	488499	41162	16598	163447	157158	44565	65569
甘　肃	364055		50276	114179	97481	100469	1650
青　海	190168	22280	122288	40707	3193	1700	
宁　夏	1495837	815825	106468	343609	149665	78182	2088
新　疆	880741	108285	71791	171539	295434	233692	

3-14 各地区按用途分的房地产开发企业住宅竣工套数

单位:套

地　区	住　宅	#90平方米及以下住宅	#别墅、高档公寓
全国总计	**7493133**	**3139986**	**126444**
北　京	177942	119938	4639
天　津	288327	104100	4747
河　北	331497	148145	1972
山　西	181251	92960	456
内 蒙 古	186064	85320	1594
辽　宁	564037	399840	1891
吉　林	202505	138251	2114
黑 龙 江	276441	208094	1152
上　海	145858	94031	12565
江　苏	643446	186563	18769
浙　江	258521	97080	7214
安　徽	380896	146511	3500
福　建	212573	73467	3162
江　西	121444	28215	1598
山　东	540876	175841	4785
河　南	432585	132252	1013
湖　北	229829	47968	1459
湖　南	322402	73226	4540
广　东	404602	133773	17446
广　西	128522	45187	1380
海　南	60903	41847	6845
重　庆	300754	154825	6555
四　川	391683	170672	3506
贵　州	117945	29289	343
云　南	131733	45593	5848
西　藏	748	129	306
陕　西	117950	39200	1494
甘　肃	88749	43342	6
青　海	40394	8735	
宁　夏	78533	24612	889
新　疆	134123	50980	4656

3-15 各地区按资质等级分的房地产开发企业住宅竣工套数

单位：套

地区	总计	一级	二级	三级	四级	暂定	其他
全国总计	**7493133**	**450395**	**1521567**	**1939720**	**1115220**	**2217337**	**248894**
北京	177942	42757	37643	24725	43114	23295	6408
天津	288327	40313	20467	19313	129875	71692	6667
河北	331497	15910	68195	61239	94470	84068	7615
山西	181251	29342	36276	45362	54791	15414	66
内蒙古	186064	8460	21863	37634	93289	23964	854
辽宁	564037	21163	64449	154878	9226	285067	29254
吉林	202505		47770	52700	47037	54533	465
黑龙江	276441	6917	72992	128126	11441	27928	29037
上海	145858	3680	20626	16075	324	97277	7876
江苏	643446	49719	256351	81866	4351	213172	37987
浙江	258521	14722	49378	75498	15608	78504	24811
安徽	380896	7748	78105	122846	16887	149093	6217
福建	212573	10328	32850	70676	28589	70019	111
江西	121444	287	17518	52763	14292	35092	1492
山东	540876	34898	69030	111491	117194	195070	13193
河南	432585	18004	87016	88771	34067	190868	13859
湖北	229829	9175	38045	57984	52653	69626	2346
湖南	322402	14402	41182	152027	31283	73472	10036
广东	404602	20991	33316	104100	108617	113011	24567
广西	128522	3491	19789	34615	16554	49510	4563
海南	60903	1172	1696	7791	5124	37343	7777
重庆	300754	28781	126279	61954	3080	79341	1319
四川	391683	23627	106967	207594	5608	43193	4694
贵州	117945	1711	28797	28813	29034	28992	598
云南	131733	7512	32119	15544	38004	37646	908
西藏	748		306		196	246	
陕西	117950	5215	37411	37288	23461	12170	2405
甘肃	88749	604	9487	26856	37572	13290	940
青海	40394	4424	20607	7503	5404	1693	763
宁夏	78533	17045	22835	17018	12856	7209	1570
新疆	134123	7997	22202	36670	31219	35539	496

3-16 各地区按资质等级分的房地产开发企业90平方米及以下住宅竣工套数

单位：套

地区	总计	一级	二级	三级	四级	暂定	其他
全国总计	**3139986**	**194261**	**624204**	**832385**	**404261**	**953107**	**131768**
北京	119938	34899	25222	15648	23166	15501	5502
天津	104100	14193	2917	9306	28421	42596	6667
河北	148145	6264	30187	29155	37349	41612	3578
山西	92960	23725	20819	23906	14996	9469	45
内蒙古	85320	3349	9185	18925	44395	9146	320
辽宁	399840	17821	41444	94863	7310	214088	24314
吉林	138251		33670	36592	35838	31971	180
黑龙江	208094	2016	39276	102141	10598	25611	28452
上海	94031	2257	10020	7718	110	67088	6838
江苏	186563	11279	84500	28087	2058	51058	9581
浙江	97080	5653	18969	26473	5343	29490	11152
安徽	146511	3266	30158	51063	3861	56627	1536
福建	73467	1521	11434	27597	11929	20986	
江西	28215		4980	14740	2034	5937	524
山东	175841	12309	21579	42021	41499	54450	3983
河南	132252	6732	33127	27439	7708	54327	2919
湖北	47968	4774	7439	11763	7388	16037	567
湖南	73226	1323	14805	36649	5676	12509	2264
广东	133773	9388	11972	27484	32484	44005	8440
广西	45187	1460	7828	7926	7460	17503	3010
海南	41847	1172	216	4759	3986	25752	5962
重庆	154825	12875	64599	30373	1457	45178	343
四川	170672	8201	45236	93717	1945	18859	2714
贵州	29289	551	10086	7841	6190	4575	46
云南	45593	1988	10615	6628	13186	13045	131
西藏	129				88	41	
陕西	39200	512	12982	15661	5935	3381	729
甘肃	43342	288	3324	9596	23087	6276	771
青海	8735	193	3400	3638	1132	372	
宁夏	24612	5380	6420	6102	3744	2030	936
新疆	50980	872	7795	14574	13888	13587	264

3-17　各地区按资质等级分的房地产开发企业别墅、高档公寓竣工套数

单位：套

地　区	总　计	一　级	二　级	三　级	四　级	暂　定	其　他
全国总计	**126444**	**6457**	**25306**	**32751**	**17108**	**41991**	**2831**
北　京	4639	329	329	244	3737		
天　津	4747	673	437	683	1646	1308	
河　北	1972		1218	75	507	172	
山　西	456		120		336		
内蒙古	1594	150	153	345	816	130	
辽　宁	1891			1397		406	88
吉　林	2114		328	1784		2	
黑龙江	1152	786	266	46	6	8	40
上　海	12565	86	1047	1589		9843	
江　苏	18769	262	7787	2112		8554	54
浙　江	7214	426	780	2023	561	3368	56
安　徽	3500		261	1958	587	694	
福　建	3162	214	160	1644	635	509	
江　西	1598		311	526	169	567	25
山　东	4785	278	892	454	1529	1527	105
河　南	1013		110	79		824	
湖　北	1459		193	1015	227	24	
湖　南	4540		690	1977	42	1831	
广　东	17446	369	482	8950	2750	4386	509
广　西	1380		195	476		635	74
海　南	6845		1120	274	65	3606	1780
重　庆	6555	2558	1478	729		1790	
四　川	3506	58	525	1663	1057	203	
贵　州	343		26	34	60	155	68
云　南	5848	116	2734	457	1595	914	32
西　藏	306		306				
陕　西	1494		1494				
甘　肃	6					6	
青　海							
宁　夏	889	146	234	277	232		
新　疆	4656	6	1630	1940	551	529	

3-18 各地区按用途分的房地产开发企业房屋竣工价值

单位：万元

地　区	房　屋 竣工价值	住　宅	#别　墅、 高档公寓	办公楼	商业营 业用房	其　他
全国总计	**268053771**	**200394205**	**11967830**	**10957180**	**32756607**	**23945779**
北　京	7812608	4367252	415185	1117892	666131	1661333
天　津	7490533	5714232	196445	463246	471195	841860
河　北	11991098	8973706	256551	777834	1615260	624298
山　西	4984611	4015974	21976	71181	622214	275242
内蒙古	6295327	4666119	223913	113061	1026920	489227
辽　宁	14908128	12146000	147933	147116	1806324	808688
吉　林	5014080	3801042	92960	54674	807876	350488
黑龙江	6423877	5063098	49678	125995	745347	489437
上　海	10527593	6107139	1255445	1271193	1549969	1599292
江　苏	29755109	22902384	2678269	1279449	3323262	2250014
浙　江	15292537	10358219	1041429	967148	1678634	2288536
安　徽	13418215	9961029	246879	494269	2037418	925499
福　建	8155744	5603070	256068	291534	1085188	1175952
江　西	3862584	3039187	99679	61115	598145	164137
山　东	17313928	13717108	296393	348855	2020220	1227745
河　南	11178279	8841498	30759	350847	1366878	619056
湖　北	7032206	5667090	262870	111194	985648	268274
湖　南	11571564	8895546	557684	354379	1469573	852066
广　东	21143801	15365265	1374940	1211656	2108878	2458002
广　西	3908901	3101989	102615	35690	457413	313809
海　南	2379101	1988583	622489	3634	215067	171817
重　庆	11522457	8677998	588847	263536	1613295	967628
四　川	12976225	9700986	428269	548729	1325842	1400668
贵　州	3564920	2569981	23623	97083	526496	371360
云　南	4736722	3623974	410748	107206	601807	403735
西　藏	61556	33411	20000		28145	
陕　西	4307322	3485812	35317	166463	404559	250488
甘　肃	2082009	1749230	234	7171	229376	96232
青　海	1607565	1257678		29456	156043	164388
宁　夏	3105009	2119701	73690	36497	701514	247297
新　疆	3630162	2879904	156942	49077	511970	189211

3-19　各地区按资质等级分的房地产开发企业房屋竣工价值

单位：万元

地　区	总　计	一　级	二　级	三　级	四　级	暂　定	其　他
全国总计	**268053771**	**17290372**	**57131002**	**63570478**	**34591965**	**86926315**	**8543639**
北　京	7812608	1299752	1459132	906364	2563830	1224386	359144
天　津	7490533	641407	681078	575314	2793888	2611846	187000
河　北	11991098	678869	3011230	1729371	3718876	2673354	179398
山　西	4984611	541749	1037348	1313867	1597708	492627	1312
内蒙古	6295327	398981	729753	1328194	2950270	849179	38950
辽　宁	14908128	399640	1686206	4130353	196621	7659351	835957
吉　林	5014080		1316302	1256391	926407	1507708	7272
黑龙江	6423877	485236	2291524	2579611	154384	525517	387605
上　海	10527593	142275	1160589	1008427	13840	7851153	351309
江　苏	29755109	2388496	12224664	3075665	110378	10938907	1016999
浙　江	15292537	810582	2714534	4010839	873465	5588131	1294986
安　徽	13418215	326976	2624920	4514398	557601	5227460	166860
福　建	8155744	502782	1183658	2617825	1093549	2754331	3599
江　西	3862584	9798	640612	1520376	464563	1186234	41001
山　东	17313928	1141134	2319417	3432027	3240982	6769468	410900
河　南	11178279	590111	2670179	2133159	769833	4677594	337403
湖　北	7032206	552417	1197674	1915617	1190246	2124006	52246
湖　南	11571564	569802	1512139	4695134	888598	3644244	261647
广　东	21143801	1710450	1599624	5923035	4730938	5365688	1814066
广　西	3908901	117663	575215	1083887	405949	1594804	131383
海　南	2379101	22697	188826	234990	188257	1564030	180301
重　庆	11522457	1098589	4993450	1774594	137174	3465985	52665
四　川	12976225	761694	3238066	6568535	249324	1974161	184445
贵　州	3564920	42697	829856	844006	895688	926560	26113
云　南	4736722	284855	1179099	551386	1353051	1329799	38532
西　藏	61556		25000	2533	17615	16408	
陕　西	4307322	281521	1373511	1321666	705145	557011	68468
甘　肃	2082009	15190	313026	738190	633615	369391	12597
青　海	1607565	149894	926104	278325	194597	38750	19895
宁　夏	3105009	1068156	828856	484424	364277	312451	46845
新　疆	3630162	256959	599410	1021975	611296	1105781	34741

3-20 各地区按资质等级分的房地产开发企业住宅竣工价值

单位：万元

地 区	总 计	一 级	二 级	三 级	四 级	暂 定	其 他
全国总计	**200394205**	**12674933**	**43462361**	**48379408**	**26619771**	**63003294**	**6254438**
北 京	4367252	886947	806620	524267	1436452	579956	133010
天 津	5714232	598461	559536	465325	2144713	1767197	179000
河 北	8973706	474176	2098739	1428449	2825630	1975435	171277
山 西	4015974	439472	943147	1137407	1153571	341170	1207
内蒙古	4666119	321571	558896	952822	2252632	553059	27139
辽 宁	12146000	339476	1326475	3376503	162360	6269309	671877
吉 林	3801042		895073	1002923	771945	1123829	7272
黑龙江	5063098	307913	1816437	2037161	114779	418820	367988
上 海	6107139	88246	793706	611390	10200	4385917	217680
江 苏	22902384	1889216	9505014	2333887	105491	8270455	798321
浙 江	10358219	552736	1924923	2740304	566984	3728429	844843
安 徽	9961029	249871	2073555	3047108	426140	4065611	98744
福 建	5603070	362122	908998	1817578	823434	1688193	2745
江 西	3039187	9798	496281	1220286	378402	899400	35020
山 东	13717108	925749	1843027	2634171	2733673	5273826	306662
河 南	8841498	472093	1967425	1766784	640569	3718975	275652
湖 北	5667090	349052	1027120	1605759	1006704	1629119	49336
湖 南	8895546	466077	1189733	3818881	744005	2439620	237230
广 东	15365265	852174	1165969	4263605	3799768	4046083	1237666
广 西	3101989	99006	409312	881611	325026	1285056	101978
海 南	1988583	21172	180265	191458	160322	1304696	130670
重 庆	8677998	876156	3701171	1320104	94150	2653214	33203
四 川	9700986	635421	2525239	5061575	209455	1135871	133425
贵 州	2569981	32425	596621	617249	626966	679757	16963
云 南	3623974	245082	985954	404883	1003187	952893	31975
西 藏	33411		20000		4880	8531	
陕 西	3485812	237935	1062905	1120862	602663	401452	59995
甘 肃	1749230	7931	232230	639299	553643	304783	11344
青 海	1257678	124137	706797	210488	162911	36038	17307
宁 夏	2119701	602142	621491	376203	272262	200758	46845
新 疆	2879904	208376	519702	771066	506854	865842	8064

3-21　各地区房地产开发企业建造的房屋面积和造价

地　　区	房屋施工面　　积(平方米)	房屋竣工面　　积(平方米)	房屋建筑面积竣　工　率(%)	房屋竣工价　　值(万元)	房屋竣工造　　价(元/平方米)
全国总计	**6655718884**	**1014349920**	**15.2**	**268053771**	**2643**
北　　京	138868667	26663519	19.2	7812608	2930
天　　津	108921748	28053693	25.8	7490533	2670
河　　北	299491173	44370153	14.8	11991098	2703
山　　西	140400463	22848204	16.3	4984611	2182
内 蒙 古	186243206	26382430	14.2	6295327	2386
辽　　宁	416256030	61519737	14.8	14908128	2423
吉　　林	121812769	22536496	18.5	5014080	2225
黑 龙 江	135673668	29327010	21.6	6423877	2190
上　　海	135165832	22544350	16.7	10527593	4670
江　　苏	525741736	97115969	18.5	29755109	3064
浙　　江	376472402	46923435	12.5	15292537	3259
安　　徽	302352047	51803477	17.1	13418215	2590
福　　建	262872821	33697633	12.8	8155744	2420
江　　西	119956700	17902613	14.9	3862584	2158
山　　东	505491659	75085237	14.9	17313928	2306
河　　南	359793297	59658658	16.6	11178279	1874
湖　　北	218658140	30408434	13.9	7032206	2313
湖　　南	254000906	45937631	18.1	11571564	2519
广　　东	464804659	62732984	13.5	21143801	3370
广　　西	160401719	17126793	10.7	3908901	2282
海　　南	61730000	6093959	9.9	2379101	3904
重　　庆	262518928	38043584	14.5	11522457	3029
四　　川	321649797	51088647	15.9	12976225	2540
贵　　州	173569607	17647766	10.2	3564920	2020
云　　南	182607156	20192016	11.1	4736722	2346
西　　藏	576994	180938	31.4	61556	3402
陕　　西	172408620	15116691	8.8	4307322	2849
甘　　肃	68483978	9155605	13.4	2082009	2274
青　　海	23766416	5926216	24.9	1607565	2713
宁　　夏	60432278	11044486	18.3	3105009	2811
新　　疆	94595468	17221556	18.2	3630162	2108

3-22 各地区房地产开发企业建造的住宅面积和造价

地　区	住宅施工面　积（平方米）	住宅竣工面　积（平方米）	住宅建筑面积竣　工　率（%）	住宅竣工价　值（万元）	住宅竣工造　价（元/平方米）
全国总计	**4863473285**	**787406216**	**16.2**	**200394205**	**2545**
北　京	74068835	16920382	22.8	4367252	2581
天　津	75624831	21176645	28.0	5714232	2698
河　北	235582606	35177952	14.9	8973706	2551
山　西	107549465	18479861	17.2	4015974	2173
内蒙古	126341053	20012110	15.8	4666119	2332
辽　宁	314165103	50256920	16.0	12146000	2417
吉　林	93177664	17699470	19.0	3801042	2148
黑龙江	102413971	23444092	22.9	5063098	2160
上　海	81257388	14174113	17.4	6107139	4309
江　苏	387567789	75841663	19.6	22902384	3020
浙　江	238283084	31876188	13.4	10358219	3250
安　徽	215312267	39190002	18.2	9961029	2542
福　建	178354244	23380622	13.1	5603070	2396
江　西	90187901	14275297	15.8	3039187	2129
山　东	385718397	60633524	15.7	13717108	2262
河　南	281135915	49163110	17.5	8841498	1798
湖　北	166402685	25473941	15.3	5667090	2225
湖　南	195942736	37647106	19.2	8895546	2363
广　东	336906742	47482471	14.1	15365265	3236
广　西	124196768	13853670	11.2	3101989	2239
海　南	51734863	5176237	10.0	1988583	3842
重　庆	192489455	28674528	14.9	8677998	3026
四　川	232089086	40288772	17.4	9700986	2408
贵　州	123163643	13522943	11.0	2569981	1900
云　南	129693854	15761336	12.2	3623974	2299
西　藏	391533	106497	27.2	33411	3137
陕　西	142258587	12727673	8.9	3485812	2739
甘　肃	53244870	7690707	14.4	1749230	2274
青　海	17482615	4743898	27.1	1257678	2651
宁　夏	40908334	8613711	21.1	2119701	2461
新　疆	69827001	13940775	20.0	2879904	2066

第四章

房地产市场（2013）

4-1　各地区按用途分的房地产开发企业房屋出租面积

单位：平方米

地　区	房屋出租面积	住宅	#别墅、高档公寓	办公楼	商业营业用房	其　他
全国总计	**37625859**	**2005287**	**824408**	**10281713**	**20583336**	**4755523**
北　京	8349443	412924	157926	3019510	3794279	1122730
天　津	272839	2265		113290	66970	90314
河　北	98477	11254			87223	
山　西	12703	190		1330	11183	
内蒙古	18960	2314		1802	7562	7282
辽　宁	238413	25436		11859	201118	
吉　林	487352	90937		33748	346647	16020
黑龙江	98107				91695	6412
上　海	12063699	753152	636138	5581902	3639991	2088654
江　苏	1640554	77898	2695	130591	1378947	53118
浙　江	1739850	57391		165485	1383360	133614
安　徽	916685	7040		18722	839809	51114
福　建	1712442	35576		37831	1337304	301731
江　西	273701	12907		8604	252190	
山　东	974472	22138	2356	106130	804043	42161
河　南	1107515	110663		33132	920595	43125
湖　北	374085	30984		47232	281620	14249
湖　南	279807	38315		33333	196849	11310
广　东	3185601	152342	24907	733030	1798187	502042
广　西	337226	14680			297080	25466
海　南	74735	518	386		74192	25
重　庆	1254107	25848		27226	1063467	137566
四　川	520759	1661		81352	409621	28125
贵　州	199353	29780		25715	132884	10974
云　南	174358	41965		18677	98145	15571
西　藏	14533				14533	
陕　西	193155	7283		2940	182932	
甘　肃	73918	3226		5000	65692	
青　海	51232				51232	
宁　夏	389218	19562		25983	324503	19170
新　疆	498560	17038		17289	429483	34750

4-2 各地区按资质等级分的房地产开发企业房屋出租面积

单位:平方米

地 区	总 计	一 级	二 级	三 级	四 级	暂 定	其 他
全国总计	**37625859**	**3375681**	**6814095**	**8244505**	**5404509**	**8957404**	**4829665**
北 京	8349443	952739	1056223	1204524	3705957	458233	971767
天 津	272839		23881	7486	51397	190075	
河 北	98477		10069		48072	32350	7986
山 西	12703			2037	6036	4630	
内蒙古	18960		1802	500	16658		
辽 宁	238413	11859	11418	167500		47636	
吉 林	487352		190368	107282	122282	67420	
黑龙江	98107	11326	36778	50003			
上 海	12063699	1300434	2205540	1462488	6955	4338297	2749985
江 苏	1640554	70510	611867	109601		841634	6942
浙 江	1739850	86051	384720	787558	84882	311086	85553
安 徽	916685	58079	415148	179860	5114	57574	200910
福 建	1712442	209172	168072	813551	225924	216090	79633
江 西	273701		36760	170161		29500	37280
山 东	974472	2356	77196	107148	134802	576270	76700
河 南	1107515		136969	373161	130765	366322	100298
湖 北	374085	13129	103179	69671	115371	72735	
湖 南	279807		1500	94059	79643	93355	11250
广 东	3185601	163441	198404	1349653	385340	749471	339292
广 西	337226		38597	91001	9986	175293	22349
海 南	74735			45332	14235	10606	4562
重 庆	1254107	388655	474405	209203	8842	120563	52439
四 川	520759	15229	172063	235472		32294	65701
贵 州	199353		30057	80059	56639	32598	
云 南	174358		42047	35858	81581	14872	
西 藏	14533			5987	7040	1506	
陕 西	193155	16263	15577	158015	3300		
甘 肃	73918	6016	12000	15601	31875	8426	
青 海	51232			51232			
宁 夏	389218		274834	24866	11233	78285	
新 疆	498560	70422	84621	235636	60580	30283	17018

4-3　各地区按资质等级分的房地产开发企业住宅出租面积

单位:平方米

地　区	总　计	一　级	二　级	三　级	四　级	暂　定	其　他
全国总计	**2005287**	**261219**	**292317**	**292094**	**463503**	**393180**	**302974**
北　京	412924	14571	15313	77197	172217	75722	57904
天　津	2265		2265				
河　北	11254				3268		7986
山　西	190				190		
内蒙古	2314			500	1814		
辽　宁	25436					25436	
吉　林	90937			8301	82636		
黑龙江							
上　海	753152	223182	129007	47797	5596	136070	211500
江　苏	77898		40678	1248		35972	
浙　江	57391	20500	3106	21130	10310	37	2308
安　徽	7040			2000		5040	
福　建	35576			770	20434	14372	
江　西	12907		8738	4169			
山　东	22138	2356			750	19032	
河　南	110663		28014		76429	6220	
湖　北	30984		974	18524	6986	4500	
湖　南	38315			7671	25368	5276	
广　东	152342	330	11829	69556	20814	31737	18076
广　西	14680		790	8570		120	5200
海　南	518				386	132	
重　庆	25848			8608		17240	
四　川	1661	280		1381			
贵　州	29780			7100	22680		
云　南	41965		29227		12738		
西　藏							
陕　西	7283		686	6597			
甘　肃	3226			400		2826	
青　海							
宁　夏	19562		19562				
新　疆	17038		2128	575	887	13448	

4-4 各地区房地产开发企业90平方米及以下住房开发规模及竣工情况

地　　区	施工面积（平方米）	新开工面积（平方米）	竣工面积（平方米）	不可销售面积（平方米）	竣工套数（套）	出租面积（平方米）
全国总计	**1361458107**	**396487060**	**236763940**	**13683300**	**3139986**	**711379**
北　京	37283624	9302399	8710289	241450	119938	114909
天　津	28253299	5281496	8296968	853218	104100	
河　北	78281308	17173426	11584913	677273	148145	11254
山　西	26653159	6159620	6744334	1887732	92960	190
内蒙古	33449543	11475426	6900367	559905	85320	
辽　宁	149199896	51840090	30544787	591957	399840	620
吉　林	46735030	15995435	10053685	708095	138251	90636
黑龙江	49041139	16290302	14914589	2188654	208094	
上　海	36077513	6892021	6878951	11536	94031	142263
江　苏	78037535	23896657	14757894	735983	186563	1918
浙　江	57337048	12272943	7446112	627521	97080	27708
安　徽	58410248	17144660	11567605	396441	146511	
福　建	40429249	8872180	5117600	301586	73467	20703
江　西	15799918	4409985	2209412	82603	28215	8606
山　东	84664401	24617387	14077017	248383	175841	750
河　南	74695585	24558988	10254464	684550	132252	91035
湖　北	33542138	10482876	3675095	143547	47968	22080
湖　南	28234803	9347236	5211018	109463	73226	25575
广　东	73640803	22669168	9626858	281967	133773	44521
广　西	28162585	6595387	3127860	44699	45187	8570
海　南	19849689	5854722	2733412	14664	41847	132
重　庆	74216656	19002627	11199617	270760	154825	23239
四　川	80091291	25900755	13315375	456592	170672	
贵　州	26244540	7637476	2280197	86569	29289	7100
云　南	24803999	8949883	3160015	365398	45593	36246
西　藏	74591	17137	10129		129	
陕　西	30834275	7541220	3187856	105228	39200	
甘　肃	16342488	5437991	2464161	126214	43342	
青　海	3133440	790783	715961	2480	8735	
宁　夏	10703903	3389943	1977344	479038	24612	19562
新　疆	17234411	6686841	4020055	399794	50980	13762

4-5 各地区按用途分的房地产开发企业商品房销售面积

单位：平方米

地区	商品房销售面积	住宅	#别墅、高档公寓	办公楼	商业营业用房	其他
全国总计	**1305505927**	**1157226883**	**36320295**	**28833461**	**84692248**	**34753335**
北京	19031124	13636732	877622	3179323	1025235	1189834
天津	18471121	17203433	517734	234909	516015	516764
河北	56759491	50201298	700916	779951	4049311	1728931
山西	16428225	14843733	211070	152959	1160047	271486
内蒙古	27377012	22636515	283205	533145	2720661	1486691
辽宁	92923312	80147974	1982018	536088	8589992	3649258
吉林	22149634	19859455	564239	212501	1573075	504603
黑龙江	33399501	29442296	158394	248432	2562090	1146683
上海	23822014	20158086	3141986	1612163	1164676	887089
江苏	114547743	101915174	4311496	2868097	8174770	1589702
浙江	48869875	40976313	2259253	2182880	3444050	2266632
安徽	62653523	55735341	781947	949839	5062905	905438
福建	46761600	39574584	987525	2114202	2425288	2647526
江西	31670588	28460366	730396	564647	2140261	505314
山东	103298002	93002852	1583765	1892927	6001172	2401051
河南	73102135	65614092	412277	2054418	4449933	983692
湖北	52985406	47656848	1258742	927605	3583760	817193
湖南	59523802	54114845	930945	787239	3436330	1185388
广东	98363855	88309543	7324614	2568585	4336127	3149600
广西	29955763	27651468	312676	320626	1350887	632782
海南	11912259	11548550	1234795	20788	250847	92074
重庆	48175643	43591906	1163208	686687	2440387	1456663
四川	73127823	65053194	1096140	1142208	4686433	2245988
贵州	29723173	26469819	280015	1000193	1989922	263239
云南	33093003	28555249	1896244	513308	2856546	1167900
西藏	254037	227787	34700	7744	18506	
陕西	30457045	28312228	290903	448307	1192222	504288
甘肃	12200194	11348146	44973	58958	637175	155915
青海	3815584	3696958	1960	6938	102668	9020
宁夏	10483098	9282602	175399	57383	1026562	116551
新疆	20170342	17999496	771138	170411	1724395	276040

4-6 各地区按资质等级分的房地产开发企业商品房销售面积

单位:平方米

地　区	总 计	一 级	二 级	三 级	四 级	暂 定	其 他
全国总计	**1305505927**	**63471106**	**240461006**	**307668603**	**168975436**	**482118245**	**42811531**
北　京	19031124	3736308	2784861	1840769	5722072	4328046	619068
天　津	18471121	1604729	2055533	3355825	6849059	4131689	474286
河　北	56759491	3945602	8002987	10581196	16798927	16213299	1217480
山　西	16428225	430929	3164703	3369910	7057190	2365025	40468
内蒙古	27377012	1100276	3842751	5311367	13274420	3503142	345056
辽　宁	92923312	2176504	11245025	23297801	803359	50491055	4909568
吉　林	22149634	137316	5041892	5672060	4426297	6771306	100763
黑龙江	33399501	3823421	9059427	13716500	1399583	4739820	660750
上　海	23822014	653206	2968181	2410431	104219	16648250	1037727
江　苏	114547743	6480292	45512063	12772389	445355	44267448	5070196
浙　江	48869875	2441136	6445552	10771434	3814743	21787403	3609607
安　徽	62653523	1391781	9950684	14957437	2708680	32217097	1427844
福　建	46761600	2632336	3570876	13460944	5111464	21158121	827859
江　西	31670588	115792	5084959	10098700	3220518	12532817	617802
山　东	103298002	4619251	12550984	17165613	20002033	44919642	4040479
河　南	73102135	2461480	15290421	11190749	4892382	37297260	1969843
湖　北	52985406	2718076	9570181	12453268	8766229	18432358	1045294
湖　南	59523802	1886469	6256001	27452115	5031059	17143503	1754655
广　东	98363855	4975671	7066041	24724911	23107680	33363957	5125595
广　西	29955763	438841	3347191	7647518	2759771	14296860	1465582
海　南	11912259	10510	368332	1895841	1449124	7161962	1026490
重　庆	48175643	3851744	17777687	7979697	512550	17798068	255897
四　川	73127823	3568011	17746110	37251209	1006428	12631267	924798
贵　州	29723173	188666	9763995	5013843	4759898	9405001	591770
云　南	33093003	2304218	4908501	3883851	9120791	11368128	1507514
西　藏	254037		34700	155018	31263	33056	
陕　西	30457045	1458718	6452278	8099318	7407039	5627691	1412001
甘　肃	12200194	234641	2259670	3942398	3421091	2273118	69276
青　海	3815584	394408	1972047	682552	501529	261462	3586
宁　夏	10483098	1704615	3544385	2273869	1311292	1367627	281310
新　疆	20170342	1986159	2822988	4240070	3159391	7582767	378967

4-7　各地区按用途分的房地产开发企业商品房现房销售面积

单位：平方米

地　区	现房销售面积	住　宅	#别　墅、高档公寓	办公楼	商业营业用房	其　他
全国总计	**310013486**	**257889405**	**8848180**	**7642969**	**29892476**	**14588636**
北　京	6660951	4737721	439788	511261	561475	850494
天　津	7040110	6346308	185383	151432	296359	246011
河　北	14203119	12022000	95341	375715	1289734	515670
山　西	6510153	5479102	5582	84779	735915	210357
内蒙古	12083775	9644674	88147	179965	1408525	850611
辽　宁	23651610	19268303	385005	94207	2761746	1527354
吉　林	7927951	6582455	42588	81789	985651	278056
黑龙江	11530772	9967027	74914	79996	1045877	437872
上　海	9880555	7966645	1012014	611687	514859	787364
江　苏	22272865	18238751	1233204	1216254	2167006	650854
浙　江	7205915	5035673	399267	535449	954071	680722
安　徽	9398896	7452783	221936	269119	1449835	227159
福　建	3938906	2404169	148221	343423	492840	698474
江　西	5500141	4813990	177513	117727	459498	108926
山　东	21713577	18896954	171984	429390	1823619	563614
河　南	25479112	22233256	64626	332280	2476649	436927
湖　北	17106375	14965061	413843	487958	1377269	276087
湖　南	17076435	15013060	392048	71651	1469417	522307
广　东	22115106	17538764	1653617	1039978	1675685	1860679
广　西	6682385	5860880	33050	48200	559344	213961
海　南	2801879	2667285	346389	968	102640	30986
重　庆	6856924	5135155	172914	87068	844059	790642
四　川	13986170	11510096	212304	138756	1338118	999200
贵　州	3334330	2734299	17561	10987	487782	101262
云　南	8141599	6759730	585837	128608	878774	374487
西　藏	152249	127678	34700	7744	16827	
陕　西	3184284	2852637	1855	83678	205667	42302
甘　肃	4636896	4267390	131	30278	281725	57503
青　海	735276	683845		2706	39730	8995
宁　夏	3402459	2718980	40382	26232	578237	79010
新　疆	4802711	3964734	198036	63684	613543	160750

4-8 各地区按资质等级分的房地产开发企业商品房现房销售面积

单位:平方米

地　区	总 计	一 级	二 级	三 级	四 级	暂 定	其 他
全国总计	**310013486**	**12833248**	**58488973**	**86754177**	**53606520**	**88855944**	**9474624**
北　京	6660951	1452887	1417836	987280	2018634	620375	163939
天　津	7040110	253891	1044389	1824285	2738065	824294	355186
河　北	14203119	477785	2724822	3182567	3799759	3499700	518486
山　西	6510153	123399	1192275	1705219	2672492	814321	2447
内蒙古	12083775	91377	1229329	2607758	6506180	1588372	60759
辽　宁	23651610	880054	3341284	7134934	470099	10417591	1407648
吉　林	7927951	12141	981093	2483349	2423279	1930758	97331
黑龙江	11530772	184029	4170565	4849558	666144	1328546	331930
上　海	9880555	268565	1827308	1545435	54160	5888709	296378
江　苏	22272865	1464243	9046025	3630545	116802	6957006	1058244
浙　江	7205915	494851	1290944	1996171	803270	2223716	396963
安　徽	9398896	245333	1861616	2941552	807790	3317754	224851
福　建	3938906	367192	606064	1302266	901316	735858	26210
江　西	5500141	8409	914507	2228263	784708	1467055	97199
山　东	21713577	922691	3058521	3959406	5152802	8032275	587882
河　南	25479112	467187	4354619	4965097	2194096	12759631	738482
湖　北	17106375	826660	3345341	5249101	3701185	3471937	512151
湖　南	17076435	66697	1463457	8650363	2325310	4062025	508583
广　东	22115106	1039058	1959038	6472898	6358919	5196404	1088789
广　西	6682385	56812	523686	2535515	897361	2398801	270210
海　南	2801879	10510	150846	1011781	262746	1201571	164425
重　庆	6856924	741804	2633288	1421485	52054	1986420	21873
四　川	13986170	636458	4021947	7098266	430683	1732699	66117
贵　州	3334330	6665	459071	799809	1276932	777839	14014
云　南	8141599	1066273	993062	752694	2584140	2616479	128951
西　藏	152249		34700	60343	31263	25943	
陕　西	3184284	47422	1053670	896680	536856	578156	71500
甘　肃	4636896	33487	616172	1858087	1473481	636204	19465
青　海	735276	50428	311258	159929	128419	85242	
宁　夏	3402459	377492	1149492	1069732	337325	251773	216645
新　疆	4802711	159448	712748	1373809	1100250	1428490	27966

4-9 各地区按用途分的房地产开发企业商品房期房销售面积

单位：平方米

地区	期房销售面积	住宅	#别墅、高档公寓	办公楼	商业营业用房	其他
全国总计	**995492441**	**899337478**	**27472115**	**21190492**	**54799772**	**20164699**
北京	12370173	8899011	437834	2668062	463760	339340
天津	11431011	10857125	332351	83477	219656	270753
河北	42556372	38179298	605575	404236	2759577	1213261
山西	9918072	9364631	205488	68180	424132	61129
内蒙古	15293237	12991841	195058	353180	1312136	636080
辽宁	69271702	60879671	1597013	441881	5828246	2121904
吉林	14221683	13277000	521651	130712	587424	226547
黑龙江	21868729	19475269	83480	168436	1516213	708811
上海	13941459	12191441	2129972	1000476	649817	99725
江苏	92274878	83676423	3078292	1651843	6007764	938848
浙江	41663960	35940640	1859986	1647431	2489979	1585910
安徽	53254627	48282558	560011	680720	3613070	678279
福建	42822694	37170415	839304	1770779	1932448	1949052
江西	26170447	23646376	552883	446920	1680763	396388
山东	81584425	74105898	1411781	1463537	4177553	1837437
河南	47623023	43380836	347651	1722138	1973284	546765
湖北	35879031	32691787	844899	439647	2206491	541106
湖南	42447367	39101785	538897	715588	1966913	663081
广东	76248749	70770779	5670997	1528607	2660442	1288921
广西	23273378	21790588	279626	272426	791543	418821
海南	9110380	8881265	888406	19820	148207	61088
重庆	41318719	38456751	990294	599619	1596328	666021
四川	59141653	53543098	883836	1003452	3348315	1246788
贵州	26388843	23735520	262454	989206	1502140	161977
云南	24951404	21795519	1310407	384700	1977772	793413
西藏	101788	100109			1679	
陕西	27272761	25459591	289048	364629	986555	461986
甘肃	7563298	7080756	44842	28680	355450	98412
青海	3080308	3013113	1960	4232	62938	25
宁夏	7080639	6563622	135017	31151	448325	37541
新疆	15367631	14034762	573102	106727	1110852	115290

4-10 各地区按资质等级分的房地产开发企业商品房期房销售面积

单位:平方米

地区	总计	一级	二级	三级	四级	暂定	其他
全国总计	**995492441**	**50637858**	**181972033**	**220914426**	**115368916**	**393262301**	**33336907**
北京	12370173	2283421	1367025	853489	3703438	3707671	455129
天津	11431011	1350838	1011144	1531540	4110994	3307395	119100
河北	42556372	3467817	5278165	7398629	12999168	12713599	698994
山西	9918072	307530	1972428	1664691	4384698	1550704	38021
内蒙古	15293237	1008899	2613422	2703609	6768240	1914770	284297
辽宁	69271702	1296450	7903741	16162867	333260	40073464	3501920
吉林	14221683	125175	4060799	3188711	2003018	4840548	3432
黑龙江	21868729	3639392	4888862	8866942	733439	3411274	328820
上海	13941459	384641	1140873	864996	50059	10759541	741349
江苏	92274878	5016049	36466038	9141844	328553	37310442	4011952
浙江	41663960	1946285	5154608	8775263	3011473	19563687	3212644
安徽	53254627	1146448	8089068	12015885	1900890	28899343	1202993
福建	42822694	2265144	2964812	12158678	4210148	20422263	801649
江西	26170447	107383	4170452	7870437	2435810	11065762	520603
山东	81584425	3696560	9492463	13206207	14849231	36887367	3452597
河南	47623023	1994293	10935802	6225652	2698286	24537629	1231361
湖北	35879031	1891416	6224840	7204167	5065044	14960421	533143
湖南	42447367	1819772	4792544	18801752	2705749	13081478	1246072
广东	76248749	3936613	5107003	18252013	16748761	28167553	4036806
广西	23273378	382029	2823505	5112003	1862410	11898059	1195372
海南	9110380		217486	884060	1186378	5960391	862065
重庆	41318719	3109940	15144399	6558212	460496	15811648	234024
四川	59141653	2931553	13724163	30152943	575745	10898568	858681
贵州	26388843	182001	9304924	4214034	3482966	8627162	577756
云南	24951404	1237945	3915439	3131157	6536651	8751649	1378563
西藏	101788			94675		7113	
陕西	27272761	1411296	5398608	7202638	6870183	5049535	1340501
甘肃	7563298	201154	1643498	2084311	1947610	1636914	49811
青海	3080308	343980	1660789	522623	373110	176220	3586
宁夏	7080639	1327123	2394893	1204137	973967	1115854	64665
新疆	15367631	1826711	2110240	2866261	2059141	6154277	351001

4-11 各地区按资质等级分的房地产开发企业商品住宅销售面积

单位：平方米

地区	总计	一级	二级	三级	四级	暂定	其他
全国总计	**1157226883**	**56736625**	**214970252**	**273725267**	**149748630**	**424691605**	**37354504**
北京	13636732	2907734	2085822	1448692	3683841	3007923	502720
天津	17203433	1562704	1844377	3275322	6227346	3823651	470033
河北	50201298	3548641	6780915	9377139	14829376	14479566	1185661
山西	14843733	403266	3057180	2872309	6442777	2027733	40468
内蒙古	22636515	940769	3336837	4251518	11060275	2742830	304286
辽宁	80147974	1950416	10042218	20106641	672066	43610560	3766073
吉林	19859455	117072	4650259	5090647	3933128	5969830	98519
黑龙江	29442296	3647771	8111408	11822002	1184655	4081881	594579
上海	20158086	538545	2556624	2062740	97007	14022760	880410
江苏	101915174	6075340	40982547	11312703	400973	38721620	4421991
浙江	40976313	2144177	5531466	8999222	3158590	18230927	2911931
安徽	55735341	1238041	9006471	13443869	2384166	28430160	1232634
福建	39574584	2031349	2741252	11804240	4047395	18195681	754667
江西	28460366	107173	4675648	8970461	2916827	11226792	563465
山东	93002852	4155130	11315021	15758519	18041643	40343215	3389324
河南	65614092	2277536	13638617	10151018	4577606	33152908	1816407
湖北	47656848	2295700	8456951	11343524	8297572	16330828	932273
湖南	54114845	1565442	5732603	25349588	4641854	15147209	1678149
广东	88309543	4357601	6231730	21902703	21157982	30091437	4568090
广西	27651468	419780	3088848	7105669	2587312	13129122	1320737
海南	11548550	10510	360360	1808756	1416874	6936436	1015614
重庆	43591906	3430324	15984432	7224493	467031	16284268	201358
四川	65053194	3286831	15979786	32605996	928451	11394308	857822
贵州	26469819	166841	8861575	4429325	4150721	8333555	527802
云南	28555249	2130449	4263613	3455811	7746847	9726751	1231778
西藏	227787		34700	138117	30753	24217	
陕西	28312228	1396563	5802306	7812600	6960582	4956999	1383178
甘肃	11348146	215060	2097343	3603208	3218850	2148548	65137
青海	3696958	392323	1938470	646394	471463	244722	3586
宁夏	9282602	1576472	3227804	1860605	1134019	1206634	277068
新疆	17999496	1847065	2553069	3691436	2880648	6668534	358744

4-12 各地区按资质等级分的房地产开发企业 90平方米及以下住宅销售面积

单位：平方米

地区	总计	一级	二级	三级	四级	暂定	其他
全国总计	**340071187**	**15525305**	**61114932**	**81168654**	**40107637**	**128503232**	**13651427**
北京	6092048	1749089	1175085	532128	1017748	1367193	250805
天津	6495957	825484	410291	664060	2412244	1852682	331196
河北	18344145	1641138	2420166	3669711	4673940	5454287	484903
山西	2868995	120480	664954	591833	1167757	310838	13133
内蒙古	7623584	166261	655935	1606118	4215141	897281	82848
辽宁	46041221	1196731	4534223	11058139	524924	26189405	2537799
吉林	11990769	43218	2591923	3036678	2984682	3248930	85338
黑龙江	15408953	111315	3471921	7677601	1062335	2541885	543896
上海	8842368	192916	816290	548363	9606	6857790	417403
江苏	17947849	1122088	7918993	2180731	100043	5673992	952002
浙江	10124504	449395	1521164	1788851	682018	4899838	783238
安徽	14975557	132448	2455714	4163745	503877	7524431	195342
福建	8451023	468152	528602	2219484	920467	3867794	446524
江西	4232920	87986	777106	1428084	327374	1524569	87801
山东	21081097	686840	2459702	3163790	4326266	9519057	925442
河南	13743154	691093	3370145	1524281	653712	7231589	272334
湖北	8737830	616139	1521300	1961290	1031059	3177279	430763
湖南	7528250	237649	1087749	3671870	308746	1935330	286906
广东	20811079	718403	1260440	4517157	4705167	7704541	1905371
广西	6590551	45074	829058	1356304	640071	3323096	396948
海南	5497615	10510	121693	751541	525881	3501609	586381
重庆	19803003	1507091	7104234	3130859	212409	7768880	79530
四川	26676642	1321517	5817911	13745079	478713	4866009	447413
贵州	6272333	18986	3259762	966929	599044	1273616	153996
云南	6111082	510882	704925	686327	1810729	2305319	92900
西藏	66590			48607	15354	2629	
陕西	8200154	441429	1656814	2306511	1922221	1274461	598718
甘肃	3280146	43645	703104	769866	1130760	602264	30507
青海	516049	28837	264352	101872	82454	38534	
宁夏	1630694	191793	363620	459063	218745	186651	210822
新疆	4085025	148716	647756	841782	844150	1581453	21168

4-13 各地区按资质等级分的房地产开发企业 144平方米以上住宅销售面积

单位：平方米

地区	总计	一级	二级	三级	四级	暂定	其他
全国总计	**165389820**	**9073973**	**29680533**	**37659298**	**23427197**	**59997271**	**5551548**
北京	3083020	316416	392626	396801	1386805	475324	115048
天津	1923683	57011	137948	296183	844639	554801	33101
河北	5407722	359235	1068417	819552	1292986	1759659	107873
山西	2992755	59473	613789	523760	1232952	562047	734
内蒙古	3621739	484784	541858	530024	1552835	352053	160185
辽宁	7950805	187341	904997	1748852	21291	4724556	363768
吉林	1583613		369332	443164	202310	568340	467
黑龙江	3975696	1097075	1463528	789831	2688	602122	20452
上海	3726617	30452	548492	543847	1816	2460587	141423
江苏	14267105	770938	5735699	1453397	71540	5958357	277174
浙江	11050222	851775	1521813	2437235	759241	4701010	779148
安徽	3238768	15040	672126	615035	183796	1726377	26394
福建	6989266	434723	713863	2476613	1008506	2320104	35457
江西	2381235		389854	813219	285120	863494	29548
山东	12964084	648321	1708711	2244555	1965610	6072634	324253
河南	10019510	262447	2225871	1385340	760422	5269196	116234
湖北	4944166	145175	762177	1497718	900632	1498015	140449
湖南	10257315	160877	831455	4515254	1036191	3466481	247057
广东	22549309	1447503	2034314	6685105	5292373	6092294	997720
广西	3462223	44770	364571	942192	246910	1501740	362040
海南	1311864		121142	134644	93223	862834	100021
重庆	3750301	234523	1538150	412728	35854	1527481	1565
四川	4872511	188198	1123233	2268583	83750	1080406	128341
贵州	2844728	56360	1046118	416295	505762	745081	75112
云南	8001482	514731	1085059	1038200	2015278	2598460	749754
西藏	76065		34700	28844	3379	9142	
陕西	3883945	233932	679064	1249138	820911	729307	171593
甘肃	1028338	31200	149426	257422	405970	168887	15433
青海	405236	53144	303327	43180	3834	1751	
宁夏	1040094	215906	421064	213210	84015	105011	888
新疆	1786403	172623	177809	439377	326558	639720	30316

4-14 各地区按资质等级分的房地产开发企业别墅、高档公寓销售面积

单位：平方米

地　区	总　计	一　级	二　级	三　级	四　级	暂　定	其　他
全国总计	**36320295**	**1495142**	**5424506**	**8463115**	**4265350**	**15490494**	**1181688**
北　京	877622	97553	53377	94687	588693	36678	6634
天　津	517734	61963	30630	67505	186164	159818	11654
河　北	700916	72027	212483	24817	138088	252401	1100
山　西	211070		13222	2008	82435	113405	
内蒙古	283205		23027	88084	139172	32922	
辽　宁	1982018	52205	140315	364265		1326477	98756
吉　林	564239		138982	241354	6183	177720	
黑龙江	158394		23562	104711		9669	20452
上　海	3141986	25442	438885	448145	3474	2088353	137687
江　苏	4311496	142864	1415899	525029		2157355	70349
浙　江	2259253	66608	295028	697688	217546	850050	132333
安　徽	781947	2402	82669	252550	13551	418763	12012
福　建	987525	6898	84696	361516	135327	399088	
江　西	730396	4403	96336	129367	72144	428146	
山　东	1583765	97161	191665	103086	162736	982356	46761
河　南	412277	43476	124917	7744		236140	
湖　北	1258742	29260	149361	514332	70352	495437	
湖　南	930945	10405	51056	587085	71571	203520	7308
广　东	7324614	316060	355245	2484870	1518609	2305964	343866
广　西	312676		50419	146672	16561	85694	13330
海　南	1234795		30046	194014	51418	798186	161131
重　庆	1163208	83128	420561	196649		462870	
四　川	1096140	153912	240100	429637	16168	253492	2831
贵　州	280015	15996	18329	16870	70990	152798	5032
云　南	1896244	144420	385416	137777	562178	647606	18847
西　藏	34700		34700				
陕　西	290903	21938	135005	10871	36764		86325
甘　肃	44973			344	19128	25501	
青　海	1960	1174	786				
宁　夏	175399	15086	40538	28201	28313	63261	
新　疆	771138	30761	147251	203237	57785	326824	5280

4-15 各地区按资质等级分的房地产开发企业办公楼销售面积

单位：平方米

地区	总计	一级	二级	三级	四级	暂定	其他
全国总计	**28833461**	**1693132**	**5825725**	**4618588**	**3152754**	**12614716**	**928546**
北京	3179323	399257	356603	110993	1270631	1011392	30447
天津	234909	25799	84525	158	90229	33633	565
河北	779951	78884	277907	37802	233973	151385	
山西	152959		9069	45745	69808	28337	
内蒙古	533145	1262	171897	91992	218622	44244	5128
辽宁	536088	43184	21640	108233		264309	98722
吉林	212501		74611	45379	3464	89047	
黑龙江	248432		75186	98067	5391	69788	
上海	1612163	36577	114346	139371		1249327	72542
江苏	2868097	105920	1033724	143787		1524413	60253
浙江	2182880	24906	195531	523708	79866	1090003	268866
安徽	949839	30256	214621	295762	1000	408200	
福建	2114202	155119	387801	311080	281745	967860	10597
江西	564647	8513	24775	155488	10550	355856	9465
山东	1892927	136006	332416	228783	279666	869109	46947
河南	2054418	9063	537118	86622	4125	1413857	3633
湖北	927605	182722	259254	158315	9646	247952	69716
湖南	787239	49264	42715	212620	31910	450730	
广东	2568585	298083	143466	762991	221626	948643	193776
广西	320626		736	35393	5850	240337	38310
海南	20788			13267		6025	1496
重庆	686687	61795	356774	3179	840	264099	
四川	1142208	2957	185275	787967	14011	147142	4856
贵州	1000193		629275	61211	118530	191177	
云南	513308	2336	55724	30410	101274	312221	11343
西藏	7744			7744			
陕西	448307		202421	38391	78020	129475	
甘肃	58958		1543	46664	10751		
青海	6938		4232	2706			
宁夏	57383	23657	23773	4921	1797	1351	1884
新疆	170411	17572	8767	29839	9429	104804	

4-16 各地区按资质等级分的房地产开发企业商业营业用房销售面积

单位：平方米

地 区	总 计	一 级	二 级	三 级	四 级	暂 定	其 他
全国总计	**84692248**	**2640642**	**13327849**	**20810004**	**10909962**	**34097123**	**2906668**
北 京	1025235	265393	157506	109524	279706	152658	60448
天 津	516015	15223	59810	57281	279242	100771	3688
河 北	4049311	193322	663644	850602	1146799	1176607	18337
山 西	1160047	15095	89078	355290	428063	272521	
内蒙古	2720661	76487	216652	499150	1383636	525520	19216
辽 宁	8589992	178647	916082	2296168	122585	4764208	312302
吉 林	1573075	3239	226827	412894	401388	526483	2244
黑龙江	2562090	24479	647006	1270204	144662	418380	57359
上 海	1164676	31848	112761	110273	7212	872206	30376
江 苏	8174770	167582	2873009	1057963	17284	3533554	525378
浙 江	3444050	67495	350557	684403	377897	1669461	294237
安 徽	5062905	115964	515551	1047311	261220	2933560	189299
福 建	2425288	90223	93813	739867	272902	1214132	14351
江 西	2140261		303572	767032	236449	797496	35712
山 东	6001172	206020	509645	848202	1203684	2730427	503194
河 南	4449933	155860	832383	765069	226562	2340429	129630
湖 北	3583760	120743	728066	793640	402386	1498971	39954
湖 南	3436330	102318	293841	1398042	296479	1284306	61344
广 东	4336127	127517	226162	1087172	1023134	1708239	163903
广 西	1350887	12789	132011	381948	105413	653000	65726
海 南	250847		915	65141	16179	160586	8026
重 庆	2440387	190566	846951	486013	44297	830099	42461
四 川	4686433	138798	1005640	2788757	61617	647765	43856
贵 州	1989922	16105	232987	449704	417147	812025	61954
云 南	2856546	113641	325893	221772	900396	1125617	169227
西 藏	18506			9157	510	8839	
陕 西	1192222	47523	334787	178842	277166	325279	28625
甘 肃	637175	14667	159637	210185	145671	103775	3240
青 海	102668	2085	26718	33452	24597	15816	
宁 夏	1026562	85145	242215	388984	157819	150041	2358
新 疆	1724395	61868	204130	445962	247860	744352	20223

4-17　各地区按用途分的房地产开发企业商品房销售额

单位：万元

地　区	商品房销售额	住　宅	#别　墅、高档公寓	办公楼	商业营业用房	其　他
全国总计	**814282842**	**676949367**	**45731851**	**37473497**	**82804781**	**17055197**
北　京	35308237	24347058	2892845	7447840	2707115	806224
天　津	16154698	14433402	738875	268756	853994	598546
河　北	27796879	23291165	581456	607210	3113922	784582
山　西	7282585	6251438	213582	146378	809052	75717
内蒙古	11773618	8744498	176420	404230	1963003	661887
辽　宁	47592106	39418642	1572901	363416	6365457	1444591
吉　林	9930394	8397317	536299	137782	1111802	283493
黑龙江	15823382	13059034	104195	176126	1968866	619356
上　海	39115659	32640297	9085790	3808468	2247139	419755
江　苏	79136995	67777021	5258489	2184631	8514738	660605
浙　江	53960320	45138822	3331768	3037836	4811812	971850
安　徽	31828650	26620419	641858	691068	4202724	314439
福　建	42320832	34105729	1390917	2901417	3737796	1575890
江　西	16478958	13960612	480088	512849	1748974	256523
山　东	52151192	44610664	1561033	1761304	4821121	958103
河　南	30741352	25162572	323805	1871592	3345290	361898
湖　北	27903176	23100444	1066742	777664	3547276	477792
湖　南	25256439	21149740	755556	867437	2814772	424490
广　东	89410531	74761038	8296583	5340643	6798146	2510704
广　西	13757948	11667241	279833	432304	1394664	263739
海　南	10326526	9969951	2012380	48830	252090	55655
重　庆	26827626	22835658	1156290	780774	2630838	580356
四　川	40202707	33085768	1075649	1117458	5143029	856452
贵　州	12766927	9887669	250337	731501	2040983	106774
云　南	14872408	11925532	1088562	466239	2074542	406095
西　藏	106023	88458	16200	3992	13573	
陕　西	16081136	14132019	265540	332229	1250981	365907
甘　肃	4740665	4180826	35735	50293	464882	44664
青　海	1588392	1462925	1703	4067	118301	3099
宁　夏	4436951	3636024	117998	45690	706155	49082
新　疆	8609530	7107384	422422	153473	1231744	116929

4-18 各地区按资质等级分的房地产开发企业商品房销售额

单位：万元

地 区	总 计	一 级	二 级	三 级	四 级	暂 定	其 他
全国总计	**814282842**	**49826308**	**150259759**	**174132708**	**92996288**	**315325213**	**31742566**
北 京	35308237	5398078	4987944	3486355	11799321	8275448	1361091
天 津	16154698	1375214	1538650	2566833	6305552	4070529	297920
河 北	27796879	2600968	4254237	4774836	7389050	8289269	488519
山 西	7282585	174355	1425583	1283476	3262005	1121627	15539
内蒙古	11773618	542103	1802581	2233060	5477697	1572155	146022
辽 宁	47592106	1235916	5700219	11424940	284432	26428202	2518397
吉 林	9930394	94539	2647817	2359526	1588626	3198808	41078
黑龙江	15823382	1645488	5149478	5974909	425043	2402099	226365
上 海	39115659	941916	4605789	4120709	192061	27288946	1966238
江 苏	79136995	5120098	32605936	7873386	184559	30558137	2794879
浙 江	53960320	2908371	7011541	10910375	2919734	25623313	4586986
安 徽	31828650	810967	5245017	7760693	1082469	16257529	671975
福 建	42320832	3065693	3840692	11103642	6022107	17552843	735855
江 西	16478958	63052	2818089	5123949	1366704	6847225	259939
山 东	52151192	2620103	6351724	7631353	8036336	25080923	2430753
河 南	30741352	1535923	6885089	3989150	1560368	16153001	617821
湖 北	27903176	1850399	6202202	6354779	2742758	10064276	688762
湖 南	25256439	1103594	3025810	11021408	1617261	7891369	596997
广 东	89410531	8144283	7468575	23552074	15901882	27399674	6944043
广 西	13757948	242058	1742166	3412861	976667	6757599	626597
海 南	10326526	10869	493093	1780917	932701	6319551	789395
重 庆	26827626	2391028	10225988	3395281	271414	10426182	117733
四 川	40202707	2344485	9206806	19978086	463913	7363983	845434
贵 州	12766927	101182	4564728	2009591	1840629	3943476	307321
云 南	14872408	845538	2431394	1530569	3844366	5661287	559254
西 藏	106023		16200	59154	13940	16729	
陕 西	16081136	765736	3324236	3936559	3557237	3637591	859777
甘 肃	4740665	129307	988319	1519807	1085777	996767	20688
青 海	1588392	180360	833085	272844	219361	81725	1017
宁 夏	4436951	792271	1447944	951912	528453	628601	87770
新 疆	8609530	792414	1418827	1739674	1103865	3416349	138401

4-19 各地区按用途分的房地产开发企业商品房现房销售额

单位：万元

地区	现房销售额	住宅	#别墅、高档公寓	办公楼	商业营业用房	其他
全国总计	**168823021**	**128778503**	**12348544**	**8906685**	**24317653**	**6820180**
北京	10298388	7260395	1549988	1253584	1241416	542993
天津	4977800	4181839	259333	141806	474501	179654
河北	6613313	5100415	95350	280598	956188	276112
山西	2157462	1658769	4431	41656	398407	58630
内蒙古	4766565	3352875	51306	104650	907477	401563
辽宁	11344713	8920258	286188	54719	1801814	567922
吉林	2983671	2188303	38423	53656	588712	153000
黑龙江	5139790	4254756	48952	31812	653663	199559
上海	12713854	9961364	3186990	1570920	833883	347687
江苏	13596752	10555794	1545130	695267	2086055	259636
浙江	6470454	4460160	536414	643007	1124182	243105
安徽	4354748	3073106	160855	183082	1032073	66487
福建	3021596	1807064	209979	302215	551630	360687
江西	2675542	2211133	125203	108072	319303	37034
山东	9543775	7724951	154629	350071	1187575	281178
河南	8377055	6605048	37553	135038	1484904	152065
湖北	7955826	6169443	320942	324256	1353078	109049
湖南	6023079	4843466	315752	45475	951878	182260
广东	19140431	13669625	1932384	2121072	2012044	1337690
广西	2490413	1939919	21228	19027	440240	91227
海南	2785523	2672946	618588	350	102623	9604
重庆	3599300	2514516	161890	105688	645158	333938
四川	6751452	5179247	221701	102352	1124071	345782
贵州	1294250	868861	10408	6273	379855	39261
云南	3395263	2626938	320649	101541	557548	109236
西藏	66784	50791	16200	3992	12001	
陕西	1219752	985793	1388	28046	181202	24711
甘肃	1682167	1457303	39	31081	173619	20164
青海	289980	251067		1217	34613	3083
宁夏	1357282	982929	21664	18409	326841	29103
新疆	1736041	1249429	94987	47753	381099	57760

4-20 各地区按资质等级分的房地产开发企业商品房现房销售额

单位：万元

地　区	总　计	一　级	二　级	三　级	四　级	暂　定	其　他
全国总计	**168823021**	**9712284**	**35399556**	**44920880**	**25544466**	**47392449**	**5853386**
北　京	10298388	1724156	2030660	1726780	3764443	907505	144844
天　津	4977800	327651	716079	1120054	2075219	577652	161145
河　北	6613313	272929	1624137	1432643	1517636	1534713	231255
山　西	2157462	39332	396418	554961	849258	316888	605
内蒙古	4766565	57215	494187	1141294	2344969	690341	38559
辽　宁	11344713	474816	1632126	3555106	146864	4803173	732628
吉　林	2983671	8332	473117	901853	821563	740897	37909
黑龙江	5139790	78685	2382391	1932862	185115	447167	113570
上　海	12713854	342581	2329176	1762713	90953	7855238	333193
江　苏	13596752	1056876	5925880	1914507	51422	4207330	440737
浙　江	6470454	385925	1105268	1777702	561273	2219292	420994
安　徽	4354748	126357	1013799	1463521	266271	1421322	63478
福　建	3021596	255120	418516	965592	808880	555905	17583
江　西	2675542	5697	520204	1170755	329681	613815	35390
山　东	9543775	523232	1439994	1643589	2049460	3639957	247543
河　南	8377055	193389	1600793	1800749	667469	3887413	227242
湖　北	7955826	556374	2299930	2724998	1030888	1194081	149555
湖　南	6023079	33250	689933	3115263	688266	1346435	149932
广　东	19140431	1617807	2067589	5858926	3928576	3855317	1812216
广　西	2490413	40041	227168	948920	303871	859039	111374
海　南	2785523	10869	319071	932293	212859	1150350	160081
重　庆	3599300	409368	1529560	643723	16604	986136	13909
四　川	6751452	450647	1968724	3198325	162985	913889	56882
贵　州	1294250	3563	198736	292067	452900	331311	15673
云　南	3395263	317429	393146	319413	1058266	1266317	40692
西　藏	66784		16200	22199	13940	14445	
陕　西	1219752	41935	384426	344924	201620	233617	13230
甘　肃	1682167	15810	292024	688580	483930	195136	6687
青　海	289980	34626	120975	74242	37205	22932	
宁　夏	1357282	216731	473703	402378	112720	86788	64962
新　疆	1736041	91541	315626	489948	309360	518048	11518

4-21 各地区按用途分的房地产开发企业商品房期房销售额

单位：万元

地区	期房销售额	住宅	#别墅、高档公寓	办公楼	商业营业用房	其他
全国总计	**645459821**	**548170864**	**33383307**	**28566812**	**58487128**	**10235017**
北京	25009849	17086663	1342857	6194256	1465699	263231
天津	11176898	10251563	479542	126950	379493	418892
河北	21183566	18190750	486106	326612	2157734	508470
山西	5125123	4592669	209151	104722	410645	17087
内蒙古	7007053	5391623	125114	299580	1055526	260324
辽宁	36247393	30498384	1286713	308697	4563643	876669
吉林	6946723	6209014	497876	84126	523090	130493
黑龙江	10683592	8804278	55243	144314	1315203	419797
上海	26401805	22678933	5898800	2237548	1413256	72068
江苏	65540243	57221227	3713359	1489364	6428683	400969
浙江	47489866	40678662	2795354	2394829	3687630	728745
安徽	27473902	23547313	481003	507986	3170651	247952
福建	39299236	32298665	1180938	2599202	3186166	1215203
江西	13803416	11749479	354885	404777	1429671	219489
山东	42607417	36885713	1406404	1411233	3633546	676925
河南	22364297	18557524	286252	1736554	1860386	209833
湖北	19947350	16931001	745800	453408	2194198	368743
湖南	19233360	16306274	439804	821962	1862894	242230
广东	70270100	61091413	6364199	3219571	4786102	1173014
广西	11267535	9727322	258605	413277	954424	172512
海南	7541003	7297005	1393792	48480	149467	46051
重庆	23228326	20321142	994400	675086	1985680	246418
四川	33451255	27906521	853948	1015106	4018958	510670
贵州	11472677	9018808	239929	725228	1661128	67513
云南	11477145	9298594	767913	364698	1516994	296859
西藏	39239	37667			1572	
陕西	14861384	13146226	264152	304183	1069779	341196
甘肃	3058498	2723523	35696	19212	291263	24500
青海	1298412	1211858	1703	2850	83688	16
宁夏	3079669	2653095	96334	27281	379314	19979
新疆	6873489	5857955	327435	105720	850645	59169

4-22 各地区按资质等级分的房地产开发企业商品房期房销售额

单位：万元

地　区	总　计	一　级	二　级	三　级	四　级	暂　定	其　他
全国总计	**645459821**	**40114024**	**114860203**	**129211828**	**67451822**	**267932764**	**25889180**
北　京	25009849	3673922	2957284	1759575	8034878	7367943	1216247
天　津	11176898	1047563	822571	1446779	4230333	3492877	136775
河　北	21183566	2328039	2630100	3342193	5871414	6754556	257264
山　西	5125123	135023	1029165	728515	2412747	804739	14934
内蒙古	7007053	484888	1308394	1091766	3132728	881814	107463
辽　宁	36247393	761100	4068093	7869834	137568	21625029	1785769
吉　林	6946723	86207	2174700	1457673	767063	2457911	3169
黑龙江	10683592	1566803	2767087	4042047	239928	1954932	112795
上　海	26401805	599335	2276613	2357996	101108	19433708	1633045
江　苏	65540243	4063222	26680056	5958879	133137	26350807	2354142
浙　江	47489866	2522446	5906273	9132673	2358461	23404021	4165992
安　徽	27473902	684610	4231218	6297172	816198	14836207	608497
福　建	39299236	2810573	3422176	10138050	5213227	16996938	718272
江　西	13803416	57355	2297885	3953194	1037023	6233410	224549
山　东	42607417	2096871	4911730	5987764	5986876	21440966	2183210
河　南	22364297	1342534	5284296	2188401	892899	12265588	390579
湖　北	19947350	1294025	3902272	3629781	1711870	8870195	539207
湖　南	19233360	1070344	2335877	7906145	928995	6544934	447065
广　东	70270100	6526476	5400986	17693148	11973306	23544357	5131827
广　西	11267535	202017	1514998	2463941	672796	5898560	515223
海　南	7541003		174022	848624	719842	5169201	629314
重　庆	23228326	1981660	8696428	2751558	254810	9440046	103824
四　川	33451255	1893838	7238082	16779761	300928	6450094	788552
贵　州	11472677	97619	4365992	1717524	1387729	3612165	291648
云　南	11477145	528109	2038248	1211156	2786100	4394970	518562
西　藏	39239			36955		2284	
陕　西	14861384	723801	2939810	3591635	3355617	3403974	846547
甘　肃	3058498	113497	696295	831227	601847	801631	14001
青　海	1298412	145734	712110	198602	182156	58793	1017
宁　夏	3079669	575540	974241	549534	415733	541813	22808
新　疆	6873489	700873	1103201	1249726	794505	2898301	126883

4-23 各地区按资质等级分的房地产开发企业商品住宅销售额

单位：万元

地 区	总 计	一 级	二 级	三 级	四 级	暂 定	其 他
全国总计	**676949367**	**42031114**	**127003944**	**145281571**	**76879618**	**259822068**	**25931052**
北 京	24347058	3768451	3356357	2816610	8115429	5211463	1078748
天 津	14433402	1297062	1344674	2477566	5539741	3480616	293743
河 北	23291165	2223753	3324602	4089190	6168642	7015069	469909
山 西	6251438	161260	1341601	1019200	2789222	924616	15539
内蒙古	8744498	438681	1382717	1557554	4184277	1047258	134011
辽 宁	39418642	1030821	4992052	9151606	211661	22110245	1922257
吉 林	8397317	67615	2326842	1991644	1313319	2658165	39732
黑龙江	13059034	1472346	4475069	4815232	317986	1801630	176771
上 海	32640297	767383	4071969	3441772	180754	22616523	1561896
江 苏	67777021	4722896	27955233	6727946	169133	26016193	2185620
浙 江	45138822	2705770	6072748	8897007	2361759	21458542	3642996
安 徽	26620419	686279	4496570	6491494	925619	13490675	529782
福 建	34105729	2485417	2927105	9422350	4737065	13856307	677485
江 西	13960612	47708	2437885	4306759	1166238	5780235	221787
山 东	44610664	2227606	5538596	6780873	7017764	21365553	1680272
河 南	25162572	1341180	5698357	3304937	1409436	12871853	536809
湖 北	23100444	1562357	4971092	5351734	2432142	8277173	505946
湖 南	21149740	870506	2623066	9633274	1360251	6117937	544706
广 东	74761038	6821221	6351725	19319446	14000702	22439015	5828929
广 西	11667241	220462	1590893	2943605	871092	5504379	536810
海 南	9969951	10869	489318	1674616	907573	6112144	775431
重 庆	22835658	1973446	8662675	2963677	237456	8907624	90780
四 川	33085768	1980260	7829315	15887392	376178	6247925	764698
贵 州	9887669	78628	3683821	1548828	1376651	2961413	238328
云 南	11925532	721815	2065743	1267698	3016927	4428536	424813
西 藏	88458		16200	48682	13334	10242	
陕 西	14132019	708793	2854468	3685498	3155893	2898809	828558
甘 肃	4180826	117094	882496	1316176	976980	870072	18008
青 海	1462925	175485	792101	240702	179452	74168	1017
宁 夏	3636024	663184	1235761	709845	430240	511919	85075
新 疆	7107384	682766	1212893	1398658	936702	2755769	120596

4-24 各地区按资质等级分的房地产开发企业90平方米及以下住宅销售额

单位：万元

地 区	总 计	一 级	二 级	三 级	四 级	暂 定	其 他
全国总计	**189666548**	**10009765**	**33127985**	**40987725**	**19515396**	**75818339**	**10207338**
北 京	6689106	1387957	1064770	609819	1503435	1725493	397632
天 津	4228139	526994	310608	498800	1620420	1145806	125511
河 北	8776981	1018032	1118497	1692791	1952556	2810138	184967
山 西	1039652	53063	287837	184333	413945	94651	5823
内蒙古	2712199	62255	239860	561543	1508291	292919	47331
辽 宁	20559609	521748	1986643	4702327	162142	12048713	1138036
吉 林	4380424	23677	1184750	1016293	909067	1211570	35067
黑龙江	5559606	48843	1549522	2617574	287949	896460	159258
上 海	9434260	186330	968193	443571	14774	7322129	499263
江 苏	11413276	876048	4929638	1164322	35439	3824558	583271
浙 江	10944791	426987	1528535	1697080	421649	5831972	1038568
安 徽	7108727	66038	1210205	2058927	199300	3499479	74778
福 建	6563658	492034	467100	1589295	738088	2885951	391190
江 西	2281418	36481	443447	765127	140932	869960	25471
山 东	10204894	354110	1180371	1428565	1764350	4933361	544137
河 南	6200164	461874	1472358	577262	209052	3395407	84211
湖 北	4528807	337040	956469	1077819	311492	1717132	128855
湖 南	3413374	118889	563068	1599937	120221	921137	90122
广 东	19624512	909806	1359635	4641789	3598721	6061043	3053518
广 西	3207525	16733	419400	656149	251369	1648857	215017
海 南	4186370	10869	148183	619489	372311	2639266	396252
重 庆	9780396	765550	3547233	1286537	111450	4028788	40838
四 川	13869243	750274	2858360	6928193	192333	2750999	389084
贵 州	2451187	7937	1375336	325260	209155	465424	68075
云 南	2969710	223603	391520	319462	814251	1183148	37726
西 藏	27379			20145	6480	754	
陕 西	4120247	174539	745368	1130818	945215	746903	377404
甘 肃	1094279	14676	268817	280556	321056	200684	8490
青 海	196157	13285	112465	36561	22871	10975	
宁 夏	598525	55796	146933	161742	90706	80437	62911
新 疆	1501933	68297	292864	295639	266376	574225	4532

4-25　各地区按资质等级分的房地产开发企业 144平方米以上住宅销售额

单位：万元

地　区	总　计	一　级	二　级	三　级	四　级	暂　定	其　他
全国总计	**142993084**	**10101112**	**26017967**	**29250051**	**18155978**	**53604778**	**5863198**
北　京	9678682	1050894	1362069	1188978	4314908	1307369	454464
天　津	2625310	110340	182072	345664	1127184	792945	67105
河　北	3181014	276069	628759	384665	728817	1109046	53658
山　西	1767673	25921	314067	223925	809728	393653	379
内蒙古	1756676	217736	281172	246074	797326	145051	69317
辽　宁	5461745	134494	661417	1109855	8113	3313575	234291
吉　林	1032644		264573	295051	85685	386820	515
黑龙江	2476353	433732	1086955	506429	729	439028	9480
上　海	11337467	132671	1370843	1606212	4989	7722087	500665
江　苏	14213483	883669	5470300	1553099	30453	6104883	171079
浙　江	15470939	1289208	2111536	3185295	749618	6878059	1257223
安　徽	1809537	9257	419448	362389	82065	922198	14180
福　建	8663234	704873	1043599	2594724	1902717	2353949	63372
江　西	1510155		313519	447735	123512	616145	9244
山　东	7603439	409831	930119	1111963	822090	4157255	172181
河　南	4071139	211184	1019947	445304	232050	2125967	36687
湖　北	3065227	115869	736873	749321	222580	1004567	236017
湖　南	4102613	151772	411365	1844809	322725	1312778	59164
广　东	23361273	2903021	2729649	6623069	3774450	5750355	1580729
广　西	1626117	19611	216220	444913	78406	764481	102486
海　南	1916014		138248	322065	129431	1183568	142702
重　庆	3064515	171575	1341998	214621	27622	1307801	898
四　川	3756380	187167	947968	1630809	36120	777316	177000
贵　州	1223910	27044	452131	182463	176461	344179	41632
云　南	3336851	155362	496190	372523	817949	1232030	262797
西　藏	32682		16200	10543	1486	4453	
陕　西	2710777	207576	572407	775718	439406	589406	126264
甘　肃	407094	10920	76611	104993	129695	79524	5351
青　海	178428	36485	123077	17641	977	248	
宁　夏	555878	137937	185213	120446	41786	70141	355
新　疆	995835	86894	113422	228755	136900	415901	13963

4-26 各地区按资质等级分的房地产开发企业别墅、高档公寓销售额

单位：万元

地　　区	总　计	一　级	二　级	三　级	四　级	暂　定	其　他
全国总计	**45731851**	**2567117**	**6673461**	**9563324**	**5178971**	**19978129**	**1770849**
北　　京	2892845	489616	121109	300115	1878283	84827	18895
天　　津	738875	134311	32173	116986	230190	203637	21578
河　　北	581456	103712	148808	16918	123220	187838	960
山　　西	213582		9488	875	95374	107845	
内 蒙 古	176420		18366	47442	95270	15342	
辽　　宁	1572901	65569	126783	330872		940651	109026
吉　　林	536299		143334	188380	3712	200873	
黑 龙 江	104195		28341	61790		4584	9480
上　　海	9085790	85194	1126852	1357327	10512	6047143	458762
江　　苏	5258489	237609	1773390	587001		2594701	65788
浙　　江	3331768	110796	459785	1063015	237944	1289337	170891
安　　徽	641858	2304	74677	188630	7583	364110	4554
福　　建	1390917	13519	118135	461385	257087	540791	
江　　西	480088	6680	71143	94912	38650	268703	
山　　东	1561033	72374	191578	79546	124823	1059145	33567
河　　南	323805	83792	85811	2560		151642	
湖　　北	1066742	24940	247540	364712	24228	405322	
湖　　南	755556	3589	32270	467063	53054	188333	11247
广　　东	8296583	724512	535688	2612841	1486319	2443115	494108
广　　西	279833		81906	118068	9451	62225	8183
海　　南	2012380		29627	361511	99263	1256055	265924
重　　庆	1156290	68916	556918	126921		403535	
四　　川	1075649	220075	234714	390045	11078	218642	1095
贵　　州	250337	9455	12516	16002	39708	167766	4890
云　　南	1088562	54341	181692	70417	251877	516224	14011
西　　藏	16200		16200				
陕　　西	265540	28821	101893	14746	45622		74458
甘　　肃	35735			200	10000	25535	
青　　海	1703	903	800				
宁　　夏	117998	10496	20401	22369	21949	42783	
新　　疆	422422	15593	91523	100675	23774	187425	3432

4-27 各地区按资质等级分的房地产开发企业办公楼销售额

单位：万元

地 区	总 计	一 级	二 级	三 级	四 级	暂 定	其 他
全国总计	**37473497**	**2715753**	**6314342**	**6289742**	**4408680**	**16127373**	**1617607**
北 京	7447840	985376	1154671	219288	2583367	2385695	119443
天 津	268756	56829	81616	273	83818	45032	1188
河 北	607210	76361	225963	30507	176916	97463	
山 西	146378		3694	23606	83689	35389	
内蒙古	404230	505	148511	79287	143045	31854	1028
辽 宁	363416	40409	36721	90769		150838	44679
吉 林	137782		51480	26079	1568	58655	
黑龙江	176126		29803	92539	1391	52393	
上 海	3808468	99006	257788	473140		2715344	263190
江 苏	2184631	168883	993135	155041		821543	46029
浙 江	3037836	22255	207315	808066	57963	1524350	417887
安 徽	691068	23402	169610	227061	300	270695	
福 建	2901417	127666	516644	440461	482467	1314407	19772
江 西	512849	15310	17429	141721	11774	314698	11917
山 东	1761304	141198	223191	203346	217670	939340	36559
河 南	1871592	5654	442834	60654	4674	1355315	2461
湖 北	777664	100206	191418	132046	3485	218394	132115
湖 南	867437	60951	42349	199499	13680	550958	
广 东	5340643	667170	247840	1823453	281864	1833614	486702
广 西	432304		506	46368	2290	362256	20884
海 南	48830			39912		8076	842
重 庆	780774	71516	436792	1145	119	271202	
四 川	1117458	2957	166936	800994	7700	134558	4313
贵 州	731501		492248	43919	77116	118218	
云 南	466239	5072	40852	30164	74268	308774	7109
西 藏	3992			3992			
陕 西	332229		105175	33629	83483	109942	
甘 肃	50293		1770	37961	10562		
青 海	4067		2850	1217			
宁 夏	45690	19282	15053	4382	1055	4429	1489
新 疆	153473	25745	10148	19223	4416	93941	

4-28 各地区按资质等级分的房地产开发企业商业营业用房销售额

单位：万元

地区	总计	一级	二级	三级	四级	暂定	其他
全国总计	**82804781**	**3778236**	**13852503**	**18555622**	**9208017**	**33983252**	**3427151**
北京	2707115	542354	376857	346890	720925	578614	141475
天津	853994	21024	75360	72032	493933	188656	2989
河北	3113922	248424	525390	530157	830741	964953	14257
山西	809052	10248	76767	223865	342974	155198	
内蒙古	1963003	73491	229111	396659	877009	381363	5370
辽宁	6365457	161559	563864	1842696	70043	3429004	298291
吉林	1111802	3703	224951	284503	240629	356670	1346
黑龙江	1968866	36200	533784	796819	81390	475608	45065
上海	2247139	55516	201964	158620	11307	1708696	111036
江苏	8514738	186000	3372278	875971	9879	3539166	531444
浙江	4811812	99803	567057	992581	440044	2257002	455325
安徽	4202724	99037	497245	967162	142045	2357251	139984
福建	3737796	247013	173031	902273	465659	1933513	16307
江西	1748974		299517	577041	164772	684372	23272
山东	4821121	212935	435910	531114	639674	2325017	676471
河南	3345290	180857	618784	568012	121184	1781252	75201
湖北	3547276	159869	963705	796317	284881	1297094	45410
湖南	2814772	123230	304016	1009640	218204	1111575	48107
广东	6798146	407768	414524	1598471	1232606	2743432	401345
广西	1394664	19957	106224	360630	78754	777722	51377
海南	252090		640	63994	20555	154189	12712
重庆	2630838	273701	922249	356092	33707	1020618	24471
四川	5143029	296182	997312	2877507	79650	822504	69874
贵州	2040983	21311	372443	387231	363129	828496	68373
云南	2074542	88479	234474	149921	641048	845646	114974
西藏	13573			6480	606	6487	
陕西	1250981	44926	273159	176152	248981	476689	31074
甘肃	464882	9848	103365	147986	77384	123709	2590
青海	118301	4875	36952	30925	38269	7280	
宁夏	706155	92373	179610	232550	92753	107663	1206
新疆	1231744	57553	171960	295331	145282	543813	17805

4-29 各地区按用途分的房地产开发企业商品住宅销售套数

单位：套

地区	住宅	#90平方米及以下住宅	#144平方米以上住宅	#别墅、高档公寓
全国总计	**11046279**	**4447861**	**889820**	**202081**
北京	137029	83182	13560	4655
天津	177133	86127	10164	3153
河北	493344	229964	30361	4076
山西	129403	35053	16491	962
内蒙古	218868	96805	20304	1662
辽宁	883890	604627	42040	8188
吉林	227433	161188	8752	3930
黑龙江	317051	209839	21347	650
上海	206073	118736	18819	19949
江苏	912298	230355	72296	19021
浙江	344462	127215	52624	8237
安徽	554834	190816	18441	5105
福建	363100	118020	36905	5329
江西	253688	54212	13190	4958
山东	849625	263091	72288	10861
河南	583824	172777	61198	2310
湖北	440663	112169	27910	6705
湖南	466669	102635	59870	4186
广东	790912	280392	117199	44334
广西	255647	85801	18182	1319
海南	130246	81617	7420	9979
重庆	472130	270299	19952	8006
四川	672844	342475	26273	5910
贵州	249808	84021	16115	1747
云南	242845	82229	39717	7895
西藏	2062	909	413	177
陕西	273152	104087	23368	2244
甘肃	110000	40081	6379	147
青海	33186	6753	2446	5
宁夏	85677	21328	5969	1261
新疆	168383	51058	9827	5120

4-30 各地区按资质等级分的房地产开发企业商品住宅销售套数

单位：套

地 区	总 计	一 级	二 级	三 级	四 级	暂 定	其 他
全国总计	**11046279**	**524991**	**2054392**	**2619047**	**1402954**	**4081069**	**363826**
北 京	137029	33397	22937	13284	31602	30983	4826
天 津	177133	16631	18359	30321	65777	41227	4818
河 北	493344	36447	64315	95823	144306	140957	11496
山 西	129403	3768	26819	25505	56018	16880	413
内蒙古	218868	7615	30511	41746	109774	26724	2498
辽 宁	883890	21696	103480	217452	8012	488824	44426
吉 林	227433	1293	53887	57681	47977	65367	1228
黑龙江	317051	23890	83579	139536	15947	46387	7712
上 海	206073	5502	24063	18690	892	147454	9472
江 苏	912298	55417	370832	103350	3467	336996	42236
浙 江	344462	17209	48166	74495	27006	152936	24650
安 徽	554834	11964	89289	136268	23042	282425	11846
福 建	363100	17717	23961	106728	36792	169860	8042
江 西	253688	1382	42585	79439	25101	100177	5004
山 东	849625	36425	100450	142618	167757	370637	31738
河 南	583824	21736	123679	88017	39425	295124	15843
湖 北	440663	23196	79105	101654	73545	154027	9136
湖 南	466669	13445	51892	217492	37145	131711	14984
广 东	790912	34063	52563	189913	189267	280402	44704
广 西	255647	3734	29736	63879	24029	122744	11525
海 南	130246	132	3419	19713	14791	79746	12445
重 庆	472130	36627	174520	78110	4901	175878	2094
四 川	672844	33059	161222	339215	9603	120779	8966
贵 州	249808	1293	90297	41405	36480	75268	5065
云 南	242845	20099	35660	28256	68613	81636	8581
西 藏	2062		177	1365	330	190	
陕 西	273152	12986	57547	74690	66542	48463	12924
甘 肃	110000	1860	20431	34409	31349	21314	637
青 海	33186	3194	17278	6097	4226	2361	30
宁 夏	85677	13503	28976	17587	11155	11283	3173
新 疆	168383	15711	24657	34309	28083	62309	3314

4-31 各地区按用途分的房地产开发企业商品住宅现房销售套数

单位：套

地 区	住 宅	#90平方米及以下住宅	#144平方米以上住宅	#别墅、高档公寓
全国总计	**2442550**	**1039486**	**240768**	**39785**
北 京	48773	31684	5140	2984
天 津	65185	30266	2482	949
河 北	114681	48601	9469	327
山 西	49154	14979	5128	46
内蒙古	98182	51831	6525	444
辽 宁	212704	151189	11457	1277
吉 林	78299	60971	2522	172
黑龙江	112226	79435	8034	330
上 海	82742	49893	7508	5297
江 苏	160233	48594	18027	4746
浙 江	42089	17495	7688	1233
安 徽	72802	29736	4603	933
福 建	21712	7040	3417	477
江 西	41816	9201	2874	852
山 东	173655	60012	15158	939
河 南	193166	50836	23406	341
湖 北	133939	34024	10972	1577
湖 南	124392	24645	24859	1484
广 东	146307	50002	32892	6943
广 西	53234	15587	4837	133
海 南	30708	20821	1522	2587
重 庆	55718	34839	3082	791
四 川	109243	42523	7267	908
贵 州	23733	3829	2339	108
云 南	56333	20205	10576	2071
西 藏	1049	277	259	177
陕 西	27766	7623	2633	8
甘 肃	42179	17995	2208	1
青 海	6323	1947	617	
宁 夏	25833	7929	1463	223
新 疆	38374	15477	1804	1427

4-32 各地区按用途分的房地产开发企业商品住宅期房销售套数

单位：套

地区	住宅	#90平方米及以下住宅	#144平方米以上住宅	#别墅、高档公寓
全国总计	**8603729**	**3408375**	**649052**	**162296**
北京	88256	51498	8420	1671
天津	111948	55861	7682	2204
河北	378663	181363	20892	3749
山西	80249	20074	11363	916
内蒙古	120686	44974	13779	1218
辽宁	671186	453438	30583	6911
吉林	149134	100217	6230	3758
黑龙江	204825	130404	13313	320
上海	123331	68843	11311	14652
江苏	752065	181761	54269	14275
浙江	302373	109720	44936	7004
安徽	482032	161080	13838	4172
福建	341388	110980	33488	4852
江西	211872	45011	10316	4106
山东	675970	203079	57130	9922
河南	390658	121941	37792	1969
湖北	306724	78145	16938	5128
湖南	342277	77990	35011	2702
广东	644605	230390	84307	37391
广西	202413	70214	13345	1186
海南	99538	60796	5898	7392
重庆	416412	235460	16870	7215
四川	563601	299952	19006	5002
贵州	226075	80192	13776	1639
云南	186512	62024	29141	5824
西藏	1013	632	154	
陕西	245386	96464	20735	2236
甘肃	67821	22086	4171	146
青海	26863	4806	1829	5
宁夏	59844	13399	4506	1038
新疆	130009	35581	8023	3693

4-33　各地区按资质等级分的房地产开发企业90平方米及以下住宅销售套数

单位：套

地　区	总　计	一　级	二　级	三　级	四　级	暂　定	其　他
全国总计	**4447861**	**202571**	**805906**	**1054846**	**523886**	**1684925**	**175727**
北　京	83182	24236	16537	6767	14141	18402	3099
天　津	86127	10385	4891	8203	33925	25000	3723
河　北	229964	20683	29899	47892	59348	66311	5831
山　西	35053	1447	8041	7284	14123	4000	158
内蒙古	96805	1967	8871	20041	53342	11637	947
辽　宁	604627	15751	57844	141600	6644	348737	34051
吉　林	161188	603	36923	40435	39726	42390	1111
黑龙江	209839	1514	47324	104626	14811	34151	7413
上　海	118736	2628	10568	7226	107	92396	5811
江　苏	230355	14287	103723	28234	1173	71235	11703
浙　江	127215	5790	19904	22925	9145	59631	9820
安　徽	190816	1614	31404	52319	6349	96585	2545
福　建	118020	6041	7211	32178	13346	53766	5478
江　西	54212	1210	10142	18368	4072	19408	1012
山　东	263091	8461	30268	39499	54994	118550	11319
河　南	172777	9084	42025	19174	8567	90416	3511
湖　北	112169	8104	20055	24307	13140	41607	4956
湖　南	102635	3128	15258	48512	4093	27604	4040
广　东	280392	9679	16455	61482	62347	105329	25100
广　西	85801	633	11090	17666	8265	43126	5021
海　南	81617	132	1657	10861	7826	52368	8773
重　庆	270299	20320	98923	42413	2744	104881	1018
四　川	342475	16434	74056	175691	5822	64602	5870
贵　州	84021	228	45864	12468	7500	15942	2019
云　南	82229	7287	9300	8775	25691	29875	1301
西　藏	909			690	178	41	
陕　西	104087	5571	22667	28270	23773	16977	6829
甘　肃	40081	495	8306	9332	14160	7441	347
青　海	6753	376	3508	1323	1075	471	
宁　夏	21328	2526	5060	5644	3011	2487	2600
新　疆	51058	1957	8132	10641	10448	19559	321

4-34 各地区按资质等级分的房地产开发企业144平方米以上住宅销售套数

单位：套

地区	总计	一级	二级	三级	四级	暂定	其他
全国总计	**889820**	**46165**	**159321**	**202512**	**127516**	**324771**	**29535**
北京	13560	1366	1728	1828	5957	2217	464
天津	10164	218	741	1475	4537	3005	188
河北	30361	1748	5717	4502	7336	10384	674
山西	16491	371	3436	3050	6689	2940	5
内蒙古	20304	2826	2900	2873	8589	2086	1030
辽宁	42040	878	5037	9152	144	24748	2081
吉林	8752		1855	2475	1141	3279	2
黑龙江	21347	5012	8137	4385	16	3692	105
上海	18819	150	3095	2507	5	12306	756
江苏	72296	4170	29827	6908	323	29550	1518
浙江	52624	4528	7868	11219	3505	21734	3770
安徽	18441	62	3733	3272	1195	10033	146
福建	36905	2358	3723	13082	4743	12815	184
江西	13190		1999	4695	1584	4772	140
山东	72288	3778	8474	12474	11368	34230	1964
河南	61198	1420	13378	8241	4714	32756	689
湖北	27910	827	4638	8387	5233	8067	758
湖南	59870	898	4821	25673	6180	20805	1493
广东	117199	6614	10059	35208	28796	31277	5245
广西	18182	262	2099	4779	1439	8153	1450
海南	7420		715	646	465	5008	586
重庆	19952	1307	7905	2356	196	8181	7
四川	26273	869	6056	12488	436	5737	687
贵州	16115	326	5958	2362	2833	4239	397
云南	39717	2435	5104	5319	9852	13113	3894
西藏	413		177	164	22	50	
陕西	23368	1252	3779	7754	5168	4372	1043
甘肃	6379	216	889	1613	2518	1038	105
青海	2446	280	1883	250	23	10	
宁夏	5969	1201	2570	1152	462	579	5
新疆	9827	793	1020	2223	2047	3595	149

4-35 各地区按资质等级分的房地产开发企业别墅、高档公寓销售套数

单位：套

地区	总计	一级	二级	三级	四级	暂定	其他
全国总计	**202081**	**7139**	**27339**	**45141**	**24720**	**89505**	**8237**
北京	4655	255	175	334	3645	191	55
天津	3153	340	255	238	1475	781	64
河北	4076	351	1307	80	1348	984	6
山西	962		69	9	329	555	
内蒙古	1662		182	441	719	320	
辽宁	8188	320	497	1347		5546	478
吉林	3930		675	2017	23	1215	
黑龙江	650		110	395		30	115
上海	19949	154	2946	2576	18	13328	927
江苏	19021	464	5779	1999		10506	273
浙江	8237	246	992	2631	812	3079	477
安徽	5105	6	265	1989	120	2591	134
福建	5329	37	317	1171	546	3258	
江西	4958	81	454	658	460	3305	
山东	10861	499	993	1031	1407	6517	414
河南	2310	155	735	45		1375	
湖北	6705	135	848	2335	601	2786	
湖南	4186	92	281	2526	171	1053	63
广东	44334	1134	2032	15536	8565	14312	2755
广西	1319		183	599	113	385	39
海南	9979		266	1454	422	6557	1280
重庆	8006	631	1824	1308		4243	
四川	5910	915	1354	2435	79	1101	26
贵州	1747	59	120	59	904	547	58
云南	7895	905	1730	497	2115	2495	153
西藏	177		177				
陕西	2244	86	1031	50	173		904
甘肃	147			1	60	86	
青海	5	3	2				
宁夏	1261	110	367	115	129	540	
新疆	5120	161	1373	1265	486	1819	16

4-36 各地区按用途分的房地产开发企业商品房平均销售价格

单位：元/平方米

地区	商品房平均销售价格	住宅	#别墅、高档公寓	办公楼	商业营业用房	其他
全国总计	**6237**	**5850**	**12591**	**12997**	**9777**	**4907**
北京	18553	17854	32962	23426	26405	6776
天津	8746	8390	14271	11441	16550	11583
河北	4897	4640	8296	7785	7690	4538
山西	4433	4211	10119	9570	6974	2789
内蒙古	4301	3863	6229	7582	7215	4452
辽宁	5122	4918	7936	6779	7410	3959
吉林	4483	4228	9505	6484	7068	5618
黑龙江	4738	4435	6578	7090	7685	5401
上海	16420	16192	28917	23623	19294	4732
江苏	6909	6650	12196	7617	10416	4156
浙江	11042	11016	14747	13917	13971	4288
安徽	5080	4776	8208	7276	8301	3473
福建	9050	8618	14085	13723	15412	5952
江西	5203	4905	6573	9083	8172	5077
山东	5049	4797	9856	9305	8034	3990
河南	4205	3835	7854	9110	7518	3679
湖北	5266	4847	8475	8384	9898	5847
湖南	4243	3908	8116	11019	8191	3581
广东	9090	8466	11327	20792	15678	7972
广西	4593	4219	8950	13483	10324	4168
海南	8669	8633	16297	23490	10050	6045
重庆	5569	5239	9941	11370	10780	3984
四川	5498	5086	9813	9783	10974	3813
贵州	4295	3735	8940	7314	10257	4056
云南	4494	4176	5741	9083	7262	3477
西藏	4174	3883	4669	5155	7334	
陕西	5280	4991	9128	7411	10493	7256
甘肃	3886	3684	7946	8530	7296	2865
青海	4163	3957	8689	5862	11523	3436
宁夏	4232	3917	6727	7962	6879	4211
新疆	4268	3949	5478	9006	7143	4236

4-37 各地区按资质等级分的房地产开发企业商品房平均销售价格

单位：元/平方米

地区	总计	一级	二级	三级	四级	暂定	其他
全国总计	**6237**	**7850**	**6249**	**5660**	**5504**	**6540**	**7414**
北京	18553	14448	17911	18940	20621	19121	21986
天津	8746	8570	7485	7649	9206	9852	6281
河北	4897	6592	5316	4513	4399	5113	4013
山西	4433	4046	4505	3809	4622	4743	3840
内蒙古	4301	4927	4691	4204	4127	4488	4232
辽宁	5122	5678	5069	4904	3541	5234	5130
吉林	4483	6885	5252	4160	3589	4724	4077
黑龙江	4738	4304	5684	4356	3037	5068	3426
上海	16420	14420	15517	17095	18429	16391	18948
江苏	6909	7901	7164	6164	4144	6903	5512
浙江	11042	11914	10878	10129	7654	11761	12708
安徽	5080	5827	5271	5189	3996	5046	4706
福建	9050	11646	10756	8249	11782	8296	8889
江西	5203	5445	5542	5074	4244	5463	4207
山东	5049	5672	5061	4446	4018	5584	6016
河南	4205	6240	4503	3565	3189	4331	3136
湖北	5266	6808	6481	5103	3129	5460	6589
湖南	4243	5850	4837	4015	3215	4603	3402
广东	9090	16368	10570	9526	6882	8212	13548
广西	4593	5516	5205	4463	3539	4727	4275
海南	8669	10342	13387	9394	6436	8824	7690
重庆	5569	6208	5752	4255	5295	5858	4601
四川	5498	6571	5188	5363	4610	5830	9142
贵州	4295	5363	4675	4008	3867	4193	5193
云南	4494	3670	4953	3941	4215	4980	3710
西藏	4174		4669	3816	4459	5061	
陕西	5280	5249	5152	4860	4803	6464	6089
甘肃	3886	5511	4374	3855	3174	4385	2986
青海	4163	4573	4224	3997	4374	3126	2836
宁夏	4232	4648	4085	4186	4030	4596	3120
新疆	4268	3990	5026	4103	3494	4505	3652

4-38 各地区按资质等级分的房地产开发企业90平方米及以下住宅平均销售价格

单位：元/平方米

地区	总计	一级	二级	三级	四级	暂定	其他
全国总计	**5577**	**6447**	**5421**	**5050**	**4866**	**5900**	**7477**
北京	10980	7935	9061	11460	14772	12621	15854
天津	6509	6384	7570	7511	6717	6185	3790
河北	4785	6203	4622	4613	4178	5152	3815
山西	3624	4404	4329	3115	3545	3045	4434
内蒙古	3558	3744	3657	3496	3578	3265	5713
辽宁	4465	4360	4381	4252	3089	4601	4484
吉林	3653	5479	4571	3347	3046	3729	4109
黑龙江	3608	4388	4463	3409	2711	3527	2928
上海	10669	9659	11861	8089	15380	10677	11961
江苏	6359	7807	6225	5339	3542	6741	6127
浙江	10810	9501	10048	9487	6182	11902	13260
安徽	4747	4986	4928	4945	3955	4651	3828
福建	7767	10510	8837	7161	8019	7461	8761
江西	5390	4146	5706	5358	4305	5706	2901
山东	4841	5156	4799	4515	4078	5183	5880
河南	4511	6683	4369	3787	3198	4695	3092
湖北	5183	5470	6287	5495	3021	5404	2991
湖南	4534	5003	5176	4357	3894	4760	3141
广东	9430	12664	10787	10276	7648	7867	16026
广西	4867	3712	5059	4838	3927	4962	5417
海南	7615	10342	12177	8243	7080	7537	6758
重庆	4939	5080	4993	4109	5247	5186	5135
四川	5199	5677	4913	5040	4018	5654	8696
贵州	3908	4180	4219	3364	3491	3654	4421
云南	4860	4377	5554	4655	4497	5132	4061
西藏	4112			4144	4220	2868	
陕西	5025	3954	4499	4903	4917	5861	6304
甘肃	3336	3363	3823	3644	2839	3332	2783
青海	3801	4607	4254	3589	2774	2848	
宁夏	3670	2909	4041	3523	4147	4309	2984
新疆	3677	4592	4521	3512	3156	3631	2141

4-39 各地区按资质等级分的房地产开发企业144平方米以上住宅平均销售价格

单位：元/平方米

地区	总计	一级	二级	三级	四级	暂定	其他
全国总计	**8646**	**11132**	**8766**	**7767**	**7750**	**8935**	**10561**
北京	31394	33212	34691	29964	31114	27505	39502
天津	13647	19354	13199	11671	13345	14292	20273
河北	5882	7685	5885	4694	5637	6303	4974
山西	5907	4358	5117	4275	6567	7004	5163
内蒙古	4850	4491	5189	4643	5135	4120	4327
辽宁	6869	7179	7308	6346	3811	7014	6441
吉林	6521		7164	6658	4235	6806	11028
黑龙江	6229	3954	7427	6412	2712	7291	4635
上海	30423	43567	24993	29534	27472	31383	35402
江苏	9962	11462	9537	10686	4257	10246	6172
浙江	14001	15136	13875	13069	9873	14631	16136
安徽	5587	6155	6241	5892	4465	5342	5372
福建	12395	16214	14619	10477	18867	10146	17873
江西	6342		8042	5506	4332	7135	3128
山东	5865	6321	5443	4954	4182	6846	5310
河南	4063	8047	4582	3214	3052	4035	3156
湖北	6200	7981	9668	5003	2471	6706	16804
湖南	4000	9434	4948	4086	3115	3787	2395
广东	10360	20055	13418	9907	7132	9439	15843
广西	4697	4380	5931	4722	3175	5091	2831
海南	14605		11412	23920	13884	13717	14267
重庆	8171	7316	8725	5200	7704	8562	5738
四川	7709	9945	8440	7189	4313	7195	13791
贵州	4302	4798	4322	4383	3489	4619	5543
云南	4170	3018	4573	3588	4059	4741	3505
西藏	4297		4669	3655	4398	4871	
陕西	6979	8873	8429	6210	5353	8082	7358
甘肃	3959	3500	5127	4079	3195	4709	3467
青海	4403	6865	4058	4085	2548	1416	
宁夏	5344	6389	4399	5649	4974	6679	3998
新疆	5575	5034	6379	5206	4192	6501	4606

4-40 各地区按资质等级分的房地产开发企业别墅、高档公寓平均销售价格

单位：元/平方米

地 区	总 计	一 级	二 级	三 级	四 级	暂 定	其 他
全国总计	**12591**	**17170**	**12302**	**11300**	**12142**	**12897**	**14986**
北 京	32962	50190	22689	31695	31906	23127	28482
天 津	14271	21676	10504	17330	12365	12742	18516
河 北	8296	14399	7003	6817	8923	7442	8727
山 西	10119		7176	4358	11570	9510	
内蒙古	6229		7976	5386	6845	4660	
辽 宁	7936	12560	9036	9083		7091	11040
吉 林	9505		10313	7805	6004	11303	
黑龙江	6578		12028	5901		4741	4635
上 海	28917	33486	25675	30288	30259	28957	33319
江 苏	12196	16632	12525	11180		12027	9352
浙 江	14747	16634	15584	15236	10938	15168	12914
安 徽	8208	9592	9033	7469	5596	8695	3791
福 建	14085	19598	13948	12763	18997	13551	
江 西	6573	15171	7385	7337	5357	6276	
山 东	9856	7449	9995	7716	7670	10782	7178
河 南	7854	19273	6869	3306		6422	
湖 北	8475	8524	16573	7091	3444	8181	
湖 南	8116	3449	6321	7956	7413	9254	15390
广 东	11327	22923	15079	10515	9787	10595	14369
广 西	8950		16245	8050	5707	7261	6139
海 南	16297		9861	18633	19305	15736	16504
重 庆	9941	8290	13242	6454		8718	
四 川	9813	14299	9776	9078	6852	8625	3868
贵 州	8940	5911	6829	9485	5593	10980	9718
云 南	5741	3763	4714	5111	4480	7971	7434
西 藏	4669		4669				
陕 西	9128	13137	7547	13565	12409		8625
甘 肃	7946			5814	5228	10013	
青 海	8689	7692	10178				
宁 夏	6727	6957	5033	7932	7752	6763	
新 疆	5478	5069	6215	4954	4114	5735	6500

4-41　各地区按用途分的房地产开发企业商品房待售面积

单位：平方米

地　区	商品房待售面积	住　宅	#别　墅、高档公寓	办公楼	商业营业用房	其　他
全国总计	**492950142**	**324028244**	**25774630**	**19544532**	**93453866**	**55923500**
北　京	18614442	8293380	1998293	1800926	4000116	4520020
天　津	9410326	6373164	730667	1063715	861453	1111994
河　北	15900904	12367201	394819	423457	2131632	978614
山　西	10575232	7994666	65162	180258	1725987	674321
内蒙古	10784270	7213455	457461	320931	2446867	803017
辽　宁	34265939	25912770	920957	588337	5751781	2013051
吉　林	13465205	9739804	197740	226821	2454327	1044253
黑龙江	17773744	12632637	116299	148661	3383273	1609173
上　海	18091462	8070209	2841690	2381908	3251615	4387730
江　苏	43271626	27073513	3845874	2295284	10550506	3352323
浙　江	23872851	12208037	1725001	2225780	6535499	2903535
安　徽	13421430	8665784	733911	380206	3577876	797564
福　建	10458437	4595209	595124	488769	2405338	2969121
江　西	9283797	6514619	376469	120991	2214074	434113
山　东	28019383	20788299	851730	489490	5191630	1549964
河　南	27166633	21069591	171840	535662	4250460	1310920
湖　北	22017880	15431186	951744	1071617	3874408	1640669
湖　南	22199516	15637576	737005	487382	3851903	2222655
广　东	44695286	28449838	3638884	2080845	7001216	7163387
广　西	12254614	8579429	353568	46693	2004467	1624025
海　南	7862428	6733534	1019619	84220	562631	482043
重　庆	13535194	5582516	344468	322311	3682046	3948321
四　川	19714960	12153289	566944	337375	2940326	4283970
贵　州	8688540	5700418	306450	220302	1874364	893456
云　南	11677664	7925029	1236389	464535	1886399	1401701
西　藏	295036	232947	59806	3036	52703	6350
陕　西	3555288	2795672	9680	67174	528154	164288
甘　肃	4648707	3679318		54107	720211	195071
青　海	1300043	1034863		24059	197527	43594
宁　夏	8810522	5854333	182651	196584	1990996	768609
新　疆	7318783	4725958	344385	413096	1554081	625648

4-42 各地区按资质等级分的房地产开发企业商品房待售面积

单位:平方米

地区	总计	一级	二级	三级	四级	暂定	其他
全国总计	**492950142**	**25226039**	**103582792**	**128336146**	**74163108**	**146597703**	**15044354**
北京	18614442	3346194	3725641	2989909	6311981	1371068	869649
天津	9410326	418917	1533196	936489	4016376	2386897	118451
河北	15900904	479671	2312310	3516934	4651569	4503648	436772
山西	10575232	456773	2395431	2788741	4180463	680606	73218
内蒙古	10784270	1021968	1602878	1708782	5263001	1150932	36709
辽宁	34265939	1436854	4746223	11425930	711665	14339375	1605892
吉林	13465205	170779	3314577	2693343	2910472	4353902	22132
黑龙江	17773744	1112100	7127344	7182963	547405	1515030	288902
上海	18091462	841132	3004914	2760423	54433	10705488	725072
江苏	43271626	4091958	19220957	5184278	126239	13790676	857518
浙江	23872851	1326418	3839515	7779622	2372546	6699108	1855642
安徽	13421430	237208	2555191	3834008	1081800	5471944	241279
福建	10458437	948612	1326069	4171693	1761928	2203124	47011
江西	9283797		1439078	3244617	873184	3598312	128606
山东	28019383	1736265	4835895	5118238	6296058	9506472	526455
河南	27166633	737482	5883184	4901432	2002708	12906618	735209
湖北	22017880	642792	4869972	6025160	4515195	5814107	150654
湖南	22199516	228736	2358311	10377969	2512209	6200485	521806
广东	44695286	1555967	4308372	13425703	11404921	10642332	3357991
广西	12254614	200608	1197703	3227009	1330718	5645223	653353
海南	7862428	67363	299712	994202	658045	5354219	488887
重庆	13535194	737470	6220720	3169084	133350	3094085	180485
四川	19714960	794586	5470156	9899268	447051	2761841	342058
贵州	8688540	23198	1329723	2335094	1866765	3104630	29130
云南	11677664	172845	1929561	1425733	3398403	4440970	310152
西藏	295036	35978	32600	179379	37699	9380	
陕西	3555288	160720	1325433	1080958	661429	313464	13284
甘肃	4648707	31477	931037	1728386	1320959	581053	55795
青海	1300043	212177	384599	502583	122209	78475	
宁夏	8810522	1576972	3049559	2036064	1029519	825998	292410
新疆	7318783	422819	1012931	1692152	1562808	2548241	79832

4-43 各地区按用途分的房地产开发企业商品房待售1-3年面积

单位：平方米

地 区	待售1-3年面积	住 宅	#别 墅、高档公寓	办公楼	商业营业用房	其 他
全国总计	**248756076**	**163091375**	**14247017**	**9617993**	**48150714**	**27895994**
北 京	9223100	3991913	831009	840652	2063362	2327173
天 津	6240828	4345983	449524	789587	499491	605767
河 北	8315391	6647503	225091	318808	1006389	342691
山 西	4512653	3414798	31668	88740	769940	239175
内蒙古	5073214	3331821	39045	67046	1392000	282347
辽 宁	19911787	15319183	390923	294420	3147847	1150337
吉 林	5582320	4190735	84965	44515	996031	351039
黑龙江	11102257	8001441	101341	40266	1899572	1160978
上 海	7134947	3049092	1240043	987498	1543725	1554632
江 苏	21181939	12118186	2311429	1133717	6268933	1661103
浙 江	12483015	6948267	1104754	1027237	3019577	1487934
安 徽	6453678	4250479	356417	207266	1670022	325911
福 建	5090142	2185813	333121	158393	1100736	1645200
江 西	5018623	3335168	220304	81027	1388020	214408
山 东	13682805	9867053	565059	286965	2796039	732748
河 南	8522789	6267158	36520	193003	1557453	505175
湖 北	11836998	8145404	542959	820463	2045191	825940
湖 南	13128672	8930002	541318	349891	2275401	1573378
广 东	22965912	14514884	1744878	967308	3664570	3819150
广 西	6107721	4029594	287029	33659	1206178	838290
海 南	4919846	4356027	785625	33440	322800	207579
重 庆	7121292	2973834	227058	126697	1759004	2261757
四 川	8718144	5592473	331615	76273	1239150	1810248
贵 州	4135641	2765083	292837	69252	905154	396152
云 南	7795550	5496130	935331	261750	1252941	784729
西 藏	210901	192583	32600		18318	
陕 西	1641270	1273018	546	25573	252784	89895
甘 肃	2340275	1928048		22873	315845	73509
青 海	945758	791377		5500	136698	12183
宁 夏	3942502	2633293	110865	95145	876981	337083
新 疆	3416106	2205032	93143	171029	760562	279483

4-44 各地区按资质等级分的房地产开发企业商品房待售1-3年面积

单位：平方米

地区	总计	一级	二级	三级	四级	暂定	其他
全国总计	**248756076**	**11150319**	**51036570**	**68005571**	**36975434**	**73505540**	**8082642**
北京	9223100	1575637	1644077	1485934	3411567	739130	366755
天津	6240828	203675	886807	712737	2680272	1638886	118451
河北	8315391	148221	1041719	1895209	2370867	2523485	335890
山西	4512653	240616	1364223	1146652	1569372	191790	
内蒙古	5073214	267786	1146656	895391	2430854	326171	6356
辽宁	19911787	690264	2694612	7147558	250135	8059671	1069547
吉林	5582320	91475	711404	1325795	1145216	2286298	22132
黑龙江	11102257	601555	4703208	4455424	279469	971621	90980
上海	7134947	286367	1079123	1342746	512	4240748	185451
江苏	21181939	1635158	9098261	2529294	71369	7368405	479452
浙江	12483015	561925	1879478	4003020	1407550	3520296	1110746
安徽	6453678	68319	1130602	1770403	625453	2782661	76240
福建	5090142	393892	840314	2197562	803301	850925	4148
江西	5018623		992743	1806434	313803	1831332	74311
山东	13682805	621390	1907985	2492720	3469440	5005540	185730
河南	8522789	294570	1950023	1523633	716981	3758421	279161
湖北	11836998	575878	2675799	3398818	1807696	3305463	73344
湖南	13128672	190687	1640361	6388409	1176852	3461637	270726
广东	22965912	784661	2240125	7431592	5693364	5044728	1771442
广西	6107721	157901	660373	1622452	602577	2664282	400136
海南	4919846	44000	167979	501169	520220	3401835	284643
重庆	7121292	377134	2964970	1654218	78474	1898310	148186
四川	8718144	250441	2368093	4641377	169168	1057641	231424
贵州	4135641	21963	446016	1225915	884034	1556687	1026
云南	7795550	141075	1572102	741454	2183855	2976229	180835
西藏	210901		32600	157423	11498	9380	
陕西	1641270	77377	589466	528007	371036	71000	4384
甘肃	2340275		736117	808503	567485	198285	29885
青海	945758	162346	209116	408509	97112	68675	
宁夏	3942502	444543	1307579	986324	540550	395900	267606
新疆	3416106	241463	354639	780889	725352	1300108	13655

4-45　各地区按用途分的房地产开发企业商品房待售3年以上面积

单位：平方米

地　区	待售3年以上面　积	住　宅		办公楼	商业营业用房	其　他
			#别　墅、高档公寓			
全国总计	**30806491**	**12463484**	**3085741**	**2167846**	**10115138**	**6060023**
北　京	3376510	1095634	508853	385064	996330	899482
天　津	438999	207107	21142	132327	73414	26151
河　北	684699	607126	3425	19730	56283	1560
山　西	98829	42301		6133	50395	
内蒙古	71279	20955	7790	2837	6047	41440
辽　宁	1453028	999630	138177	38322	306412	108664
吉　林	1601381	1076030	47327	77997	336284	111070
黑龙江	603975	184735	3475	22470	315309	81461
上　海	3209228	1185898	537025	392509	718444	912377
江　苏	2214644	768019	246801	66097	1131564	248964
浙　江	2200045	649109	150246	143162	933579	474195
安　徽	1137044	797584	282317	11645	261131	66684
福　建	1036242	231961	46758	68274	434007	302000
江　西	399898	127427	27453	18907	239110	14454
山　东	979227	487569	37135	43846	332037	115775
河　南	234562	66271	3444	20468	93307	54516
湖　北	738855	447231	207652	16528	210822	64274
湖　南	806265	263308	19717	22721	368074	152162
广　东	4532760	1880707	638797	337237	1328362	986454
广　西	352550	118899	16892		114663	118988
海　南	192305	161683	11277		19518	11104
重　庆	1986686	442159	17675	105213	804023	635291
四　川	582466	98331	10853	56929	175823	251383
贵　州	449184	141204	8557	7652	253653	46675
云　南	254088	49372	41221	17897	75510	111309
西　藏	80524	40364	27206	3036	30774	6350
陕　西	49551	17567	6770		9110	22874
甘　肃	179707	77505		10190	62311	29701
青　海	24961	1403		1876	3517	18165
宁　夏	182740	27929	2546	7352	135776	11683
新　疆	654259	148466	15210	131427	239549	134817

4-46 各地区按资质等级分的房地产开发企业商品房待售3年以上面积

单位：平方米

地区	总计	一级	二级	三级	四级	暂定	其他
全国总计	**30806491**	**2346935**	**7357507**	**8523801**	**4853313**	**6029399**	**1695536**
北京	3376510	545010	689341	454039	1172119	258216	257785
天津	438999	16437	186167	144683	91712		
河北	684699			12095	328344	344260	
山西	98829			48817	50012		
内蒙古	71279		66	57662	7816	5735	
辽宁	1453028	289741	220663	491659	13853	425904	11208
吉林	1601381	79304	266358	262351	498253	495115	
黑龙江	603975	37520	270551	237531	450		57923
上海	3209228	158161	819450	687367	36193	1243049	265008
江苏	2214644	206804	1038529	424715	3666	469025	71905
浙江	2200045	97660	783592	628264	390042	253346	47141
安徽	1137044	41119	394003	479740	35864	184941	1377
福建	1036242	118557	53911	492051	175403	168613	27707
江西	399898		94335	155246	41860	108457	
山东	979227	205671	104216	220820	186173	247729	14618
河南	234562	28805	95628	73443	2156	30976	3554
湖北	738855	15166	293262	186001	66263	171977	6186
湖南	806265		121063	558465	45907	77830	3000
广东	4532760	176724	202557	1458026	1223793	668426	803234
广西	352550	42707	33962	62866	67958	135088	9969
海南	192305			5955	11074	141168	34108
重庆	1986686	55966	1180547	449380	19579	266437	14777
四川	582466	9766	145206	312285	41394	25860	47955
贵州	449184		144207	140390	79162	85282	143
云南	254088	558	20543	103236	94136	32017	3598
西藏	80524	35978		18345	26201		
陕西	49551		32058	14373	3120		
甘肃	179707		19881	96491	40154	23181	
青海	24961	13493	10720	748			
宁夏	182740	10069	63038	66058	17874	18702	6999
新疆	654259	161719	73653	180699	82782	148065	7341

4-47 各地区房地产开发企业90平方米及以下住宅待售情况

单位：平方米

地 区	待售面积	待售1-3年	待售3年以上
全国总计	**88774029**	**46592645**	**2843540**
北 京	2856451	1499601	183734
天 津	1732143	1046925	19278
河 北	3908737	2096358	288313
山 西	1592654	967882	
内蒙古	1636111	630478	2110
辽 宁	13824199	8940679	249782
吉 林	4632952	2256826	299280
黑龙江	5688079	3592235	94617
上 海	2485049	704148	307142
江 苏	6587505	1800793	89276
浙 江	1958250	949202	96385
安 徽	2137461	1172972	293648
福 建	1208546	607959	61612
江 西	724777	502581	6296
山 东	5408079	2813174	79180
河 南	4449626	1510857	614
湖 北	2053577	1054561	22679
湖 南	2646529	1489582	32796
广 东	5506794	2943376	405523
广 西	1799852	1037005	35201
海 南	3897392	2600860	142589
重 庆	1621056	932217	39596
四 川	3002779	1358034	6589
贵 州	1002872	606545	12407
云 南	1768467	1362618	1450
西 藏	9527	3791	5736
陕 西	658327	209289	2742
甘 肃	1202355	560820	18533
青 海	80511	67929	
宁 夏	1486605	747137	3168
新 疆	1206767	526211	43264

第五章

土地开发与购置（2013）

5-1　各地区房地产开发企业土地开发及其购置情况

地　区	待开发土地面积（平方米）	本年土地购置面积（平方米）	本年土地成交价款（万元）
全国总计	**422804659**	**388143811**	**99182857**
北　京	6907990	9061745	7840377
天　津	7505351	2106395	821585
河　北	7654482	11273436	2519483
山　西	9889894	8759043	1444124
内蒙古	6296604	8376279	1292228
辽　宁	20061519	25022721	5668331
吉　林	4102454	11439450	2057201
黑龙江	3167866	6556746	882284
上　海	7082520	4217440	2791238
江　苏	58725002	42077433	10842075
浙　江	14607458	17607329	10067340
安　徽	30513926	27601817	6416324
福　建	8621693	15911267	5321581
江　西	6344645	8418226	2273671
山　东	29239387	26150734	5528498
河　南	13095981	15015551	2624437
湖　北	16182066	18946777	3917973
湖　南	18970656	13276428	2458650
广　东	48660410	22509647	6814971
广　西	7972470	4319584	1137822
海　南	10142763	3068455	387068
重　庆	29916021	18966454	4487925
四　川	12482933	11427633	3372504
贵　州	13859577	12095247	1605830
云　南	10432698	19740064	3561585
西　藏	334319		
陕　西	5194230	5034541	1100890
甘　肃	2781745	4217074	672174
青　海	1129680	801273	102315
宁　夏	4632257	4382578	314054
新　疆	6296062	9762444	858319

5-2 各地区按资质等级分的房地产开发企业待开发土地面积

单位：平方米

地区	总计	一级	二级	三级	四级	暂定	其他
全国总计	**422804659**	**15466292**	**69227884**	**78345485**	**47095208**	**195958362**	**16711428**
北京	6907990	297907	710818	765555	2209481	2590212	334017
天津	7505351	5057	140225	180223	3564518	2596772	1018556
河北	7654482	437472	853528	706333	2109317	3493696	54136
山西	9889894	29913	771042	1958744	4756390	2373805	
内蒙古	6296604	179820	135800	1258217	3844742	814390	63635
辽宁	20061519	56601	2132189	2320213	55459	14496925	1000132
吉林	4102454	145168	911779	990160	695129	1360218	
黑龙江	3167866	236829	357504	1426338		927510	219685
上海	7082520	274089	1164759	411169	107182	4427727	697594
江苏	58725002	2872435	24849006	4767034	506409	23036068	2694050
浙江	14607458	444984	1001659	3292407	1560277	6198431	2109700
安徽	30513926	285006	2351427	5568184	1614608	19589680	1105021
福建	8621693	11567	160542	1962116	383478	5404342	699648
江西	6344645		1056684	2065196	905797	2296798	20170
山东	29239387	1897678	2833544	2543330	3611822	16944522	1408491
河南	13095981	449773	1229154	1142805	532868	9302574	438807
湖北	16182066	483831	2183953	3440033	1645399	8428850	
湖南	18970656	5550	2255206	6530573	1656528	8384951	137848
广东	48660410	2759340	2350056	13538592	7538800	19906419	2567203
广西	7972470		2766195	1659181	370035	3071260	105799
海南	10142763		648936	1707316	638365	6635349	512797
重庆	29916021	3045548	8211332	6372661	71954	11805384	409142
四川	12482933	64745	2148571	7006838	1571729	1612738	78312
贵州	13859577		1853436	1815182	946437	9069262	175260
云南	10432698	26148	3444489	844746	2278750	3455228	383337
西藏	334319			3678		330641	
陕西	5194230	85486	621408	964567	1821754	1579009	122006
甘肃	2781745		431232	923156	582428	844929	
青海	1129680	121149	499475	108020	77037	312699	11300
宁夏	4632257	712404	607410	1178986	649050	1484407	
新疆	6296062	537792	546525	893932	789465	3183566	344782

5-3　各地区按资质等级分的房地产开发企业土地购置面积

单位：平方米

地区	总计	一级	二级	三级	四级	暂定	其他
全国总计	**388143811**	**9220565**	**42776527**	**52756902**	**42536877**	**220268360**	**20584580**
北京	9061745	1005973	706353	844586	1781059	4375907	347867
天津	2106395	22919	89824	220849	479375	1024943	268485
河北	11273436	237308	1271468	1461395	3117242	4564714	621309
山西	8759043	204816	1190352	1542791	3318399	2427725	74960
内蒙古	8376279	260000	484869	908011	4743576	1742013	237810
辽宁	25022721	606901	1111478	3435613	106612	18061148	1700969
吉林	11439450	360601	2911450	1412167	1558294	5142947	53991
黑龙江	6556746		525644	2666272	303323	2877330	184177
上海	4217440	21512	421809	37502	107182	2903559	725876
江苏	42077433	522917	8938738	2432359	116955	27255525	2810939
浙江	17607329	358876	1350278	2710166	947097	9880812	2360100
安徽	27601817	229969	1780732	3232201	785473	20396785	1176657
福建	15911267	80130	249562	1502466	763007	13039775	276327
江西	8418226	173160	778815	1703502	837638	4731066	194045
山东	26150734	675504	2176065	2596940	3142960	16009123	1550142
河南	15015551	198368	3216722	1335165	995001	8288038	982257
湖北	18946777	328322	1045608	2291739	2390325	12854877	35906
湖南	13276428	84761	858848	3704565	1469459	6948806	209989
广东	22509647	405183	402813	2460419	4815103	13187781	1238348
广西	4319584		618834	949436	237364	2406563	107387
海南	3068455		76194	41932	366742	2560265	23322
重庆	18966454	451376	4681309	2687543	900	10344949	800377
四川	11427633	401034	1872771	6276801	180497	2000947	695583
贵州	12095247		676133	669743	529634	8940880	1278857
云南	19740064	2065827	1833317	1243299	4883649	9172562	541410
西藏							
陕西	5034541	32219	577423	836134	1839482	1036281	713002
甘肃	4217074	71611	340852	1131178	714546	1680371	278516
青海	801273	121149	140182	124424	242304	173214	
宁夏	4382578	89936	1435010	1065467	307277	1484888	
新疆	9762444	210193	1013074	1232237	1456402	4754566	1095972

5-4 各地区按资质等级分的房地产开发企业土地成交价款

单位：万元

地 区	总 计	一 级	二 级	三 级	四 级	暂 定	其 他
全国总计	**99182857**	**3143444**	**11219990**	**11079351**	**7474730**	**58744850**	**7520492**
北 京	7840377	1103268	379920	249040	771605	5031893	304651
天 津	821585	42000	35508	59140	104100	507868	72969
河 北	2519483	65067	308231	266833	574992	925621	378739
山 西	1444124	41499	282022	298738	437861	379721	4283
内蒙古	1292228	25482	44772	147920	769745	206269	98040
辽 宁	5668331	304294	237944	568117	12190	4155264	390522
吉 林	2057201	75820	606251	233912	172084	962736	6398
黑龙江	882284		85998	295283	16496	466985	17522
上 海	2791238	17000	161012	10250	108784	1964506	529686
江 苏	10842075	177273	2724514	408743	9270	6940482	581793
浙 江	10067340	300805	765147	1205698	283713	6011213	1500764
安 徽	6416324	37385	559267	629214	98124	4645512	446822
福 建	5321581	43000	309371	506583	331458	3979179	151990
江 西	2273671	3320	124850	592211	156028	1355689	41573
山 东	5528498	106290	357708	469759	450086	3600264	544391
河 南	2624437	21227	559565	259609	105311	1551910	126815
湖 北	3917973	135002	305863	460351	363016	2647390	6351
湖 南	2458650	35343	201675	505238	132988	1558129	25277
广 东	6814971	129917	110094	583566	1045731	3941351	1004312
广 西	1137822		387802	206578	44088	470618	28736
海 南	387068		6900	5589	75770	287825	10984
重 庆	4487925	134404	1364016	456081	150	2434586	98688
四 川	3372504	153314	490061	1887911	55637	616538	169043
贵 州	1605830		94571	59785	82579	1164387	204508
云 南	3561585	113183	356581	131594	661795	1832008	466424
西 藏							
陕 西	1100890	3045	105358	191812	353509	202967	244199
甘 肃	672174	19660	76293	175288	71875	320335	8723
青 海	102315	22219	28489	30049	17919	3639	
宁 夏	314054	18006	74984	70815	31309	118940	
新 疆	858319	15621	75223	113644	136517	461025	56289

第六章

房地产开发企业经营状况（2013）

6-1　各地区房地产开发企业主要财务指标

单位:万元

地　区	资产总计	负债合计	所有者权益合计	主营业务收入
全国总计	**4252438878**	**3232282405**	**1020156473**	**707066651**
北　京	390374393	306495306	83879087	38097158
天　津	184153071	131732612	52420459	16228431
河　北	111208491	93954625	17253866	19275332
山　西	47700735	41750265	5950469	5333749
内蒙古	58209553	48164889	10044665	11031445
辽　宁	192146590	148766317	43380274	27519657
吉　林	41995642	34075759	7919883	7974110
黑龙江	84895398	52977130	31918268	9827550
上　海	363841728	246069969	117771759	38236249
江　苏	372236797	273753907	98482890	95109625
浙　江	314746717	246975575	67771142	44813002
安　徽	128718578	97473768	31244810	27572387
福　建	162482114	120853741	41628373	27862740
江　西	60188929	42769206	17419723	13355492
山　东	230355941	182362354	47993586	50332954
河　南	118597788	92631519	25966268	26254232
湖　北	126056878	94878849	31178029	28694554
湖　南	93874538	71366014	22508524	23867433
广　东	414326436	326422215	87904220	72771741
广　西	68351151	49985492	18365658	9556975
海　南	55469644	43833877	11635767	6342164
重　庆	162686939	112122074	50564865	26552143
四　川	166681674	126022563	40659111	32627154
贵　州	56095379	47524533	8570846	6681450
云　南	99498538	80232490	19266048	10868214
西　藏	475976	350706	125271	114980
陕　西	65751492	53629210	12122282	14267100
甘　肃	20855075	16639941	4215135	3937141
青　海	9261775	7715422	1546353	1067278
宁　夏	20195733	16366197	3829536	3526907
新　疆	31005187	24385879	6619308	7367305

6-1 续表 1

单位:万元

地 区	土地转让收入	商品房销售收入	房屋出租收入	其他收入
全国总计	**6714209**	**666979887**	**13640063**	**19732492**
北 京	1384475	31534925	2591645	2586112
天 津	474957	14167021	238236	1348217
河 北	34817	18915220	95522	229774
山 西	8060	5161401	53399	110889
内 蒙 古	39964	10577086	117428	296967
辽 宁	27437	26802208	240002	450010
吉 林	21157	7811365	45939	95650
黑 龙 江	25634	9537763	81502	182651
上 海	670211	31857068	3909124	1799846
江 苏	777850	91435506	666449	2229819
浙 江	39541	43672108	356799	744554
安 徽	377203	26387321	127371	680492
福 建	217109	26802272	232579	610779
江 西	60533	12999378	52207	243374
山 东	351698	48568857	324386	1088013
河 南	175336	25111237	529686	437973
湖 北	226793	27256806	359764	851191
湖 南	316964	22768047	226374	556048
广 东	479395	69290025	1675687	1326634
广 西	142461	8974237	147121	293156
海 南	69689	6001047	33201	238228
重 庆	401759	24216561	484183	1449640
四 川	117482	31401105	409317	699251
贵 州	52105	6304337	85010	240000
云 南	164507	10108271	270346	325090
西 藏	402	111657	2334	588
陕 西	17376	13808270	103041	338413
甘 肃	15375	3737668	51523	132575
青 海	3829	1045506	15913	2030
宁 夏	2766	3485822	28701	9617
新 疆	17325	7129796	85274	134911

6-1 续表 2

单位:万元

地 区	主营业务成本	主营业务税金及附加	其他业务利润	销售费用
全国总计	**492784712**	**62041810**	**3691700**	**22081077**
北 京	24137839	3850782	464723	1178365
天 津	11571916	1323416	104711	561845
河 北	14376601	1721947	60571	633793
山 西	4056412	482448	21524	196726
内蒙古	8298637	863097	47691	210981
辽 宁	20236175	2296795	209373	918718
吉 林	6093392	610162	4928	209764
黑龙江	7520523	871133	37810	293243
上 海	23597016	4106779	374975	1224823
江 苏	66897887	7598096	345423	2307556
浙 江	32124358	4128249	220342	1430195
安 徽	20318869	2034324	69583	770750
福 建	19038513	2818349	73440	850887
江 西	9319393	1134599	57081	366784
山 东	36503681	3890187	184393	1240285
河 南	17998044	2154407	96931	774541
湖 北	19239471	2358550	83687	846846
湖 南	17524566	1753322	69584	737043
广 东	46110083	8054263	581078	2819666
广 西	6466349	896291	49076	400527
海 南	3596252	734929	36952	469901
重 庆	18341119	2107306	119300	810337
四 川	23800638	2588334	145133	1196049
贵 州	5015020	544461	26582	329007
云 南	8126951	846329	81816	431443
西 藏	81643	9393	12	2789
陕 西	10389763	1107288	28189	422623
甘 肃	3064168	260167	22171	78119
青 海	881313	76166	7282	27069
宁 夏	2744219	236836	23360	100600
新 疆	5313902	583407	43977	239804

6-1 续表 3 单位:万元

地 区	管理费用	财务费用	营业利润	营业外收入
全国总计	**32915624**	**15928514**	**95626719**	**4742493**
北 京	2773464	1994407	6994219	338931
天 津	748113	584921	1746293	247063
河 北	974040	464865	1115590	135813
山 西	368665	145835	38632	29791
内蒙古	447810	209308	1044495	89885
辽 宁	1424925	525096	2848251	343541
吉 林	502619	171475	477094	44171
黑龙江	478289	208030	535024	91945
上 海	2231294	1578798	8595365	363656
江 苏	2980502	1013273	14028795	451451
浙 江	2261029	1047547	5227956	298157
安 徽	1106707	458148	2940094	133942
福 建	1075455	414578	4172430	103752
江 西	465569	224271	1876243	84043
山 东	2044534	840044	5901386	247307
河 南	1209191	502215	3966728	111983
湖 北	1032566	468201	4868689	134584
湖 南	927189	389910	2400490	97533
广 东	3451923	1765006	14602242	284638
广 西	630011	212370	974651	81713
海 南	550576	209955	960483	35789
重 庆	1065722	730573	3650014	333541
四 川	1312999	717050	3370945	144740
贵 州	488843	204826	145675	68668
云 南	807894	358175	494630	253512
西 藏	5055	1501	5165	18132
陕 西	575912	205627	1462591	47479
甘 肃	243924	98018	171421	12500
青 海	78209	19674	-17521	44829
宁 夏	213818	61227	208367	29994
新 疆	438780	103592	820285	39413

6-1 续表 4

单位:万元

地区	营业外支出	利润总额	应交所得税	应付职工薪酬
全国总计	**3592980**	**98206006**	**19379881**	**17676898**
北京	261181	7311005	1762997	1571099
天津	64363	2023213	449164	402143
河北	92240	1154860	385669	445601
山西	26435	44211	139319	210478
内蒙古	49405	1085679	202334	330994
辽宁	184959	3042733	642279	616418
吉林	46968	484646	157413	235709
黑龙江	38666	592420	232069	240157
上海	157218	9075048	1797952	984423
江苏	461842	14034933	1786797	1411655
浙江	314909	5545524	1115846	1029337
安徽	110174	2975476	482733	514940
福建	179234	4112541	914528	641292
江西	35905	1944717	412156	278059
山东	149123	6012130	1081020	1070822
河南	154787	3930904	644810	664872
湖北	131601	4910686	784315	675903
湖南	52064	2453532	440906	580021
广东	414415	14594675	2946488	2000279
广西	56207	1013001	312155	333069
海南	36750	967627	182324	255140
重庆	194067	3933494	715064	668596
四川	119520	3400570	805684	834647
贵州	50237	164949	129739	341594
云南	103138	646835	205403	527516
西藏	479	22818	1806	4173
陕西	36043	1483735	289613	356319
甘肃	13614	169955	61221	143355
青海	8962	18346	18615	34324
宁夏	22957	220882	66084	93461
新疆	25520	834862	213378	180503

6-2 各地区按登记注册类型分的房地产开发企业资产总计

单位：万元

地区	总计	内资					
			国有	集体	股份合作	国有联营	集体联营
全国总计	**4252438878**	**3737961537**	**166114881**	**11751148**	**3284917**	**993730**	**64311**
北京	390374393	340139871	13346860	1401010	91337		
天津	184153071	169171262	20966258	1136272	214097	32892	3007
河北	111208491	107806949	1025822		13938		
山西	47700735	46952007	1203358	53384			
内蒙古	58209553	57788208	539233	4	8000		
辽宁	192146590	152064003	1283425	32222	426069		
吉林	41995642	40089269	9057	347	7915		
黑龙江	84895398	82784527	909593	5957	5750		
上海	363841728	299498313	47953381	836537	1459	70715	13781
江苏	372236797	319733222	18891488	2023735	626547		
浙江	314746717	280111387	2829249	297447	187934	851072	
安徽	128718578	122359607	6198489	27459		25446	
福建	162482114	138859437	6783373	479396			
江西	60188929	55411874	986858	21254	79611		763
山东	230355941	212979882	7008820	1640170	391229		
河南	118597788	110016324	1872199	156670	36732		
湖北	126056878	116833629	3633450	387914	165		
湖南	93874538	88574100	1486609	41031	9593		
广东	414326436	311936008	5179883	2542367	203642		46760
广西	68351151	63800988	1646820	101692	11839		
海南	55469644	45271153	577075		115605		
重庆	162686939	142370932	5933707	23414	19850		
四川	166681674	147676871	10583419	297450	676274		
贵州	56095379	54060362	357104	4649	27965		
云南	99498538	93968600	843058	34391	8602		
西藏	475976	475976					
陕西	65751492	59480450	2637769	62088	85578		
甘肃	20855075	20198550	774440	61116	1222		
青海	9261775	9235262	131335		22684	13605	
宁夏	20195733	19246845	235905	79181			
新疆	31005187	29065671	286844	3992	11281		

6-2 续表 1

单位：万元

地区	内资						
	国有与集体联营	其他联营	国有独资公司	其他有限责任公司	股份有限公司	私营独资	私营合伙
全国总计	**39494**	**152674**	**363741913**	**1890010793**	**221623891**	**6949851**	**894374**
北京			14551763	255708371	32834191	3985	
天津			45098433	69821787	7776240	518758	189648
河北			551589	57756974	7330289	86284	3723
山西			1475067	12524028	920461	1019	
内蒙古	2200		2056188	23925304	4039471	81525	7627
辽宁			11335961	66271035	17628574	545139	
吉林	11366		904307	24666740	2405585	93298	965
黑龙江			27816596	30984361	2782593	30076	18949
上海	1271	5163	30166665	132718473	16697172	235604	61601
江苏	907		28943231	137922762	13203733	1782225	150410
浙江	8733		20543821	154633106	8902650	42902	33776
安徽			14848312	56034761	4143872	588688	56310
福建	7343		22118182	67849565	4578706	40115	10222
江西			9942742	23735720	3286293	19645	32550
山东			18146096	111338244	13030791	171537	7508
河南		8571	5114487	64861310	6058017	153881	42077
湖北			11509945	57267699	8729094	143675	20983
湖南		70461	7890907	49952405	3923237	213952	113209
广东		3252	10310367	166549478	34828452	840165	62291
广西		9257	10008344	23063427	2787948	172268	19514
海南	6094		8296930	26272177	2524458	191964	
重庆			36205937	50162418	4439105	23338	
四川			8966845	73933043	9609673	212207	16183
贵州			3754749	33402720	2106707	50862	42918
云南	875		4063796	55816257	4237687	55047	1535
西藏	706	55970	29534	142288	6630		
陕西			3413562	34489810	1886517	213490	
甘肃			424845	10161963	489016	13274	
青海			1388028	2116657	137319	100781	
宁夏			1454663	4458191	82904	324150	
新疆			2410021	11469721	216508		2377

6-2 续表 2

单位：万元

地区	内资			港澳台商投资			
	私营有限责任公司	私营股份有限公司	其他内资企业		合资经营	合作经营	独资
全国总计	**1001092895**	**65639824**	**5606841**	**337116473**	**117805204**	**34705104**	**176961769**
北京	20806155	1396200		31164839	8062391	8837679	14264768
天津	20438101	2109847	865922	7820096	2821301		4139515
河北	38019674	2469122	549535	1432603	718369		714234
山西	29512573	1250379	11738	311150	76898		234252
内蒙古	26533609	538138	56909	18618	18618		
辽宁	51973795	2509501	58282	25360263	11808461	569653	12846685
吉林	11274111	710578	5000	1289902	464374	3941	786194
黑龙江	19042883	1135341	52430	1180156	805187		338269
上海	66795391	3938603	2500	37826023	16924646	1773278	19033314
江苏	107538121	7584571	1065493	35228495	12605950	916930	21066639
浙江	89649842	2099141	31712	21387077	9388081	140992	11328430
安徽	36240536	3525103	670633	4222816	1625981	103997	2126624
福建	35413478	1453401	125656	18999168	7559484	607510	10454480
江西	15673846	1573191	59402	3671130	1894401	27303	1749426
山东	55759722	5157171	328593	12694595	6193353	1019501	5452554
河南	29204199	2326675	181508	6094943	1471513	298664	4242523
湖北	33211223	1841995	87488	6290320	2442749	4745	3352827
湖南	22288013	2485228	99455	3893351	1348151	7314	2535935
广东	82794576	8372245	202530	70471790	12592222	19597143	36724844
广西	24727894	990771	261216	3079818	1259817	481297	1338704
海南	6985527	257702	43621	8502066	3659656		2907497
重庆	42610191	2804284	148688	14529036	6411922	96928	8020186
四川	41626583	1563881	191312	9329581	2184688	38621	6631827
贵州	12759785	1551289	1615	1644506	990291		654215
云南	25596589	2945274	365491	4541734	1307537		3234197
西藏	240849						
陕西	15271877	1320987	98772	3378643	523059	179607	2675976
甘肃	7853362	394841	24473	382302	328722		53580
青海	4997495	327359		13515	5209		8307
宁夏	12076926	534925		424628	424628		
新疆	14175974	472083	16870	1933313	1887545		45768

6-2　续表 3　　　　单位：万元

地　区	港澳台商投资		外商投资					
	股份有限	其　他		合资经营	合作经营	独　资	股份有限	其　他
全国总计	**7081280**	**563118**	**177360867**	**55028333**	**18052403**	**91420473**	**11552457**	**1307202**
北　京			19069683	7197504	4442774	4169473	3259933	
天　津	859281		7161713	1962225	335173	4170321	504279	189716
河　北			1968938	293650	11385	1663902		
山　西			437578	115010		322568		
内蒙古			402727	64190		46333		292205
辽　宁	135464		14722324	5610836	1881310	6831388	398791	
吉　林	13728	21665	616472	520269	40355	55848		
黑龙江	34963	1737	930716	367099	12426	551191		
上　海	94785		26517391	7174213	2104255	13036252	4202670	
江　苏	540683	98292	17275081	6643572	926046	9550960	94731	59771
浙　江	529574		13248254	3445981	255842	9532575	13856	
安　徽	366214		2136155	553683	218562	1178619	185291	
福　建	377694		4623509	917445	4851	3115033	385404	200776
江　西			1105925	754546		268963	82416	
山　东	29187		4681463	2287871	785211	1608382		
河　南		82243	2486520	478669	100	1773187	234564	
湖　北	489999		2932929	911843	376857	1202320	68259	373649
湖　南	1951		1407088	831783		569769	5536	
广　东	1276436	281144	31918638	7826282	3503141	19835501	753714	
广　西			1470345	560350	176173	620995	112827	
海　南	1914621	20292	1696426	204721	114469	1140667	236569	
重　庆			5786971	1834285	784948	2639091	344063	184584
四　川	416700	57745	9675221	2928101	752219	5819479	175422	
贵　州			390512	219440	152506	18565		
云　南			988205	130666	349617	7288	494132	6501
西　藏								
陕　西			2892400	765411	824184	1302804		
甘　肃			274223	254975		19248		
青　海			12998	12998				
宁　夏			524260	154509		369751		
新　疆			6204	6204				

6-3 各地区按资质等级分的房地产开发企业资产总计

单位：万元

地区	总计	一级	二级	三级	四级	暂定	其他
全国总计	**4252438878**	**466972840**	**925697973**	**803249760**	**461411133**	**1373004721**	**222102451**
北京	390374393	83904782	58181167	39172752	117234307	61124362	30757023
天津	184153071	16810154	52177030	16168926	56332143	39796822	2867996
河北	111208491	13090891	22159178	21272848	28321965	23884156	2479453
山西	47700735	1790418	9555567	8889341	20174319	7063144	227946
内蒙古	58209553	6862228	14170206	8893102	20661711	6409043	1213265
辽宁	192146590	9142820	22855094	52680130	506557	95202806	11759182
吉林	41995642	891315	12346893	8185970	4258192	16079927	233346
黑龙江	84895398	4388623	24921696	43229654	654087	10121510	1579828
上海	363841728	65220160	68124793	32514044	617392	170684836	26680503
江苏	372236797	35614992	154417760	31279298	677658	133628621	16618468
浙江	314746717	34250332	48912494	66386166	14415227	119995558	30786942
安徽	128718578	3413229	27723376	30409296	3422142	60717847	3032689
福建	162482114	17965371	24299310	37642395	21472019	54727841	6375178
江西	60188929	754121	14260762	17697797	4156116	22276094	1044040
山东	230355941	14704809	34250588	39281287	26386866	105375321	10357069
河南	118597788	10268657	28473339	15881467	4310526	57158966	2504833
湖北	126056878	20837483	30641171	22423309	9284460	38771191	4099264
湖南	93874538	4957994	12792496	44057614	4374976	26285851	1405607
广东	414326436	67687286	46820888	101098887	57517306	100731421	40470648
广西	68351151	2001905	11307592	16843419	4404219	28572959	5221055
海南	55469644	86979	11745054	7118419	4249361	26783189	5486644
重庆	162686939	17745094	67897046	17266618	687674	58441616	648892
四川	166681674	10993670	48499286	70282664	1945158	28769133	6191763
贵州	56095379	1678602	16127467	10207501	9629954	16314214	2137642
云南	99498538	8149560	27830416	7881560	19861427	31884295	3891280
西藏	475976	8753	51021	288465	91960	35778	
陕西	65751492	5630920	14836690	16038549	15169056	11207940	2868338
甘肃	20855075	513083	5192189	7046440	3024236	4908180	170946
青海	9261775	678063	4699644	1726323	1159798	940317	57630
宁夏	20195733	2832429	6098667	4199037	2432872	4277299	355429
新疆	31005187	4098117	4329095	7186483	3977452	10834486	579554

6-4　各地区按登记注册类型分的房地产开发企业负债合计

单位：万元

地　区	总　计	内　资					
			国　有	集　体	股份合作	国有联营	集体联营
全国总计	**3232282405**	**2896642686**	**112310272**	**9632939**	**2377837**	**590792**	**55101**
北　京	306495306	270752428	8686545	1300303	89403		
天　津	131732612	121331811	15136101	823861	120972	20949	16
河　北	93954625	91511495	768769		13412		
山　西	41750265	41170607	1162138	48821			
内蒙古	48164889	47854648	518462	2	2500		
辽　宁	148766317	125069927	1104865	29736	285906		
吉　林	34075759	32753015	4338	189	7795		
黑龙江	52977130	51443886	486147	4410	1276		
上　海	246069969	212424073	28855845	570052	656	34185	11796
江　苏	273753907	242906584	14199016	1623329	433963		
浙　江	246975575	224977826	2036901	261156	136588	523065	
安　徽	97473768	92761126	3516284	22146			
福　建	120853741	104443939	3617566	447154			
江　西	42769206	39358938	759757	16373	52637		333
山　东	182362354	170320808	5844765	1304354	327616		
河　南	92631519	86233838	1653231	94601	6704		
湖　北	94878849	88578233	2740714	361700	161		
湖　南	71366014	67931104	1275074	26299	3225		
广　东	326422215	252175742	3873169	2105500	115578		42957
广　西	49985492	46680060	1194370	67332	6272		
海　南	43833877	35926144	454998		75319		
重　庆	112122074	100218230	2781168	13051	19471		
四　川	126022563	115007472	7379891	300036	536065		
贵　州	47524533	45840171	315071	1929	27905		
云　南	80232490	76481248	675646	31881	5802		
西　藏	350706	350706					
陕　西	53629210	49317499	2053552	63952	80648		
甘　肃	16639941	16176407	665311	40343	847		
青　海	7715422	7694743	85578		20450	12594	
宁　夏	16366197	15561828	229355	70806			
新　疆	24385879	23388150	235647	3624	6668		

6-4 续表 1

单位：万元

地　区	内　资						
	国有与集体联　营	其他联营	国有独资公　司	其他有限责任公司	股份有限公　司	私营独资	私营合伙
全国总计	**30640**	**157341**	**226522260**	**1506185672**	**163722604**	**4967847**	**657456**
北　京			10215751	208845050	22315759	4902	
天　津			30541361	51666241	5502575	205210	151137
河　北			459895	49418883	6039989	72101	1811
山　西			1234899	10941451	793756	508	
内 蒙 古	1000		2007490	19050469	3231227	70948	3820
辽　宁			8037881	55323051	14127537	382246	
吉　林	10824		720795	20476177	1938496	57655	
黑 龙 江			9105125	23561932	2180784	20339	16949
上　海	1152	6562	20393952	98599662	11236638	78926	49812
江　苏	233		17455674	106797821	10013928	1427525	98996
浙　江	5476		14939013	125103772	5194816	39574	30968
安　徽			8504324	44293699	3113497	481163	39602
福　建	6960		14765288	52720179	3100393	31521	8219
江　西			3630107	18571183	2690425	6093	10687
山　东			12410089	90995719	9973698	91265	4152
河　南		4285	2658981	51618024	4669093	101457	25382
湖　北			8342777	43418412	6758480	98686	4707
湖　南		68585	4650396	38906401	3147343	146640	85749
广　东		3961	7771078	136590866	24839812	766156	61011
广　西		8935	5395931	17179911	2062056	74187	11245
海　南	4916		6125640	21069612	1878065	59078	
重　庆			19932912	37320062	3196431	18539	
四　川			4681972	59659571	8238452	200786	11115
贵　州			2549119	29162037	1702062	37281	38765
云　南	6		2902703	43769410	3461822	44662	1165
西　藏	73	65013	20252	105407	2305		
陕　西			2774180	28472633	1666366	184964	
甘　肃			367828	7970115	378873	9060	
青　海			1226127	1807027	109995	98231	
宁　夏			1141094	3423614	75379	158143	
新　疆			1559627	9347283	82553		2168

6-4 续表 2

单位：万元

地区	内资			港澳台商投资			
	私营有限责任公司	私营股份有限公司	其他内资企业		合资经营	合作经营	独资
全国总计	**811877671**	**53106659**	**4447595**	**218812447**	**77507374**	**25223317**	**110987964**
北京	18066717	1227999		22730025	5413595	6470341	10846088
天津	14737534	1698023	727832	5475814	1928678		3007855
河北	32454888	1805411	476336	1011151	574238		436913
山西	25941447	1036388	11200	193730	50550		143180
内蒙古	22519785	397133	51811	4658	4658		
辽宁	43628208	2104228	46269	15450236	8237753	420948	6726921
吉林	8971912	561430	3404	951802	342125	2941	578935
黑龙江	15155481	876057	35386	845050	526597		293680
上海	49321972	3262863		19232298	7787259	1007059	10345894
江苏	83898912	6161140	796048	20586509	7989978	455763	11860346
浙江	74877154	1808013	21330	12893112	6711973	148694	5798229
安徽	29641088	2599616	549707	3158659	1287816	122427	1488966
福建	28478502	1163677	104482	13318813	5588491	509096	6936933
江西	12425035	1146754	49553	2717806	1490308	17659	1209839
山东	44826017	4323770	219364	8620593	4532262	740316	3327823
河南	23391706	1890372	120001	4289837	877846	231944	3128002
湖北	25468801	1339917	43877	4081334	1759646	1164	1968744
湖南	17684088	1861600	75705	2345922	989144	5692	1350069
广东	69236953	6563582	205121	49954551	7837007	14482538	26494159
广西	19715120	818444	146258	2165107	841252	419417	904439
海南	5972590	244933	40993	6563991	3306057		1854523
重庆	34310173	2496898	129525	8832094	4316473	34122	4481499
四川	32644439	1198515	156629	5095004	1295121	32245	3450075
贵州	10657902	1346457	1644	1303421	878745		424676
云南	22554731	2722681	310740	2969810	950840		2018970
西藏	157657						
陕西	12837134	1090542	93527	2374741	417567	120952	1836222
甘肃	6400220	326828	16983	317554	289843		27711
青海	4133618	201125		8436	1836		6600
宁夏	10031419	432018		328205	328205		
新疆	11736467	400245	13870	992184	951512		40673

6-4 续表 3 单位：万元

地 区	港澳台商投资		外商投资					
	股份有限	其 他		合资经营	合作经营	独 资	股份有限	其 他
全国总计	**4742528**	**351264**	**116827273**	**35017844**	**11629316**	**60334640**	**8745910**	**1099564**
北 京			13012854	4935474	3040394	2615549	2421436	
天 津	539281		4924987	1058481	192395	3068381	462124	143605
河 北			1431979	274865	9617	1147497		
山 西			385928	116928		269001		
内 蒙 古			305583	56114		46926		202543
辽 宁	64614		8246154	3350838	864135	3872901	158280	
吉 林	13572	14229	370941	287008	31061	52873		
黑 龙 江	23651	1122	688194	297156	447	390592		
上 海	92086		14413598	2846393	1156475	7261940	3148790	
江 苏	231114	49308	10260814	4364155	646796	5158849	63449	27564
浙 江	234217		9104637	2092598	153309	6855829	2901	
安 徽	259450		1553983	428086	157812	793272	174814	
福 建	284293		3090988	621754	3425	2026149	232143	207517
江 西			692462	470765		193399	28298	
山 东	20192		3420953	1636048	573100	1211804		
河 南		52045	2107845	406148		1440789	260908	
湖 北	351779		2219282	704330	303466	807132	41836	362518
湖 南	1018		1088988	705552		381299	2137	
广 东	958060	182787	24291923	5854628	2618734	15211595	606966	
广 西			1140325	426853	125395	495959	92117	
海 南	1388461	14950	1343743	158758	39713	895376	249896	
重 庆			3071751	1014027	321296	1331177	253418	151834
四 川	280739	36824	5920088	1953319	297600	3516846	152323	
贵 州			380941	201032	163946	15964		
云 南			781433	95915	284220	3241	394074	3983
西 藏								
陕 西			1936971	374716	645981	916273		
甘 肃			145979	127594		18385		
青 海			12243	12243				
宁 夏			476164	140521		335643		
新 疆			5545	5545				

6-5 各地区按资质等级分的房地产开发企业负债合计

单位：万元

地区	总计	一级	二级	三级	四级	暂定	其他
全国总计	**3232282405**	**345650786**	**698475634**	**611282965**	**369059776**	**1047389993**	**160423251**
北京	306495306	65794440	45100915	30998313	96216237	47100681	21284721
天津	131732612	12571573	36076624	11132768	41306799	28484674	2160174
河北	93954625	11106797	18315463	18061747	23572390	20696490	2201738
山西	41750265	1508595	8379531	7778977	17977806	5913876	191480
内蒙古	48164889	5178312	11818254	7548043	17201923	5392149	1026207
辽宁	148766317	7437806	17803293	43342236	394707	71521428	8266846
吉林	34075759	735243	9830316	6572654	3478773	13292713	166061
黑龙江	52977130	4036833	18674342	22186685	428540	6776817	873913
上海	246069969	42130057	46604504	22744736	528996	117957791	16103885
江苏	273753907	25414674	115413587	23705103	532250	96452411	12235882
浙江	246975575	25598722	38719803	52048572	11429074	95264892	23914513
安徽	97473768	2636111	19401245	22749896	2729469	47626201	2330846
福建	120853741	12836772	18292120	28789173	15406769	41570697	3958210
江西	42769206	574962	10132091	11963336	2837372	16480339	781105
山东	182362354	11939988	26758141	31072540	20889047	84105499	7597139
河南	92631519	7604352	22904560	12373176	3327629	44524911	1896892
湖北	94878849	15960355	23626836	16582690	6573440	28905107	3230421
湖南	71366014	4259625	10397563	32477246	3212965	19988043	1030572
广东	326422215	48991651	37846659	79561477	46021877	83298309	30702242
广西	49985492	1401035	8099757	11865749	3479418	22063367	3076166
海南	43833877	80796	8985817	5072004	3431295	22146467	4117498
重庆	112122074	11686415	46078809	12921842	593072	40408713	433224
四川	126022563	8237955	35751355	54354796	1431832	21556430	4690195
贵州	47524533	1404229	13894325	8800186	8268349	13340597	1816847
云南	80232490	6393316	20880099	6655538	17205709	26161710	2936119
西藏	350706	9052	40744	233812	41644	25454	
陕西	53629210	4401126	12689478	13425298	11781497	8936435	2395376
甘肃	16639941	352796	4045635	5743749	2189424	4173730	134606
青海	7715422	600106	3893889	1448619	1010232	711444	51133
宁夏	16366197	2412748	4682248	3571417	2052762	3304875	342148
新疆	24385879	2354344	3337635	5500587	3508481	9207741	477091

6-6 各地区按登记注册类型分的房地产开发企业所有者权益

单位：万元

地区	总计	内资					
			国有	集体	股份合作	国有联营	集体联营
全国总计	**1020156473**	**841318852**	**53804609**	**2118210**	**907080**	**402938**	**9210**
北京	83879087	69387443	4660315	100707	1934		
天津	52420459	47839451	5830157	312411	93126	11944	2992
河北	17253866	16295455	257054		525		
山西	5950469	5781400	41220	4564			
内蒙古	10044665	9933560	20771	2	5500		
辽宁	43380274	26994076	178560	2486	140163		
吉林	7919883	7336254	4720	158	121		
黑龙江	31918268	31340640	423445	1546	4473		
上海	117771759	87074240	19097535	266485	803	36530	1985
江苏	98482890	76826637	4692472	400406	192584		
浙江	67771142	55133560	792348	36292	51346	328007	
安徽	31244810	29598481	2682205	5313		25446	
福建	41628373	34415498	3165808	32242			
江西	17419723	16052937	227101	4881	26975		430
山东	47993586	42659073	1164056	335816	63613		
河南	25966268	23782487	218968	62069	30028		
湖北	31178029	28255397	892737	26214	4		
湖南	22508524	20642995	211535	14733	6368		
广东	87904220	59760266	1306714	436868	88065		3804
广西	18365658	17120928	452450	34360	5566		
海南	11635767	9345009	122077		40286		
重庆	50564865	42152703	3152539	10363	379		
四川	40659111	32669400	3203528	-2586	140210		
贵州	8570846	8220191	42033	2721	60		
云南	19266048	17487352	167413	2509	2800		
西藏	125271	125271					
陕西	12122282	10162951	584216	-1864	4930		
甘肃	4215135	4022143	109129	20773	376		
青海	1546353	1540519	45758		2234	1012	
宁夏	3829536	3685017	6550	8376			
新疆	6619308	5677520	51198	368	4613		

6-6　续表 1　　　　单位：万元

地　　区	内资						
	国有与集体联营	其他联营	国有独资公司	其他有限责任公司	股份有限公司	私营独资	私营合伙
全国总计	**8853**	**-4667**	**137219652**	**383825121**	**57901287**	**1982004**	**236918**
北　京			4336012	46863321	10518432	-917	
天　津			14557071	18155546	2273665	313548	38511
河　北			91695	8338091	1290300	14183	1912
山　西			240168	1582577	126705	511	
内蒙古	1200		48698	4874835	808244	10577	3807
辽　宁			3298080	10947984	3501037	162893	
吉　林	542		183511	4190564	467089	35643	965
黑龙江			18711471	7422430	601809	9737	2000
上　海	119	-1399	9772713	34118811	5460533	156678	11790
江　苏	673		11487557	31124941	3189805	354700	51414
浙　江	3257		5604808	29529335	3707834	3328	2809
安　徽			6343988	11741062	1030375	107525	16708
福　建	383		7352895	15129387	1478313	8594	2004
江　西			6312634	5164537	595867	13552	21864
山　东			5736008	20342525	3057093	80273	3357
河　南		4286	2455506	13243287	1388923	52423	16694
湖　北			3167168	13849287	1970614	44988	16276
湖　南		1876	3240511	11046004	775894	67311	27461
广　东		-710	2539289	29958612	9988640	74009	1281
广　西		322	4612413	5883517	725892	98080	8268
海　南	1177		2171290	5202564	646393	132886	
重　庆			16273025	12842356	1242674	4799	
四　川			4284874	14273471	1371222	11421	5068
贵　州			1205630	4240682	404646	13580	4153
云　南	870		1161094	12046847	775864	10385	370
西　藏	633	-9043	9282	36881	4325		
陕　西			639383	6017177	220150	28526	
甘　肃			57017	2191847	110143	4213	
青　海			161901	309630	27324	2550	
宁　夏			313570	1034578	7525	166007	
新　疆			850395	2122438	133955		209

6-6 续表 2

单位：万元

地　区	内资			港澳台商投资			
	私营有限责任公司	私营股份有限公司	其他内资企业		合资经营	合作经营	独资
全国总计	**189215224**	**12533165**	**1159247**	**118304026**	**40297830**	**9481786**	**65973805**
北　京	2739438	168201		8434814	2648795	2367338	3418680
天　津	5700567	411824	138090	2344283	892623		1131660
河　北	5564786	663711	73198	421452	144131		277321
山　西	3571126	213992	538	117420	26348		91072
内蒙古	4013823	141005	5098	13960	13960		
辽　宁	8345587	405273	12013	9910027	3570709	148705	6119764
吉　林	2302198	149148	1596	338099	122248	1000	207259
黑龙江	3887402	259284	17044	335106	278590		44589
上　海	17473418	675740	2500	18593725	9137387	766220	8687420
江　苏	23639209	1423432	269446	14641986	4615972	461167	9206293
浙　江	14772688	291128	10382	8493964	2676109	-7702	5530201
安　徽	6599448	925487	120926	1064156	338166	-18430	637657
福　建	6934976	289724	21173	5680355	1970992	98414	3517547
江　西	3248811	426437	9849	953324	404093	9644	539587
山　东	10933704	833401	109229	4074002	1661091	279185	2124731
河　南	5812493	436303	61507	1805107	593667	66720	1114521
湖　北	7742423	502077	43610	2208986	683103	3581	1384083
湖　南	4603924	623627	23750	1547428	359007	1622	1185866
广　东	13557623	1808663	-2591	20517239	4755215	5114606	10230685
广　西	5012774	172327	114958	914710	418565	61880	434265
海　南	1012937	12769	2629	1938075	353600		1052974
重　庆	8300018	307385	19163	5696942	2095449	62806	3538687
四　川	8982144	365365	34683	4234577	889567	6376	3181752
贵　州	2101883	204832	-29	341084	111546		229539
云　南	3041858	222593	54751	1571924	356697		1215227
西　藏	83192						
陕　西	2434742	230446	5245	1003902	105492	58655	839755
甘　肃	1453142	68013	7490	64748	38879		25869
青　海	863878	126234		5079	3373		1706
宁　夏	2045506	102906		96423	96423		
新　疆	2439507	71838	3000	941129	936033		5096

6-6　续表 3

单位：万元

地　区	港澳台商投资		外商投资					
	股份有限	其　他		合资经营	合作经营	独　资	股份有限	其　他
全国总计	**2338752**	**211854**	**60533595**	**20010489**	**6423088**	**31085833**	**2806547**	**207638**
北　京			6056830	2262030	1402380	1553923	838496	
天　津	320000		2236726	903744	142777	1101940	42154	46111
河　北			536959	18785	1769	516405		
山　西			51650	-1917		53567		
内蒙古			97145	8076		-593		89661
辽　宁	70850		6476171	2259998	1017174	2958487	240511	
吉　林	156	7436	245530	233261	9294	2975		
黑龙江	11312	615	242522	69944	11980	160599		
上　海	2698		12103793	4327821	947780	5774312	1053880	
江　苏	309569	48985	7014267	2279418	279249	4392111	31282	32207
浙　江	295357		4143617	1353382	102533	2676747	10955	
安　徽	106764		582173	125598	60750	385347	10478	
福　建	93402		1532521	295691	1426	1088884	153261	-6741
江　西			413463	283782		75563	54118	
山　东	8995		1260511	651822	212110	396578		
河　南		30198	378675	72521	100	332398	-26344	
湖　北	138220		713646	207513	73391	395188	26423	11131
湖　南	933		318100	126230		188471	3399	
广　东	318377	98357	7626715	1971654	884408	4623906	146747	
广　西			330021	133497	50778	125036	20710	
海　南	526159	5342	352683	45962	74756	245291	-13327	
重　庆			2715220	820259	463652	1307914	90646	32750
四　川	135961	20921	3755134	974783	454619	2302633	23099	
贵　州			9570	18409	-11439	2601		
云　南			206772	34752	65396	4047	100059	2518
西　藏								
陕　西			955429	390695	178203	386530		
甘　肃			128244	127381		863		
青　海			755	755				
宁　夏			48096	13988		34108		
新　疆			659	659				

6-7 各地区按资质等级分的房地产开发企业所有者权益

单位：万元

地区	总计	一级	二级	三级	四级	暂定	其他
全国总计	**1020156473**	**121322054**	**227222339**	**191966795**	**92351357**	**325614728**	**61679200**
北京	83879087	18110342	13080253	8174438	21018070	14023681	9472303
天津	52420459	4238581	16100407	5036158	15025343	11312148	707822
河北	17253866	1984094	3843715	3211101	4749575	3187666	277715
山西	5950469	281823	1176035	1110364	2196513	1149268	36466
内蒙古	10044665	1683916	2351952	1345058	3459788	1016894	187058
辽宁	43380274	1705014	5051801	9337894	111850	23681378	3492337
吉林	7919883	156072	2516577	1613316	779419	2787214	67285
黑龙江	31918268	351790	6247354	21042969	225547	3344693	705916
上海	117771759	23090103	21520289	9769308	88397	52727045	10576617
江苏	98482890	10200318	39004173	7574195	145408	37176210	4382587
浙江	67771142	8651610	10192691	14337593	2986153	24730666	6872429
安徽	31244810	777118	8322131	7659400	692673	13091645	701843
福建	41628373	5128599	6007190	8853222	6065251	13157144	2416968
江西	17419723	179158	4128671	5734461	1318744	5795755	262935
山东	47993586	2764822	7492447	8208747	5497819	21269822	2759929
河南	25966268	2664305	5568779	3508291	982897	12634055	607941
湖北	31178029	4877128	7014335	5840619	2711020	9866084	868843
湖南	22508524	698369	2394933	11580368	1162011	6297808	375035
广东	87904220	18695635	8974229	21537410	11495429	17433111	9768406
广西	18365658	600871	3207835	4977670	924801	6509592	2144889
海南	11635767	6183	2759237	2046415	818066	4636722	1369145
重庆	50564865	6058679	21818237	4344776	94602	18032903	215667
四川	40659111	2755715	12747932	15927869	513325	7212703	1501567
贵州	8570846	274374	2233142	1407315	1361605	2973617	320794
云南	19266048	1756244	6950317	1226022	2655719	5722585	955161
西藏	125271	-299	10277	54653	50316	10323	
陕西	12122282	1229794	2147212	2613252	3387559	2271505	472962
甘肃	4215135	160287	1146554	1302691	834813	734450	36340
青海	1546353	77957	805755	277705	149566	228874	6497
宁夏	3829536	419681	1416420	627619	380110	972424	13282
新疆	6619308	1743773	991460	1685896	468971	1626745	102463

6-8　各地区按登记注册类型分的房地产开发企业营业利润

单位：万元

地　区	总　计	内　资	国　有	集　体	股份合作	国有联营	集体联营
全国总计	**95626719**	**78249215**	**2151786**	**171457**	**108177**	**35541**	**-342**
北　京	6994219	5099583	90735	18558	-1722		
天　津	1746293	1368190	36443	-2700	49726	6304	-82
河　北	1115590	1054323	-13371		-82		
山　西	38632	37552	-2568	96			
内蒙古	1044495	1021620	4566		580		
辽　宁	2848251	2206203	17756	-275	2423		
吉　林	477094	417099	-188	0	-435		
黑龙江	535024	437045	38	-11	-6		
上　海	8595365	6639455	768586	-7140	-54	8811	325
江　苏	14028795	11405824	228607	52101	9820		
浙　江	5227956	4363381	18332	3064	833	5748	
安　徽	2940094	2681399	156102	-7		13630	
福　建	4172430	3639569	33691	-2800			
江　西	1876243	1676250	7303	521	-1974		361
山　东	5901386	5508395	201617	26720	6092		
河　南	3966728	3706467	50073	6558	8279		
湖　北	4868689	4628095	38014	2301			
湖　南	2400490	2231284	37352	1423	520		
广　东	14602242	10727289	109066	72667	10337		-945
广　西	974651	695302	96285	1275	139		
海　南	960483	563409	6703		17081		
重　庆	3650014	2952287	90356	708	24		
四　川	3370945	2662069	48263	1721	-151		
贵　州	145675	166353	4646	60	-182		
云　南	494630	366215	5142	-1618	-154		
西　藏	5165	5165					
陕　西	1462591	969772	103093	-4093	7087		
甘　肃	171421	166588	10751	-111	-8		
青　海	-17521	-17841	4107		183	1049	
宁　夏	208367	192476	-552	2483			
新　疆	820285	678400	839	-46	-179		

6-8 续表 1

单位：万元

地　区	内　资						
	国有与集体联　营	其他联营	国有独资公　司	其他有限责任公司	股份有限公　司	私营独资	私营合伙
全国总计	**-249**	**-5064**	**3427793**	**43274812**	**7861215**	**152748**	**12908**
北　京			390423	3858746	930916	-3	
天　津			55346	691495	230223	55258	-1540
河　北			16486	537352	97121	-1953	930
山　西			17824	51128	-9234	10	
内蒙古			-15145	556370	66569	1196	-488
辽　宁			826	772444	690983	1013	
吉　林	-458		4960	169296	78172	7453	7
黑龙江			-102686	426910	27079	-722	12
上　海	7	-378	358441	3721041	594156	-1273	-282
江　苏	-1		455688	4941217	486803	17676	4604
浙　江	-66		46132	2805868	753515	-996	-130
安　徽			234421	1355058	68522	8121	35
福　建	-46		453600	1965549	267029	-22	182
江　西			34120	1038453	59755	883	-21
山　东			219431	2907293	418167	-3088	2589
河　南		928	57329	2255716	233180	18167	1637
湖　北			177931	2520235	364521	8401	1415
湖　南		-2817	88516	1379838	84527	-1174	489
广　东		-118	319769	6512290	1954286	26277	-467
广　西		137	35547	226077	82873	6824	1958
海　南	-437		62609	259722	72899	-1536	
重　庆			232203	1501661	90369	101	
四　川			76874	1308046	198927	6343	2741
贵　州			44439	107265	20408	891	-323
云　南	742		7139	140367	3996	6172	-294
西　藏	10	-2816	1898	4766	2617		
陕　西			54559	693072	873	-4020	
甘　肃			5136	129526	-497	404	
青　海			-11521	-13900	-2733	-559	
宁　夏			44841	62383	-3534	2902	
新　疆			60656	389527	-1274		-147

6-8 续表 2

单位：万元

地　　区	内资			港澳台商投资			
	私营有限责任公司	私营股份有限公司	其他内资企业		合资经营	合作经营	独　资
全国总计	**19199984**	**1750772**	**107679**	**11642779**	**3855795**	**1214539**	**6167493**
北　　京	-170031	-18039		1229194	504100	342648	382446
天　　津	269615	-15940	-5959	159399	141195		18319
河　　北	360510	36546	20783	20971	-7389		28360
山　　西	-42003	22361	-61	-6883	-8869		1986
内 蒙 古	370027	39267	-1323	125	125		
辽　　宁	681251	39212	569	264964	92174	-13481	200528
吉　　林	158725	-418	-16	55747	-5892	-51	51662
黑 龙 江	91336	-4775	-131	32613	37787		-3541
上　　海	1056861	140354		1458626	767929	56381	631387
江　　苏	4816505	395711	-2907	1646623	666865	29303	917805
浙　　江	720051	11491	-460	677093	161758	-6406	513919
安　　徽	777522	72628	-4632	221284	61419	12161	117027
福　　建	876084	47319	-1018	456634	125133	13009	319412
江　　西	504714	21503	10633	134886	57795	-259	77350
山　　东	1584647	120831	24096	237537	102600	41027	93604
河　　南	984603	81868	8129	261244	36129	11972	211771
湖　　北	1401220	70075	43983	184824	52499	147	124492
湖　　南	570004	69161	3445	142455	34725	-80	107798
广　　东	1369996	354916	-783	2631531	504058	716673	1346647
广　　西	258336	-17547	3398	265537	106573	5253	153711
海　　南	147082	-302	-411	358422	-6146		160042
重　　庆	949699	79903	7264	429035	220346	-1809	210498
四　　川	960018	62926	-3639	318251	62706	81	195746
贵　　州	-28036	17197	-12	-16814	-12994		-3820
云　　南	89804	107556	7361	20184	1169		19016
西　　藏	-1309						
陕　　西	102750	16631	-181	299111	5914	7971	285226
甘　　肃	20574	900	-88	-745	-7331		6586
青　　海	7601	-2070		292	269		23
宁　　夏	81085	2869		18739	18739		
新　　疆	230748	-1362	-362	141903	142411		-508

6-8 续表 3

单位：万元

地 区	港澳台商投资		外商投资					
	股份有限	其 他		合资经营	合作经营	独 资	股份有限	其 他
全国总计	**395930**	**9022**	**5734724**	**2338721**	**908427**	**2323081**	**111185**	**53310**
北 京			665443	138495	316662	165318	44968	
天 津	-115		218704	42096	96768	47983	5523	26335
河 北			40296	-2516	-67	42880		
山 西			7963	-2253		10217		
内 蒙 古			22750	-1916		860		23806
辽 宁	-14256		377084	105593	140155	129268	2068	
吉 林	8695	1332	4248	3136	1105	8		
黑 龙 江	-1541	-92	65365	12366	1375	51625		
上 海	2928		497284	345702	-16503	175487	-7402	
江 苏	32234	415	976348	305598	19538	648280	2933	-1
浙 江	7822		187482	96000	-2146	93757	-128	
安 徽	30677		37412	10996	11980	6932	7504	
福 建	-920		76227	28519	-64	48911	896	-2035
江 西			65107	16977		-115	48245	
山 东	306		155454	124171	15842	15442		
河 南		1371	-983	6702	142	-15104	7277	
湖 北	7686		55770	20000	32268	-6361	11965	-2102
湖 南	12		26751	24146		2578	28	
广 东	56486	7667	1243422	727578	29771	483187	2886	
广 西			13813	14274	-4459	6418	-2421	
海 南	205107	-582	38653	11550	10791	19572	-3260	
重 庆			268692	108104	97408	64474	-8060	6766
四 川	60808	-1090	390625	139959	-12694	264223	-863	
贵 州			-3864	1264	-4990	-138		
云 南			108231	-1987	111063	-414	-974	542
西 藏								
陕 西			193707	60951	64483	68273		
甘 肃			5579	5880		-301		
青 海			29	29				
宁 夏			-2849	-2673		-176		
新 疆			-18	-18				

6-9 各地区按资质等级分的房地产开发企业营业利润

单位：万元

地区	总计	一级	二级	三级	四级	暂定	其他
全国总计	**95626719**	**15658951**	**21319217**	**19047608**	**8183946**	**26372116**	**5044881**
北京	6994219	2171169	1346456	600468	1639970	907367	328789
天津	1746293	107377	177495	272509	500821	679831	8260
河北	1115590	197734	229547	415678	417766	-161708	16572
山西	38632	36099	-23651	7085	16569	5196	-2665
内蒙古	1044495	224569	350057	204172	242979	7920	14800
辽宁	2848251	-1584	369653	1244829	18375	1185326	31652
吉林	477094	9347	249209	164619	62153	-11238	3004
黑龙江	535024	-122605	318018	116786	14547	178642	29636
上海	8595365	1565551	1572941	1016681	4734	3683517	751940
江苏	14028795	1140488	5820871	1596978	38355	5071428	360676
浙江	5227956	1154242	1146125	1105878	249385	1193733	378595
安徽	2940094	191032	535909	855689	74382	1219482	63600
福建	4172430	607918	696757	1181399	516811	976590	192953
江西	1876243	19272	365628	565348	145148	717802	63044
山东	5901386	544992	716365	947676	889546	2434643	368163
河南	3966728	417955	763402	499882	160577	2047384	77529
湖北	4868689	640486	1182086	1046265	488582	1355038	156232
湖南	2400490	230837	304854	859500	128587	846727	29985
广东	14602242	4824837	1320306	3555312	1773644	1368775	1759369
广西	974651	3219	242585	234812	69321	277421	147293
海南	960483	-2503	-3759	299348	74044	586245	7109
重庆	3650014	683582	1555238	416703	9471	977453	7567
四川	3370945	433816	1043298	1246187	-3719	444804	206559
贵州	145675	-10863	43324	-18940	153820	-13818	-7847
云南	494630	25601	196165	91628	104062	50992	26182
西藏	5165	-90	3823	-958	810	1580	
陕西	1462591	245977	445589	244377	322097	158095	46456
甘肃	171421	6386	87512	45913	35502	-3193	-699
青海	-17521	7267	-14951	-4498	13737	-12412	-6665
宁夏	208367	83660	98297	16752	17435	-2143	-5633
新疆	820285	223183	180071	219530	4435	200640	-7574

6-10 各地区按登记注册类型分的房地产开发企业利润总额

单位：万元

地　区	总　计	内　资					
			国　有	集　体	股份合作	国有联营	集体联营
全国总计	**98206006**	**80779960**	**2567927**	**185289**	**108444**	**39161**	**-544**
北　京	7311005	5411138	132359	22694	-1702		
天　津	2023213	1633439	59169	-2756	50391	6511	-82
河　北	1154860	1095683	-11405		-85		
山　西	44211	43754	-2448	162			
内蒙古	1085679	1062809	4512		580		
辽　宁	3042733	2382172	17490	-275	2458		
吉　林	484646	429948	-94	0	-87		
黑龙江	592420	495184	1372	-11	-6		
上　海	9075048	7043564	908430	-1695	-54	9845	325
江　苏	14034933	11479168	260575	51928	9709		
浙　江	5545524	4668020	35156	3528	817	9368	
安　徽	2975476	2720076	155506	129		13630	
福　建	4112541	3603540	64591	-3585			
江　西	1944717	1727051	6881	521	-1969		361
山　东	6012130	5607184	201549	26571	6274		
河　南	3930904	3672684	60969	6558	8279		
湖　北	4910686	4663227	37881	2267			
湖　南	2453532	2281235	38685	1263	520		
广　东	14594675	10755895	148085	77461	9855		-1148
广　西	1013001	732133	97235	1183	103		
海　南	967627	572397	6511		16373		
重　庆	3933494	3226015	136583	337	24		
四　川	3400570	2681416	51434	2069	214		
贵　州	164949	183784	5048	60	-187		
云　南	646835	517339	6340	-1622	-152		
西　藏	22818	22818					
陕　西	1483735	982761	129322	-3745	7077		
甘　肃	169955	165426	10863	-112	-8		
青　海	18346	18066	4174		197	-193	
宁　夏	220882	205922		2402			
新　疆	834862	696114	1156	-43	-177		

6-10 续表 1

单位：万元

地 区	内 资						
	国有与集体联营	其他联营	国有独资公司	其他有限责任公司	股份有限公司	私营独资	私营合伙
全国总计	**-287**	**-5066**	**4038367**	**44373813**	**7930346**	**155337**	**25906**
北 京			383542	4096183	957375	-3	
天 津			171771	810653	218866	54912	11458
河 北			16756	587425	96527	-2017	930
山 西			17116	48732	91	10	
内蒙古			-14259	555467	71169	1178	-734
辽 宁			32625	856144	708777	1157	
吉 林	-458		5402	165530	78564	7449	7
黑龙江			-55044	434838	26863	-724	10
上 海	7	-378	389711	3901525	601371	-1957	-282
江 苏	-1		482201	4816250	494986	16960	4510
浙 江	-100		92263	2947874	763861	-998	-133
安 徽			260045	1375984	67869	7003	349
福 建	-50		439268	1956511	270187	-27	182
江 西			67388	1051792	59642	883	209
山 东			222768	2940065	453096	-3097	2548
河 南		928	52379	2253883	228619	18170	1589
湖 北			184924	2604837	309607	8594	1415
湖 南		-2817	99365	1417832	83702	-2055	486
广 东		-118	333778	6540582	1961600	21659	-470
广 西		134	53298	246240	82591	6803	1958
海 南	-437		73773	262057	72727	-1592	
重 庆			389258	1524528	92533	103	
四 川			79248	1313909	201237	5544	2702
贵 州			47062	118114	31181	933	-383
云 南	742		14806	285687	3434	6093	-298
西 藏	9	-2814	1878	6185	2615		
陕 西			60621	682325	-523	-4271	
甘 肃			4916	129866	-581	404	
青 海			23653	-15475	-2736	-559	
宁 夏			46864	63621	-3607	14783	
新 疆			60993	394651	-1296		-146

6-10 续表 2

单位：万元

地　区	内　资			港澳台商投　资			
	私营有限责任公司	私营股份有限公司	其他内资企　业		合资经营	合作经营	独　资
全国总计	**19498897**	**1754808**	**107563**	**11700528**	**3828790**	**1243919**	**6223463**
北　京	-160767	-18543		1251793	522113	345043	384637
天　津	274182	-15569	-6066	165326	143853		21123
河　北	351107	36301	20143	19304	-8848		28152
山　西	-42081	22234	-61	-7370	-8870		1500
内 蒙 古	409665	36882	-1650	124	124		
辽　宁	727509	35719	569	282379	91296	-13814	219172
吉　林	171883	1758	-7	55856	-5920	-51	51800
黑 龙 江	93135	-5118	-131	32366	37752		-3753
上　海	1091066	145649	0	1507142	767150	58436	678630
江　苏	4950500	394730	-3178	1590735	624491	29760	903866
浙　江	805423	11421	-460	685440	168695	-5385	514299
安　徽	764832	79234	-4506	218761	60120	12162	115840
福　建	832562	44921	-1020	434394	115948	15859	304138
江　西	507887	22092	11366	142937	57588	-259	85608
山　东	1613313	120012	24085	247380	98668	40549	107858
河　南	952629	80605	8077	263093	36752	12018	212956
湖　北	1399016	70716	43974	185640	52956	147	124844
湖　南	569592	71322	3341	145704	34809	-90	110973
广　东	1309613	355785	-785	2612770	494378	725608	1329072
广　西	255612	-16844	3822	269572	106813	8140	154620
海　南	142431	966	-411	360493	-4051		160055
重　庆	997255	78193	7201	442524	229559	-1820	214785
四　川	964195	64530	-3666	321875	64524	67	197440
贵　州	-34889	16857	-12	-15201	-11466		-3735
云　南	91950	102782	7576	22028	3597		18432
西　藏	14945						
陕　西	96813	15323	-181	308496	5870	17550	285076
甘　肃	19543	623	-88	-901	-7487		6587
青　海	9823	-818		266	269		-3
宁　夏	77097	4762		18835	18835		
新　疆	243060	-1715	-368	138766	139273		-507

6-10　续表 3　　　　单位：万元

地　区	港澳台商投资		外商投资					
	股份有限	其　他		合资经营	合作经营	独　资	股份有限	其　他
全国总计	**395204**	**9152**	**5725518**	**2363323**	**899000**	**2296773**	**113122**	**53300**
北　京			648074	144456	293839	164721	45059	
天　津	351		224449	45224	96864	50452	5545	26364
河　北			39873	-3343	-68	43285		
山　西			7828	-2289		10117		
内蒙古			22746	-1916		857		23805
辽　宁	-14276		378182	110297	140194	125620	2071	
吉　林	8695	1332	-1158	-2301	1142	1		
黑龙江	-1541	-92	64869	11806	1375	51688		
上　海	2927		524342	353585	-2692	181255	-7806	
江　苏	32213	404	965030	303315	19098	639730	2888	-1
浙　江	7832		192065	102796	-2143	91540	-128	
安　徽	30638		36638	10759	12031	6330	7518	
福　建	-1551		74607	28222	212	46683	1555	-2064
江　西			74728	26818		-112	48022	
山　东	306		157566	124954	16668	15943		
河　南		1368	-4874	6306	142	-18591	7269	
湖　北	7693		61819	25394	33435	-6635	11735	-2110
湖　南	12		26594	24148		2418	27	
广　东	56019	7693	1226011	727726	29680	465735	2871	
广　西			11296	12828	-7118	6171	-586	
海　南	205086	-597	34737	11800	10791	15326	-3179	
重　庆			264955	100801	98756	66528	-7894	6765
四　川	60801	-957	397280	139854	-12445	270733	-863	
贵　州			-3634	1545	-5042	-138		
云　南			107468	-2774	111100	-419	-981	542
西　藏								
陕　西			192478	60731	63181	68566		
甘　肃			5429	5735		-306		
青　海			13	13				
宁　夏			-3875	-3149		-726		
新　疆			-18	-18				

6-11 各地区按资质等级分的房地产开发企业利润总额

单位：万元

地　区	总　计	一　级	二　级	三　级	四　级	暂　定	其　他
全国总计	**98206006**	**16041720**	**22338961**	**19290526**	**8372522**	**27029823**	**5132453**
北　京	7311005	2226753	1455712	618674	1674617	970992	364257
天　津	2023213	147804	265601	302436	595631	701226	10516
河　北	1154860	182850	299832	407701	414914	-173565	23128
山　西	44211	45394	-23675	7171	17467	738	-2883
内蒙古	1085679	229689	371026	204628	243820	21667	14849
辽　宁	3042733	32465	424555	1255876	16788	1276032	37018
吉　林	484646	9325	253589	175747	72014	-29147	3118
黑龙江	592420	-124281	369228	126781	9205	181804	29683
上　海	9075048	1596494	1716145	1062063	4750	3856351	839244
江　苏	14034933	1158585	5888782	1594179	37760	5083272	272356
浙　江	5545524	1268385	1208456	1176066	248720	1232270	411628
安　徽	2975476	194376	544965	848780	74544	1257726	55085
福　建	4112541	627112	676630	1133255	516707	964169	194668
江　西	1944717	22878	410896	565932	148033	733489	63490
山　东	6012130	592019	737276	981861	887594	2444119	369261
河　南	3930904	405596	772090	490770	156895	2029407	76145
湖　北	4910686	684337	1156796	1054778	496990	1360518	157267
湖　南	2453532	233336	309686	883464	129781	864290	32976
广　东	14594675	4796380	1338668	3558439	1746218	1415559	1739411
广　西	1013001	6930	251229	227500	69353	285473	172515
海　南	967627	-2632	-7017	308668	71951	581774	14884
重　庆	3933494	688414	1740106	431209	9193	1056837	7734
四　川	3400570	434375	1063068	1243122	-2891	460375	202522
贵　州	164949	-11541	45840	-26027	147886	17861	-9069
云　南	646835	25948	231699	98896	183190	78808	28296
西　藏	22818	-91	5013	-716	16653	1959	
陕　西	1483735	247266	436275	274155	316741	163618	45681
甘　肃	169955	5872	85023	49553	32988	-1980	-1501
青　海	18346	9743	19418	-6385	14053	-11821	-6662
宁　夏	220882	85614	108926	16976	17471	-3011	-5095
新　疆	834862	222324	183125	224975	3488	209015	-8065

6-12 各地区按登记注册类型分的房地产开发企业主营业务收入

单位：万元

地区	总计	内资					
			国有	集体	股份合作	国有联营	集体联营
全国总计	**707066651**	**624452555**	**12216157**	**1752326**	**920228**	**151320**	**4684**
北京	38097158	31974378	533728	37898			
天津	16228431	13732959	1025719	45393	331596	40935	
河北	19275332	18825210	78673		913		
山西	5333749	5270252	53124	2193			
内蒙古	11031445	10932659	45715		5000		
辽宁	27519657	21302059	237596	53	67284		
吉林	7974110	7677087	1553	2	1305		
黑龙江	9827550	9325018	85335		185		
上海	38236249	31374161	805545	53147		8523	3924
江苏	95109625	81304102	2156872	343801	42239		
浙江	44813002	40028909	261112	112716	35990	45857	
安徽	27572387	25775615	848832	896		49746	
福建	27862740	24596567	362956	36950			
江西	13355492	12077818	161981	18763	1581		760
山东	50332954	47316840	1740903	277546	142507		
河南	26254232	25474187	261628	43419	42059		
湖北	28694554	27109533	311165	55724			
湖南	23867433	22442709	504349	20286	3260		
广东	72771741	57727414	587306	602411	48017		
广西	9556975	8551552	436513	17742	2922		
海南	6342164	4875077	68591		59365		
重庆	26552143	22822850	415147	2044	3546		
四川	32627154	29144873	159999	13432	74995		
贵州	6681450	6593055	48798	847	4450		
云南	10868214	10523143	137537	556	201		
西藏	114980	114980					
陕西	14267100	12244266	560861	23864	47185		
甘肃	3937141	3747554	282580	10546			
青海	1067278	1055468	17619		5630	6260	
宁夏	3526907	3400211		32022			
新疆	7367305	7112050	24419	76			

6-12 续表 1

单位：万元

地　区	内　资						
	国有与集体联　营	其他联营	国有独资公　司	其他有限责任公司	股份有限公　司	私营独资	私营合伙
全国总计	**9220**	**36218**	**24008479**	**330186500**	**35128848**	**1401587**	**128658**
北　京			1590899	26115767	2334038		
天　津			1428229	6465145	1539338	196725	2596
河　北			134023	10063880	1380489	13704	8012
山　西			196919	1499225	28329	100	
内蒙古			153923	5442418	611315	7030	2
辽　宁			189229	9433635	1096405	53110	
吉　林			184719	4085215	777538	62214	654
黑龙江			889890	4861068	573293	2199	288
上　海	316	246	1744090	18172039	1379522	1400	
江　苏	5		2747301	34062973	3427010	281018	41445
浙　江	568		1001346	23199018	1432746	9891	
安　徽			1254579	12987187	898236	155962	5139
福　建	76		2528231	12942639	828790	1033	1813
江　西			242906	6525451	950284	18052	3017
山　东			1541764	24847303	3321626	18337	18946
河　南		4322	425500	15630496	1439000	57635	11931
湖　北			816430	14158561	1955759	44562	6092
湖　南		7008	466585	13241565	1252283	42110	7144
广　东		320	1694186	32391626	5452700	211364	2629
广　西		7994	272362	3116179	604751	52186	18414
海　南	1107		373347	2826273	383420		
重　庆			2012205	9707504	677255	1116	
四　川			701353	14768258	1661414	80749	365
贵　州			194778	3995904	369851	8769	172
云　南	7150		208176	5762831	291499	33735	
西　藏		16328	5869	50712	23262		
陕　西			417289	7434439	348432	25893	
甘　肃			95724	1938068	52814	2072	
青　海			58713	157039	22694	43	
宁　夏			243569	958678	10555	20578	
新　疆			194348	3345408	4200		

6-12　续表 2　　　　单位：万元

地　区	内资			港澳台商投资			
	私营有限责任公司	私营股份有限公司	其他内资企业		合资经营	合作经营	独资
全国总计	**202101901**	**15072993**	**1333438**	**56462250**	**19003189**	**4935245**	**30886553**
北　京	1291844	70204		4237249	1968249	1162035	1106965
天　津	2569594	67030	20660	1325199	748825		411465
河　北	6551004	479399	115112	243949	54508		189441
山　西	3325197	164333	832	22479	1274		21205
内蒙古	4529741	136799	717	2155	2155		
辽　宁	9622773	571366	30608	3861733	1529410	16503	2277640
吉　林	2461682	101519	687	273279	12604		234304
黑龙江	2820562	92199		192606	153904		38572
上　海	8615576	589834		4499949	2166065	160267	2120862
江　苏	35169319	2653393	378726	9107176	3469293	212360	5273588
浙　江	13648273	281393		3838355	1042131	15160	2661015
安　徽	8636624	853283	85131	1205250	370123	66141	660526
福　建	7527161	366920		2846066	886275	64400	1860103
江　西	3672509	447814	34701	937234	391192	2176	543867
山　东	13916279	1331917	159713	2118728	861367	296356	958063
河　南	6592970	880579	84649	577088	206928	73576	291314
湖　北	9058134	533770	169335	1170560	507390	630	614231
湖　南	5862364	997732	38023	1150506	341866	195	808314
广　东	15173893	1549861	13100	10903289	1868674	2791467	5955132
广　西	3796082	186130	40279	837027	350989	22171	463867
海　南	1083877	77323	1774	1192775	161210		651259
重　庆	9502809	467952	33273	2356826	979993		1376833
四　川	11017723	594926	71659	1835988	400128	2797	1218858
贵　州	1714582	254905		73075	23830		49245
云　南	3452576	575756	53127	219353	61074		158279
西　藏	18810						
陕　西	3152694	232277	1333	1024138	63802	49012	911324
甘　肃	1283502	82248		28983	6735		22248
青　海	623318	164154		10871	2833		8038
宁　夏	2033989	100819		115109	115109		
新　疆	3376440	167160		255255	255255		

6-12 续表 3 单位：万元

地　区	港澳台商投资		外商投资					
	股份有限	其　他		合资经营	合作经营	独　资	股份有限	其　他
全国总计	**1535589**	**101674**	**26151847**	**9723865**	**3471452**	**12064627**	**679006**	**212897**
北　京			1885531	532141	935665	258643	159081	
天　津	164910		1170273	422149	200313	368423	59388	120000
河　北			206174	4780		201394		
山　西			41018	571		40447		
内蒙古			96630			30537		66093
辽　宁	38180		2355865	919895	557862	809294	68814	
吉　林	10503	15868	23744	16349	7279	116		
黑龙江	131		309926	82901	5362	221663		
上　海	52755		2362140	1077944	18842	1228490	36864	
江　苏	146681	5253	4698347	1941432	187767	2533146	36003	
浙　江	120049		945738	462927		482432	379	
安　徽	108461		591522	206483	109449	218928	56661	
福　建	35289		420106	136251		276363	7492	
江　西			340440	218424		21398	100618	
山　东	2942		897385	538671	119594	239120		
河　南		5272	202957	98478	534	74071	29874	
湖　北	48309		414461	185590	115192	66265	47414	
湖　南	131		274218	206536		67053	629	
广　东	212735	75282	4141038	1006772	295479	2787987	50799	
广　西			168396	88203	13239	66954		
海　南	380307		274313	48927	45211	179551	623	
重　庆			1372467	466712	457243	399125	24368	25020
四　川	214206		1646294	632414	3017	1010863		
贵　州			15321	14657		664		
云　南			125718	2804	121128	1		1784
西　藏								
陕　西			998697	262263	278274	458161		
甘　肃			160604	148604		12000		
青　海			939	939				
宁　夏			11587	48		11539		
新　疆								

6-13　各地区按资质等级分的房地产开发企业主营业务收入

单位：万元

地　区	总　计	一　级	二　级	三　级	四　级	暂　定	其　他
全国总计	**707066651**	**56887503**	**149534194**	**153893535**	**80622532**	**239344548**	**26784339**
北　京	38097158	6938934	5794497	4393230	12414311	6802473	1753712
天　津	16228431	995022	2358530	1686516	6273596	4825481	89287
河　北	19275332	1766855	3585457	4044375	6396778	3082152	399716
山　西	5333749	261244	1147013	1080672	2220184	616938	7699
内蒙古	11031445	1178638	2209877	1974377	4327883	1197539	143131
辽　宁	27519657	650971	3649304	7500138	210073	14381162	1128010
吉　林	7974110	64967	2390724	2091828	1039441	2330523	56628
黑龙江	9827550	1009037	3158072	3721677	398800	1411300	128665
上　海	38236249	1869149	6140462	4486775	77874	23730529	1931460
江　苏	95109625	6665351	38519044	10315236	338623	35586232	3685139
浙　江	44813002	3186096	7169766	11742809	2650881	16656105	3407346
安　徽	27572387	1066335	5013933	6915371	1037768	13124267	414712
福　建	27862740	2653436	3569724	7842170	3347567	10128719	321124
江　西	13355492	220183	2543249	4321110	1076396	4826870	367685
山　东	50332954	4061555	6833423	8003529	7570984	21672462	2191002
河　南	26254232	1443916	5476364	4202195	1426145	13213380	492234
湖　北	28694554	2904433	6493649	5968448	3335375	9277457	715191
湖　南	23867433	1371517	3466460	10102099	1357864	7168087	401406
广　东	72771741	9709519	6287949	20929953	13260246	16949440	5634634
广　西	9556975	256217	1452945	2313082	853108	4139553	542069
海　南	6342164	962	246321	1215138	540527	3899912	439304
重　庆	26552143	2524925	11630123	3906122	97134	8274522	119318
四　川	32627154	2460502	8604374	15095420	255825	5017966	1193068
贵　州	6681450	174106	1195288	1299442	1735304	2139205	138105
云　南	10868214	479672	3010720	1343150	3045766	2723441	265465
西　藏	114980		22669	62040	17945	12327	
陕　西	14267100	1304529	3516111	2911906	3184338	2631170	719047
甘　肃	3937141	181331	998925	1416294	703597	615144	21850
青　海	1067278	69217	394150	190542	182147	227313	3908
宁　夏	3526907	580379	1222412	741940	502127	445020	35030
新　疆	7367305	838507	1432662	2075953	743927	2237861	38395

第二部分

35 个大中城市篇

第七章　35 个大中城市房地产综合（2013）

7-1　35个大中城市按登记注册类型分的房地产开发企业个数

单位：个

地　区	总　计	内　资	国　有	集　体	股份合作	国有联营	集体联营
总　计	**32434**	**29371**	**768**	**173**	**31**	**6**	**2**
北　京	2957	2694	70	19	2		
天　津	1209	1103	85	12	1	2	1
石家庄	461	445	4		1		
太　原	729	718	12	1			
呼和浩特	282	281	2				
沈　阳	837	667	6				
大　连	1025	897	11	3	2		
长　春	557	531	2	1			
哈尔滨	868	843	32	1			
上　海	3045	2579	86	23	1	2	1
南　京	675	590	28	1			
杭　州	1437	1329	10	2			
宁　波	831	756	5	8			
合　肥	663	616	21	2		1	
福　州	561	438	23	12			
厦　门	524	396	16	3			
南　昌	483	429	13	2			
济　南	494	457	32	4	1		
青　岛	972	881	18	13	3		
郑　州	1173	1114	15	3			
武　汉	1207	1122	34	8			
长　沙	809	777	17				
广　州	1270	907	40	26	1		
深　圳	461	363	9		5		
南　宁	573	517	22	1			
海　口	412	375	22	1			
重　庆	2594	2470	37	5	2		
成　都	1567	1449	20	7	7		
贵　阳	798	759	16	3			
昆　明	860	827	13	2	2		
西　安	662	633	21	2	2		
兰　州	570	551	18	8			
西　宁	187	184	3		1	1	
银　川	280	276	1				
乌鲁木齐	401	397	4				

7-1 续表 1

单位：个

地区	内资						
	国有与集体联营	其他联营	国有独资公司	其他有限责任公司	股份有限公司	私营独资	私营合伙
总计	**4**	**4**	**810**	**14031**	**956**	**48**	**7**
北京			54	1855	65	1	
天津			58	541	54	5	2
石家庄			2	187	19		
太原			20	98	4		
呼和浩特			2	90	8		
沈阳			7	334	29	1	
大连			6	311	23	1	
长春			6	298	23		
哈尔滨			9	379	28		
上海	1	1	137	1170	53	3	1
南京	1		16	260	27	6	
杭州	1		38	810	29		1
宁波			31	226	19		
合肥			14	303	28	8	1
福州	1		9	201	8		
厦门			36	211	10		
南昌			18	245	34		1
济南			14	236	27		
青岛			26	350	43	2	
郑州			10	690	45		
武汉			32	538	68	1	
长沙		2	21	489	29	2	
广州		1	23	421	16	2	
深圳			12	139	23	1	1
南宁			5	134	13		
海口			10	227	13	2	
重庆			80	863	50	2	
成都			31	773	94	5	
贵阳			19	557	10	1	
昆明			14	312	33		
西安			16	350	11	2	
兰州			5	234	15	1	
西宁			9	49	4	1	
银川			8	62		1	
乌鲁木齐			12	88	1		

7-1　续表 2　　　　　　　　　　　　　　　　单位：个

地　　区	内资			港澳台商投资			
	私营有限责任公司	私营股份有限公司	其他内资企　业		合资经营	合作经营	独　资
总　　计	**11871**	**607**	**53**	**2058**	**751**	**283**	**999**
北　　京	602	26		159	60	60	39
天　　津	315	18	9	54	27		24
石 家 庄	215	17		9	5		4
太　　原	561	22		6	3		3
呼和浩特	177	2					
沈　　阳	279	11		98	33	7	58
大　　连	513	26	1	95	47	2	44
长　　春	198	3		19	9	1	8
哈 尔 滨	366	26	2	15	10		4
上　　海	1051	48	1	296	116	21	158
南　　京	234	17		54	29		24
杭　　州	423	14	1	75	23		48
宁　　波	456	11		50	23	1	26
合　　肥	224	11	3	26	12	1	12
福　　州	179	5		95	28	4	62
厦　　门	114	6		102	18	9	74
南　　昌	105	10	1	40	17	1	22
济　　南	129	13	1	27	12	2	13
青　　岛	405	19	2	59	31	9	19
郑　　州	336	14	1	37	19	2	15
武　　汉	415	25	1	59	22	1	34
长　　沙	195	21	1	25	11	1	13
广　　州	362	15		297	43	150	102
深　　圳	167	5	1	72	24	2	44
南　　宁	338	4		28	15	2	11
海　　口	95	4	1	29	9		20
重　　庆	1320	102	9	82	31	2	49
成　　都	477	23	12	61	20	3	36
贵　　阳	135	17	1	30	18		12
昆　　明	425	24	2	28	18	1	9
西　　安	220	8	1	14	4	1	9
兰　　州	250	19	1	12	10		2
西　　宁	103	12	1	2	1		1
银　　川	200	4		1	1		
乌鲁木齐	287	5		2	2		

7-1 续表 3

单位：个

地 区	港澳台商投资		外商投资					
	股份有限	其 他		合资经营	合作经营	独 资	股份有限	其 他
总 计	**21**	**4**	**1005**	**404**	**109**	**450**	**35**	**7**
北 京			104	41	41	19	3	
天 津	3		52	23	3	21	4	1
石 家 庄			7	4		3		
太 原			5	3		2		
呼和浩特			1			1		
沈 阳			72	27	6	37	2	
大 连	2		33	20		13		
长 春		1	7	5	1	1		
哈 尔 滨		1	10	5	1	4		
上 海	1		170	64	8	92	6	
南 京	1		31	11	2	18		
杭 州	4		33	17	2	14		
宁 波			25	9		16		
合 肥	1		21	6	2	13		
福 州	1		28	9		17	1	1
厦 门	1		26	6	1	17	2	
南 昌			14	8		5	1	
济 南			10	6		4		
青 岛			32	17	8	7		
郑 州	1		22	9		12	1	
武 汉	2		26	12	1	10	1	2
长 沙			7	4		2	1	
广 州	1	1	66	17	14	30	5	
深 圳	2		26	8	8	10		
南 宁			28	14	1	13		
海 口			8	2		4	2	
重 庆			42	14	2	20	4	2
成 都	1	1	57	22	3	31	1	
贵 阳			9	4	2	3		
昆 明			5	2	1		1	1
西 安			15	5	2	8		
兰 州			7	5		2		
西 宁			1	1				
银 川			3	2		1		
乌鲁木齐			2	2				

7-2　35个大中城市按资质等级分的房地产开发企业个数

单位：个

地　区	总　计	一　级	二　级	三　级	四　级	暂　定	其　他
总　计	**32434**	**676**	**4047**	**8154**	**4724**	**11870**	**2963**
北　京	2957	116	203	259	1225	566	588
天　津	1209	28	108	144	644	250	35
石家庄	461	3	38	57	117	237	9
太　原	729	3	80	111	301	224	10
呼和浩特	282	3	39	49	141	34	16
沈　阳	837	13	68	181	4	509	62
大　连	1025	21	58	327	14	485	120
长　春	557	3	92	116	126	219	1
哈尔滨	868	9	182	509	15	128	25
上　海	3045	52	284	388	10	1821	490
南　京	675	25	190	244	8	146	62
杭　州	1437	49	163	265	86	595	279
宁　波	831	24	61	303	87	279	77
合　肥	663	14	92	212	43	295	7
福　州	561	13	44	136	85	258	25
厦　门	524	13	29	35	173	102	172
南　昌	483	3	86	145	48	188	13
济　南	494	13	44	120	47	221	49
青　岛	972	11	56	178	85	521	121
郑　州	1173	21	175	234	38	647	58
武　汉	1207	43	267	381	26	410	80
长　沙	809	14	90	363	43	284	15
广　州	1270	13	126	598	80	405	48
深　圳	461	38	23	102	53	55	190
南　宁	573	3	42	124	72	288	44
海　口	412		17	49	61	239	46
重　庆	2594	46	629	809	92	985	33
成　都	1567	20	220	841	94	297	95
贵　阳	798	4	59	145	208	315	67
昆　明	860	13	126	122	301	244	54
西　安	662	22	100	147	215	133	45
兰　州	570	2	66	226	53	218	5
西　宁	187	4	84	62	18	16	3
银　川	280	10	56	70	52	88	4
乌鲁木齐	401	7	50	102	59	168	15

7-3 35个大中城市按登记注册类型分的房地产开发企业从业人数

单位：人

地　区	总　计	内　资					
			国　有	集　体	股份合作	国有联营	集体联营
总　计	**992158**	**867777**	**33806**	**3158**	**849**	**113**	**57**
北　京	93509	79948	3075	431	80		
天　津	38417	33333	3485	540	43	41	30
石家庄	17881	16757	160		2		
太　原	17701	17369	553	25			
呼和浩特	9274	9204	148				
沈　阳	24422	17908	72				
大　连	26357	21905	145	10	74		
长　春	14915	13510	54	11			
哈尔滨	19309	18890	787	5			
上　海	71048	52135	2341	442	8	59	27
南　京	23660	20442	982				
杭　州	30618	26919	273	6			
宁　波	17737	15103	176	73			
合　肥	20112	18118	845	15			
福　州	20451	17299	903	331			
厦　门	13606	10722	706	22			
南　昌	13086	10889	395	14			
济　南	18986	17471	1712	51	7		
青　岛	24747	21403	443	204	67		
郑　州	32790	30761	559	11			
武　汉	43654	39903	1761	111			
长　沙	27741	25790	620				
广　州	44064	30110	1097	551	37		
深　圳	26660	21202	487		162		
南　宁	16602	14815	892	1			
海　口	11758	10441	1180				
重　庆	91351	85102	1778	48	54		
成　都	49219	44121	944	74	204		
贵　阳	20654	19391	444	13			
昆　明	24753	23344	444	40	20		
西　安	39940	38008	5258	30	56		
兰　州	16508	15367	643	99			
西　宁	7187	7118	261		35	13	
银　川	10991	10768	25				
乌鲁木齐	12450	12211	158				

7-3　续表 1　　　　　　　　　　　　　　　　　　　　　　　　　　　　单位：人

地　　区	内　　资						
	国有与集体联　　营	其他联营	国有独资公　　司	其他有限责任公司	股份有限公　　司	私营独资	私营合伙
总　　计	**57**	**77**	**41182**	**424397**	**42873**	**1600**	**84**
北　　京			2699	59700	3646	3	
天　　津			2415	15217	2345	231	16
石 家 庄			103	6896	642		
太　　原			597	3950	52		
呼和浩特			254	3203	425		
沈　　阳			731	9873	920	20	
大　　连			188	8778	1775	43	
长　　春			156	7994	662		
哈 尔 滨			518	8674	508		
上　　海	8	5	3370	22584	2170	82	17
南　　京	6		639	10165	1288	346	
杭　　州	33		797	17909	995		
宁　　波			776	4542	1370		
合　　肥			486	9550	973	222	4
福　　州	10		423	8828	474		
厦　　门			2572	4367	271		
南　　昌			691	6183	724		8
济　　南			2803	7799	1251		
青　　岛			1176	8430	1400	54	
郑　　州			578	19378	1103		
武　　汉			3922	18127	4248	36	
长　　沙		65	803	16270	1071	58	
广　　州		7	3004	12564	732	75	
深　　圳			667	9054	3178		39
南　　宁			100	4413	493		
海　　口			426	5890	386	38	
重　　庆			3888	29512	2242	67	
成　　都			1359	23692	4470	135	
贵　　阳			499	15113	575	24	
昆　　明			713	10085	1313		
西　　安			1111	20213	712	102	
兰　　州			675	7192	340	4	
西　　宁			358	2329	66	36	
银　　川			880	2573		24	
乌鲁木齐			805	3350	53		

7-3 续表 2　　单位：人

地　　区	内资			港澳台商投　　资			
	私营有限责任公司	私营股份有限公司	其他内资企　　业		合资经营	合作经营	独　资
总　　计	**301410**	**16992**	**1122**	**77046**	**28334**	**8455**	**39515**
北　　京	9805	509		8158	2444	2847	2867
天　　津	8017	728	225	2496	1076		1243
石 家 庄	8568	386		278	173		105
太　　原	11758	434		104	45		59
呼和浩特	5119	55					
沈　　阳	6054	238		3043	1269	165	1609
大　　连	10374	478	40	3269	1479	8	1754
长　　春	4496	137		1130	375	2	727
哈 尔 滨	7831	523	44	272	187		85
上　　海	20111	911		11930	6384	688	4835
南　　京	6655	361		1846	960		880
杭　　州	6742	157	7	2596	638		1829
宁　　波	7946	220		1586	921	16	649
合　　肥	5589	338	96	1063	442	33	578
福　　州	6229	101		2526	814	129	1572
厦　　门	2606	178		2380	558	176	1636
南　　昌	2477	363	34	1187	427	30	730
济　　南	3232	583	33	1333	306	7	1020
青　　岛	9149	478	2	2052	1183	148	721
郑　　州	8583	549		1307	473	135	699
武　　汉	11184	434	80	2475	826	15	1520
长　　沙	6243	640	20	1314	474	22	818
广　　州	10795	1248		8943	839	3797	4211
深　　圳	7440	153	22	3208	1064	112	1999
南　　宁	8816	100		935	431	7	497
海　　口	2415	80	26	893	282		611
重　　庆	43557	3747	209	4010	1583	38	2389
成　　都	12618	461	164	2623	653	40	1851
贵　　阳	2512	209	2	1110	661		449
昆　　明	9801	871	57	1236	334	10	892
西　　安	10203	273	50	836	252	30	554
兰　　州	5979	424	11	520	413		107
西　　宁	3670	350		39	20		19
银　　川	7136	130		113	113		
乌鲁木齐	7700	145		235	235		

7-3　续表 3

单位：人

地　区	港澳台商投资		外商投资					
	股份有限	其　他		合资经营	合作经营	独　资	股份有限	其　他
总　计	**603**	**139**	**47335**	**15889**	**5103**	**23851**	**1769**	**723**
北　京			5403	2187	1790	930	496	
天　津	177		2588	669	139	1250	80	450
石家庄			846	184		662		
太　原			228	148		80		
呼和浩特			70			70		
沈　阳			3471	852	429	2111	79	
大　连	28		1183	564		619		
长　春		26	275	227	28	20		
哈尔滨			147	50	7	90		
上　海	23		6983	2172	277	4094	440	
南　京	6		1372	303	40	1029		
杭　州	129		1103	401	21	681		
宁　波			1048	475		573		
合　肥	10		931	222	80	629		
福　州	11		626	250		275	52	49
厦　门	10		504	78	2	287	137	
南　昌			1010	746		234	30	
济　南			182	78		104		
青　岛			1292	618	507	167		
郑　州			722	226		442	54	
武　汉	114		1276	482	110	564	45	75
长　沙			637	68		566	3	
广　州	5	91	5011	1284	314	3347	66	
深　圳	33		2250	613	478	1159		
南　宁			852	346	72	434		
海　口			424	58		313	53	
重　庆			2239	716	112	1189	120	102
成　都	57	22	2475	773	204	1400	98	
贵　阳			153	70	57	26		
昆　明			173	65	45		16	47
西　安			1096	265	391	440		
兰　州			621	581		40		
西　宁			30	30				
银　川			110	84		26		
乌鲁木齐			4	4				

7-4 35个大中城市按资质等级分的房地产开发企业从业人数

单位：人

地　区	总　计	一　级	二　级	三　级	四　级	暂　定	其　他
总　计	**992158**	**77498**	**210067**	**233684**	**113438**	**298301**	**59170**
北　京	93509	13107	14067	10228	31906	13963	10238
天　津	38417	2354	5839	5256	16670	7381	917
石家庄	17881	1030	3772	2217	3929	6794	139
太　原	17701	115	5180	2935	6242	3119	110
呼和浩特	9274	233	1607	1587	4221	873	753
沈　阳	24422	589	4877	5494	40	11987	1435
大　连	26357	1211	2199	8387	171	11819	2570
长　春	14915	300	4590	3049	1937	5036	3
哈尔滨	19309	860	5786	9077	329	2351	906
上　海	71048	3862	10180	9995	345	36233	10433
南　京	23660	2276	10059	5206	99	4473	1547
杭　州	30618	3146	4991	5431	1068	12002	3980
宁　波	17737	1750	1702	6405	1093	5658	1129
合　肥	20112	898	4204	6112	703	8072	123
福　州	20451	1391	2763	5368	2032	8592	305
厦　门	13606	1801	1845	1361	3988	2734	1877
南　昌	13086	365	2973	3045	1042	5403	258
济　南	18986	1037	2261	5620	1108	7824	1136
青　岛	24747	1136	2941	4839	1349	12349	2133
郑　州	32790	1814	9062	5105	536	15653	620
武　汉	43654	6160	13845	9770	462	12444	973
长　沙	27741	1064	5708	11361	922	8229	457
广　州	44064	4270	5949	20752	2387	10112	594
深　圳	26660	4494	1761	5240	2392	5047	7726
南　宁	16602	294	3007	3684	1202	7253	1162
海　口	11758		981	1452	2074	6349	902
重　庆	91351	7124	31750	21756	1339	28691	691
成　都	49219	2992	9670	25015	1150	8438	1954
贵　阳	20654	544	6234	3604	3630	5905	737
昆　明	24753	1610	6897	2812	5944	6362	1128
西　安	39940	6445	9445	7195	9416	5676	1763
兰　州	16508	632	4356	6788	563	4034	135
西　宁	7187	373	4407	1524	425	420	38
银　川	10991	1273	2809	2512	1650	2665	82
乌鲁木齐	12450	948	2350	3502	1074	4360	216

7-5　35个大中城市房地产开发企业投资规模与完成情况

单位:万元

地　区	计划总投资	自开始建设至本年底累计完成投资	本年完成投资
总　计	**2224862265**	**1450316891**	**418184199**
北　京	206688496	145297619	34834045
天　津	121650512	70479178	14808152
石家庄	38302062	26662822	9281491
太　原	23514522	15260844	4162332
呼和浩特	26230849	15262990	5816832
沈　阳	94490392	64768097	21840129
大　连	69916801	49824838	17103585
长　春	32998041	22050327	6117822
哈尔滨	32881183	22913653	8579379
上　海	180887277	124035122	28195915
南　京	61559123	40318850	10377148
杭　州	88506195	62406514	18532841
宁　波	45269290	29182130	11231401
合　肥	59615694	40519185	11058109
福　州	55831696	42165612	12647907
厦　门	35224590	23285262	5318029
南　昌	24777306	16935614	4061358
济　南	40999297	26552877	7217682
青　岛	47338408	31006716	10485229
郑　州	72258543	39647694	14453279
武　汉	87352197	56759558	19056000
长　沙	75541446	42746249	11576292
广　州	107835975	69674825	15724289
深　圳	48810632	28748457	8769002
南　宁	28112585	18367763	4163709
海　口	15663919	8586012	2564025
重　庆	165391985	106190378	30127838
成　都	96585757	74768358	21112499
贵　阳	50405207	30370760	9780165
昆　明	58316969	31617108	12917060
西　安	77419368	43647000	15726491
兰　州	14790551	8144251	2574350
西　宁	9659647	5416098	1955784
银　川	15829779	9554360	3308094
乌鲁木齐	14205971	7149770	2705936

7-6 35个大中城市按用途分的房地产开发企业完成投资

单位:万元

地区	本年完成投资	住宅	#别墅、高档公寓	办公楼	商业营业用房	其他
总计	**418184199**	**270228242**	**18177952**	**34446610**	**53861845**	**59647502**
北京	34834045	17245610	1356381	6117479	3175052	8295904
天津	14808152	9862785	639806	999098	1652899	2293370
石家庄	9281491	6156999	103628	837417	1522635	764440
太原	4162332	3002874	127867	272884	487320	399254
呼和浩特	5816832	3921333	80225	296785	1135107	463607
沈阳	21840129	15745799	1221374	619732	3966554	1508044
大连	17103585	12579700	672080	470859	2517862	1535164
长春	6117822	4355223	356864	312729	849202	600668
哈尔滨	8579379	5838559	157011	238810	1540138	961872
上海	28195915	16155060	3486040	3771832	3700298	4568725
南京	10377148	7291275	359964	597663	1207835	1280375
杭州	18532841	11695643	704039	1687874	1748301	3401023
宁波	11231401	6423263	805936	958136	1530845	2319157
合肥	11058109	6743458	169950	931316	1878622	1504713
福州	12647907	8654077	348176	1082242	1203579	1708009
厦门	5318029	3041899	205932	699786	575917	1000427
南昌	4061358	2412447	164812	906052	441146	301713
济南	7217682	5141201	178288	560175	742425	773881
青岛	10485229	6681209	687350	1017530	1345377	1441113
郑州	14453279	9104558	138242	1359075	1886844	2102802
武汉	19056000	12507839	427777	1236820	2742557	2568784
长沙	11576292	7694590	461488	639700	1565949	1676053
广州	15724289	9506778	677790	1668426	2058754	2490331
深圳	8769002	5904800	558336	644778	844627	1374797
南宁	4163709	3023848	150694	171247	393597	575017
海口	2564025	2057313	330616	54348	160040	292324
重庆	30127838	20442392	1398788	1445592	3774147	4465707
成都	21112499	12904499	1010678	1588574	2994919	3624507
贵阳	9780165	6279440	253871	1022936	1380159	1097630
昆明	12917060	8689524	277669	957765	1610082	1659689
西安	15726491	12262802	293155	698553	1517128	1248008
兰州	2574350	1710236	76399	131671	368084	364359
西宁	1955784	1244635	8334	156732	335768	218649
银川	3308094	1956800	117721	154470	706523	490301
乌鲁木齐	2705936	1989774	170671	137524	301553	277085

7-7　35个大中城市房地产开发企业实际到位资金情况

单位:万元

地　区	本年实际到位资金合计	上年末结余资金	本年实际到位资金小计	国内贷款	#银行贷款
总　计	**800415033**	**168992077**	**631422956**	**123051484**	**106754986**
北　京	96875708	23873891	73001817	18369482	14840160
天　津	35723324	8108605	27614719	7652235	6687123
石家庄	11775622	1567960	10207662	958242	760155
太　原	6422181	1200789	5221392	330723	253480
呼和浩特	6615783	731720	5884063	466396	389473
沈　阳	28751989	3577237	25174752	1493900	1095114
大　连	24949219	4027588	20921631	4368820	4104336
长　春	9726427	1601897	8124530	813096	427953
哈尔滨	12455342	2041210	10414132	823612	821937
上　海	68512930	17586223	50926707	12923582	12040751
南　京	26065733	3911408	22154325	5369826	3860701
杭　州	43411437	14366944	29044493	6372858	5704222
宁　波	16070991	2160698	13910293	3148780	2801730
合　肥	19750195	4235982	15514213	1523367	1214624
福　州	23923272	3100677	20822595	3030912	2689102
厦　门	14762653	2954960	11807693	1897342	1660698
南　昌	9676955	2298402	7378553	1095760	1051605
济　南	11965114	2317258	9647856	1340137	1229410
青　岛	21765802	5044024	16721778	4450006	3805889
郑　州	20705799	3972453	16733346	1418164	1364497
武　汉	29453148	5164568	24288580	5480295	4836832
长　沙	21730664	5144672	16585992	3142479	2589833
广　州	29843013	6973844	22869169	4409807	4199979
深　圳	22556745	5687680	16869065	4410869	4174401
南　宁	8825724	1963129	6862595	1265460	1146729
海　口	5327350	828628	4498722	718562	682962
重　庆	58468351	12327702	46140649	11122918	9376665
成　都	39693341	8757420	30935921	5145514	4634926
贵　阳	12490530	1955765	10534765	1241793	1071394
昆　明	19526892	2911087	16615805	3044422	2396527
西　安	24237997	5509776	18728221	2504820	2351266
兰　州	5418269	1137044	4281225	1092100	1031445
西　宁	2689678	646501	2043177	418689	331559
银　川	5281413	608026	4673387	709062	667562
乌鲁木齐	4965442	696309	4269133	497454	459946

7-7 续表 1

单位:万元

地　区	#非银行金融机构贷款	利用外资	#外商直接投资	自筹资金	#自有资金
总　计	**16296498**	**3286354**	**2925616**	**215637779**	**93809852**
北　京	3529322	116024	116007	21382276	6239742
天　津	965112	162176	104539	8920835	3895896
石家庄	198087			6786595	2962430
太　原	77243			2277626	1016157
呼和浩特	76923			4114818	2017655
沈　阳	398786	454116	385667	14755670	8137756
大　连	264484	17700	5100	9677080	3553425
长　春	385143	51504	20010	2854636	1727773
哈尔滨	1675			5229634	1870837
上　海	882831	381414	373177	15699109	7611865
南　京	1509125	12690	12690	4996857	2054074
杭　州	668636	107942	100131	6223936	2083225
宁　波	347050	269922	269922	5468753	2507058
合　肥	308743	10000	10000	4756860	1080504
福　州	341810	16768	16644	7810702	4893102
厦　门	236644	146470	146470	2624883	1689679
南　昌	44155	299	299	1540328	639860
济　南	110727	159308	159308	2973673	1383044
青　岛	644117	41895	30494	4976019	2561814
郑　州	53667	44254		8029330	3143286
武　汉	643463			8792803	4073790
长　沙	552646	332079	324479	4014376	1692427
广　州	209828	121140	110526	5635406	2757194
深　圳	236468	1200	1200	4569711	2236540
南　宁	118731			1786819	582002
海　口	35600			1385110	511147
重　庆	1746253	441801	441301	12637033	5178005
成　都	510588	323252	223252	11106585	6779215
贵　阳	170399			2519413	1089002
昆　明	647895			9153989	2871767
西　安	153554	74400	74400	8112540	2673123
兰　州	60655			1580170	749159
西　宁	87130			790852	366052
银　川	41500			1449825	599683
乌鲁木齐	37508			1003527	581564

7-7　续表 2

单位:万元

地　区	其他资金来源	#定金及预收款	#个人按揭贷款	本年各项应付款合计	#工程款
总　计	**289447339**	**185007285**	**70825114**	**90202796**	**47377864**
北　京	33134035	22574977	5977978	2251187	1440102
天　津	10879473	8677634	914274	7723974	3672191
石家庄	2462825	1212467	490704	1812559	625005
太　原	2613043	1954124	585725	731322	433254
呼和浩特	1302849	695555	304491	981342	425953
沈　阳	8471066	5945146	1529484	3092922	1700430
大　连	6858031	4061469	1794890	3783851	2092395
长　春	4405294	2982966	967886	568735	371650
哈尔滨	4360886	2803910	707698	718360	397114
上　海	21922602	15715002	3568651	8452021	4663072
南　京	11774952	7261537	3838025	1341551	814094
杭　州	16339757	10028176	5974011	1680981	1332730
宁　波	5022838	3138095	1608223	2700230	1653271
合　肥	9223986	4759064	2974163	1981197	1023737
福　州	9964213	5763041	3269955	1029431	531673
厦　门	7138998	3724633	2318194	742450	210406
南　昌	4742166	2952485	1160271	908182	554937
济　南	5174738	3303710	1082498	1238746	806156
青　岛	7253858	5260553	1244409	2966957	1364126
郑　州	7241598	3966806	2059956	3271362	1840457
武　汉	10015482	5346204	2656263	4223732	2004224
长　沙	9097058	5991044	2600633	3750423	2075419
广　州	12702816	9173807	2439859	1894840	1143218
深　圳	7887285	4896058	2424851	2437902	1511287
南　宁	3810316	2037215	1275612	1010316	523420
海　口	2395050	1040283	205747	2237330	528051
重　庆	21938897	12819023	6593816	10102952	5167856
成　都	14360570	9429460	3411413	4948486	2749781
贵　阳	6773559	4091104	1958655	1728440	830776
昆　明	4417394	2787298	1055874	3975576	1693884
西　安	8036461	5538530	2097231	3016268	1556059
兰　州	1608955	1146422	242534	1127963	524924
西　宁	833636	595958	161123	424790	255532
银　川	2514500	1702505	586626	887024	598899
乌鲁木齐	2768152	1631024	743391	459394	261781

7-8 35个大中城市按用途分的房地产开发企业房屋施工面积

单位：平方米

地　区	房屋施工面　积	住　宅	#别　墅、高档公寓	办公楼	商业营业用房	其　他
总　计	**2609381934**	**1782636199**	**86568932**	**162791211**	**294668749**	**369285775**
北　京	138868667	74068835	5300571	21141321	12333734	31324777
天　津	108921748	75624831	3492710	8410005	11586121	13300791
石家庄	52002921	39997488	1374842	2539224	6181948	3284261
太　原	41842245	32427007	697580	1600480	3732301	4082457
呼和浩特	58053938	40586364	554357	2242212	10253458	4971904
沈　阳	115682918	84824949	3737106	3396692	19220040	8241237
大　连	63961671	48678923	2315240	1702721	7554695	6025332
长　春	56284204	40549609	2814316	2631774	7398055	5704766
哈尔滨	59470608	43142116	539328	1582648	8420144	6325700
上　海	135165832	81257388	14487545	14317330	15007172	24583942
南　京	61564775	41317135	2461592	3697938	6695974	9853728
杭　州	93275180	55091055	3112407	10065772	8468982	19649371
宁　波	68339592	36279381	2636894	6014659	9123412	16922140
合　肥	70153163	46798339	1120021	4467472	10228973	8658379
福　州	68710399	49615687	1582774	3930862	5052242	10111608
厦　门	37858602	22016600	1116417	3903816	3478843	8459343
南　昌	39925097	27627146	1034332	3159383	4546939	4591629
济　南	48150756	32533437	1378492	3734189	5177404	6705726
青　岛	70725539	46892704	2863720	3814410	9151097	10867328
郑　州	97212292	63489017	894940	8664094	10791421	14267760
武　汉	85451294	62257480	2075150	3960551	9267945	9965318
长　沙	86965410	61116657	3412683	4090424	8709711	13048618
广　州	81593081	49907189	3832402	7690793	9612499	14382600
深　圳	40034868	26082923	1409827	2615132	3836201	7500612
南　宁	38123539	27674954	805115	1278782	3299985	5869818
海　口	18058905	14300335	1882485	353966	893552	2511052
重　庆	262518928	192489455	7339197	7819761	29657174	32552538
成　都	152392971	101068978	5060407	7915701	17755480	25652812
贵　阳	64675157	46453592	1162618	3582012	6317565	8321988
昆　明	77056572	53490705	2317684	4420575	8285851	10859441
西　安	102976307	83324414	1839160	4159677	8546152	6946064
兰　州	26221323	19953073	213502	737205	2469977	3061068
西　宁	18403977	13326610	77850	683460	2212620	2181287
银　川	35226550	22558405	902482	1420000	6594872	4653273
乌鲁木齐	33512905	25813418	723186	1046170	2806210	3847107

7-9 35个大中城市按用途分的房地产开发企业房屋新开工面积

单位：平方米

地 区	房屋新开工面 积	住 宅	#别 墅、高档公寓	办公楼	商业营业用房	其 他
总 计	**707553084**	**477404052**	**16941684**	**43357732**	**85563583**	**101227717**
北 京	35775238	17365374	806164	6713983	3510120	8185761
天 津	26729302	17448490	851129	1738386	3701067	3841359
石家庄	10302553	7602150	44360	859854	1452685	387864
太 原	6810577	5577691	178488	296262	362615	574009
呼和浩特	17536150	13063424	200358	322636	2899773	1250317
沈 阳	36191035	27206038	498771	699683	5524233	2761081
大 连	20043410	15055422	618035	669907	2050225	2267856
长 春	14092672	10144939	456988	746094	1635343	1566296
哈尔滨	15539586	10595518	115110	175462	3320843	1447763
上 海	27059518	16430929	2522792	2640574	2749628	5238387
南 京	17450661	12870658	571936	540535	1681280	2358188
杭 州	20390573	11437486	337743	2469708	2244604	4238775
宁 波	18372030	10030984	827185	1226758	2943532	4170756
合 肥	22110228	14786531	193293	814214	3488999	3020484
福 州	17601525	12572386	228550	802014	1334564	2892561
厦 门	6894973	3827303	25902	634565	1164647	1268458
南 昌	11185473	7347647	266365	1201424	999367	1637035
济 南	13866547	8387374	159366	1933043	1523017	2023113
青 岛	18494989	11727063	684588	948394	2210092	3609440
郑 州	28143553	19765167	225489	2086940	2674708	3616738
武 汉	27917972	20571528	456789	1355849	2709063	3281532
长 沙	27949696	19844897	838537	1059345	2755540	4289914
广 州	21447610	13415060	703555	2213915	2430520	3388115
深 圳	13663965	9101325	486322	1148782	1206822	2207036
南 宁	7210457	5447753	119526	132516	542458	1087730
海 口	2763429	1896358	194839	131957	204134	530980
重 庆	76416324	53875951	1525224	2411484	10013212	10115677
成 都	40514569	25513465	965046	1785671	5614092	7601341
贵 阳	18976536	14394232	439329	1194207	1314456	2073641
昆 明	26841155	18356385	476824	1194185	3347277	3943308
西 安	25249159	18954703	101145	1512845	2737344	2044267
兰 州	5751560	4241900	133616	167765	685507	656388
西 宁	6468467	4482549	77850	414196	717423	854299
银 川	12585802	7804313	398956	514710	2545317	1721462
乌鲁木齐	9205790	6261059	211514	599869	1269076	1075786

7-10 35个大中城市按用途分的房地产开发企业房屋竣工面积

单位：平方米

地区	房屋竣工面积	住宅	#别墅、高档公寓	办公楼	商业营业用房	其他
总计	**364113595**	**265731478**	**11563961**	**17799573**	**33850506**	**46732038**
北京	26663519	16920382	1335124	2730543	1783635	5228959
天津	28053693	21176645	829347	1885922	1878036	3113090
石家庄	8659279	6313473	30365	833460	1075967	436379
太原	2483864	2111747	12722	110742	144664	116711
呼和浩特	4000514	3087730	11800	77331	510642	324811
沈阳	14597997	12303370	15788	85439	1785973	423215
大连	10465682	8506630	84453	234442	964536	760074
长春	10081196	7688456	386241	152311	1391082	849347
哈尔滨	10569495	8457201	92251	240589	844482	1027223
上海	22544350	14174113	2363957	1760124	2534452	4075661
南京	10393947	7540391	402159	536554	789240	1527762
杭州	11722391	8451232	591546	683148	786728	1801283
宁波	8674803	4625109	273114	863832	1025513	2160349
合肥	14353288	10723248	229857	604166	1281633	1744241
福州	8325467	6058298	192745	200165	508063	1558941
厦门	3437851	2141127	151458	174343	242029	880352
南昌	3737500	3054749	68911	164644	467536	50571
济南	8050219	6135291	195115	250839	462513	1201576
青岛	9573420	6748578	117409	257216	1177951	1389675
郑州	11374714	7605576	25430	850751	1350110	1568277
武汉	6793066	5296953	181373	334178	637725	524210
长沙	14018368	10675614	689167	356162	1140406	1846186
广州	11412991	7096041	544762	1473557	827077	2016316
深圳	3535531	1963294	43000	308407	533493	730337
南宁	3255841	2344671	146211	96678	459538	354954
海口	1950092	1476078	84837		167311	306703
重庆	38043584	28674528	1221810	757561	4560779	4050716
成都	18796547	13530934	527467	866993	1533989	2864631
贵阳	7116855	5364657	40057	189991	668754	893453
昆明	6026815	4993566	326070	216752	354751	461746
西安	7953509	6632012	118065	303367	450102	568028
兰州	1584885	1283125		9500	162215	130045
西宁	5244008	4211356		79417	414605	538630
银川	6432325	4915214	191293	79574	692560	744977
乌鲁木齐	4185989	3450089	40057	30875	242416	462609

7-11　35个大中城市按用途分的房地产开发企业房屋竣工价值

单位：万元

地　区	房屋竣工价值	住　宅	#别墅、高档公寓	办公楼	商业营业用房	其　他
总　计	**111237754**	**77955776**	**5002571**	**7580798**	**12332928**	**13368252**
北　京	7812608	4367252	415185	1117892	666131	1661333
天　津	7490533	5714232	196445	463246	471195	841860
石家庄	3108749	2170244	10650	476377	313709	148419
太　原	592796	512699	1781	16250	36917	26930
呼和浩特	1000854	716474	3358	30371	155154	98855
沈　阳	3588205	2989138	3157	12687	478355	108025
大　连	3423939	2834144	68547	69616	295940	224239
长　春	2169034	1591439	92871	35525	342820	199250
哈尔滨	2977370	2343562	39058	109621	240406	283781
上　海	10527593	6107139	1255445	1271193	1549969	1599292
南　京	2932443	2153328	171522	172950	213537	392628
杭　州	3698881	2703723	205082	303213	219540	472405
宁　波	3405651	1769616	115969	385615	445873	804547
合　肥	3733764	2864527	102158	164282	357269	347686
福　州	2000656	1457587	66801	78939	144864	319266
厦　门	985022	677487	62095	46952	56876	203707
南　昌	741122	607796	14454	40729	84965	7632
济　南	2058306	1556327	55631	74406	118318	309255
青　岛	2889915	2090343	24408	58838	359466	381268
郑　州	2723835	1744034	7120	261095	379424	339282
武　汉	2279855	1810497	181677	88634	249526	131198
长　沙	4902626	3450160	459068	321420	652174	478872
广　州	3736910	2269103	200181	564559	298247	605001
深　圳	2749875	1512005	12000	286458	596262	355150
南　宁	723636	522526	46520	20165	101375	79570
海　口	689254	537902	58563		81992	69360
重　庆	11522457	8677998	588847	263536	1613295	967628
成　都	5734374	3852135	320787	512158	480983	889098
贵　阳	1468475	1028304	9458	61539	184278	194354
昆　明	1612715	1292605	96844	62864	129925	127321
西　安	2796284	2226442	30697	141988	228497	199357
兰　州	412165	335715		1629	40099	34722
西　宁	1473755	1153206		27802	134167	158580
银　川	2138468	1367567	64592	31564	547175	192162
乌鲁木齐	1135629	948520	21600	6685	64205	116219

7-12 35个大中城市按用途分的房地产开发企业住宅竣工套数

单位：套

地　区	住　宅	#90平方米及以下住宅	#144平方米以上住宅	#别　墅、高档公寓
总　计	**2703046**	**1351489**	**189335**	**52770**
北　京	177942	119938	13475	4639
天　津	288327	104100	7269	4747
石家庄	53975	26730	8131	72
太　原	19097	9915	1206	40
呼和浩特	29993	15551	2806	28
沈　阳	135190	98236	7889	48
大　连	106086	79512	2058	704
长　春	82074	46230	4520	2112
哈尔滨	93226	59033	6721	862
上　海	145858	94031	11592	12565
南　京	78071	49842	3968	1681
杭　州	66441	29445	12752	1757
宁　波	40741	15306	5611	946
合　肥	111039	52850	4262	839
福　州	54035	16318	6151	470
厦　门	19209	4542	2383	631
南　昌	29367	13177	1480	330
济　南	53075	8444	2455	647
青　岛	69227	42709	6237	360
郑　州	71114	32571	6425	86
武　汉	49937	15094	2488	407
长　沙	99984	38008	8619	2885
广　州	59009	18087	9405	1760
深　圳	22803	14897	1728	500
南　宁	24580	14925	1578	651
海　口	13021	3165	2821	294
重　庆	300754	154825	12275	6555
成　都	132601	75520	10049	2316
贵　阳	47909	16492	4555	165
昆　明	42278	14658	5249	1595
西　安	61417	25701	3210	1158
兰　州	13314	5652	625	
西　宁	35553	7383	1607	
银　川	43826	16766	5283	782
乌鲁木齐	31973	11836	2452	138

7-13 35个大中城市按资质等级分的房地产开发企业住宅竣工套数

单位：套

地区	总计	一级	二级	三级	四级	暂定	其他
总计	**2703046**	**230105**	**636101**	**633314**	**289060**	**828229**	**86237**
北京	177942	42757	37643	24725	43114	23295	6408
天津	288327	40313	20467	19313	129875	71692	6667
石家庄	53975		7419	3828	11872	30188	668
太原	19097		9309	7274	1880	634	
呼和浩特	29993	2423	2181	8137	14430	2546	276
沈阳	135190		24936	15516		86067	8671
大连	106086	1973	6380	23307	351	67772	6303
长春	82074		32156	12671	13237	24010	
哈尔滨	93226	5862	42857	36748	266	5583	1910
上海	145858	3680	20626	16075	324	97277	7876
南京	78071	11343	27994	19031		18653	1050
杭州	66441	3091	11326	7032	1127	28363	15502
宁波	40741	2581	5110	16581	1504	10406	4559
合肥	111039	2439	23198	51787	3716	29899	
福州	54035	2743	14113	7035	2384	27760	
厦门	19209	6429	2433	1768	6776	1803	
南昌	29367	287	4705	15962	1714	6699	
济南	53075	5994	10967	9059	986	25079	990
青岛	69227	2490	9390	21093	2165	31419	2670
郑州	71114	8705	20089	17036	1281	24003	
武汉	49937	7299	11586	10544		19913	595
长沙	99984	2054	24905	47411	950	23379	1285
广州	59009	4915	4987	32004	4967	12032	104
深圳	22803	7347	1184	3112	2587		8573
南宁	24580	1068	4478	4687	2188	11126	1033
海口	13021		392	2138	1916	6551	2024
重庆	300754	28781	126279	61954	3080	79341	1319
成都	132601	8365	31050	74082	1195	14319	3590
贵阳	47909	1140	18470	8408	10711	8782	398
昆明	42278	5141	17398	1816	7931	9992	
西安	61417	3461	15203	22052	8072	10562	2067
兰州	13314		3783	6746		2785	
西宁	35553	4114	19026	7308	3660	682	763
银川	43826	13028	14535	9710	1617	4000	936
乌鲁木齐	31973	282	9526	7364	3184	11617	

7-14 35个大中城市按资质等级分的房地产开发企业别墅、高档公寓竣工套数

单位：套

地　区	总 计	一 级	二 级	三 级	四 级	暂 定	其 他
总　计	**52770**	**5263**	**8443**	**12403**	**6205**	**19565**	**891**
北　京	4639	329	329	244	3737		
天　津	4747	673	437	683	1646	1308	
石家庄	72				23	49	
太　原	40		40				
呼和浩特	28		28				
沈　阳	48					48	
大　连	704			572		44	88
长　春	2112		328	1784			
哈尔滨	862	786	76				
上　海	12565	86	1047	1589		9843	
南　京	1681	22	690	741		228	
杭　州	1757	262	144	77	65	1197	12
宁　波	946			486		416	44
合　肥	839		126	170		543	
福　州	470	86		223	161		
厦　门	631	128	105	90	308		
南　昌	330			113	25	192	
济　南	647		93	6		548	
青　岛	360					255	105
郑　州	86					86	
武　汉	407		193	214			
长　沙	2885		99	1519		1267	
广　州	1760	129		754	4	873	
深　圳	500						500
南　宁	651		195	56		326	74
海　口	294		34			260	
重　庆	6555	2558	1478	729		1790	
成　都	2316	58	507	1576		175	
贵　阳	165		18	34		45	68
昆　明	1595		1084	334	105	72	
西　安	1158		1158				
兰　州							
西　宁							
银　川	782	146	234	271	131		
乌鲁木齐	138			138			

7-15　35个大中城市按用途分的房地产开发企业商品房销售面积

单位：平方米

地　区	商品房销售面积	住　宅	#别　墅、高档公寓	办公楼	商业营业用房	其　他
总　计	**455971490**	**398155709**	**15790990**	**19717590**	**23623715**	**14474476**
北　京	19031124	13636732	877622	3179323	1025235	1189834
天　津	18471121	17203433	517734	234909	516015	516764
石家庄	9512114	7827284	192822	369467	781226	534137
太　原	4233146	4011450	171203	80021	141345	330
呼和浩特	4204521	3399637	11663	168340	406052	230492
沈　阳	22623264	20173699	1172391	174531	2019580	255454
大　连	12221250	11040202	169782	63805	887593	229650
长　春	8470622	7625025	541380	158438	439489	247670
哈尔滨	13704803	12269961	51384	195711	838337	400794
上　海	23822014	20158086	3141986	1612163	1164676	887089
南　京	12220131	11431541	335970	245282	436756	106552
杭　州	11391306	9687760	324895	946309	529189	228048
宁　波	7300878	5819535	427294	495874	557051	428418
合　肥	16280937	14516915	213172	580593	827185	356244
福　州	12564926	11054793	242453	652306	395616	462211
厦　门	7867109	5815237	179506	671407	214200	1166265
南　昌	8414924	7518728	248662	402681	406068	87447
济　南	8226254	7053072	252680	325593	263984	583605
青　岛	11601552	10506059	485934	464267	420129	211097
郑　州	16218948	13134782	158385	1767376	882670	434120
武　汉	19953562	17504293	514655	714357	1239986	494926
长　沙	18615564	16595284	597925	642587	927538	450155
广　州	16999830	13984660	925190	1608469	958000	448701
深　圳	5885819	5271586	179605	213144	190451	210638
南　宁	7026007	6331392	130953	218850	237196	238569
海　口	3381897	3190390	443056	5057	125014	61436
重　庆	48175643	43591906	1163208	686687	2440387	1456663
成　都	29501333	25558054	956561	1060264	1741570	1141445
贵　阳	12820070	11457094	182342	875332	393292	94352
昆　明	12111969	10413531	412844	407366	704754	586318
西　安	16328496	14963445	243165	333588	614347	417116
兰　州	2534619	2373499	25370	29488	128199	3433
西　宁	2777969	2720397	1960	3232	51713	2627
银　川	6121084	5430865	151710	50044	547821	92354
乌鲁木齐	5356684	4885382	145528	80729	171051	219522

7-16 35个大中城市按用途分的房地产开发企业商品房销售额

单位：万元

地　区	商品房销售额	住　宅	#别　墅、高档公寓	办公楼	商业营业用房	其　他
总　计	**403127105**	**329826069**	**26438040**	**30972543**	**33499988**	**8828505**
北　京	35308237	24347058	2892845	7447840	2707115	806224
天　津	16154698	14433402	738875	268756	853994	598546
石家庄	5234802	3868805	131134	328670	679308	358019
太　原	3030100	2674775	193498	110095	245038	192
呼和浩特	2200078	1574496	17655	137923	383681	103978
沈　阳	14360531	12252851	914496	186244	1759989	161447
大　连	10098738	8676651	298508	41401	1235285	145401
长　春	5104304	4368116	522895	108232	442304	185652
哈尔滨	8488438	7219739	45346	154513	840350	273836
上　海	39115659	32640297	9085790	3808468	2247139	419755
南　京	14047466	12664094	519566	440010	861038	82324
杭　州	17111998	14220307	785852	1829293	926659	135739
宁　波	8104011	6637387	618145	483513	764926	218185
合　肥	10230070	8831792	234431	471270	830705	96303
福　州	14117852	11226626	370919	1293639	1226096	371491
厦　门	10718544	8461819	364426	979609	569537	707579
南　昌	5975036	4991916	233324	401079	500583	81458
济　南	5883805	4946498	317398	336491	331472	269344
青　岛	9786176	8390881	622342	685563	588191	121541
郑　州	11616453	8651663	194763	1722624	1058640	183526
武　汉	15398990	12669473	635042	669513	1724004	336000
长　沙	11713452	9556564	545312	780627	1189635	186626
广　州	26060033	19514542	1397673	3685641	2258452	601398
深　圳	14362533	12349964	973588	834070	660602	517897
南　宁	4889652	3896706	162792	364978	533598	94370
海　口	2510383	2342310	407563	7726	131214	29133
重　庆	26827626	22835658	1156290	780774	2630838	580356
成　都	21231172	17143195	957382	1070376	2574257	443344
贵　阳	6441847	5141650	188927	664471	584700	51026
昆　明	7019440	5847306	364540	409364	558650	204120
西　安	10966293	9628869	243847	299012	717472	320940
兰　州	1487306	1310286	25496	32130	143451	1439
西　宁	1285696	1191628	1703	2640	90246	1182
银　川	2972413	2456674	106838	39994	432508	43237
乌鲁木齐	3273273	2862071	168839	95994	218311	96897

7-17 35个大中城市按用途分的房地产开发企业商品房平均销售价格

单位：元/平方米

地区	商品房平均销售价格	住宅	#别墅、高档公寓	办公楼	商业营业用房	其他
总计	**8841**	**8284**	**16742**	**15708**	**14181**	**6099**
北京	18553	17854	32962	23426	26405	6776
天津	8746	8390	14271	11441	16550	11583
石家庄	5503	4943	6801	8896	8695	6703
太原	7158	6668	11302	13758	17336	5818
呼和浩特	5233	4631	15138	8193	9449	4511
沈阳	6348	6074	7800	10671	8715	6320
大连	8263	7859	17582	6489	13917	6331
长春	6026	5729	9659	6831	10064	7496
哈尔滨	6194	5884	8825	7895	10024	6832
上海	16420	16192	28917	23623	19294	4732
南京	11495	11078	15465	17939	19714	7726
杭州	15022	14679	24188	19331	17511	5952
宁波	11100	11405	14467	9751	13732	5093
合肥	6283	6084	10997	8117	10043	2703
福州	11236	10155	15299	19832	30992	8037
厦门	13625	14551	20302	14590	26589	6067
南昌	7101	6639	9383	9960	12328	9315
济南	7152	7013	12561	10335	12557	4615
青岛	8435	7987	12807	14767	14000	5758
郑州	7162	6587	12297	9747	11994	4228
武汉	7717	7238	12339	9372	13903	6789
长沙	6292	5759	9120	12148	12826	4146
广州	15330	13954	15107	22914	23575	13403
深圳	24402	23427	54207	39132	34686	24587
南宁	6959	6155	12431	16677	22496	3956
海口	7423	7342	9199	15278	10496	4742
重庆	5569	5239	9941	11370	10780	3984
成都	7197	6708	10009	10095	14781	3884
贵阳	5025	4488	10361	7591	14867	5408
昆明	5795	5615	8830	10049	7927	3481
西安	6716	6435	10028	8964	11679	7694
兰州	5868	5520	10050	10896	11190	4192
西宁	4628	4380	8689	8168	17451	4499
银川	4856	4524	7042	7992	7895	4682
乌鲁木齐	6111	5858	11602	11891	12763	4414

7-18 35个大中城市按用途分的房地产开发企业房屋出租面积

单位：平方米

地区	房屋出租面积	住宅	#别墅、高档公寓	办公楼	商业营业用房	其他
总计	**29227068**	**1405866**	**818971**	**9833387**	**13907252**	**4080563**
北京	8349443	412924	157926	3019510	3794279	1122730
天津	272839	2265		113290	66970	90314
石家庄						
太原	3253				3253	
呼和浩特	4271			1802	2469	
沈阳	41536	21536			20000	
大连	194677	3900		11859	178918	
长春	309096	301		33748	275047	
哈尔滨	94207				91573	2634
上海	12063699	753152	636138	5581902	3639991	2088654
南京	171532	9553		3000	111367	47612
杭州	196438	9689		21615	161333	3801
宁波	616154	3106		75348	529640	8060
合肥	308946				269636	39310
福州	112974				112974	
厦门	347717			16013	292893	38811
南昌	109802	2960		8604	98238	
济南	137775				137775	
青岛	324151	750		69384	233167	20850
郑州	382554	4220		170	378164	
武汉	131749			47232	84517	
长沙	98943			30185	68758	
广州	1769764	107048	24907	405181	851993	405542
深圳	415403	5522		215827	193391	663
南宁	105823	8570			81105	16148
海口	31321				31321	
重庆	1254107	25848		27226	1063467	137566
成都	332508			64589	264985	2934
贵阳	69353			25715	32664	10974
昆明	53627	481		14090	39056	
西安	155696	7283		2026	146387	
兰州	31900			5000	26900	
西宁	51232				51232	
银川	299016	19562		25983	234301	19170
乌鲁木齐	385562	7196		14088	339488	24790

7-19　35个大中城市按用途分的房地产开发企业商品房待售面积

单位：平方米

地　区	待售面积	住宅	#别墅、高档公寓	办公楼	商业营业用房	其他
总　计	**183513635**	**106843431**	**11584417**	**12423014**	**32942628**	**31304562**
北　京	18614442	8293380	1998293	1800926	4000116	4520020
天　津	9410326	6373164	730667	1063715	861453	1111994
石家庄	2740729	2201601	18278	80617	256222	202289
太　原	464623	377925	2722	37198	48360	1140
呼和浩特	2183266	1349599	188765	79100	605478	149089
沈　阳	10220030	7967857	483092	303777	1567736	380660
大　连	7658681	5573320	147008	185210	1200516	699635
长　春	4973586	3208412	177441	136861	1052955	575358
哈尔滨	9306467	6902067	78600	52991	1501476	849933
上　海	18091462	8070209	2841690	2381908	3251615	4387730
南　京	6717020	5090432	202015	167413	743301	715874
杭　州	5550866	3332222	256012	728238	1069825	420581
宁　波	4914547	2251719	429026	567619	1341650	753559
合　肥	2201830	1181657	82158	130132	526569	363472
福　州	1321110	727686	124539	49951	161246	382227
厦　门	2593693	921158	185915	199067	378085	1095383
南　昌	1039248	494712	77961	72298	409571	62667
济　南	1014400	614943	55296	52310	136876	210271
青　岛	3994757	2618294	144129	187934	809953	378576
郑　州	3205616	2164019	17030	259874	508910	272813
武　汉	6879087	4591142	687473	723338	809791	754816
长　沙	8233721	5282416	439628	333079	1310551	1307675
广　州	7049813	2999656	405502	1073766	1336163	1640228
深　圳	3516611	2030568	125311	140808	1030577	314658
南　宁	2524533	1212929	78341	13006	593111	705487
海　口	1491986	997469	226362	41304	159994	293219
重　庆	13535194	5582516	344468	322311	3682046	3948321
成　都	6989554	3234120	370415	274044	974076	2507314
贵　阳	2469615	1588922	277061	86813	427452	366428
昆　明	5181410	3388398	212797	400727	564717	827568
西　安	750713	617177	6770	17705	79779	36052
兰　州	1068812	751637		48441	234135	34599
西　宁	804657	656427		5412	107759	35059
银　川	5113336	3509679	110421	189149	873689	540819
乌鲁木齐	1687894	685999	59231	215972	326875	459048

7-20 35个大中城市房地产开发企业主要财务指标

单位:万元

地　区	资产总计	负债合计	所有者权益合计	主营业务收入
总　计	**2649777926**	**1985376505**	**664401421**	**356844329**
北　京	390374393	306495306	83879087	38097158
天　津	184153071	131732612	52420459	16228431
石家庄	18853129	16135709	2717421	3267072
太　原	21898882	19007470	2891411	2592840
呼和浩特	15031521	12842143	2189378	1857739
沈　阳	58479523	43135927	15343596	8201101
大　连	73491582	54934638	18556943	8432134
长　春	24418874	20136328	4282546	3505023
哈尔滨	59537499	35850347	23687152	4934809
上　海	363841728	246069969	117771759	38236249
南　京	67236078	51340510	15895568	15054691
杭　州	112925134	86246928	26678206	15674508
宁　波	57273992	42407658	14866334	8132496
合　肥	41893644	32239684	9653960	9903067
福　州	51381946	41453934	9928012	7905573
厦　门	46907636	33467634	13440002	6943877
南　昌	30036746	20884212	9152534	5365448
济　南	40513832	32617565	7896266	6570642
青　岛	60776391	47394153	13382239	10183915
郑　州	56031910	45726067	10305843	8369662
武　汉	84687847	64677274	20010574	14940943
长　沙	49905824	39230316	10675508	13073354
广　州	122433380	96342827	26090553	20418638
深　圳	98812769	73185424	25627346	12060453
南　宁	21312608	16672912	4639696	3293788
海　口	19657785	14297776	5360009	1377022
重　庆	162686939	112122074	50564865	26552143
成　都	115672842	86516026	29156816	17835294
贵　阳	32806442	28458322	4348120	2655409
昆　明	67432577	52892269	14540309	5490086
西　安	49199661	40489046	8710616	10960272
兰　州	12008717	9983894	2024823	1651028
西　宁	7950857	6734290	1216567	871685
银　川	14781589	12203604	2577985	2550962
乌鲁木齐	15370579	11451660	3918919	3656816

7-20 续表 1 　　单位:万元

地　区	土地转让收入	商品房销售收入	房屋出租收入	其他收入
总　计	**4144426**	**327970382**	**11287913**	**13441608**
北　京	1384475	31534925	2591645	2586112
天　津	474957	14167021	238236	1348217
石 家 庄	46	3138712	28577	99737
太　原	7077	2471318	33712	80732
呼和浩特	200	1774020	15652	67867
沈　阳	624	8081088	64316	55074
大　连	1780	8025869	108715	295770
长　春		3475500	24625	4898
哈 尔 滨	3007	4722898	58545	150358
上　海	670211	31857068	3909124	1799846
南　京	337199	14201835	104415	411242
杭　州		15257189	129955	287364
宁　波	6411	7804435	105528	216123
合　肥	13667	9616629	54311	218460
福　州	11148	7760263	38182	95980
厦　门	157382	6243858	130012	412626
南　昌	3734	5154210	27521	179983
济　南	7665	6293642	67631	201704
青　岛	196062	9717962	48750	221141
郑　州	7556	7812696	416129	133281
武　汉	79046	14168886	214271	478740
长　沙	145170	12547255	128555	252374
广　州	37991	19106513	727146	546988
深　圳	2209	11006498	662688	389058
南　宁	14111	2950535	96564	232578
海　口	9266	1313620	22286	31850
重　庆	401759	24216561	484183	1449640
成　都	41687	17217748	285472	290387
贵　阳	171	2410210	38961	206067
昆　明	112132	4897037	217437	263480
西　安	6800	10626269	84755	242447
兰　州	5932	1540949	31872	72275
西　宁	3689	850544	15438	2014
银　川	1	2519101	26468	5393
乌鲁木齐	1260	3487516	56238	111802

7-20 续表 2

单位:万元

地区	主营业务成本	主营业务税金及附加	其他业务利润	销售费用
总计	**239778719**	**33276469**	**2410910**	**12044859**
北京	24137839	3850782	464723	1178365
天津	11571916	1323416	104711	561845
石家庄	2634150	266504	14243	128755
太原	1848707	278868	1507	102909
呼和浩特	1311662	161990	28688	63196
沈阳	5970726	648864	38762	333183
大连	5839307	808931	72351	329934
长春	2589296	279202	3044	109173
哈尔滨	3619742	432502	25430	183552
上海	23597016	4106779	374975	1224823
南京	10161264	1223889	72626	353509
杭州	10987912	1323314	84565	499087
宁波	5721968	921324	20408	212452
合肥	7181790	706111	21621	243571
福州	5395933	795612	14146	293539
厦门	4611660	736940	26621	205826
南昌	3641125	476479	18004	152239
济南	4824143	554824	21681	206592
青岛	7074065	840584	94267	296317
郑州	5526029	834389	39614	314995
武汉	9749895	1314413	39909	506389
长沙	9511540	912698	34324	448856
广州	11764905	2310917	291910	701139
深圳	6631099	1799527	116497	501157
南宁	1934966	372425	22475	168258
海口	841239	156760	9220	90352
重庆	18341119	2107306	119300	810337
成都	12637420	1551236	78098	763244
贵阳	1922051	223845	16147	192619
昆明	4011616	421624	61460	238367
西安	7817256	888496	14966	343126
兰州	1262679	109310	12783	48224
西宁	713696	63958	7053	21595
银川	1946282	175443	20641	81211
乌鲁木齐	2446710	297210	24141	136124

7-20 续表 3

单位:万元

地区	管理费用	财务费用	营业利润	营业外收入
总计	**17902655**	**10193332**	**57829885**	**2869021**
北京	2773464	1994407	6994219	338931
天津	748113	584921	1746293	247063
石家庄	178500	119273	-30307	5844
太原	151340	70974	112464	13277
呼和浩特	102515	73058	188900	8645
沈阳	436007	147761	661689	65940
大连	437626	198273	1519843	204699
长春	270503	64474	272170	6460
哈尔滨	264128	147751	331416	23815
上海	2231294	1578798	8595365	363656
南京	509964	215225	2590682	157150
杭州	694179	369831	2632556	83368
宁波	384634	185911	1014476	97244
合肥	325163	193167	1349097	18941
福州	297320	94164	1026490	37439
厦门	268134	185549	1445508	26794
南昌	160931	61271	889496	36447
济南	264439	137049	710134	16399
青岛	518525	201436	1382759	124899
郑州	476649	171149	1371463	61039
武汉	528139	203944	2744194	83025
长沙	382537	157344	1542311	35066
广州	1070308	608626	4685873	63681
深圳	734605	533868	4862244	48380
南宁	196773	89350	580009	21840
海口	162062	71779	209448	5988
重庆	1065722	730573	3650014	333541
成都	717173	419265	2107571	102312
贵阳	194242	78062	116571	35635
昆明	427365	254005	344455	116414
西安	378810	116073	1309590	9234
兰州	131678	42692	41677	6304
西宁	61021	15504	-4287	44654
银川	154569	39463	191281	6887
乌鲁木齐	204225	38344	644222	18010

7-20 续表 4 单位:万元

地 区	营业外支出	利润总额	应交所得税	应付职工薪酬
总 计	**1923703**	**59911722**	**12287615**	**9525756**
北 京	261181	7311005	1762997	1571099
天 津	64363	2023213	449164	402143
石 家 庄	26226	-58720	52867	79979
太 原	14200	111541	94832	95209
呼和浩特	8243	189603	64455	54690
沈 阳	97612	630146	245986	196132
大 连	35777	1715157	199871	232770
长 春	17107	271933	94209	88716
哈 尔 滨	21984	335655	138337	104293
上 海	157218	9075048	1797952	984423
南 京	41754	2705710	429735	240565
杭 州	84287	2750009	475680	381298
宁 波	47002	1138850	246548	166332
合 肥	29953	1346978	207392	140955
福 州	40747	1023323	233467	163053
厦 门	75289	1405216	237827	190485
南 昌	9673	933760	202679	88146
济 南	24187	702357	148123	151961
青 岛	43332	1466630	309919	209835
郑 州	74977	1359336	272783	213905
武 汉	91704	2772414	530289	314100
长 沙	17252	1560633	266161	266859
广 州	156515	4662185	880187	575200
深 圳	59952	4851326	777532	442933
南 宁	30290	571634	169987	93182
海 口	8578	206986	47129	71725
重 庆	194067	3933494	715064	668596
成 都	69163	2141696	505332	448363
贵 阳	19121	133427	71716	190810
昆 明	33104	428082	138332	208865
西 安	23835	1304635	254630	239936
兰 州	7387	39965	31061	76242
西 宁	8377	31989	18550	26145
银 川	15232	187797	57611	70737
乌鲁木齐	14014	648710	159211	76077

第三部分
省与城市篇

第八章 各省、自治区、直辖市房地产开发投资综合统计（2013）

8－1　北京市房地产开发投资综合统计

指　　标	2011年	2012年	2013年
一、房地产企业			
1.企业个数合计（个）	**3068**	**2981**	**2957**
#一级企业	130	124	116
#二级企业	235	217	203
#三级企业	315	297	259
2.资产负债（万元）			
资产总计	298921594	341265626	390374393
负债总计	238536207	269874921	306495306
所有者权益	60387387	71390705	83879087
资产负债率(%)	79.8	79.1	78.5
二、本年完成投资额（万元）			
合计	**30363118**	**31534419**	**34834045**
1.按构成分			
建筑安装工程	12350542	13830645	15099942
设备工器具购置	384643	656771	530413
其他费用	17627933	17047003	19203690
#土地购置费	13012331	11026870	11594732
2.按用途分			
住宅	17783070	16279851	17245610
#别墅、高档公寓	2478279	1815421	1356381
办公楼	3638232	3848067	6117479
商业营业用房	2967169	2758685	3175052
其他	5974647	8647816	8295904
3.商品房屋建设和土地开发			
#商品房建设投资			
#土地开发投资			
商品房建设投资额比重(%)			
4.资金来源及构成			
本年资金来源小计	72379782	60845545	73001817
国内贷款	11679535	14847394	18369482
利用外资	26035	42209	116024
#外商直接投资	26035	42209	116007
自筹资金	17461530	16119093	21382276
其他资金来源	24413602	29836849	33134035
三、本年新增固定资产（万元）	**9096160**	**10537099**	**11828893**
四、土地开发及购置（平方米）			
本年完成开发土地面积			
待开发土地面积	1998386	1504010	6907990
本年购置土地面积	5070439	3059890	9061745

8－1 续表 1

指　　标	2011年	2012年	2013年
五、商品房屋建筑面积(平方米)			
1.施工房屋面积	**120653755**	**131224915**	**138868667**
住宅	71681235	75103589	74068835
#别墅、高档公寓	7547650	6421998	5300571
办公楼	14226636	17118590	21141321
商业营业用房	11874806	12368916	12333734
其他	22871078	26633820	31324777
2.新开工房屋面积	**42460522**	**32242095**	**35775238**
住宅	25964494	16275023	17365374
#别墅、高档公寓	1655182	884026	806164
办公楼	4893992	5368188	6713983
商业营业用房	3064320	3256129	3510120
其他	8537716	7342755	8185761
3.竣工房屋面积	**22452369**	**23908593**	**26663519**
住宅	13161275	15227151	16920382
#别墅、高档公寓	1330081	1350949	1335124
办公楼	2451682	2267874	2730543
商业营业用房	2324306	2400582	1783635
其他	4515106	4012986	5228959
六、商品房屋销售			
1.销售面积(平方米)	**14392018**	**19437367**	**19031124**
住宅	10349608	14833746	13636732
#别墅、高档公寓	932703	1169400	877622
办公楼	2112354	2534960	3179323
商业营业用房	1086908	1139677	1025235
其他	843148	928984	1189834
2.销售额(万元)	**24253361**	**33085572**	**35308237**
住宅	16060417	24555008	24347058
#别墅、高档公寓	2662231	3194508	2892845
办公楼	5006626	5605857	7447840
商业营业用房	2708526	2333565	2707115
其他	477792	591142	806224
3.销售价格(元/平方米)	**16852**	**17022**	**18553**
住宅	15518	16553	17854
办公楼	23702	22114	23426
商业营业用房	24920	20476	26405

8－2　天津市房地产开发投资综合统计

指　　标	2011年	2012年	2013年
一、房地产企业			
1.企业个数合计(个)	**1247**	**1322**	**1209**
#一级企业	27	28	28
#二级企业	108	111	108
#三级企业	148	150	144
2.资产负债(万元)			
资产总计	112043622	156857562	184153071
负债总计	82791067	111377801	131732612
所有者权益	29252555	45479761	52420459
资产负债率(%)	73.9	71.0	71.5
二、本年完成投资额(万元)			
合计	**10802492**	**12599969**	**14808152**
1.按构成分			
建筑安装工程	8073873	8820207	10668571
设备工器具购置	100843	90326	133215
其他费用	2627776	3689436	4006366
#土地购置费	828415	1383927	1072489
2.按用途分			
住宅	6892818	8430526	9862785
#别墅、高档公寓	596685	623395	639806
办公楼	1098389	856968	999098
商业营业用房	1767896	1553063	1652899
其他	1043389	1759412	2293370
3.商品房屋建设和土地开发			
#商品房建设投资			
#土地开发投资			
商品房建设投资额比重(%)			
4.资金来源及构成			
本年资金来源小计	29652438	21462788	27614719
国内贷款	5856720	5703680	7652235
利用外资	101425	34699	162176
#外商直接投资	78485	3767	104539
自筹资金	7197753	8317073	8920835
其他资金来源	8454387	7407336	10879473
三、本年新增固定资产(万元)	**12262494**	**10664898**	**13080423**
四、土地开发及购置(平方米)			
本年完成开发土地面积			
待开发土地面积	7508916	9951793	7505351
本年购置土地面积	7568912	2997546	2106395

8-2 续表 1

指　　标	2011年	2012年	2013年
五、商品房屋建筑面积(平方米)			
1.施工房屋面积	**92339821**	**98642247**	**108921748**
住宅	66239545	69235199	75624831
#别墅、高档公寓	3523567	3428667	3492710
办公楼	7228611	7923966	8410005
商业营业用房	10727693	10452308	11586121
其他	8143972	11030774	13300791
2.新开工房屋面积	**32955578**	**25651881**	**26729302**
住宅	24024253	17647557	17448490
#别墅、高档公寓	1413962	584894	851129
办公楼	2402900	2310154	1738386
商业营业用房	3730924	2021598	3701067
其他	2797501	3672572	3841359
3.竣工房屋面积	**21027954**	**25427456**	**28053693**
住宅	16451031	19139656	21176645
#别墅、高档公寓	1161309	1107433	829347
办公楼	1434928	1668026	1885922
商业营业用房	1483540	3014184	1878036
其他	1658455	1605590	3113090
六、商品房屋销售			
1.销售面积(平方米)	**15945695**	**16616941**	**18471121**
住宅	13657081	15114032	17203433
#别墅、高档公寓	935419	663234	517734
办公楼	671400	281741	234909
商业营业用房	1262885	721681	516015
其他	354329	499487	516764
2.销售额(万元)	**13944146**	**13655259**	**16154698**
住宅	11673576	12105706	14433402
#别墅、高档公寓	1043343	721408	738875
办公楼	598009	376097	268756
商业营业用房	1417210	938729	853994
其他	255351	234727	598546
3.销售价格(元/平方米)	**8745**	**8218**	**8746**
住宅	8548	8010	8390
办公楼	8907	13349	11441
商业营业用房	11222	13008	16550

8-3　河北省房地产开发投资综合统计

指　标	2011年	2012年	2013年
一、房地产企业			
1.企业个数合计(个)	**3226**	**3178**	**3283**
#一级企业	30	35	43
#二级企业	232	235	280
#三级企业	588	580	597
2.资产负债(万元)			
资产总计	72813140	90074353	111208491
负债总计	59098156	74539440	93954625
所有者权益	13714985	15534913	17253866
资产负债率(%)	81.2	82.8	84.5
二、本年完成投资额(万元)			
合计	**30545897**	**30865214**	**34454155**
1.按构成分			
建筑安装工程	24019526	25015360	28679609
设备工器具购置	421725	586288	752836
其他费用	6104646	5263566	5021710
#土地购置费	4089845	3326008	2976755
2.按用途分			
住宅	22825658	23171251	25392944
#别墅、高档公寓	734527	561855	551354
办公楼	865631	1146671	1403944
商业营业用房	4355168	4075683	4569765
其他	2499440	2471609	3087502
3.商品房屋建设和土地开发			
#商品房建设投资			
#土地开发投资			
商品房建设投资额比重(%)			
4.资金来源及构成			
本年资金来源小计	41227598	37129885	41235438
国内贷款	2895517	2955653	3364016
利用外资	145178	109307	99786
#外商直接投资	145178	109307	99785
自筹资金	20286933	21954764	23946652
其他资金来源	11664209	12110161	13824984
三、本年新增固定资产(万元)	**17534484**	**13851234**	**16272687**
四、土地开发及购置(平方米)			
本年完成开发土地面积			
待开发土地面积	7902040	7732378	7654482
本年购置土地面积	27995870	17609888	11273436

8-3 续表 1

指 标	2011年	2012年	2013年
五、商品房屋建筑面积(平方米)			
1.施工房屋面积	**266708108**	**275778302**	**299491173**
住宅	213201706	218959526	235582606
#别墅、高档公寓	3722177	3970742	3958692
办公楼	5701251	5987863	6593431
商业营业用房	28795051	27982527	30910245
其他	19010100	22848386	26404891
2.新开工房屋面积	**111827952**	**76418020**	**69326456**
住宅	89252406	59837758	54457690
#别墅、高档公寓	1729787	832667	701979
办公楼	2461223	1876132	1720186
商业营业用房	11772749	8313368	7048190
其他	8341574	6390762	6100390
3.竣工房屋面积	**51805091**	**48945621**	**44370153**
住宅	42736869	39780950	35177952
#别墅、高档公寓	629635	701604	422256
办公楼	1109485	945294	1582367
商业营业用房	4727749	5037959	5017652
其他	3230988	3181418	2592182
六、商品房屋销售			
1.销售面积(平方米)	**58883274**	**51449160**	**56759491**
住宅	52931776	46224637	50201298
#别墅、高档公寓	691327	1140835	700916
办公楼	592375	747798	779951
商业营业用房	3660063	3167009	4049311
其他	1699060	1309716	1728931
2.销售额(万元)	**23452299**	**23039044**	**27796879**
住宅	19938101	19146060	23291165
#别墅、高档公寓	575143	614631	581456
办公楼	408765	503385	607210
商业营业用房	2583719	2974852	3113922
其他	521714	414747	784582
3.销售价格(元/平方米)	**3983**	**4478**	**4897**
住宅	3767	4142	4640
办公楼	6900	6732	7785
商业营业用房	7059	9393	7690

8-4 山西省房地产开发投资综合统计

指 标	2011年	2012年	2013年
一、房地产企业			
1.企业个数合计(个)	**2156**	**2221**	**2269**
#一级企业	10	14	15
#二级企业	115	139	175
#三级企业	354	369	364
2.资产负债(万元)			
资产总计	28748645	37384680	47700735
负债总计	24509777	32466691	41750265
所有者权益	4238868	4917988	5950469
资产负债率(%)	85.3	86.8	87.5
二、本年完成投资额(万元)			
合计	**7901982**	**10104513**	**13086275**
1.按构成分			
建筑安装工程	6364928	8089569	11122771
设备工器具购置	55026	123489	143612
其他费用	1482028	1891455	1819892
#土地购置费	942873	1176101	1079909
2.按用途分			
住宅	6153199	7356137	9588469
#别墅、高档公寓	126743	63861	137297
办公楼	172888	227958	484284
商业营业用房	736434	1392518	1825554
其他	839461	1127900	1187968
3.商品房屋建设和土地开发			
#商品房建设投资			
#土地开发投资			
商品房建设投资额比重(%)			
4.资金来源及构成			
本年资金来源小计	11237272	10336916	13771593
国内贷款	687749	608744	657898
利用外资		253	
#外商直接投资		253	
自筹资金	3859366	5507027	7583132
其他资金来源	3956375	4220892	5530563
三、本年新增固定资产(万元)	**4377931**	**4242793**	**5439709**
四、土地开发及购置(平方米)			
本年完成开发土地面积			
待开发土地面积	5286930	6188455	9889894
本年购置土地面积	6976911	7183623	8759043

8-4 续表 1

指 标	2011年	2012年	2013年
五、商品房屋建筑面积(平方米)			
1.施工房屋面积	**93079577**	**117142849**	**140400463**
住宅	77143314	92996204	107549465
#别墅、高档公寓	801245	793789	933719
办公楼	1660449	2166689	3271129
商业营业用房	8273950	12529954	16478129
其他	6001864	9450002	13101740
2.新开工房屋面积	**28494371**	**41663385**	**36733362**
住宅	24295409	32711068	27233857
#别墅、高档公寓	94154	193822	204985
办公楼	295031	666218	764671
商业营业用房	1997642	4424366	4727956
其他	1906289	3861733	4006878
3.竣工房屋面积	**21104271**	**17329943**	**22848204**
住宅	18882010	14356940	18479861
#别墅、高档公寓	24062	87774	90443
办公楼	236649	149002	307505
商业营业用房	1098870	1825385	2729776
其他	886742	998616	1331062
六、商品房屋销售			
1.销售面积(平方米)	**12847788**	**14978843**	**16428225**
住宅	11708832	13904422	14843733
#别墅、高档公寓	16126	53834	211070
办公楼	142786	95353	152959
商业营业用房	821369	794999	1160047
其他	174801	184069	271486
2.销售额(万元)	**4410271**	**5798872**	**7282585**
住宅	3783642	5131950	6251438
#别墅、高档公寓	5241	29378	213582
办公楼	101263	74705	146378
商业营业用房	475336	545762	809052
其他	50030	46455	75717
3.销售价格(元/平方米)	**3433**	**3871**	**4433**
住宅	3231	3691	4211
办公楼	7092	7835	9570
商业营业用房	5787	6865	6974

8-5　内蒙古自治区房地产开发投资综合统计

指　　标	2011年	2012年	2013年
一、房地产企业			
1.企业个数合计(个)	**2322**	**2250**	**2192**
#一级企业	26	28	32
#二级企业	174	183	190
#三级企业	432	400	378
2.资产负债(万元)			
资产总计	36327339	50654956	58209553
负债总计	29206997	40728637	48164889
所有者权益	7120342	9926320	10044665
资产负债率(%)	80.4	80.4	82.7
二、本年完成投资额(万元)			
合计	**15911567**	**12914397**	**14790074**
1.按构成分			
建筑安装工程	13322910	10447767	12067343
设备工器具购置	138756	197230	199020
其他费用	2449901	2269400	2523711
#土地购置费	1851536	1353175	1772684
2.按用途分			
住宅	10695409	8456280	10035733
#别墅、高档公寓	421549	234266	286222
办公楼	735151	594469	628224
商业营业用房	3113933	2602685	2836742
其他	1367074	1260963	1289375
3.商品房屋建设和土地开发			
#商品房建设投资			
#土地开发投资			
商品房建设投资额比重(%)			
4.资金来源及构成			
本年资金来源小计	18937453	14090842	16380350
国内贷款	715241	795999	1132732
利用外资			
#外商直接投资			
自筹资金	14619849	10310743	11180039
其他资金来源	2859160	2984100	4067579
三、本年新增固定资产(万元)	**6412503**	**6363992**	**7444759**
四、土地开发及购置(平方米)			
本年完成开发土地面积			
待开发土地面积	5161183	5385174	6296604
本年购置土地面积	16346616	9027554	8376279

8-5 续表 1

指　　标	2011年	2012年	2013年
五、商品房屋建筑面积(平方米)			
1.施工房屋面积	**158952844**	**165073986**	**186243206**
住宅	109005845	111816609	126341053
#别墅、高档公寓	2768838	2331531	2872215
办公楼	7048320	6430957	6928978
商业营业用房	29778308	30830456	34961397
其他	13120371	15995964	18011778
2.新开工房屋面积	**82362647**	**54234249**	**50428081**
住宅	57333959	36701776	36333289
#别墅、高档公寓	1144668	591986	611424
办公楼	3056400	1605452	995041
商业营业用房	15055181	9776305	8793001
其他	6917107	6150716	4306750
3.竣工房屋面积	**25193797**	**24491300**	**26382430**
住宅	19843057	18161022	20012110
#别墅、高档公寓	358279	586507	436056
办公楼	288127	672301	416637
商业营业用房	3941616	4036758	3914285
其他	1120997	1621219	2039398
六、商品房屋销售			
1.销售面积(平方米)	**35090853**	**25235214**	**27377012**
住宅	29111551	21042187	22636515
#别墅、高档公寓	776250	546607	283205
办公楼	385034	365557	533145
商业营业用房	3843873	2701681	2720661
其他	1750395	1125789	1486691
2.销售额(万元)	**13274625**	**10227971**	**11773618**
住宅	9725214	7693888	8744498
#别墅、高档公寓	552880	344125	176420
办公楼	256935	220722	404230
商业营业用房	2577069	1876003	1963003
其他	715407	437358	661887
3.销售价格(元/平方米)	**3783**	**4053**	**4301**
住宅	3341	3656	3863
办公楼	6673	6038	7582
商业营业用房	6704	6944	7215

8-6　辽宁省房地产开发投资综合统计

指　　标	2011年	2012年	2013年
一、房地产企业			
1.企业个数合计(个)	**3648**	**3961**	**4082**
#一级企业	48	55	57
#二级企业	219	226	244
#三级企业	1104	1117	1119
2.资产负债(万元)			
资产总计	137328847	157220968	192146590
负债总计	107150615	121310106	148766317
所有者权益	30178233	35910862	43380274
资产负债率(%)	78.0	77.2	77.4
二、本年完成投资额(万元)			
合计	**44875610**	**54558196**	**64507513**
1.按构成分			
建筑安装工程	36067442	42611906	53075712
设备工器具购置	1199549	1127517	1311337
其他费用	7608619	10818773	10120464
#土地购置费	5225988	7405576	5695472
2.按用途分			
住宅	34104876	39619482	46660308
#别墅、高档公寓	2067588	1811848	2434567
办公楼	929622	1633776	1557668
商业营业用房	6753253	8627741	10969210
其他	3087859	4677197	5320327
3.商品房屋建设和土地开发			
#商品房建设投资			
#土地开发投资			
商品房建设投资额比重(%)			
4.资金来源及构成			
本年资金来源小计	63085656	63287555	74489873
国内贷款	7671009	8507560	8476357
利用外资	1920617	1178814	619242
#外商直接投资	1572263	1050300	478811
自筹资金	27758717	33105096	40901661
其他资金来源	18300505	20496085	24492613
三、本年新增固定资产(万元)	**21388327**	**23154604**	**22124010**
四、土地开发及购置(平方米)			
本年完成开发土地面积			
待开发土地面积	18056793	17209875	20061519
本年购置土地面积	34462683	31995220	25022721

8-6 续表 1

指 标	2011年	2012年	2013年
五、商品房屋建筑面积(平方米)			
1.施工房屋面积	**343642598**	**385020220**	**416256030**
住宅	266449415	292848810	314165103
#别墅、高档公寓	11328878	9356850	9404680
办公楼	6086490	7789947	7964625
商业营业用房	49771548	56985773	62302769
其他	21335145	27395690	31823533
2.新开工房屋面积	**124442844**	**138289201**	**134444501**
住宅	99100057	106440294	101416585
#别墅、高档公寓	3402973	2183567	2449108
办公楼	1126829	2346134	1967966
商业营业用房	15815283	19226289	19654992
其他	8400675	10276484	11404958
3.竣工房屋面积	**63227810**	**64381534**	**61519737**
住宅	52252025	51322876	50256920
#别墅、高档公寓	1591710	1202719	459124
办公楼	724170	997425	662431
商业营业用房	7213868	7620691	7160794
其他	3037747	4440542	3439592
六、商品房屋销售			
1.销售面积(平方米)	**75414794**	**88279494**	**92923312**
住宅	66240534	76553988	80147974
#别墅、高档公寓	1478496	2437912	1982018
办公楼	524160	791473	536088
商业营业用房	5835494	7759254	8589992
其他	2814606	3174779	3649258
2.销售额(万元)	**35691155**	**43627815**	**47592106**
住宅	30092300	36112089	39418642
#别墅、高档公寓	1264275	2112351	1572901
办公楼	307547	763539	363416
商业营业用房	4078586	5464026	6365457
其他	1212722	1288161	1444591
3.销售价格(元/平方米)	**4733**	**4942**	**5122**
住宅	4543	4717	4918
办公楼	5867	9647	6779
商业营业用房	6989	7042	7410

8-7 吉林省房地产开发投资综合统计

指 标	2011年	2012年	2013年
一、房地产企业			
1.企业个数合计(个)	**1563**	**1709**	**1700**
#一级企业	8	5	6
#二级企业	126	152	185
#三级企业	370	386	374
2.资产负债(万元)			
资产总计	26208304	34300789	41995642
负债总计	20753996.2	27606882.4	34075758.9
所有者权益	5454308	6693907	7919883
资产负债率(%)	79.2	80.5	81.1
二、本年完成投资额(万元)			
合计	**11953911**	**13100259**	**12524257**
1.按构成分			
建筑安装工程	9245197	9902288	9982382
设备工器具购置	40122	107268	121506
其他费用	2668592	3090703	2420369
#土地购置费	1868331	2255877	1735697
2.按用途分			
住宅	9208055	9877438	9114450
#别墅、高档公寓	710191	623608	380422
办公楼	201628	313270	418277
商业营业用房	1600637	1789054	1935594
其他	943591	1120497	1055936
3.商品房屋建设和土地开发			
#商品房建设投资			
#土地开发投资			
商品房建设投资额比重(%)			
4.资金来源及构成			
本年资金来源小计	13992340	14316776	15167838
国内贷款	556977	1096958	1265717
利用外资	50385	18880	51504
#外商直接投资	47685	18880	20010
自筹资金	7430406	8783841	8045892
其他资金来源	4563408	4417097	5804725
三、本年新增固定资产(万元)	**5907332**	**5655047**	**7635088**
四、土地开发及购置(平方米)			
本年完成开发土地面积			
待开发土地面积	2726161	2456110	4102454
本年购置土地面积	15164039	15390069	11439450

8-7 续表 1

指　　标	2011年	2012年	2013年
五、商品房屋建筑面积(平方米)			
1.施工房屋面积	**91234149**	**109357999**	**121812769**
住宅	72651099	85125959	93177664
#别墅、高档公寓	2890148	3473898	3215260
办公楼	1661309	2072196	3027171
商业营业用房	11318643	14708706	16275329
其他	5603098	7451138	9332605
2.新开工房屋面积	**49914466**	**48267557**	**37462431**
住宅	39868797	36833938	28580063
#别墅、高档公寓	771339	899486	548878
办公楼	727398	885038	962091
商业营业用房	6450139	6993527	5057305
其他	2868132	3555054	2862972
3.竣工房屋面积	**18789327**	**19278702**	**22536496**
住宅	15482168	16135936	17699470
#别墅、高档公寓	462786	818156	386653
办公楼	194511	164300	256054
商业营业用房	2072842	2230670	3075023
其他	1039806	747796	1505949
六、商品房屋销售			
1.销售面积(平方米)	**24326055**	**24524245**	**22149634**
住宅	21223889	21594307	19859455
#别墅、高档公寓	1147569	795556	564239
办公楼	99698	147547	212501
商业营业用房	2390368	2194900	1573075
其他	612100	587491	504603
2.销售额(万元)	**10615628**	**10169480**	**9930394**
住宅	8831622	8368014	8397317
#别墅、高档公寓	1214629	663985	536299
办公楼	83211	117895	137782
商业营业用房	1421575	1413060	1111802
其他	279220	270511	283493
3.销售价格(元/平方米)	**4364**	**4147**	**4483**
住宅	4161	3875	4228
办公楼	8346	7990	6484
商业营业用房	5947	6438	7068

8-8　黑龙江省房地产开发投资综合统计

指　　标	2011年	2012年	2013年
一、房地产企业			
1.企业个数合计(个)	**2157**	**2134**	**2118**
#一级企业	17	19	19
#二级企业	313	331	332
#三级企业	1196	1179	1199
2.资产负债(万元)			
资产总计	43470000	71072452	84895398
负债总计	31489751	43317095	52977130
所有者权益	11980249	27755357	31918268
资产负债率(%)	72.4	60.9	62.4
二、本年完成投资额(万元)			
合计	**12275672**	**15358438**	**16048330**
1.按构成分			
建筑安装工程	10060375	12635375	13418518
设备工器具购置	106728	124052	214380
其他费用	2108569	2599011	2415432
#土地购置费	1530448	1509508	1253332
2.按用途分			
住宅	9478981	11225245	11247187
#别墅、高档公寓	133555	221446	308161
办公楼	166726	269161	311156
商业营业用房	1446218	2183563	2763097
其他	1183747	1680469	1726890
3.商品房屋建设和土地开发			
#商品房建设投资			
#土地开发投资			
商品房建设投资额比重(%)			
4.资金来源及构成			
本年资金来源小计	17685735	17111768	18336436
国内贷款	619884	876365	1301852
利用外资	33500	165	
#外商直接投资	26500	165	
自筹资金	10870814	11042025	11026235
其他资金来源	4486478	5193213	6008349
三、本年新增固定资产(万元)	**6769528**	**8246658**	**8353877**
四、土地开发及购置(平方米)			
本年完成开发土地面积			
待开发土地面积	5052481	3476368	3167866
本年购置土地面积	18606548	9299142	6556746

8-8 续表 1

指 标	2011年	2012年	2013年
五、商品房屋建筑面积(平方米)			
1.施工房屋面积	**121229416**	**134849706**	**135673668**
住宅	96628625	104719594	102413971
#别墅、高档公寓	746112	967821	1096115
办公楼	1220343	1776618	1993260
商业营业用房	13710366	15699880	18778597
其他	9670082	12653614	12487840
2.新开工房屋面积	**72742236**	**50743456**	**40304430**
住宅	58196017	37855484	29204846
#别墅、高档公寓	453000	494716	210517
办公楼	740956	927862	347159
商业营业用房	8263792	7284628	7339332
其他	5541471	4675482	3413093
3.竣工房屋面积	**32313443**	**32457265**	**29327010**
住宅	25979788	26462053	23444092
#别墅、高档公寓	240148	73676	141351
办公楼	219545	285203	320683
商业营业用房	4344276	3402487	3398376
其他	1769834	2307522	2163859
六、商品房屋销售			
1.销售面积(平方米)	**34328444**	**38068231**	**33399501**
住宅	29478359	32262165	29442296
#别墅、高档公寓	198249	229540	158394
办公楼	79085	242575	248432
商业营业用房	3603816	4108684	2562090
其他	1167184	1454807	1146683
2.销售额(万元)	**13616041**	**15482979**	**15823382**
住宅	10856224	12019303	13059034
#别墅、高档公寓	162007	214318	104195
办公楼	38358	138229	176126
商业营业用房	2238139	2645351	1968866
其他	483320	680096	619356
3.销售价格(元/平方米)	**3966**	**4067**	**4738**
住宅	3683	3726	4435
办公楼	4850	5698	7090
商业营业用房	6210	6438	7685

8-9 上海市房地产开发投资综合统计

指 标	2011年	2012年	2013年
一、房地产企业			
1.企业个数合计(个)	**3300**	**3132**	**3045**
#一级企业	46	51	52
#二级企业	275	270	284
#三级企业	428	407	388
2.资产负债(万元)			
资产总计	289860701	323164216	363841728
负债总计	195094713	216128374	246069969
所有者权益	94765988	107035841	117771759
资产负债率(%)	67.3	66.9	67.6
二、本年完成投资额(万元)			
合计	**22538314**	**23813574**	**28195915**
1.按构成分			
建筑安装工程	15260795	17017827	18906034
设备工器具购置	171938	145754	139695
其他费用	7105581	6649993	9150186
#土地购置费	4219724	3905305	5888399
2.按用途分			
住宅	14655238	14519446	16155060
#别墅、高档公寓	4106748	3350806	3486040
办公楼	2279028	2628502	3771832
商业营业用房	2515516	2937507	3700298
其他	3088532	3728119	4568725
3.商品房屋建设和土地开发			
#商品房建设投资			
#土地开发投资			
商品房建设投资额比重(%)			
4.资金来源及构成			
本年资金来源小计	49850992	39685136	50926707
国内贷款	8516827	9757750	12923582
利用外资	377238	261165	381414
#外商直接投资	339220	261165	373177
自筹资金	12796255	13859584	15699109
其他资金来源	12745282	15806637	21922602
三、本年新增固定资产(万元)	**14012006**	**13884487**	**13547473**
四、土地开发及购置(平方米)			
本年完成开发土地面积			
待开发土地面积	3179885	3502341	7082520
本年购置土地面积	6363461	3006176	4217440

8-9 续表 1

指 标	2011年	2012年	2013年
五、商品房屋建筑面积(平方米)			
1.施工房屋面积	**130331656**	**132499656**	**135165832**
住宅	84499016	83156827	81257388
#别墅、高档公寓	16614684	14257667	14487545
办公楼	11481048	12846833	14317330
商业营业用房	13729003	14499055	15007172
其他	20622589	21996941	24583942
2.新开工房屋面积	**37261412**	**27240509**	**27059518**
住宅	25143345	15633923	16430929
#别墅、高档公寓	4304054	2343312	2522792
办公楼	2551896	3039087	2640574
商业营业用房	2538044	3651658	2749628
其他	7028127	4915841	5238387
3.竣工房屋面积	**23843341**	**23050586**	**22544350**
住宅	16454689	16091305	14174113
#别墅、高档公寓	3906453	2759148	2363957
办公楼	1747912	2068703	1760124
商业营业用房	2577421	1776514	2534452
其他	3063319	3114064	4075661
六、商品房屋销售			
1.销售面积(平方米)	**17908598**	**18984590**	**23822014**
住宅	14999998	15926284	20158086
#别墅、高档公寓	2542431	2345559	3141986
办公楼	1411054	1117263	1612163
商业营业用房	902599	1200053	1164676
其他	594947	740990	887089
2.销售额(万元)	**26152347**	**26694942**	**39115659**
住宅	20348748	22089570	32640297
#别墅、高档公寓	6711034	6613452	9085790
办公楼	3668289	2346206	3808468
商业营业用房	1762491	1946240	2247139
其他	372819	312926	419755
3.销售价格(元/平方米)	**14603**	**14061**	**16420**
住宅	13566	13870	16192
办公楼	25997	21000	23623
商业营业用房	19527	16218	19294

8-10 江苏省房地产开发投资综合统计

指　　标	2011年	2012年	2013年
一、房地产企业			
1.企业个数合计(个)	**6404**	**6357**	**6784**
#一级企业	102	106	107
#二级企业	1920	1989	2104
#三级企业	1806	1526	1296
2.资产负债(万元)			
资产总计	253001905	305900130	372236797
负债总计	185291613	223981319	273753907
所有者权益	67710292	81918811	98482890
资产负债率(%)	73.2	73.2	73.5
二、本年完成投资额(万元)			
合计	**55679439**	**62060953**	**72414512**
1.按构成分			
建筑安装工程	37485961	44020652	52488965
设备工器具购置	1753239	1404209	1717019
其他费用	16440239	16636092	18208528
#土地购置费	12574113	11404552	12627037
2.按用途分			
住宅	40940332	43546260	51714983
#别墅、高档公寓	5366710	4701613	4611870
办公楼	2045687	2600955	3241780
商业营业用房	7372610	9760837	11199460
其他	5320810	6152901	6258289
3.商品房屋建设和土地开发			
#商品房建设投资			
#土地开发投资			
商品房建设投资额比重(%)			
4.资金来源及构成			
本年资金来源小计	107191135	98568929	126820345
国内贷款	16299574	18907148	23739676
利用外资	846941	615723	1094088
#外商直接投资	802240	547923	1017780
自筹资金	26350174	30875317	39329669
其他资金来源	39608688	48170741	62656912
三、本年新增固定资产(万元)	**28525546**	**37340508**	**42550592**
四、土地开发及购置(平方米)			
本年完成开发土地面积			
待开发土地面积	45048060	48873275	58725002
本年购置土地面积	26936689	30709986	42077433

8-10 续表 1

指　　标	2011年	2012年	2013年
五、商品房屋建筑面积(平方米)			
1.施工房屋面积	**405002655**	**450975382**	**525741736**
住宅	302603655	334121657	387567789
#别墅、高档公寓	24130749	25556268	26593823
办公楼	13460736	15398391	19896645
商业营业用房	54727611	60710684	69047112
其他	34210653	40744650	49230190
2.新开工房屋面积	**147207611**	**139084434**	**163581844**
住宅	110930921	102854909	122118054
#别墅、高档公寓	8456509	6835122	5522426
办公楼	5181894	4025308	5479353
商业营业用房	18826888	19282741	20479044
其他	12267908	12921476	15505393
3.竣工房屋面积	**84482383**	**98484031**	**97115969**
住宅	64767535	76871276	75841663
#别墅、高档公寓	5077772	4478908	5177920
办公楼	2493640	2371807	3324337
商业营业用房	11070425	11687357	9955904
其他	6150783	7553591	7994065
六、商品房屋销售			
1.销售面积(平方米)	**79704907**	**90191799**	**114547743**
住宅	67672538	79233670	101915174
#别墅、高档公寓	4097744	4117368	4311496
办公楼	2198682	2008261	2868097
商业营业用房	8516597	7639475	8174770
其他	1317090	1310393	1589702
2.销售额(万元)	**52241903**	**60670069**	**79136995**
住宅	41586124	50890578	67777021
#别墅、高档公寓	4771151	4777823	5258489
办公楼	2118354	1817335	2184631
商业营业用房	7984212	7466905	8514738
其他	553213	495251	660605
3.销售价格(元/平方米)	**6554**	**6727**	**6909**
住宅	6145	6423	6650
办公楼	9635	9049	7617
商业营业用房	9375	9774	10416

8-11　浙江省房地产开发投资综合统计

指　　标	2011年	2012年	2013年
一、房地产企业			
1.企业个数合计(个)	**6080**	**6221**	**6114**
#一级企业	130	133	130
#二级企业	605	631	610
#三级企业	1648	1665	1599
2.资产负债(万元)			
资产总计	241897342	313609205	314746717
负债总计	189466683	235975508	246975575
所有者权益	52430659	77633696	67771142
资产负债率(%)	78.3	75.2	78.5
二、本年完成投资额(万元)			
合计	**41372525**	**52262667**	**62162493**
1.按构成分			
建筑安装工程	23258701	27447650	33897037
设备工器具购置	327366	415805	647061
其他费用	17786458	24399212	27618395
#土地购置费	13796939	19487536	21217263
2.按用途分			
住宅	27237072	34367379	40892167
#别墅、高档公寓	2262220	3055888	3625127
办公楼	2768337	3058512	3774281
商业营业用房	4947968	5849933	7175352
其他	6419148	8986843	10320693
3.商品房屋建设和土地开发			
#商品房建设投资			
#土地开发投资			
商品房建设投资额比重(%)			
4.资金来源及构成			
本年资金来源小计	103655603	65308631	88582458
国内贷款	11316229	11254805	15906485
利用外资	395626	160046	470329
#外商直接投资	395326	155984	462518
自筹资金	19638284	21785574	27650698
其他资金来源	30284178	32108206	44554946
三、本年新增固定资产(万元)	**15264439**	**16529603**	**20477551**
四、土地开发及购置(平方米)			
本年完成开发土地面积			
待开发土地面积	26140482	19086942	14607458
本年购置土地面积	21888002	12561137	17607329

8-11 续表 1

指　　标	2011年	2012年	2013年
五、商品房屋建筑面积(平方米)			
1.施工房屋面积	**299273917**	**334229728**	**376472402**
住宅	196927713	216563846	238283084
#别墅、高档公寓	12994657	15398083	16935460
办公楼	19479791	20991694	24770196
商业营业用房	31859296	36422768	42269885
其他	51007117	60251420	71149237
2.新开工房屋面积	**102105980**	**78167951**	**93151038**
住宅	66521335	49468346	57879849
#别墅、高档公寓	3601385	3591467	3473709
办公楼	5959302	4138818	5767114
商业营业用房	10481621	9117577	11239713
其他	19143722	15443210	18264362
3.竣工房屋面积	**45285858**	**42929350**	**46923435**
住宅	30536125	29172640	31876188
#别墅、高档公寓	1888935	1925409	2479688
办公楼	3033021	2183543	2464379
商业营业用房	4867250	4531061	4719920
其他	6849462	7042106	7862948
六、商品房屋销售			
1.销售面积(平方米)	**35313567**	**40052939**	**48869875**
住宅	27571846	33162270	40976313
#别墅、高档公寓	1665244	1684006	2259253
办公楼	2164949	1887546	2182880
商业营业用房	3682743	3326371	3444050
其他	1894029	1676752	2266632
2.销售额(万元)	**34741706**	**42626643**	**53960320**
住宅	27023587	35416262	45138822
#别墅、高档公寓	2484874	2371266	3331768
办公楼	2576987	2405250	3037836
商业营业用房	4333012	4053591	4811812
其他	808120	751540	971850
3.销售价格(元/平方米)	**9838**	**10643**	**11042**
住宅	9801	10680	11016
办公楼	11903	12743	13917
商业营业用房	11766	12186	13971

8-12　安徽省房地产开发投资综合统计

指　　标	2011年	2012年	2013年
一、房地产企业			
1.企业个数合计(个)	**3209**	**3402**	**3418**
#一级企业	34	39	36
#二级企业	289	336	330
#三级企业	898	913	873
2.资产负债(万元)			
资产总计	75629439	98837169	128718578
负债总计	57739187	74587728	97473768
所有者权益	17890252	24249441	31244810
资产负债率(%)	76.3	75.5	75.7
二、本年完成投资额(万元)			
合计	**26115374**	**31516065**	**39462264**
1.按构成分			
建筑安装工程	18219346	23870094	30161082
设备工器具购置	276420	395858	440124
其他费用	7619608	7250113	8861058
#土地购置费	5673485	5252699	6514770
2.按用途分			
住宅	18696348	20592945	25498814
#别墅、高档公寓	912580	629049	645382
办公楼	671647	1319806	1661961
商业营业用房	3864350	5649370	8008625
其他	2883029	3953944	4292864
3.商品房屋建设和土地开发			
#商品房建设投资			
#土地开发投资			
商品房建设投资额比重(%)			
4.资金来源及构成			
本年资金来源小计	48472532	38344224	50771573
国内贷款	3424010	4062323	4668745
利用外资	34360	13860	10000
#外商直接投资	19970	13860	10000
自筹资金	15786078	16859424	21436629
其他资金来源	14753607	17408617	24656199
三、本年新增固定资产(万元)	**10737874**	**12531622**	**20075451**
四、土地开发及购置(平方米)			
本年完成开发土地面积			
待开发土地面积	23697037	25584055	30513926
本年购置土地面积	32949901	26187806	27601817

8-12 续表 1

指 标	2011年	2012年	2013年
五、商品房屋建筑面积(平方米)			
1.施工房屋面积	**207858045**	**248360596**	**302352047**
住宅	160366858	181825819	215312267
#别墅、高档公寓	4396841	4172057	4317162
办公楼	5339559	7894578	10340259
商业营业用房	28236302	38400941	47877116
其他	13915326	20239258	28822405
2.新开工房屋面积	**86586705**	**78742199**	**100777146**
住宅	67487972	54683862	71439862
#别墅、高档公寓	1297897	1215908	1413662
办公楼	1501790	2337528	2460885
商业营业用房	11389253	14405472	16247740
其他	6207690	7315337	10628659
3.竣工房屋面积	**36287297**	**39653918**	**51803477**
住宅	28863347	31231480	39190002
#别墅、高档公寓	964586	462565	694106
办公楼	862574	499757	1319186
商业营业用房	5187794	5771938	6988218
其他	1373582	2150743	4306071
六、商品房屋销售			
1.销售面积(平方米)	**46055788**	**48288149**	**62653523**
住宅	39919945	42754287	55735341
#别墅、高档公寓	550137	717689	781947
办公楼	936855	619992	949839
商业营业用房	4783165	4284155	5062905
其他	415823	629715	905438
2.销售额(万元)	**21996724**	**23298812**	**31828650**
住宅	17449951	19218573	26620419
#别墅、高档公寓	433924	531586	641858
办公楼	635162	460060	691068
商业营业用房	3784979	3364761	4202724
其他	126632	255418	314439
3.销售价格(元/平方米)	**4776**	**4825**	**5080**
住宅	4371	4495	4776
办公楼	6780	7420	7276
商业营业用房	7913	7854	8301

8-13　福建省房地产开发投资综合统计

指　　标	2011年	2012年	2013年
一、房地产企业			
1.企业个数合计(个)	**3576**	**3140**	**3187**
#一级企业	31	33	31
#二级企业	150	137	147
#三级企业	826	770	772
2.资产负债(万元)			
资产总计	108852110	125376742	162482114
负债总计	78230425	91593418	120853741
所有者权益	30621685	33783324	41628373
资产负债率(%)	71.9	73.1	74.4
二、本年完成投资额(万元)			
合计	**24063370**	**28241249**	**37029727**
1.按构成分			
建筑安装工程	14581117	19259003	26096171
设备工器具购置	92295	233141	287902
其他费用	9389958	8749105	10645654
#土地购置费	7946240	6881569	8569064
2.按用途分			
住宅	15721093	17519814	24020834
#别墅、高档公寓	763443	1021325	1378577
办公楼	1157541	1892202	2702759
商业营业用房	2682149	3703798	4914305
其他	4502587	5125435	5391829
3.商品房屋建设和土地开发			
#商品房建设投资			
#土地开发投资			
商品房建设投资额比重(%)			
4.资金来源及构成			
本年资金来源小计	41930160	41207269	57670373
国内贷款	3916155	5236284	7476562
利用外资	276762	78394	215817
#外商直接投资	152316	74124	214313
自筹资金	14286824	14267925	20165142
其他资金来源	16318288	21624666	29812852
三、本年新增固定资产(万元)	**6687247**	**6288034**	**10923257**
四、土地开发及购置(平方米)			
本年完成开发土地面积			
待开发土地面积	12570441	9129916	8621693
本年购置土地面积	15402594	9256419	15911267

8-13 续表 1

指　　标	2011年	2012年	2013年
五、商品房屋建筑面积(平方米)			
1.施工房屋面积	**189379769**	**211214992**	**262872821**
住宅	135786927	147311896	178354244
#别墅、高档公寓	5142336	5600473	7000668
办公楼	7738757	9873666	13634462
商业营业用房	19334558	22461114	30028227
其他	26519527	31568316	40855888
2.新开工房屋面积	**70694677**	**53429663**	**71930075**
住宅	48800894	35651137	47958333
#别墅、高档公寓	1646640	868958	1878544
办公楼	3008360	2523784	3815720
商业营业用房	8399101	6409553	8888489
其他	10486322	8845189	11267533
3.竣工房屋面积	**26517102**	**22327799**	**33697633**
住宅	20073422	15646197	23380622
#别墅、高档公寓	779999	595664	857014
办公楼	547452	1192013	983343
商业营业用房	2860684	2388270	4048481
其他	3035544	3101319	5285187
六、商品房屋销售			
1.销售面积(平方米)	**27067244**	**32589398**	**46761600**
住宅	22133025	27419567	39574584
#别墅、高档公寓	784575	845794	987525
办公楼	1091676	1508294	2114202
商业营业用房	1838556	2098796	2425288
其他	2003987	1562741	2647526
2.销售额(万元)	**21015791**	**28176959**	**42320832**
住宅	16493429	22938978	34105729
#别墅、高档公寓	1120862	1223675	1390917
办公楼	1130354	1827658	2901417
商业营业用房	2637849	2620053	3737796
其他	754159	790270	1575890
3.销售价格(元/平方米)	**7764**	**8646**	**9050**
住宅	7452	8366	8618
办公楼	10354	12117	13723
商业营业用房	14347	12484	15412

8-14　江西省房地产开发投资综合统计

指　　标	2011年	2012年	2013年
一、房地产企业			
1.企业个数合计(个)	**2099**	**2005**	**2080**
#一级企业	6	6	4
#二级企业	230	232	219
#三级企业	752	685	677
2.资产负债(万元)			
资产总计	37841131	45176701	60188929
负债总计	25781653	32312575	42769206
所有者权益	12059478	12864126	17419723
资产负债率(%)	68.1	71.5	71.1
二、本年完成投资额(万元)			
合计	**8670285**	**9696176**	**11745768**
1.按构成分			
建筑安装工程	6449856	7773342	9314812
设备工器具购置	85147	119087	154348
其他费用	2135282	1803747	2276608
#土地购置费	1609430	1075870	1476089
2.按用途分			
住宅	6611398	6842114	7953764
#别墅、高档公寓	323442	296939	364883
办公楼	203243	621001	1007398
商业营业用房	955386	1176446	1539141
其他	900258	1056615	1245465
3.商品房屋建设和土地开发			
#商品房建设投资			
#土地开发投资			
商品房建设投资额比重(%)			
4.资金来源及构成			
本年资金来源小计	15347468	14772167	19066444
国内贷款	1486163	1648995	2366343
利用外资	64601	7893	8236
#外商直接投资	64601	6493	8236
自筹资金	4820400	5047928	5824903
其他资金来源	5792344	8067351	10866962
三、本年新增固定资产(万元)	**4254697**	**5832322**	**5777574**
四、土地开发及购置(平方米)			
本年完成开发土地面积			
待开发土地面积	9322550	6620178	6344645
本年购置土地面积	10678014	7331710	8418226

8-14 续表 1

指　　标	2011年	2012年	2013年
五、商品房屋建筑面积(平方米)			
1.施工房屋面积	**84613832**	**94656342**	**119956700**
住宅	69997555	73198469	90187901
#别墅、高档公寓	2762059	2674736	2950696
办公楼	1310322	2801901	4239112
商业营业用房	8856053	11889365	15153604
其他	4449902	6766607	10376083
2.新开工房屋面积	**34866674**	**32610254**	**41389557**
住宅	28240119	24000924	30508301
#别墅、高档公寓	1295024	762646	869361
办公楼	611117	1370194	1671250
商业营业用房	3916035	4804201	5295691
其他	2099403	2434935	3914315
3.竣工房屋面积	**19060642**	**17474817**	**17902613**
住宅	16226856	14404841	14275297
#别墅、高档公寓	417593	448420	370467
办公楼	71176	318908	245541
商业营业用房	2155875	2055924	2601599
其他	606735	695144	780176
六、商品房屋销售			
1.销售面积(平方米)	**24168530**	**23971035**	**31670588**
住宅	21567717	21258981	28460366
#别墅、高档公寓	550795	320620	730396
办公楼	212779	475595	564647
商业营业用房	1922428	1894565	2140261
其他	465606	341894	505314
2.销售额(万元)	**10024387**	**11373453**	**16478958**
住宅	8243172	9313940	13960612
#别墅、高档公寓	370697	247271	480088
办公楼	194448	506207	512849
商业营业用房	1440368	1402281	1748974
其他	146399	151025	256523
3.销售价格(元/平方米)	**4148**	**4745**	**5203**
住宅	3822	4381	4905
办公楼	9138	10644	9083
商业营业用房	7492	7402	8172

8-15　山东省房地产开发投资综合统计

指　　标	2011年	2012年	2013年
一、房地产企业			
1.企业个数合计(个)	**5589**	**5841**	**6113**
#一级企业	75	86	90
#二级企业	285	343	415
#三级企业	1024	1033	1025
2.资产负债(万元)			
资产总计	152425627	181958446	230355941
负债总计	120843523	146536922	182362354
所有者权益	31582103	35421523	47993586
资产负债率(%)	79.3	80.5	79.2
二、本年完成投资额(万元)			
合计	**41067530**	**47083068**	**54445312**
1.按构成分			
建筑安装工程	32269198	35515435	43499105
设备工器具购置	366054	525177	601674
其他费用	8432278	11042456	10344533
#土地购置费	6953788	8522848	7579715
2.按用途分			
住宅	31987841	34732267	39766293
#别墅、高档公寓	1610692	2145903	1599637
办公楼	993383	1906559	2878102
商业营业用房	4769337	5763110	7017187
其他	3316969	4681132	4783730
3.商品房屋建设和土地开发			
#商品房建设投资			
#土地开发投资			
商品房建设投资额比重(%)			
4.资金来源及构成			
本年资金来源小计	66009152	57550918	73713246
国内贷款	8133541	6775106	9954081
利用外资	246870	159111	335110
#外商直接投资	207153	159111	316879
自筹资金	24195032	26758554	31490821
其他资金来源	21769131	23858147	31933234
三、本年新增固定资产(万元)	**17743195**	**20984393**	**25454296**
四、土地开发及购置(平方米)			
本年完成开发土地面积			
待开发土地面积	34293334	34395600	29239387
本年购置土地面积	36911136	26100287	26150734

8-15 续表 1

指　　标	2011年	2012年	2013年
五、商品房屋建筑面积(平方米)			
1.施工房屋面积	**363394924**	**429589083**	**505491659**
住宅	290473193	337152452	385718397
#别墅、高档公寓	7693957	9241598	9127931
办公楼	7872747	10518161	15532625
商业营业用房	40735075	48871176	61609498
其他	24313909	33047294	42631139
2.新开工房屋面积	**140653386**	**139027241**	**153907591**
住宅	113565181	108379656	114972651
#别墅、高档公寓	2940885	2800860	2077391
办公楼	3660057	3782691	5672444
商业营业用房	13510999	15907985	19768307
其他	9917149	10956909	13494189
3.竣工房屋面积	**63567572**	**73249656**	**75085237**
住宅	53117740	60867092	60633524
#别墅、高档公寓	1398055	1559245	1105436
办公楼	1165419	1302882	1271712
商业营业用房	6133918	6826002	8164655
其他	3150495	4253680	5015346
六、商品房屋销售			
1.销售面积(平方米)	**95760078**	**86327614**	**103298002**
住宅	87411567	77458724	93002852
#别墅、高档公寓	1605249	1659602	1583765
办公楼	713988	1353808	1892927
商业营业用房	6040170	5537524	6001172
其他	1594353	1977558	2401051
2.销售额(万元)	**42591498**	**41117964**	**52151192**
住宅	37576321	35295110	44610664
#别墅、高档公寓	1309334	1666120	1561033
办公楼	549553	1177315	1761304
商业营业用房	3892907	3922038	4821121
其他	572717	723501	958103
3.销售价格(元/平方米)	**4448**	**4763**	**5049**
住宅	4299	4557	4797
办公楼	7697	8696	9305
商业营业用房	6445	7083	8034

8-16　河南省房地产开发投资综合统计

指　　标	2011年	2012年	2013年
一、房地产企业			
1.企业个数合计(个)	**4963**	**5316**	**5438**
#一级企业	48	59	65
#二级企业	409	496	586
#三级企业	931	976	1052
2.资产负债(万元)			
资产总计	65168658	86412935	118597788
负债总计	48594182	66347192	92631519
所有者权益	16574476	20065743	25966268
资产负债率(%)	74.6	76.8	78.1
二、本年完成投资额(万元)			
合计	**26265442**	**30352884**	**38437590**
1.按构成分			
建筑安装工程	21182529	23974113	31329738
设备工器具购置	243243	442678	572609
其他费用	4839670	5936093	6535243
#土地购置费	2926828	3073637	3916993
2.按用途分			
住宅	20211850	22030619	28270863
#别墅、高档公寓	222441	215814	270427
办公楼	1154366	1363478	1753969
商业营业用房	2393488	3193898	4421026
其他	2505738	3764889	3991732
3.商品房屋建设和土地开发			
#商品房建设投资			
#土地开发投资			
商品房建设投资额比重(%)			
4.资金来源及构成			
本年资金来源小计	28908983	34550379	44027031
国内贷款	2787661	3210906	3871277
利用外资	66855	11303	53968
#外商直接投资	66855	10300	2714
自筹资金	16591274	19207213	24726702
其他资金来源	9463193	12120957	15375084
三、本年新增固定资产(万元)	**12264156**	**16024540**	**15729037**
四、土地开发及购置(平方米)			
本年完成开发土地面积			
待开发土地面积	9642951	13187178	13095981
本年购置土地面积	15659172	17426286	15015551

8-16 续表 1

指 标	2011年	2012年	2013年
五、商品房屋建筑面积(平方米)			
1.施工房屋面积	**253433169**	**295593645**	**359793297**
住宅	206207038	234669870	281135915
#别墅、高档公寓	2098373	2273119	2293739
办公楼	7701064	9764858	12970646
商业营业用房	23442070	29418083	37090969
其他	16082997	21740834	28595767
2.新开工房屋面积	**98908255**	**105151091**	**124650920**
住宅	82014208	84244450	100553125
#别墅、高档公寓	439532	684062	854264
办公楼	2655884	3600840	3299049
商业营业用房	8516652	9853052	11855137
其他	5721511	7452749	8943609
3.竣工房屋面积	**55274238**	**58705430**	**59658658**
住宅	48067924	48881710	49163110
#别墅、高档公寓	189675	667295	169213
办公楼	857632	820110	1217969
商业营业用房	4503206	5619981	6208120
其他	1845476	3383629	3069459
六、商品房屋销售			
1.销售面积(平方米)	**62751633**	**59684858**	**73102135**
住宅	57251212	54555010	65614092
#别墅、高档公寓	471597	336893	412277
办公楼	1491837	1264867	2054418
商业营业用房	3264863	2979604	4449933
其他	743721	885377	983692
2.销售额(万元)	**21968077**	**22866650**	**30741352**
住宅	17880436	19155695	25162572
#别墅、高档公寓	292087	221804	323805
办公楼	1387868	1115658	1871592
商业营业用房	2456528	2281545	3345290
其他	243245	313752	361898
3.销售价格(元/平方米)	**3501**	**3831**	**4205**
住宅	3123	3511	3835
办公楼	9303	8820	9110
商业营业用房	7524	7657	7518

8-17　湖北省房地产开发投资综合统计

指　　标	2011年	2012年	2013年
一、房地产企业			
1.企业个数合计(个)	**3648**	**3785**	**4267**
#一级企业	44	50	57
#二级企业	439	426	451
#三级企业	964	944	969
2.资产负债(万元)			
资产总计	75788791	96588772	126056878
负债总计	54681390	73130014	94878849
所有者权益	21107401	23458759	31178029
资产负债率(%)	72.1	75.7	75.3
二、本年完成投资额(万元)			
合计	**20664808**	**25394649**	**32860234**
1.按构成分			
建筑安装工程	14071727	19026534	24261709
设备工器具购置	362902	561614	757857
其他费用	6230179	5806501	7840668
#土地购置费	3789898	3484886	4410076
2.按用途分			
住宅	13344189	16983811	22515586
#别墅、高档公寓	411877	679868	637958
办公楼	599045	1365480	1474357
商业营业用房	2723288	3372324	4966951
其他	3998286	3673034	3903340
3.商品房屋建设和土地开发			
#商品房建设投资			
#土地开发投资			
商品房建设投资额比重(%)			
4.资金来源及构成			
本年资金来源小计	28640741	33638304	42244808
国内贷款	4622484	5120460	7965677
利用外资	390259	12700	
#外商直接投资	362470	12200	
自筹资金	11952808	14253079	17353291
其他资金来源	11675190	14252065	16925840
三、本年新增固定资产(万元)	**13454074**	**12970544**	**11343063**
四、土地开发及购置(平方米)			
本年完成开发土地面积			
待开发土地面积	13670568	15881947	16182066
本年购置土地面积	15822655	13031946	18946777

8-17 续表 1

指 标	2011年	2012年	2013年
五、商品房屋建筑面积(平方米)			
1.施工房屋面积	**139220719**	**168197102**	**218658140**
住宅	110132961	130130082	166402685
#别墅、高档公寓	2454014	2415422	3579737
办公楼	3300806	5765189	5961103
商业营业用房	16394442	17604372	25842873
其他	9392510	14697459	20451479
2.新开工房屋面积	**55771057**	**59760628**	**82267115**
住宅	44320758	46507876	62502260
#别墅、高档公寓	613675	639704	1118461
办公楼	1082529	2183816	2013280
商业营业用房	6973399	6153454	10221554
其他	3394371	4915482	7530021
3.竣工房屋面积	**32210454**	**32737099**	**30408434**
住宅	27283899	27952078	25473941
#别墅、高档公寓	677378	674152	446070
办公楼	468257	273692	430660
商业营业用房	2942580	3001854	3286795
其他	1515718	1509475	1217038
六、商品房屋销售			
1.销售面积(平方米)	**41876189**	**40378459**	**52985406**
住宅	37886831	36200951	47656848
#别墅、高档公寓	623628	590584	1258742
办公楼	356848	697490	927605
商业营业用房	2815074	2568692	3583760
其他	817436	911326	817193
2.销售额(万元)	**18787306**	**20362024**	**27903176**
住宅	15693207	16898602	23100444
#别墅、高档公寓	533038	582649	1066742
办公楼	288640	856659	777664
商业营业用房	2393573	2246183	3547276
其他	411886	360580	477792
3.销售价格(元/平方米)	**4486**	**5043**	**5266**
住宅	4142	4668	4847
办公楼	8089	12282	8384
商业营业用房	8503	8744	9898

8-18　湖南省房地产开发投资综合统计

指　标	2011年	2012年	2013年
一、房地产企业			
1.企业个数合计(个)	**3524**	**3564**	**3739**
#一级企业	22	22	26
#二级企业	176	200	229
#三级企业	1606	1650	1710
2.资产负债(万元)			
资产总计	59025953	73156232	93874538
负债总计	43683261	55678078	71366014
所有者权益	15342691	17478153	22508524
资产负债率(%)	74.0	76.1	76.0
二、本年完成投资额(万元)			
合计	**19438231**	**22105229**	**26283245**
1.按构成分			
建筑安装工程	14161833	16699339	20915402
设备工器具购置	315743	347531	443396
其他费用	4960655	5058359	4924447
#土地购置费	3182426	2498001	2800672
2.按用途分			
住宅	14879038	15726652	18458103
#别墅、高档公寓	674678	735655	785168
办公楼	512794	720581	896405
商业营业用房	2001325	2728813	3511544
其他	2045074	2929183	3417193
3.商品房屋建设和土地开发			
#商品房建设投资			
#土地开发投资			
商品房建设投资额比重(%)			
4.资金来源及构成			
本年资金来源小计	27210690	29026563	35922685
国内贷款	3590833	3745230	5331473
利用外资	672226	511215	391547
#外商直接投资	648939	491526	382547
自筹资金	9727559	10362341	12153919
其他资金来源	13220072	14407777	18045746
三、本年新增固定资产(万元)	**11286280**	**13777767**	**14456456**
四、土地开发及购置(平方米)			
本年完成开发土地面积			
待开发土地面积	23380131	25349677	18970656
本年购置土地面积	12924496	11062894	13276428

8-18 续表 1

指　　标	2011年	2012年	2013年
五、商品房屋建筑面积(平方米)			
1.施工房屋面积	**203418428**	**213568869**	**254000906**
住宅	164099187	167736828	195942736
#别墅、高档公寓	6656631	5630578	5377045
办公楼	2792178	4412545	5807039
商业营业用房	18942271	20799140	25780676
其他	17584792	20620356	26470455
2.新开工房屋面积	**73186402**	**66316182**	**88691284**
住宅	58721362	50535244	68541533
#别墅、高档公寓	3195773	885076	1547889
办公楼	1116894	1844416	1497105
商业营业用房	7136509	7126838	9204162
其他	6211637	6809684	9448484
3.竣工房屋面积	**41463141**	**44579657**	**45937631**
住宅	34364221	36885478	37647106
#别墅、高档公寓	1128015	1205239	1052539
办公楼	423108	393882	494725
商业营业用房	3895382	4438815	4133294
其他	2780430	2861482	3662506
六、商品房屋销售			
1.销售面积(平方米)	**49003274**	**51504767**	**59523802**
住宅	44555912	46640816	54114845
#别墅、高档公寓	1643582	1435845	930945
办公楼	516231	642463	787239
商业营业用房	3039395	3299657	3436330
其他	891736	921831	1185388
2.销售额(万元)	**18573516**	**20852339**	**25256439**
住宅	15699939	17115454	21149740
#别墅、高档公寓	1220331	1023818	755556
办公楼	441373	622986	867437
商业营业用房	2148790	2830768	2814772
其他	283414	283131	424490
3.销售价格(元/平方米)	**3790**	**4049**	**4243**
住宅	3524	3670	3908
办公楼	8550	9697	11019
商业营业用房	7070	8579	8191

8-19 广东省房地产开发投资综合统计

指 标	2011年	2012年	2013年
一、房地产企业			
1.企业个数合计(个)	**6219**	**6492**	**6581**
#一级企业	91	93	86
#二级企业	281	283	290
#三级企业	1382	1432	1487
2.资产负债(万元)			
资产总计	282327914	347253175	414326436
负债总计	218231175	265879547	326422215
所有者权益	64096739	81373628	87904220
资产负债率(%)	77.3	76.6	78.8
二、本年完成投资额(万元)			
合计	**48099096**	**53527853**	**64895920**
1.按构成分			
建筑安装工程	34419081	38211017	48094914
设备工器具购置	466528	482828	654736
其他费用	13213487	14834008	16146270
#土地购置费	7921960	7872684	9817712
2.按用途分			
住宅	34530401	37049832	45306255
#别墅、高档公寓	4054170	4444984	5108747
办公楼	2086261	2348321	3372659
商业营业用房	4476277	5474535	7054675
其他	7006157	8655165	9162331
3.商品房屋建设和土地开发			
#商品房建设投资			
#土地开发投资			
商品房建设投资额比重(%)			
4.资金来源及构成			
本年资金来源小计	68778162	79182703	104729443
国内贷款	12242152	15075297	21435911
利用外资	733751	290633	362931
#外商直接投资	595002	265863	318747
自筹资金	21534561	24146361	27983353
其他资金来源	34267698	39670412	54947248
三、本年新增固定资产(万元)	**22507927**	**26966773**	**28193318**
四、土地开发及购置(平方米)			
本年完成开发土地面积			
待开发土地面积	41358125	41228236	48660410
本年购置土地面积	24366399	18054392	22509647

8-19 续表 1

指　　标	2011年	2012年	2013年
五、商品房屋建筑面积（平方米）			
1.施工房屋面积	**361370737**	**392962669**	**464804659**
住宅	273778817	292532363	336906742
#别墅、高档公寓	27243251	25007004	26826818
办公楼	11713034	11763752	16757148
商业营业用房	29795187	33555290	43238350
其他	46083699	55111264	67902419
2.新开工房屋面积	**120139904**	**106157258**	**142654768**
住宅	92734022	78402574	101147526
#别墅、高档公寓	7844109	5268822	6221431
办公楼	3048266	2889425	5631998
商业营业用房	8978927	9981789	14815841
其他	15378689	14883470	21059403
3.竣工房屋面积	**61405634**	**63561201**	**62732984**
住宅	48841797	49181619	47482471
#别墅、高档公寓	5397873	4274329	3966495
办公楼	1751260	1596337	2645815
商业营业用房	4317872	4735764	4691472
其他	6494705	8047481	7913226
六、商品房屋销售			
1.销售面积（平方米）	**74278702**	**78989915**	**98363855**
住宅	67065967	71576276	88309543
#别墅、高档公寓	6466036	5402138	7324614
办公楼	1407304	1414679	2568585
商业营业用房	3205535	3605725	4336127
其他	2599896	2393235	3149600
2.销售额（万元）	**58525415**	**64078111**	**89410531**
住宅	50707558	54883925	74761038
#别墅、高档公寓	6246959	5540562	8296583
办公楼	2422399	2899756	5340643
商业营业用房	3807347	4685105	6798146
其他	1588111	1609325	2510704
3.销售价格（元/平方米）	**7879**	**8112**	**9090**
住宅	7561	7668	8466
办公楼	17213	20498	20792
商业营业用房	11877	12994	15678

8-20　广西壮族自治区房地产开发投资综合统计

指　　标	2011年	2012年	2013年
一、房地产企业			
1.企业个数合计(个)	**3154**	**2934**	**2685**
#一级企业	6	9	10
#二级企业	86	96	115
#三级企业	672	630	586
2.资产负债(万元)			
资产总计	43635888	53443643	68351151
负债总计	31942023	39009651	49985492
所有者权益	11694387	14433992	18365658
资产负债率(%)	73.2	73.0	73.1
二、本年完成投资额(万元)			
合计	**15174656**	**15549388**	**16146322**
1.按构成分			
建筑安装工程	11247637	11550143	12819889
设备工器具购置	182064	198138	195799
其他费用	3744955	3801107	3130634
#土地购置费	2349001	1917438	1890087
2.按用途分			
住宅	10789954	10696420	11666137
#别墅、高档公寓	286316	459919	415950
办公楼	333535	404730	516716
商业营业用房	1284406	1616637	1748792
其他	2766761	2831601	2214677
3.商品房屋建设和土地开发			
#商品房建设投资			
#土地开发投资			
商品房建设投资额比重(%)			
4.资金来源及构成			
本年资金来源小计	17835008	20073616	21552380
国内贷款	2557343	2638371	3243473
利用外资	70124	3294	6150
#外商直接投资	31824		6150
自筹资金	7117514	7884479	8156908
其他资金来源	8090027	9547472	10145849
三、本年新增固定资产(万元)	**5410764**	**6923890**	**5584193**
四、土地开发及购置(平方米)			
本年完成开发土地面积			
待开发土地面积	8558334	8862464	7972470
本年购置土地面积	9788550	5417056	4319584

8-20 续表 1

指　　标	2011年	2012年	2013年
五、商品房屋建筑面积(平方米)			
1.施工房屋面积	**142640152**	**150184579**	**160401719**
住宅	114078602	118468560	124196768
#别墅、高档公寓	2172818	2422353	2680525
办公楼	2396432	2797602	3219050
商业营业用房	12915768	14065234	15343974
其他	13249350	14853183	17641927
2.新开工房屋面积	**39916538**	**37418818**	**37156659**
住宅	31430634	29101120	29019285
#别墅、高档公寓	313443	723007	532927
办公楼	997237	1030254	727366
商业营业用房	3385622	3763243	3310908
其他	4103045	3524201	4099100
3.竣工房屋面积	**23033514**	**23335803**	**17126793**
住宅	19369400	19565731	13853670
#别墅、高档公寓	322158	379950	317331
办公楼	218344	253329	181317
商业营业用房	1978840	2050180	1754402
其他	1466930	1466563	1337404
六、商品房屋销售			
1.销售面积(平方米)	**29641463**	**27592573**	**29955763**
住宅	27493326	25469557	27651468
#别墅、高档公寓	363552	248055	312676
办公楼	175018	95955	320626
商业营业用房	1226580	1498338	1350887
其他	746539	528723	632782
2.销售额(万元)	**11182159**	**11598322**	**13757948**
住宅	9771009	9958158	11667241
#别墅、高档公寓	268773	166420	279833
办公楼	140144	150247	432304
商业营业用房	1027346	1290728	1394664
其他	243660	199189	263739
3.销售价格(元/平方米)	**3772**	**4203**	**4593**
住宅	3554	3910	4219
办公楼	8007	15658	13483
商业营业用房	8376	8614	10324

8-21　海南省房地产开发投资综合统计

指　　标	2011年	2012年	2013年
一、房地产企业			
1.企业个数合计(个)	**859**	**971**	**1030**
#一级企业	5	4	3
#二级企业	30	33	32
#三级企业	94	99	104
2.资产负债(万元)			
资产总计	31361678	44381937	55469644
负债总计	25212235	33967579	43833877
所有者权益	6149444	10414358	11635767
资产负债率(%)	80.4	76.5	79.0
二、本年完成投资额(万元)			
合计	**6507800**	**8866440**	**11967581**
1.按构成分			
建筑安装工程	5274674	6915205	8959368
设备工器具购置	100453	213587	146804
其他费用	1132673	1737648	2861409
#土地购置费	669788	769110	1251889
2.按用途分			
住宅	5622933	7253209	9950886
#别墅、高档公寓	1851727	1996708	2186480
办公楼	168210	56538	121807
商业营业用房	304582	506034	743916
其他	412075	1050659	1150972
3.商品房屋建设和土地开发			
#商品房建设投资			
#土地开发投资			
商品房建设投资额比重(%)			
4.资金来源及构成			
本年资金来源小计	9103875	13404236	18765554
国内贷款	1419214	2720209	3273004
利用外资	62548	73677	1030
#外商直接投资	47095	73677	30
自筹资金	3151670	5978145	7384185
其他资金来源	4470443	4632205	8107335
三、本年新增固定资产(万元)	**1931469**	**4639559**	**4230296**
四、土地开发及购置(平方米)			
本年完成开发土地面积			
待开发土地面积	5591898	7622053	10142763
本年购置土地面积	3995744	3336197	3068455

8-21 续表 1

指　　标	2011年	2012年	2013年
五、商品房屋建筑面积(平方米)			
1.施工房屋面积	**36097687**	**51094929**	**61730000**
住宅	31409664	44113778	51734863
#别墅、高档公寓	7385041	7726690	7835681
办公楼	429229	373446	531123
商业营业用房	1983276	3220588	4394414
其他	2275518	3387117	5069600
2.新开工房屋面积	**16290628**	**16612856**	**17354194**
住宅	14163163	14028520	14716908
#别墅、高档公寓	1729459	1707398	1715714
办公楼	218923	177809	145875
商业营业用房	913542	1372536	1347429
其他	995000	1033991	1143982
3.竣工房屋面积	**4492529**	**8564139**	**6093959**
住宅	4040909	7349920	5176237
#别墅、高档公寓	692854	1147454	800390
办公楼	13156	39911	13105
商业营业用房	287129	601455	428695
其他	151335	572853	475922
六、商品房屋销售			
1.销售面积(平方米)	**8657412**	**9318373**	**11912259**
住宅	8190183	8983484	11548550
#别墅、高档公寓	1135219	1139391	1234795
办公楼	61028	40382	20788
商业营业用房	257557	202321	250847
其他	148644	92186	92074
2.销售额(万元)	**7742716**	**7355740**	**10326526**
住宅	7439256	7017234	9969951
#别墅、高档公寓	2675155	2232028	2012380
办公楼	58480	20073	48830
商业营业用房	181708	257370	252090
其他	63272	61063	55655
3.销售价格(元/平方米)	**8943**	**7894**	**8669**
住宅	9083	7811	8633
办公楼	9582	4971	23490
商业营业用房	7055	12721	10050

8-22 重庆市房地产开发投资综合统计

指　　标	2011年	2012年	2013年
一、房地产企业			
1.企业个数合计(个)	**2453**	**2552**	**2594**
#一级企业	39	42	46
#二级企业	555	578	629
#三级企业	823	832	809
2.资产负债(万元)			
资产总计	99326860	131173295	162686939
负债总计	68733446	91436539	112122074
所有者权益	30593414	39736757	50564865
资产负债率(%)	69.2	69.7	68.9
二、本年完成投资额(万元)			
合计	**20150883**	**25083500**	**30127838**
1.按构成分			
建筑安装工程	14092973	17891417	21064117
设备工器具购置	179547	334832	415406
其他费用	5878363	6857251	8648315
#土地购置费	3747598	3841572	5196470
2.按用途分			
住宅	14384457	17067687	20442392
#别墅、高档公寓	1199848	1656664	1398788
办公楼	526701	1016124	1445592
商业营业用房	2180277	3074966	3774147
其他	3059448	3924723	4465707
3.商品房屋建设和土地开发			
#商品房建设投资			
#土地开发投资			
商品房建设投资额比重(%)			
4.资金来源及构成			
本年资金来源小计	32956914	38695390	46140649
国内贷款	6950754	7207959	11122918
利用外资	599183	201314	441801
#外商直接投资	556833	74187	441301
自筹资金	8537163	11820589	12637033
其他资金来源	16869814	19465528	21938897
三、本年新增固定资产(万元)	**10649385**	**14800553**	**15232337**
四、土地开发及购置(平方米)			
本年完成开发土地面积			
待开发土地面积	31661979	33687113	29916021
本年购置土地面积	16645458	21830685	18966454

8-22 续表 1

指　　标	2011年	2012年	2013年
五、商品房屋建筑面积(平方米)			
1.施工房屋面积	**203972397**	**220090320**	**262518928**
住宅	159238406	169978502	192489455
#别墅、高档公寓	8776557	7234418	7339197
办公楼	3868418	4998528	7819761
商业营业用房	19562538	20289004	29657174
其他	21303035	24824286	32552538
2.新开工房屋面积	**68243606**	**58134823**	**76416324**
住宅	52144185	43451427	53875951
#别墅、高档公寓	1795577	1179303	1525224
办公楼	1544422	1606357	2411484
商业营业用房	7081229	5390391	10013212
其他	7473770	7686648	10115677
3.竣工房屋面积	**34243331**	**39906286**	**38043584**
住宅	28267842	33863514	28674528
#别墅、高档公寓	1210529	1037241	1221810
办公楼	447696	303658	757561
商业营业用房	2987930	2822316	4560779
其他	2539863	2916798	4050716
六、商品房屋销售			
1.销售面积(平方米)	**45335019**	**45223997**	**48175643**
住宅	40634236	41051083	43591906
#别墅、高档公寓	1421885	1437780	1163208
办公楼	438754	622998	686687
商业营业用房	2663152	2218883	2440387
其他	1598877	1331033	1456663
2.销售额(万元)	**21460860**	**22973464**	**26827626**
住宅	18254119	19724206	22835658
#别墅、高档公寓	1250499	1189537	1156290
办公楼	512786	716121	780774
商业营业用房	2165765	2124707	2630838
其他	528190	408430	580356
3.销售价格(元/平方米)	**4734**	**5080**	**5569**
住宅	4492	4805	5239
办公楼	11687	11495	11370
商业营业用房	8132	9576	10780

8-23 四川省房地产开发投资综合统计

指 标	2011年	2012年	2013年
一、房地产企业			
1.企业个数合计(个)	**4314**	**4221**	**3962**
#一级企业	51	48	48
#二级企业	624	615	614
#三级企业	2471	2415	2313
2.资产负债(万元)			
资产总计	106345943	127947021	166681674
负债总计	77670085	97873989	126022563
所有者权益	28675858	30073031	40659111
资产负债率(%)	73.0	76.5	75.6
二、本年完成投资额(万元)			
合计	**28191654**	**32663970**	**38529951**
1.按构成分			
建筑安装工程	21807984	25031837	29243793
设备工器具购置	245546	554117	794281
其他费用	6138124	7078016	8491877
#土地购置费	4152481	4742327	6090460
2.按用途分			
住宅	19893934	21977450	25378926
#别墅、高档公寓	1349159	1266629	1243880
办公楼	912123	1371163	1891148
商业营业用房	3167574	4333247	5786755
其他	4218023	4982110	5473122
3.商品房屋建设和土地开发			
#商品房建设投资			
#土地开发投资			
商品房建设投资额比重(%)			
4.资金来源及构成			
本年资金来源小计	41795419	42226657	53245292
国内贷款	4813042	4592355	7254508
利用外资	664182	169309	323252
#外商直接投资	645086	147063	223252
自筹资金	17413189	17289653	21508673
其他资金来源	18905006	20175340	24158859
三、本年新增固定资产(万元)	**11613200**	**17943850**	**18248462**
四、土地开发及购置(平方米)			
本年完成开发土地面积			
待开发土地面积	16646539	15675727	12482933
本年购置土地面积	10547322	8922185	11427633

8-23 续表 1

指　标	2011年	2012年	2013年
五、商品房屋建筑面积(平方米)			
1.施工房屋面积	**271217696**	**298655040**	**321649797**
住宅	214377333	225901636	232089086
#别墅、高档公寓	6505407	7218295	6454179
办公楼	5982252	8346454	9225370
商业营业用房	23776269	31362522	37848443
其他	27081842	33044428	42486898
2.新开工房屋面积	**84358178**	**83672082**	**101635691**
住宅	65381385	59625076	70087143
#别墅、高档公寓	1070812	1220311	1184017
办公楼	1407240	3144632	2644242
商业营业用房	8255666	10893699	14021846
其他	9313887	10008675	14882460
3.竣工房屋面积	**42325339**	**58665790**	**51088647**
住宅	34556726	47136101	40288772
#别墅、高档公寓	1024628	700415	785190
办公楼	617073	1193482	1013324
商业营业用房	3714650	5189320	4826988
其他	3436890	5146887	4959563
六、商品房屋销售			
1.销售面积(平方米)	**65435450**	**64559339**	**73127823**
住宅	58265159	56793338	65053194
#别墅、高档公寓	1108766	1346414	1096140
办公楼	854345	1573714	1142208
商业营业用房	4009271	4385296	4686433
其他	2306675	1806991	2245988
2.销售额(万元)	**32180378**	**35177222**	**40202707**
住宅	26773585	28164868	33085768
#别墅、高档公寓	1112968	1351519	1075649
办公楼	830699	1409265	1117458
商业营业用房	3634131	4883977	5143029
其他	941963	719112	856452
3.销售价格(元/平方米)	**4918**	**5449**	**5498**
住宅	4595	4959	5086
办公楼	9723	8955	9783
商业营业用房	9064	11137	10974

8-24 贵州省房地产开发投资综合统计

指 标	2011年	2012年	2013年
一、房地产企业			
1.企业个数合计(个)	**1946**	**2133**	**2300**
#一级企业	5	6	6
#二级企业	104	117	144
#三级企业	378	404	424
2.资产负债(万元)			
资产总计	30235986	42288479	56095379
负债总计	24252738	33795075	47524533
所有者权益	5983248	8493404	8570846
资产负债率(%)	80.2	79.9	84.7
二、本年完成投资额(万元)			
合计	**8734768**	**14675960**	**19425435**
1.按构成分			
建筑安装工程	7078713	11215829	15014269
设备工器具购置	117169	192798	235627
其他费用	1538886	3267333	4175539
#土地购置费	656083	1194959	1771019
2.按用途分			
住宅	5764391	9303118	12242284
#别墅、高档公寓	49194	155974	325260
办公楼	191132	422301	1320287
商业营业用房	1234267	2125621	3448961
其他	1544978	2824920	2413903
3.商品房屋建设和土地开发			
#商品房建设投资			
#土地开发投资			
商品房建设投资额比重(%)			
4.资金来源及构成			
本年资金来源小计	12454760	14181680	21457234
国内贷款	1727849	2306113	2268249
利用外资	44670	42887	
#外商直接投资	44365	42887	
自筹资金	5260934	5184444	8771999
其他资金来源	5421307	6648236	10416986
三、本年新增固定资产(万元)	**3709648**	**3324788**	**5117738**
四、土地开发及购置(平方米)			
本年完成开发土地面积			
待开发土地面积	11711768	10051844	13859577
本年购置土地面积	8827809	7075134	12095247

8-24 续表 1

指　　标	2011年	2012年	2013年
五、商品房屋建筑面积(平方米)			
1.施工房屋面积	**102605809**	**132453147**	**173569607**
住宅	76892558	96540267	123163643
#别墅、高档公寓	638571	1118849	1798239
办公楼	1627642	3004955	5021286
商业营业用房	12802100	17299361	24197562
其他	11283509	15608564	21187116
2.新开工房屋面积	**28850733**	**37876722**	**56282413**
住宅	21706595	25784145	39741638
#别墅、高档公寓	214911	76181	722189
办公楼	136125	1762364	1713325
商业营业用房	4072013	5679055	8063899
其他	2936000	4651158	6763551
3.竣工房屋面积	**14552413**	**14167671**	**17647766**
住宅	11021408	11201719	13522943
#别墅、高档公寓	97870	102512	89039
办公楼	304497	161648	299955
商业营业用房	1949609	1623577	2185841
其他	1276899	1180727	1639027
六、商品房屋销售			
1.销售面积(平方米)	**18820980**	**21869485**	**29723173**
住宅	16985156	20023965	26469819
#别墅、高档公寓	236038	158696	280015
办公楼	270278	148825	1000193
商业营业用房	1248328	1445571	1989922
其他	317218	251124	263239
2.销售额(万元)	**7319072**	**9000765**	**12766927**
住宅	5927327	7399576	9887669
#别墅、高档公寓	164664	190125	250337
办公楼	163281	121414	731501
商业营业用房	1077843	1392054	2040983
其他	150621	87721	106774
3.销售价格(元/平方米)	**3889**	**4116**	**4295**
住宅	3490	3695	3735
办公楼	6041	8158	7314
商业营业用房	8634	9630	10257

8-25　云南省房地产开发投资综合统计

指　　标	2011年	2012年	2013年
一、房地产企业			
1.企业个数合计(个)	**2675**	**2707**	**2736**
#一级企业	23	25	30
#二级企业	170	191	222
#三级企业	340	313	317
2.资产负债(万元)			
资产总计	51081021	69549291	99498538
负债总计	40660123	56318675	80232490
所有者权益	10420898	13230616	19266048
资产负债率(%)	79.6	81.0	80.6
二、本年完成投资额(万元)			
合计	**12801263**	**17821351**	**24883284**
1.按构成分			
建筑安装工程	10172199	13527533	19403015
设备工器具购置	146109	178578	278174
其他费用	2482955	4115240	5202095
#土地购置费	1427133	2510812	3747250
2.按用途分			
住宅	8848156	11525012	16424032
#别墅、高档公寓	775198	863434	1068639
办公楼	459911	864149	1174987
商业营业用房	1654585	2562885	4109691
其他	1838611	2869305	3174574
3.商品房屋建设和土地开发			
#商品房建设投资			
#土地开发投资			
商品房建设投资额比重(%)			
4.资金来源及构成			
本年资金来源小计	17018171	21340222	29243592
国内贷款	1465737	2161200	4188013
利用外资	8696		122850
#外商直接投资	2696		
自筹资金	7750183	9750300	15417636
其他资金来源	7793555	9428722	9515093
三、本年新增固定资产(万元)	**4592584**	**6160800**	**6972525**
四、土地开发及购置(平方米)			
本年完成开发土地面积			
待开发土地面积	12649324	9647216	10432698
本年购置土地面积	16232748	16023917	19740064

8-25 续表 1

指　　标	2011年	2012年	2013年
五、商品房屋建筑面积（平方米）			
1.施工房屋面积	**110104295**	**143620001**	**182607156**
住宅	83549401	104321134	129693854
#别墅、高档公寓	9049546	9783722	10501491
办公楼	3045668	4271603	5579545
商业营业用房	12915228	18695138	25460859
其他	10593998	16332126	21872898
2.新开工房屋面积	**49070685**	**60375257**	**64817961**
住宅	36149509	41668813	45290932
#别墅、高档公寓	2896590	2593954	2804487
办公楼	1547242	2223653	1713344
商业营业用房	6281143	8827737	10030775
其他	5092791	7655054	7782910
3.竣工房屋面积	**15720738**	**18515742**	**20192016**
住宅	12627490	14922756	15761336
#别墅、高档公寓	969908	2044570	1537060
办公楼	276406	265432	412362
商业营业用房	1664640	1830635	2208593
其他	1152202	1496919	1809725
六、商品房屋销售			
1.销售面积（平方米）	**32228865**	**32377457**	**33093003**
住宅	28295846	27896760	28555249
#别墅、高档公寓	4050433	2652834	1896244
办公楼	419324	908665	513308
商业营业用房	2523333	2775364	2856546
其他	990362	796668	1167900
2.销售额（万元）	**11716428**	**13628282**	**14872408**
住宅	9587785	10770956	11925532
#别墅、高档公寓	1496026	1110279	1088562
办公楼	220544	715677	466239
商业营业用房	1606902	1822605	2074542
其他	301197	319044	406095
3.销售价格（元/平方米）	**3635**	**4209**	**4494**
住宅	3388	3861	4176
办公楼	5260	7876	9083
商业营业用房	6368	6567	7262

8-26　西藏自治区房地产开发投资综合统计

指　　标	2011年	2012年	2013年
一、房地产企业			
1.企业个数合计(个)	**49**	**45**	**29**
#一级企业	1	1	1
#二级企业	6	5	2
#三级企业	19	17	12
2.资产负债(万元)			
资产总计	439757	488308	475976
负债总计	311378	371430	350706
所有者权益	128380	116879	125271
资产负债率(%)	70.8	76.1	73.7
二、本年完成投资额(万元)			
合计	**51342**	**68719**	**96777**
1.按构成分			
建筑安装工程	43240	65068	92731
设备工器具购置	1131	1782	297
其他费用	6971	1869	3749
#土地购置费	4774	726	
2.按用途分			
住宅	37363	42509	58669
#别墅、高档公寓	18162	15711	20755
办公楼	785	3169	1056
商业营业用房	11446	23001	27821
其他	1748	40	9231
3.商品房屋建设和土地开发			
#商品房建设投资			
#土地开发投资			
商品房建设投资额比重(%)			
4.资金来源及构成			
本年资金来源小计	97340	80533	125556
国内贷款	24000		
利用外资			
#外商直接投资			
自筹资金	28843	21319	51017
其他资金来源	44497	59214	74539
三、本年新增固定资产(万元)	**53436**	**39081**	**77652**
四、土地开发及购置(平方米)			
本年完成开发土地面积			
待开发土地面积	117516	3678	334319
本年购置土地面积	57667	13447	

8-26 续表 1

指　　标	2011年	2012年	2013年
五、商品房屋建筑面积(平方米)			
1.施工房屋面积	**487323**	**473319**	**576994**
住宅	362772	310053	391533
#别墅、高档公寓	114454	73327	75225
办公楼	7623	16789	15552
商业营业用房	116928	146477	131909
其他			38000
2.新开工房屋面积	**45343**	**226763**	**277633**
住宅	383	170714	223699
#别墅、高档公寓	383	64600	67849
办公楼		15688	
商业营业用房	44960	40361	15934
其他			38000
3.竣工房屋面积	**216918**	**92259**	**180938**
住宅	192838	64561	106497
#别墅、高档公寓	47000	8344	56600
办公楼	2022	1101	
商业营业用房	22058	26597	74441
其他			
六、商品房屋销售			
1.销售面积(平方米)	**182538**	**225003**	**254037**
住宅	172928	206486	227787
#别墅、高档公寓	34756	29375	34700
办公楼		4343	7744
商业营业用房	9541	14174	18506
其他	69		
2.销售额(万元)	**63423**	**73545**	**106023**
住宅	57266	61578	88458
#别墅、高档公寓	9030	10826	16200
办公楼		2314	3992
商业营业用房	6080	9653	13573
其他	77		
3.销售价格(元/平方米)	**3475**	**3269**	**4174**
住宅	3312	2982	3883
办公楼		5328	5155
商业营业用房	6372	6810	7334

8-27 陕西省房地产开发投资综合统计

指 标	2011年	2012年	2013年
一、房地产企业			
1.企业个数合计(个)	**1430**	**1646**	**1690**
#一级企业	31	35	35
#二级企业	187	232	248
#三级企业	422	452	460
2.资产负债(万元)			
资产总计	37589366	52149806	65751492
负债总计	29370811	41734407	53629210
所有者权益	8218555	10415399	12122282
资产负债率(%)	78.1	80.0	81.6
二、本年完成投资额(万元)			
合计	**14109037**	**18359321**	**22401692**
1.按构成分			
建筑安装工程	12127367	15223978	19348035
设备工器具购置	188336	239267	278485
其他费用	1793334	2896076	2775172
#土地购置费	1019877	1402692	1169727
2.按用途分			
住宅	11769311	14775700	17689545
#别墅、高档公寓	393676	339606	387283
办公楼	367589	438731	798458
商业营业用房	1196979	1554941	2240840
其他	775158	1589949	1672849
3.商品房屋建设和土地开发			
#商品房建设投资			
#土地开发投资			
商品房建设投资额比重(%)			
4.资金来源及构成			
本年资金来源小计	19377179	23174048	25923919
国内贷款	2337005	2803565	3260991
利用外资	2428	24000	74400
#外商直接投资	2000	24000	74400
自筹资金	7076245	11204400	11431835
其他资金来源	9961501	9142083	11156693
三、本年新增固定资产(万元)	**3612272**	**5067280**	**5134691**
四、土地开发及购置(平方米)			
本年完成开发土地面积			
待开发土地面积	3822268	5628062	5194230
本年购置土地面积	5284808	4730279	5034541

8-27 续表 1

指　　标	2011年	2012年	2013年
五、商品房屋建筑面积(平方米)			
1.施工房屋面积	**122219493**	**154105712**	**172408620**
住宅	105300827	130301606	142258587
#别墅、高档公寓	2348805	2362906	2490876
办公楼	2405542	3385716	5011267
商业营业用房	8902516	11866372	14477556
其他	5610608	8552018	10661210
2.新开工房屋面积	**40274390**	**47383153**	**44833504**
住宅	35107517	39289066	34881570
#别墅、高档公寓	348830	330296	312675
办公楼	781483	990284	1792114
商业营业用房	2671286	4197011	4748274
其他	1714104	2906792	3411546
3.竣工房屋面积	**11282601**	**16539444**	**15116691**
住宅	10025242	14137517	12727673
#别墅、高档公寓	8685	197538	155927
办公楼	126504	194751	426760
商业营业用房	859212	1455949	1149216
其他	271643	751227	813042
六、商品房屋销售			
1.销售面积(平方米)	**30517668**	**27555907**	**30457045**
住宅	28745105	25308411	28312228
#别墅、高档公寓	602365	529810	290903
办公楼	375324	659666	448307
商业营业用房	1083602	1243366	1192222
其他	313637	344464	504288
2.销售额(万元)	**15103812**	**14207497**	**16081136**
住宅	13525380	12155745	14132019
#别墅、高档公寓	543576	508782	265540
办公楼	325473	533837	332229
商业营业用房	1097056	1323773	1250981
其他	155903	194142	365907
3.销售价格(元/平方米)	**4949**	**5156**	**5280**
住宅	4705	4803	4991
办公楼	8672	8093	7411
商业营业用房	10124	10647	10493

8-28　甘肃省房地产开发投资综合统计

指　标	2011年	2012年	2013年
一、房地产企业			
1.企业个数合计(个)	**1284**	**1359**	**1399**
#一级企业	4	6	6
#二级企业	89	104	120
#三级企业	412	415	452
2.资产负债(万元)			
资产总计	11740537	16644060	20855075
负债总计	8827768	12976234	16639941
所有者权益	2912769	3667826	4215135
资产负债率(%)	75.2	78.0	79.8
二、本年完成投资额(万元)			
合计	**3669672**	**5610185**	**7246490**
1.按构成分			
建筑安装工程	2903811	4646869	6169974
设备工器具购置	19503	66779	102931
其他费用	746358	896537	973585
#土地购置费	385280	523848	630694
2.按用途分			
住宅	2667317	4125139	5398519
#别墅、高档公寓	1006	11506	90117
办公楼	68003	110565	193416
商业营业用房	402951	654094	986394
其他	531401	720387	668161
3.商品房屋建设和土地开发			
#商品房建设投资			
#土地开发投资			
商品房建设投资额比重(%)			
4.资金来源及构成			
本年资金来源小计	4242235	6512429	9633530
国内贷款	832364	1290787	1687531
利用外资	55		
#外商直接投资			
自筹资金	1837740	3049698	4310787
其他资金来源	1572076	2171944	3635212
三、本年新增固定资产(万元)	**1945768**	**2154183**	**2991604**
四、土地开发及购置(平方米)			
本年完成开发土地面积			
待开发土地面积	2091900	3292583	2781745
本年购置土地面积	3042768	4193277	4217074

8-28 续表 1

指 标	2011年	2012年	2013年
五、商品房屋建筑面积(平方米)			
1.施工房屋面积	**40994314**	**56349533**	**68483978**
住宅	33704341	44312076	53244870
#别墅、高档公寓	23490	229980	312511
办公楼	685723	998487	1078019
商业营业用房	4046330	6328247	8195927
其他	2557920	4710723	5965162
2.新开工房屋面积	**17775558**	**24045119**	**24511929**
住宅	14644440	19335232	19170533
#别墅、高档公寓	250	79980	180140
办公楼	252234	232231	301253
商业营业用房	1791564	2516790	3006849
其他	1087320	1960866	2033294
3.竣工房屋面积	**7437731**	**8445017**	**9155605**
住宅	6289577	7100332	7690707
#别墅、高档公寓			785
办公楼	106119	85618	33416
商业营业用房	875814	938514	976193
其他	166221	320553	455289
六、商品房屋销售			
1.销售面积(平方米)	**8388157**	**9784417**	**12200194**
住宅	7581476	8933551	11348146
#别墅、高档公寓	4950	3780	44973
办公楼	80462	29674	58958
商业营业用房	622892	639872	637175
其他	103327	181320	155915
2.销售额(万元)	**2783393**	**3493180**	**4740665**
住宅	2373035	3016035	4180826
#别墅、高档公寓	2515	2785	35735
办公楼	62534	20643	50293
商业营业用房	320904	415674	464882
其他	26920	40828	44664
3.销售价格(元/平方米)	**3318**	**3570**	**3886**
住宅	3130	3376	3684
办公楼	7772	6957	8530
商业营业用房	5152	6496	7296

8-29　青海省房地产开发投资综合统计

指　标	2011年	2012年	2013年
一、房地产企业			
1.企业个数合计(个)	**400**	**291**	**308**
#一级企业	6	5	5
#二级企业	90	86	99
#三级企业	134	89	96
2.资产负债(万元)			
资产总计	4794644	6068792	9261775
负债总计	3937891	5080297	7715422
所有者权益	856753	988495	1546353
资产负债率(%)	82.1	83.7	83.3
二、本年完成投资额(万元)			
合计	**1446936**	**1896795**	**2476138**
1.按构成分			
建筑安装工程	1217770	1385281	2122436
设备工器具购置	3970	11434	45261
其他费用	225196	500080	308441
#土地购置费	188270	388135	208494
2.按用途分			
住宅	901224	1411006	1597196
#别墅、高档公寓	1970	1329	8534
办公楼	39733	33642	167543
商业营业用房	290551	268742	444914
其他	215428	183405	266485
3.商品房屋建设和土地开发			
#商品房建设投资			
#土地开发投资			
商品房建设投资额比重(%)			
4.资金来源及构成			
本年资金来源小计	1508673	2284477	2590856
国内贷款	171135	373912	444349
利用外资	15276		
#外商直接投资	15276		
自筹资金	813267	1133544	1179734
其他资金来源	508995	777021	966773
三、本年新增固定资产(万元)	**1293350**	**1289870**	**1705103**
四、土地开发及购置(平方米)			
本年完成开发土地面积			
待开发土地面积	276776	894720	1129680
本年购置土地面积	1400963	1970293	801273

8-29 续表 1

指 标	2011年	2012年	2013年
五、商品房屋建筑面积(平方米)			
1.施工房屋面积	**16660494**	**18912259**	**23766416**
住宅	13655800	15135060	17482615
#别墅、高档公寓	82683	129305	77850
办公楼	271879	292265	751357
商业营业用房	1644811	2076680	3117529
其他	1088004	1408254	2414915
2.新开工房屋面积	**5323273**	**7729029**	**8597550**
住宅	4477719	6053276	5998511
#别墅、高档公寓	2880	75850	77850
办公楼	65111	77886	437473
商业营业用房	437288	973811	1234069
其他	343155	624056	927497
3.竣工房屋面积	**5204578**	**4162028**	**5926216**
住宅	4482953	3710646	4743898
#别墅、高档公寓	4748	6139	
办公楼	54859	34143	87395
商业营业用房	418226	238820	527768
其他	248540	178419	567155
六、商品房屋销售			
1.销售面积(平方米)	**3595594**	**2629567**	**3815584**
住宅	3425623	2468539	3696958
#别墅、高档公寓	2561	4100	1960
办公楼	14730	2140	6938
商业营业用房	148135	154763	102668
其他	7106	4125	9020
2.销售额(万元)	**1167878**	**1064592**	**1588392**
住宅	1058522	911437	1462925
#别墅、高档公寓	1348	2932	1703
办公楼	2578	1395	4067
商业营业用房	103981	150192	118301
其他	2797	1568	3099
3.销售价格(元/平方米)	**3248**	**4049**	**4163**
住宅	3090	3692	3957
办公楼	1750	6519	5862
商业营业用房	7019	9705	11523

8-30　宁夏回族自治区房地产开发投资综合统计

指　　标	2011年	2012年	2013年
一、房地产企业			
1.企业个数合计(个)	**436**	**480**	**501**
#一级企业	10	10	10
#二级企业	71	79	96
#三级企业	89	101	111
2.资产负债(万元)			
资产总计	11783394	15614913	20195733
负债总计	9489851	12723086	16366197
所有者权益	2293543	2891828	3829536
资产负债率(%)	80.5	81.5	81.0
二、本年完成投资额(万元)			
合计	**3362289**	**4291529**	**5589682**
1.按构成分			
建筑安装工程	2913084	3563893	4792522
设备工器具购置	14932	26735	45617
其他费用	434273	700901	751543
#土地购置费	302403	430339	467042
2.按用途分			
住宅	2395186	2794871	3402650
#别墅、高档公寓	78395	114599	150230
办公楼	85213	108440	187933
商业营业用房	497829	830146	1271150
其他	384061	558072	727949
3.商品房屋建设和土地开发			
#商品房建设投资			
#土地开发投资			
商品房建设投资额比重(%)			
4.资金来源及构成			
本年资金来源小计	4493133	4998029	6941494
国内贷款	519711	593984	1057417
利用外资			
#外商直接投资			
自筹资金	1580144	1963181	2476903
其他资金来源	2393278	2440864	3407174
三、本年新增固定资产(万元)	**2897823**	**2893938**	**3702254**
四、土地开发及购置(平方米)			
本年完成开发土地面积			
待开发土地面积	7692011	4090067	4632257
本年购置土地面积	5547356	4256860	4382578

8-30 续表 1

指　　标	2011年	2012年	2013年
五、商品房屋建筑面积(平方米)			
1.施工房屋面积	**40802601**	**50332607**	**60432278**
住宅	30869207	36226338	40908334
#别墅、高档公寓	660302	819311	1213270
办公楼	1065019	1191375	1712018
商业营业用房	5096722	8186705	11415852
其他	3771653	4728189	6396074
2.新开工房屋面积	**19891968**	**18427796**	**21631198**
住宅	14803317	12287413	14357657
#别墅、高档公寓	261067	385834	464169
办公楼	550608	385969	598609
商业营业用房	2511409	4210154	4244425
其他	2026634	1544260	2430507
3.竣工房屋面积	**9673224**	**11519733**	**11044486**
住宅	7850111	9222591	8613711
#别墅、高档公寓	285051	66529	228164
办公楼	231485	98478	98611
商业营业用房	1152252	1310419	1336863
其他	439376	888245	995301
六、商品房屋销售			
1.销售面积(平方米)	**8464567**	**8044266**	**10483098**
住宅	7051284	7075675	9282602
#别墅、高档公寓	186391	143289	175399
办公楼	92708	68168	57383
商业营业用房	1147070	829177	1026562
其他	173505	71246	116551
2.销售额(万元)	**3159137**	**3175781**	**4436951**
住宅	2390002	2561936	3636024
#别墅、高档公寓	89588	69475	117998
办公楼	67252	34530	45690
商业营业用房	646957	554355	706155
其他	54926	24960	49082
3.销售价格(元/平方米)	**3732**	**3948**	**4232**
住宅	3389	3621	3917
办公楼	7254	5065	7962
商业营业用房	5640	6686	6879

8-31　新疆维吾尔自治区房地产开发投资综合统计

指　　标	2011年	2012年	2013年
一、房地产企业			
1.企业个数合计(个)	**1421**	**1509**	**1634**
#一级企业	24	24	24
#二级企业	93	98	114
#三级企业	348	334	341
2.资产负债(万元)			
资产总计	17578302	22571865	31005187
负债总计	13116923	17316323	24385879
所有者权益	4461378	5255542	6619308
资产负债率(%)	74.6	76.7	78.7
二、本年完成投资额(万元)			
合计	**5163895**	**6060939**	**8256855**
1.按构成分			
建筑安装工程	4309058	5177425	7082507
设备工器具购置	53225	89271	138890
其他费用	801612	794243	1035458
#土地购置费	425236	382920	595300
2.按用途分			
住宅	4163926	4442667	5556183
#别墅、高档公寓	258846	368122	475062
办公楼	155400	120840	249894
商业营业用房	572602	976135	1628450
其他	271967	521297	822328
3.商品房屋建设和土地开发			
#商品房建设投资			
#土地开发投资			
商品房建设投资额比重(%)			
4.资金来源及构成			
本年资金来源小计	6843313	7979461	11131481
国内贷款	731550	908749	1066046
利用外资	1666		
#外商直接投资			
自筹资金	2314233	2976896	4121799
其他资金来源	3795864	4093816	5943636
三、本年新增固定资产(万元)	**2321411**	**4329468**	**4301213**
四、土地开发及购置(平方米)			
本年完成开发土地面积			
待开发土地面积	5390881	5760891	6296062
本年购置土地面积	9808690	7606663	9762444

8-31 续表 1

指　　标	2011年	2012年	2013年
五、商品房屋建筑面积（平方米）			
1.施工房屋面积	**54814422**	**68965459**	**94595468**
住宅	45747177	54825900	69827001
#别墅、高档公寓	3518650	3708329	3725096
办公楼	1101178	1366079	2253243
商业营业用房	5431205	8412217	15454549
其他	2534862	4361263	7060675
2.新开工房屋面积	**29745103**	**28236502**	**37298708**
住宅	25106771	21493594	24991567
#别墅、高档公寓	1595367	1285320	1074576
办公楼	408699	496344	1229046
商业营业用房	3044617	4213191	8385127
其他	1185016	2033373	2692968
3.竣工房屋面积	**12704801**	**17361714**	**17221556**
住宅	11080237	14384339	13940775
#别墅、高档公寓	1064911	1009198	584807
办公楼	189213	351000	250254
商业营业用房	1096645	1774528	2203885
其他	338706	851847	826642
六、商品房屋销售			
1.销售面积（平方米）	**17282320**	**14303062**	**20170342**
住宅	15705619	12747965	17999496
#别墅、高档公寓	975224	573475	771138
办公楼	158618	184713	170411
商业营业用房	1231178	1163140	1724395
其他	186905	207244	276040
2.销售额（万元）	**6133128**	**5604508**	**8609530**
住宅	5162366	4581386	7107384
#别墅、高档公寓	418385	306194	422422
办公楼	117904	173314	153473
商业营业用房	779898	759812	1231744
其他	72960	89996	116929
3.销售价格（元/平方米）	**3549**	**3918**	**4268**
住宅	3287	3594	3949
办公楼	7433	9383	9006
商业营业用房	6335	6532	7143

第九章

35 个大中城市分城市房地产开发投资综合统计（2013）

9-1　北京市房地产开发投资综合统计

指　　标	2011年	2012年	2013年
一、本年完成投资额(万元)	**30363118**	**31534419**	**34834045**
1.按用途分			
住宅	17783070	16279851	17245610
#别墅、高档公寓	2478279	1815421	1356381
办公楼	3638232	3848067	6117479
商业营业用房	2967169	2758685	3175052
其他	5974647	8647816	8295904
2.资金状况			
本年资金来源合计	72379782	83573757	96875708
#上年末节余资金	18799080	22728212	23873891
#本年资金来源小计	53580702	60845545	73001817
本年各项应付款合计	921799	850095	2251187
3.资金来源及构成			
本年资金来源小计	53580702	60845545	73001817
国内贷款	11679535	14847394	18369482
利用外资	26035	42209	116024
#外商直接投资	26035	42209	116007
自筹资金	17461530	16119093	21382276
其他资金来源	24413602	29836849	33134035
二、房地产开发企业(单位)情况			
1.企业个数合计(个)	**3068**	**2981**	**2957**
#一级企业	130	124	116
#二级企业	235	217	203
#三级企业	315	297	259
2.从业人数合计(人)	**90050**	**91941**	**93509**
#一级企业	14297	14211	13107
#二级企业	16898	15742	14067
#三级企业	10780	10763	10228
3.资产合计(万元)	**298921594.4**	**341265626.3**	**390374393.1**
4.负债合计(万元)	**238536207.3**	**269874921**	**306495306.4**
5.资产负债率(%)	**79.8**	**79.1**	**78.5**
三、商品房屋开发面积(平方米)			
1.施工房屋面积	**120653755**	**131224915**	**138868667**
住宅	71681235	75103589	74068835
#别墅、高档公寓	7547650	6421998	5300571
办公楼	14226636	17118590	21141321
商业营业用房	11874806	12368916	12333734
其他	22871078	26633820	31324777

9-1 续表

指　　标	2011年	2012年	2013年
2.新开工房屋面积	**42460522**	**32242095**	**35775238**
住宅	25964494	16275023	17365374
#别墅、高档公寓	1655182	884026	806164
办公楼	4893992	5368188	6713983
商业营业用房	3064320	3256129	3510120
其他	8537716	7342755	8185761
3.竣工房屋面积	**22452369**	**23908593**	**26663519**
住宅	13161275	15227151	16920382
#别墅、高档公寓	1330081	1350949	1335124
办公楼	2451682	2267874	2730543
商业营业用房	2324306	2400582	1783635
其他	4515106	4012986	5228959
4.待售房屋面积	**17762213**	**19117915**	**18614442**
住宅	6996502	7894548	8293380
#别墅、高档公寓	1525447	1965781	1998293
办公楼	2401087	1982135	1800926
商业营业用房	4192118	4420473	4000116
其他	4172506	4820759	4520020
四、商品房屋销售			
1.销售面积(平方米)	**14392018**	**19437367**	**19031124**
住宅	10349608	14833746	13636732
#别墅、高档公寓	932703	1169400	877622
办公楼	2112354	2534960	3179323
商业营业用房	1086908	1139677	1025235
其他	843148	928984	1189834
2.销售额(万元)	**24253361**	**33085572**	**35308237**
住宅	16060417	24555008	24347058
#别墅、高档公寓	2662231	3194508	2892845
办公楼	5006626	5605857	7447840
商业营业用房	2708526	2333565	2707115
其他	477792	591142	806224
3.销售价格(元/平方米)	**16852**	**17022**	**18553**
住宅	15518	16553	17854
办公楼	23702	22114	23426
商业营业用房	24920	20476	26405
4.出租面积(平方米)	**8123847**	**8932113**	**8349443**
住宅	356324	445445	412924
#别墅、高档公寓	180769	171836	157926
办公楼	2860283	3204409	3019510
商业营业用房	4041022	4217689	3794279
其他	866218	1064570	1122730

9-2　天津市房地产开发投资综合统计

指　　标	2011年	2012年	2013年
一、本年完成投资额(万元)	**10802492**	**12599969**	**14808152**
1.按用途分			
住宅	6892818	8430526	9862785
#别墅、高档公寓	596685	623395	639806
办公楼	1098389	856968	999098
商业营业用房	1767896	1553063	1652899
其他	1043389	1759412	2293370
2.资金状况			
本年资金来源合计	29652438	29803871	35723324
#上年末节余资金	8042153	8341083	8108605
#本年资金来源小计	21610285	21462788	27614719
本年各项应付款合计	6931649	5124356	7723974
3.资金来源及构成			
本年资金来源小计	21610285	21462788	27614719
国内贷款	5856720	5703680	7652235
利用外资	101425	34699	162176
#外商直接投资	78485	3767	104539
自筹资金	7197753	8317073	8920835
其他资金来源	8454387	7407336	10879473
二、房地产开发企业(单位)情况			
1.企业个数合计(个)	**1247**	**1322**	**1209**
#一级企业	27	28	28
#二级企业	108	111	108
#三级企业	148	150	144
2.从业人数合计(人)	**29009**	**34753**	**38417**
#一级企业	2164	2303	2354
#二级企业	4671	5392	5839
#三级企业	3587	4088	5256
3.资产合计(万元)	**112043621.9**	**156857562.2**	**184153070.8**
4.负债合计(万元)	**82791066.9**	**111377801.2**	**131732611.6**
5.资产负债率(%)	**73.9**	**71.0**	**71.5**
三、商品房屋开发面积(平方米)			
1.施工房屋面积	**92339821**	**98642247**	**108921748**
住宅	66239545	69235199	75624831
#别墅、高档公寓	3523567	3428667	3492710
办公楼	7228611	7923966	8410005
商业营业用房	10727693	10452308	11586121
其他	8143972	11030774	13300791

9-2 续表

指　　标	2011年	2012年	2013年
2.新开工房屋面积	**32955578**	**25651881**	**26729302**
住宅	24024253	17647557	17448490
#别墅、高档公寓	1413962	584894	851129
办公楼	2402900	2310154	1738386
商业营业用房	3730924	2021598	3701067
其他	2797501	3672572	3841359
3.竣工房屋面积	**21027954**	**25427456**	**28053693**
住宅	16451031	19139656	21176645
#别墅、高档公寓	1161309	1107433	829347
办公楼	1434928	1668026	1885922
商业营业用房	1483540	3014184	1878036
其他	1658455	1605590	3113090
4.待售房屋面积	**2765768**	**4989392**	**9410326**
住宅	1795046	3470081	6373164
#别墅、高档公寓	238166	334781	730667
办公楼	288142	640853	1063715
商业营业用房	504789	519568	861453
其他	177791	358890	1111994
四、商品房屋销售			
1.销售面积(平方米)	**15945695**	**16616941**	**18471121**
住宅	13657081	15114032	17203433
#别墅、高档公寓	935419	663234	517734
办公楼	671400	281741	234909
商业营业用房	1262885	721681	516015
其他	354329	499487	516764
2.销售额(万元)	**13944146**	**13655259**	**16154698**
住宅	11673576	12105706	14433402
#别墅、高档公寓	1043343	721408	738875
办公楼	598009	376097	268756
商业营业用房	1417210	938729	853994
其他	255351	234727	598546
3.销售价格(元/平方米)	**8745**	**8218**	**8746**
住宅	8548	8010	8390
办公楼	8907	13349	11441
商业营业用房	11222	13008	16550
4.出租面积(平方米)	**258505**	**152420**	**272839**
住宅	29197	29490	2265
#别墅、高档公寓			
办公楼	10552	2913	113290
商业营业用房	185952	74406	66970
其他	32804	45611	90314

9-3 石家庄市房地产开发投资综合统计

指 标	2011年	2012年	2013年
一、本年完成投资额(万元)	**7891413**	**8332125**	**9281491**
1.按用途分			
住宅	5486650	5922728	6156999
办公楼	386247	532433	837417
商业营业用房	1434085	1389144	1522635
其他	584431	487820	764440
2.资金状况			
本年资金来源合计	9780064	11268403	11775622
#上年末节余资金	1575491	1294612	1567960
#本年资金来源小计	8204573	9973791	10207662
本年各项应付款合计	1050306	1181153	1812559
3.资金来源及构成			
本年资金来源小计	8204573	9973791	10207662
国内贷款	878247	723391	958242
利用外资			
#外商直接投资			
自筹资金	4682272	6748203	6786595
其他资金来源	2644054	2502197	2462825
二、房地产开发企业(单位)情况			
1.企业个数合计(个)	**515**	**468**	**461**
#一级企业	3	3	3
#二级企业	33	32	38
#三级企业	70	66	57
2.从业人数合计(人)	**15498**	**16538**	**17881**
#一级企业	478	1030	1030
#二级企业	2858	2881	3772
#三级企业	2525	2382	2217
3.资产合计(万元)	**13508154.6**	**15741963.2**	**18853129.1**
4.负债合计(万元)	**11615608.9**	**13124629.7**	**16135708.5**
5.资产负债率(%)	**85.9**	**83.4**	**85.6**
三、商品房屋开发面积(平方米)			
1.施工房屋面积	**49644639**	**46771814**	**52002921**
住宅	38952225	36635998	39997488
#别墅、高档公寓	1143789	1401037	1374842
办公楼	2029285	1916463	2539224
商业营业用房	5894703	5338817	6181948
其他	2768426	2880536	3284261

9-3 续表

指　　标	2011年	2012年	2013年
2.新开工房屋面积	**18253233**	**11388637**	**10302553**
住宅	14055685	8869099	7602150
#别墅、高档公寓	566854	311146	44360
办公楼	1012131	369678	859854
商业营业用房	2075746	1513478	1452685
其他	1109671	636382	387864
3.竣工房屋面积	**10964990**	**8709344**	**8659279**
住宅	8892216	6816427	6313473
#别墅、高档公寓	42320	292495	30365
办公楼	230912	251313	833460
商业营业用房	1163811	1097442	1075967
其他	678051	544162	436379
4.待售房屋面积	**2288974**	**1984670**	**2740729**
住宅	1763532	1527291	2201601
#别墅、高档公寓	24542	9242	18278
办公楼	33923	38106	80617
商业营业用房	317596	222164	256222
其他	173923	197109	202289
四、商品房屋销售			
1.销售面积(平方米)	**9222363**	**7687331**	**9512114**
住宅	7832013	6970793	7827284
#别墅、高档公寓	146348	746666	192822
办公楼	121027	174627	369467
商业营业用房	885373	367222	781226
其他	383950	174689	534137
2.销售额(万元)	**4371858**	**3790574**	**5234802**
住宅	3408610	3285711	3868805
#别墅、高档公寓	112535	353323	131134
办公楼	114425	146439	328670
商业营业用房	717216	265781	679308
其他	131607	92643	358019
3.销售价格(元/平方米)	**4740**	**4931**	**5503**
住宅	4352	4714	4943
办公楼	9455	8386	8896
商业营业用房	8101	7238	8695
4.出租面积(平方米)	**1000**		
住宅			
#别墅、高档公寓			
办公楼			
商业营业用房	1000		
其他			

9-4 太原市房地产开发投资综合统计

指　　标	2011年	2012年	2013年
一、本年完成投资额(万元)	**3105476**	**3592367**	**4162332**
1.按用途分			
住宅	2457958	2570151	3002874
#别墅、高档公寓	81957	13531	127867
办公楼	64713	133533	272884
商业营业用房	223989	409025	487320
其他	358816	479658	399254
2.资金状况			
本年资金来源合计	4854997	5062296	6422181
#上年末节余资金	988669	1229086	1200789
#本年资金来源小计	3866328	3833210	5221392
本年各项应付款合计	598661	651629	731322
3.资金来源及构成			
本年资金来源小计	3866328	3833210	5221392
国内贷款	401257	242772	330723
利用外资		253	
#外商直接投资		253	
自筹资金	1652447	1567706	2277626
其他资金来源	1812624	2022479	2613043
二、房地产开发企业(单位)情况			
1.企业个数合计(个)	**724**	**728**	**729**
#一级企业	4	4	3
#二级企业	65	70	80
#三级企业	121	120	111
2.从业人数合计(人)	**15275**	**16965**	**17701**
#一级企业	416	201	115
#二级企业	3581	4774	5180
#三级企业	2925	3392	2935
3.资产合计(万元)	**14578218.8**	**18518557.4**	**21898881.6**
4.负债合计(万元)	**12619798**	**16039534.5**	**19007470.3**
5.资产负债率(%)	**86.6**	**86.6**	**86.8**
三、商品房屋开发面积(平方米)			
1.施工房屋面积	**28123683**	**36510523**	**41842245**
住宅	23555748	28541109	32427007
#别墅、高档公寓	422347	436423	697580
办公楼	639705	945626	1600480
商业营业用房	1907152	3367160	3732301
其他	2021078	3656628	4082457

9-4 续表

指　标	2011年	2012年	2013年
2.新开工房屋面积	**6996900**	**8217968**	**6810577**
住宅	6056667	5764103	5577691
#别墅、高档公寓	86207	49036	178488
办公楼	43714	283826	296262
商业营业用房	287794	927140	362615
其他	608725	1242899	574009
3.竣工房屋面积	**2292756**	**2309382**	**2483864**
住宅	2093215	2012962	2111747
#别墅、高档公寓			12722
办公楼	10000	30246	110742
商业营业用房	115860	82019	144664
其他	73681	184155	116711
4.待售房屋面积	**649664**	**471396**	**464623**
住宅	586705	398249	377925
#别墅、高档公寓	3952		2722
办公楼	16116	23822	37198
商业营业用房	33785	43085	48360
其他	13058	6240	1140
四、商品房屋销售			
1.销售面积(平方米)	**2161778**	**3248146**	**4233146**
住宅	1918873	3081279	4011450
#别墅、高档公寓	136	1227	171203
办公楼	74364	50195	80021
商业营业用房	146966	86891	141345
其他	21575	29781	330
2.销售额(万元)	**1473475**	**2210490**	**3030100**
住宅	1250619	1973480	2674775
#别墅、高档公寓	216	1588	193498
办公楼	72816	52556	110095
商业营业用房	132723	174539	245038
其他	17317	9915	192
3.销售价格(元/平方米)	**6816**	**6805**	**7158**
住宅	6517	6405	6668
办公楼	9792	10470	13758
商业营业用房	9031	20087	17336
4.出租面积(平方米)	**24479**	**3253**	**3253**
住宅	500		
#别墅、高档公寓			
办公楼			
商业营业用房	11557	3253	3253
其他	12422		

9-5　呼和浩特市房地产开发投资综合统计

指　　标	2011年	2012年	2013年
一、本年完成投资额(万元)	**3300329**	**4479861**	**5816832**
1.按用途分			
住宅	2441653	3021927	3921333
#别墅、高档公寓	147092	88053	80225
办公楼	161676	230525	296785
商业营业用房	543884	788220	1135107
其他	153116	439189	463607
2.资金状况			
本年资金来源合计	4144483	4873128	6615783
#上年末节余资金	304788	216467	731720
#本年资金来源小计	3839695	4656661	5884063
本年各项应付款合计	448143	761424	981342
3.资金来源及构成			
本年资金来源小计	3839695	4656661	5884063
国内贷款	206557	253305	466396
利用外资			
#外商直接投资			
自筹资金	2349680	3248853	4114818
其他资金来源	1283458	1154503	1302849
二、房地产开发企业(单位)情况			
1.企业个数合计(个)	**241**	**260**	**282**
#一级企业	1	2	3
#二级企业	36	43	39
#三级企业	53	46	49
2.从业人数合计(人)	**6771**	**7573**	**9274**
#一级企业	120	162	233
#二级企业	1397	1769	1607
#三级企业	1620	1455	1587
3.资产合计(万元)	**8985983.5**	**12180536.2**	**15031521**
4.负债合计(万元)	**7457392**	**10272022.7**	**12842142.8**
5.资产负债率(%)	**82.9**	**84.3**	**85.4**
三、商品房屋开发面积(平方米)			
1.施工房屋面积	**34179985**	**44420630**	**58053938**
住宅	24460498	31271829	40586364
#别墅、高档公寓	695946	623997	554357
办公楼	1480153	1702064	2242212
商业营业用房	5534355	7569756	10253458
其他	2704979	3876981	4971904

9-5 续表

指 标	2011年	2012年	2013年
2.新开工房屋面积	**18319192**	**13451035**	**17536150**
住宅	12916017	9041172	13063424
#别墅、高档公寓	319665	15700	200358
办公楼	891458	579266	322636
商业营业用房	3227269	2186228	2899773
其他	1284448	1644369	1250317
3.竣工房屋面积	**3199429**	**3579763**	**4000514**
住宅	2648721	2908012	3087730
#别墅、高档公寓	62959	329235	11800
办公楼	6859	92100	77331
商业营业用房	421421	410519	510642
其他	122428	169132	324811
4.待售房屋面积	**2398194**	**1847402**	**2183266**
住宅	1673592	1224611	1349599
#别墅、高档公寓	262550	4626	188765
办公楼	203521	81312	79100
商业营业用房	460550	449555	605478
其他	60531	91924	149089
四、商品房屋销售			
1.销售面积(平方米)	**4497116**	**4781847**	**4204521**
住宅	4083908	4143054	3399637
#别墅、高档公寓	265584	249800	11663
#经济适用房屋			
办公楼	52585	140528	168340
商业营业用房	300608	447823	406052
其他	60015	50442	230492
2.销售额(万元)	**1964099**	**2603781**	**2200078**
住宅	1663506	1987906	1574496
#别墅、高档公寓	241368	168484	17655
#经济适用房屋			
办公楼	34472	102118	137923
商业营业用房	237319	487664	383681
其他	28802	26093	103978
3.销售价格(元/平方米)	**4367**	**5445**	**5233**
住宅	4073	4798	4631
办公楼	6555	7267	8193
商业营业用房	7895	10890	9449
4.出租面积(平方米)	**11622**	**74108**	**4271**
住宅			
#别墅、高档公寓			
#经济适用房屋			
办公楼	7512	69802	1802
商业营业用房	4110	4306	2469
其他			

9-6 沈阳市房地产开发投资综合统计

指　　标	2011年	2012年	2013年
一、本年完成投资额(万元)	**16847242**	**19429642**	**21840129**
1.按用途分			
住宅	12609589	13314308	15745799
#别墅、高档公寓	1169092	728136	1221374
办公楼	507643	1000929	619732
商业营业用房	2727908	3590212	3966554
其他	1002102	1524193	1508044
2.资金状况			
本年资金来源合计	22973502	24431023	28751989
#上年末节余资金	2294866	3248070	3577237
#本年资金来源小计	20678636	21182953	25174752
本年各项应付款合计	2426323	3657981	3092922
3.资金来源及构成			
本年资金来源小计	20678636	21182953	25174752
国内贷款	1801369	2469559	1493900
利用外资	1191566	686713	454116
#外商直接投资	1140466	686713	385667
自筹资金	10960108	11214271	14755670
其他资金来源	6725593	6812410	8471066
二、房地产开发企业(单位)情况			
1.企业个数合计(个)	**797**	**822**	**837**
#一级企业	12	16	13
#二级企业	61	63	68
#三级企业	168	176	181
2.从业人数合计(人)	**29019**	**27802**	**24422**
#一级企业	509	1167	589
#二级企业	11255	7708	4877
#三级企业	4114	4986	5494
3.资产合计(万元)	**45379821.1**	**51116990**	**58479522.8**
4.负债合计(万元)	**32678012.3**	**37213156.1**	**43135927.1**
5.资产负债率(%)	**72.0**	**72.8**	**73.8**
三、商品房屋开发面积(平方米)			
1.施工房屋面积	**102012770**	**110026346**	**115682918**
住宅	76541246	80398491	84824949
#别墅、高档公寓	6288904	4271532	3737106
办公楼	3175901	3765457	3396692
商业营业用房	16840120	18435577	19220040
其他	5455503	7426821	8241237

9-6 续表

指　标	2011年	2012年	2013年
2.新开工房屋面积	**29726511**	**38221699**	**36191035**
住宅	23123472	28900769	27206038
#别墅、高档公寓	2045011	473735	498771
办公楼	511277	858544	699683
商业营业用房	4661521	5728967	5524233
其他	1430241	2733419	2761081
3.竣工房屋面积	**19832813**	**20663745**	**14597997**
住宅	16055553	16447614	12303370
#别墅、高档公寓	798125	512182	15788
办公楼	248013	556613	85439
商业营业用房	2616354	2467073	1785973
其他	912893	1192445	423215
4.待售房屋面积	**6310110**	**7019294**	**10220030**
住宅	4733714	5336881	7967857
#别墅、高档公寓	733308	541096	483092
办公楼	199489	134533	303777
商业营业用房	1203266	1293119	1567736
其他	173641	254761	380660
四、商品房屋销售			
1.销售面积(平方米)	**21651650**	**24696526**	**22623264**
住宅	19477841	22014548	20173699
#别墅、高档公寓	787200	1500173	1172391
办公楼	105253	218177	174531
商业营业用房	1647178	1918102	2019580
其他	421378	545699	255454
2.销售额(万元)	**12740225**	**15611316**	**14360531**
住宅	10932828	13185506	12252851
#别墅、高档公寓	688741	1469651	914496
办公楼	75524	246289	186244
商业营业用房	1482336	1862936	1759989
其他	249537	316585	161447
3.销售价格(元/平方米)	**5884**	**6321**	**6348**
住宅	5613	5989	6074
办公楼	7175	11288	10671
商业营业用房	8999	9712	8715
4.出租面积(平方米)	**8927**		**41536**
住宅	4816		21536
#别墅、高档公寓			
办公楼			
商业营业用房	4111		20000
其他			

9-7　长春市房地产开发投资综合统计

指　　标	2011年	2012年	2013年
一、本年完成投资额(万元)	**6664177**	**6496535**	**6117822**
1.按用途分			
住宅	5025311	4932189	4355223
#别墅、高档公寓	693817	579188	356864
办公楼	155799	237233	312729
商业营业用房	889737	747237	849202
其他	593330	579876	600668
2.资金状况			
本年资金来源合计	8149908	9482587	9726427
#上年末节余资金	1202513	1989776	1601897
#本年资金来源小计	6947395	7492811	8124530
本年各项应付款合计	709944	908139	568735
3.资金来源及构成			
本年资金来源小计	6947395	7492811	8124530
国内贷款	429216	749877	813096
利用外资	47685	18880	51504
#外商直接投资	47685	18880	20010
自筹资金	2890230	3501317	2854636
其他资金来源	3580264	3222737	4405294
二、房地产开发企业(单位)情况			
1.企业个数合计(个)	**482**	**534**	**557**
#一级企业	3	3	3
#二级企业	61	71	92
#三级企业	112	115	116
2.从业人数合计(人)	**13168**	**14437**	**14915**
#一级企业	316	324	300
#二级企业	3657	3771	4590
#三级企业	3056	3216	3049
3.资产合计(万元)	**16639455.8**	**21044826.9**	**24418873.7**
4.负债合计(万元)	**13506045.6**	**17403213.3**	**20136327.9**
5.资产负债率(%)	**81.2**	**82.7**	**82.5**
三、商品房屋开发面积(平方米)			
1.施工房屋面积	**40758427**	**51237176**	**56284204**
住宅	31338404	37988224	40549609
#别墅、高档公寓	2746397	3143486	2814316
办公楼	1234392	1833339	2631774
商业营业用房	5010481	6858789	7398055
其他	3175150	4556824	5704766

9-7 续表

指 标	2011年	2012年	2013年
2.新开工房屋面积	**19688009**	**15391026**	**14092672**
住宅	14966221	10507507	10144939
#别墅、高档公寓	700791	719992	456988
办公楼	416743	739877	746094
商业营业用房	2759001	2301994	1635343
其他	1546044	1841648	1566296
3.竣工房屋面积	**7480598**	**9138672**	**10081196**
住宅	6228988	7362906	7688456
#别墅、高档公寓	438053	800345	386241
办公楼	87878	129134	152311
商业营业用房	610854	1219310	1391082
其他	552878	427322	849347
4.待售房屋面积	**2356382**	**3203133**	**4973586**
住宅	1608225	2159262	3208412
#别墅、高档公寓	269443	148445	177441
办公楼	45306	103872	136861
商业营业用房	505465	657228	1052955
其他	197386	282771	575358
四、商品房屋销售			
1.销售面积(平方米)	**8791395**	**9079951**	**8470622**
住宅	7859371	7751945	7625025
#别墅、高档公寓	1126897	731075	541380
办公楼	78802	129046	158438
商业营业用房	623487	991392	439489
其他	229735	207568	247670
2.销售额(万元)	**5390194**	**5030451**	**5104304**
住宅	4691778	4087872	4368116
#别墅、高档公寓	1200070	632851	522895
办公楼	77319	111873	108232
商业营业用房	487481	726119	442304
其他	133616	104587	185652
3.销售价格(元/平方米)	**6131**	**5540**	**6026**
住宅	5970	5273	5729
办公楼	9812	8669	6831
商业营业用房	7819	7324	10064
4.出租面积(平方米)	**318709**	**304825**	**309096**
住宅	301	301	301
#别墅、高档公寓			
办公楼	31871	33718	33748
商业营业用房	285337	270806	275047
其他	1200		

9-8　哈尔滨市房地产开发投资综合统计

指　　标	2011年	2012年	2013年
一、本年完成投资额(万元)	**5704558**	**7890366**	**8579379**
1.按用途分			
住宅	4281326	5447880	5838559
#别墅、高档公寓	59009	122459	157011
办公楼	124906	217212	238810
商业营业用房	533129	1218632	1540138
其他	765197	1006642	961872
2.资金状况			
本年资金来源合计	9030881	11081547	12455342
#上年末节余资金	1201033	1887390	2041210
#本年资金来源小计	7829848	9194157	10414132
本年各项应付款合计	988173	991731	718360
3.资金来源及构成			
本年资金来源小计	7829848	9194157	10414132
国内贷款	486261	753119	823612
利用外资	27000	165	
#外商直接投资	20000	165	
自筹资金	4369411	4846893	5229634
其他资金来源	2947176	3593980	4360886
二、房地产开发企业(单位)情况			
1.企业个数合计(个)	**874**	**874**	**868**
#一级企业	5	8	9
#二级企业	172	178	182
#三级企业	499	508	509
2.从业人数合计(人)	**17492**	**18557**	**19309**
#一级企业	328	807	860
#二级企业	5380	5146	5786
#三级企业	8216	9073	9077
3.资产合计(万元)	**26651970.8**	**50777298**	**59537498.9**
4.负债合计(万元)	**21079399.5**	**29888445.5**	**35850347.1**
5.资产负债率(%)	**79.1**	**58.9**	**60.2**
三、商品房屋开发面积(平方米)			
1.施工房屋面积	**45992878**	**55770570**	**59470608**
住宅	35949154	41725621	43142116
#别墅、高档公寓	376359	461726	539328
办公楼	780045	1314192	1582648
商业营业用房	4628243	6385669	8420144
其他	4635436	6345088	6325700

9-8 续表

指　　标	2011年	2012年	2013年
2.新开工房屋面积	**25282982**	**18279017**	**15539586**
住宅	19321250	12844160	10595518
#别墅、高档公寓	226592	197918	115110
办公楼	585462	651133	175462
商业营业用房	2750313	2586523	3320843
其他	2625957	2197201	1447763
3.竣工房屋面积	**7385248**	**10958161**	**10569495**
住宅	6228481	8989742	8457201
#别墅、高档公寓	113799	1455	92251
办公楼	59899	70877	240589
商业营业用房	504076	832476	844482
其他	592792	1065066	1027223
4.待售房屋面积	**7189204**	**7506921**	**9306467**
住宅	5003790	5528572	6902067
#别墅、高档公寓	264587	81814	78600
办公楼	74195	49469	52991
商业营业用房	1309790	1189557	1501476
其他	801429	739323	849933
四、商品房屋销售			
1.销售面积(平方米)	**9985876**	**11952816**	**13704803**
住宅	9200171	10316131	12269961
#别墅、高档公寓	109814	149936	51384
办公楼	21183	105679	195711
商业营业用房	505136	1025733	838337
其他	259386	505273	400794
2.销售额(万元)	**5390566**	**6595145**	**8488438**
住宅	4799420	5274481	7219739
#别墅、高档公寓	108852	168074	45346
办公楼	14659	87124	154513
商业营业用房	476530	974767	840350
其他	99957	258773	273836
3.销售价格(元/平方米)	**5398**	**5518**	**6194**
住宅	5217	5113	5884
办公楼	6920	8244	7895
商业营业用房	9434	9503	10024
4.出租面积(平方米)	**6908**	**36438**	**94207**
住宅	5488	154	
#别墅、高档公寓			
办公楼		18117	
商业营业用房	244	16430	91573
其他	1176	1737	2634

9-9　上海市房地产开发投资综合统计

指　　标	2011年	2012年	2013年
一、本年完成投资额(万元)	**22538314**	**23813574**	**28195915**
1.按用途分			
住宅	14655238	14519446	16155060
#别墅、高档公寓	4106748	3350806	3486040
办公楼	2279028	2628502	3771832
商业营业用房	2515516	2937507	3700298
其他	3088532	3728119	4568725
2.资金状况			
本年资金来源合计	49850992	53169349	68512930
#上年末节余资金	15415390	13484213	17586223
#本年资金来源小计	34435602	39685136	50926707
本年各项应付款合计	7905336	6844489	8452021
3.资金来源及构成			
本年资金来源小计	34435602	39685136	50926707
国内贷款	8516827	9757750	12923582
利用外资	377238	261165	381414
#外商直接投资	339220	261165	373177
自筹资金	12796255	13859584	15699109
其他资金来源	12745282	15806637	21922602
二、房地产开发企业(单位)情况			
1.企业个数合计(个)	**3300**	**3132**	**3045**
#一级企业	46	51	52
#二级企业	275	270	284
#三级企业	428	407	388
2.从业人数合计(人)	**76489**	**74219**	**71048**
#一级企业	3404	3661	3862
#二级企业	11769	10156	10180
#三级企业	12767	10543	9995
3.资产合计(万元)	**289860700.6**	**323164215.6**	**363841727.6**
4.负债合计(万元)	**195094712.7**	**216128374.2**	**246069969.1**
5.资产负债率(%)	**67.3**	**66.9**	**67.6**
三、商品房屋开发面积(平方米)			
1.施工房屋面积	**130331656**	**132499656**	**135165832**
住宅	84499016	83156827	81257388
#别墅、高档公寓	16614684	14257667	14487545
办公楼	11481048	12846833	14317330
商业营业用房	13729003	14499055	15007172
其他	20622589	21996941	24583942

9-9 续表

指　　标	2011年	2012年	2013年
2.新开工房屋面积	**37261412**	**27240509**	**27059518**
住宅	25143345	15633923	16430929
#别墅、高档公寓	4304054	2343312	2522792
办公楼	2551896	3039087	2640574
商业营业用房	2538044	3651658	2749628
其他	7028127	4915841	5238387
3.竣工房屋面积	**23843341**	**23050586**	**22544350**
住宅	16454689	16091305	14174113
#别墅、高档公寓	3906453	2759148	2363957
办公楼	1747912	2068703	1760124
商业营业用房	2577421	1776514	2534452
其他	3063319	3114064	4075661
4.待售房屋面积	**13587505**	**16634312**	**18091462**
住宅	6557045	7663212	8070209
#别墅、高档公寓	2427725	2499916	2841690
办公楼	1509253	2230002	2381908
商业营业用房	2899244	3161416	3251615
其他	2621963	3579682	4387730
四、商品房屋销售			
1.销售面积(平方米)	**17908598**	**18984590**	**23822014**
住宅	14999998	15926284	20158086
#别墅、高档公寓	2542431	2345559	3141986
办公楼	1411054	1117263	1612163
商业营业用房	902599	1200053	1164676
其他	594947	740990	887089
2.销售额(万元)	**26152347**	**26694942**	**39115659**
住宅	20348748	22089570	32640297
#别墅、高档公寓	6711034	6613452	9085790
办公楼	3668289	2346206	3808468
商业营业用房	1762491	1946240	2247139
其他	372819	312926	419755
3.销售价格(元/平方米)	**14603**	**14061**	**16420**
住宅	13566	13870	16192
办公楼	25997	21000	23623
商业营业用房	19527	16218	19294
4.出租面积(平方米)	**12782899**	**13551994**	**12063699**
住宅	746377	924317	753152
#别墅、高档公寓	621294	732551	636138
办公楼	5895370	6438307	5581902
商业营业用房	3673075	3964541	3639991
其他	2468077	2224829	2088654

9-10 南京市房地产开发投资综合统计

指　　标	2011年	2012年	2013年
一、本年完成投资额(万元)	**8717601**	**9719642**	**10377148**
1.按用途分			
住宅	6375220	6609432	7291275
#别墅、高档公寓	465361	345379	359964
办公楼	427112	646139	597663
商业营业用房	757445	953965	1207835
其他	1157824	1510106	1280375
2.资金状况			
本年资金来源合计	17278492	20348903	26065733
#上年末节余资金	4316115	3713667	3911408
#本年资金来源小计	12962377	16635236	22154325
本年各项应付款合计	880686	746373	1341551
3.资金来源及构成			
本年资金来源小计	12962377	16635236	22154325
国内贷款	3550992	4166804	5369826
利用外资	156602	55075	12690
#外商直接投资	156602	55075	12690
自筹资金	3136928	4281375	4996857
其他资金来源	6117855	8131982	11774952
二、房地产开发企业(单位)情况			
1.企业个数合计(个)	**804**	**778**	**675**
#一级企业	27	27	25
#二级企业	198	204	190
#三级企业	359	329	244
2.从业人数合计(人)	**20492**	**22645**	**23660**
#一级企业	2025	2386	2276
#二级企业	7417	9265	10059
#三级企业	6564	6168	5206
3.资产合计(万元)	**40316443.2**	**54973624.2**	**67236078.3**
4.负债合计(万元)	**30640973**	**40492230**	**51340510.2**
5.资产负债率(%)	**76.0**	**73.7**	**76.4**
三、商品房屋开发面积(平方米)			
1.施工房屋面积	**56444277**	**60500590**	**61564775**
住宅	40356429	42290890	41317135
#别墅、高档公寓	2925822	2535596	2461592
办公楼	2639187	3132811	3697938
商业营业用房	5681790	5902152	6695974
其他	7766871	9174737	9853728

9-10 续表

指　　标	2011年	2012年	2013年
2.新开工房屋面积	**20820509**	**14623061**	**17450661**
住宅	15302311	9969660	12870658
#别墅、高档公寓	1101379	623406	571936
办公楼	1086267	705820	540535
商业营业用房	1708180	1131845	1681280
其他	2723751	2815736	2358188
3.竣工房屋面积	**11690859**	**16997251**	**10393947**
住宅	8641496	13622309	7540391
#别墅、高档公寓	1161631	701936	402159
办公楼	516411	379654	536554
商业营业用房	1059515	1119444	789240
其他	1473437	1875844	1527762
4.待售房屋面积	**2427515**	**6197774**	**6717020**
住宅	1617783	5061442	5090432
#别墅、高档公寓	113669	235513	202015
办公楼	129936	155486	167413
商业营业用房	460753	593173	743301
其他	219043	387673	715874
四、商品房屋销售			
1.销售面积(平方米)	**7677073**	**9508665**	**12220131**
住宅	6808947	8762538	11431541
#别墅、高档公寓	267448	278271	335970
办公楼	382813	329284	245282
商业营业用房	350293	292286	436756
其他	135020	124557	106552
2.销售额(万元)	**7147911**	**9609795**	**14047466**
住宅	5729467	8477614	12664094
#别墅、高档公寓	435708	417607	519566
办公楼	740073	543030	440010
商业营业用房	585078	521631	861038
其他	93293	67520	82324
3.销售价格(元/平方米)	**9311**	**10106**	**11495**
住宅	8415	9675	11078
办公楼	19332	16491	17939
商业营业用房	16703	17847	19714
4.出租面积(平方米)	**96230**	**197758**	**171532**
住宅	13420	8495	9553
#别墅、高档公寓			
办公楼	7415		3000
商业营业用房	72302	187977	111367
其他	3093	1286	47612

9-11　杭州市房地产开发投资综合统计

指　标	2011年	2012年	2013年
一、本年完成投资额(万元)	**12015116**	**15973611**	**18532841**
1.按用途分			
住宅	7510171	10017423	11695643
#别墅、高档公寓	569715	658376	704039
办公楼	1191364	1418346	1687874
商业营业用房	1312113	1377756	1748301
其他	2001468	3160086	3401023
2.资金状况			
本年资金来源合计	30559820	33210954	43411437
#上年末节余资金	11049692	11535741	14366944
#本年资金来源小计	19510128	21675213	29044493
本年各项应付款合计	2142864	1719914	1680981
3.资金来源及构成			
本年资金来源小计	19510128	21675213	29044493
国内贷款	4999619	4955904	6372858
利用外资	173715	38685	107942
#外商直接投资	173715	38685	100131
自筹资金	4239612	4226895	6223936
其他资金来源	10097182	12453729	16339757
二、房地产开发企业(单位)情况			
1.企业个数合计(个)	**1471**	**1507**	**1437**
#一级企业	56	54	49
#二级企业	179	188	163
#三级企业	320	305	265
2.从业人数合计(人)	**28204**	**28619**	**30618**
#一级企业	3515	3047	3146
#二级企业	5157	5280	4991
#三级企业	6560	5346	5431
3.资产合计(万元)	**87740081.3**	**104118515.4**	**112925133.8**
4.负债合计(万元)	**68260448.8**	**81985096**	**86246928**
5.资产负债率(%)	**77.8**	**78.7**	**76.4**
三、商品房屋开发面积(平方米)			
1.施工房屋面积	**77091519**	**82889463**	**93275180**
住宅	48753020	50204468	55091055
#别墅、高档公寓	2453377	3037443	3112407
办公楼	7828376	8319798	10065772
商业营业用房	6040591	6861142	8468982
其他	14469532	17504055	19649371

9-11 续表

指　　标	2011年	2012年	2013年
2.新开工房屋面积	**24948947**	**18160335**	**20390573**
住宅	14445778	10278923	11437486
#别墅、高档公寓	544447	510533	337743
办公楼	2730526	1565857	2469708
商业营业用房	2339979	1646481	2244604
其他	5432664	4669074	4238775
3.竣工房屋面积	**12238577**	**10550850**	**11722391**
住宅	8408929	6740122	8451232
#别墅、高档公寓	276191	223294	591546
办公楼	1049401	950029	683148
商业营业用房	966662	722972	786728
其他	1813585	2137727	1801283
4.待售房屋面积	**3564671**	**4063471**	**5550866**
住宅	2030586	2392187	3332222
#别墅、高档公寓	110037	192540	256012
办公楼	403033	429298	728238
商业营业用房	825568	922843	1069825
其他	305484	319143	420581
四、商品房屋销售			
1.销售面积(平方米)	**7380378**	**10896234**	**11391306**
住宅	6002035	9202569	9687760
#别墅、高档公寓	362204	266818	324895
办公楼	668629	860382	946309
商业营业用房	535009	665714	529189
其他	174705	167569	228048
2.销售额(万元)	**9805548**	**14652576**	**17111998**
住宅	7651768	12231737	14220307
#别墅、高档公寓	847862	629653	785852
办公楼	1144742	1483816	1829293
商业营业用房	888003	835432	926659
其他	121035	101591	135739
3.销售价格(元/平方米)	**13286**	**13447**	**15022**
住宅	12749	13292	14679
办公楼	17121	17246	19331
商业营业用房	16598	12549	17511
4.出租面积(平方米)	**271942**	**248411**	**196438**
住宅	818		9689
#别墅、高档公寓			
办公楼	17591	39563	21615
商业营业用房	201339	157168	161333
其他	52194	51680	3801

9-12　合肥市房地产开发投资综合统计

指　　标	2011年	2012年	2013年
一、本年完成投资额(万元)	**8896017**	**9138031**	**11058109**
1.按用途分			
住宅	6255761	5785027	6743458
#别墅、高档公寓	474852	222837	169950
办公楼	374675	733689	931316
商业营业用房	1422619	1420226	1878622
其他	842962	1199089	1504713
2.资金状况			
本年资金来源合计	13661190	14937583	19750195
#上年末节余资金	2577950	3407981	4235982
#本年资金来源小计	11083240	11529602	15514213
本年各项应付款合计	1577411	1583183	1981197
3.资金来源及构成			
本年资金来源小计	11083240	11529602	15514213
国内贷款	1562390	1384859	1523367
利用外资	12147	13860	10000
#外商直接投资	12000	13860	10000
自筹资金	4212468	3425365	4756860
其他资金来源	5296235	6705518	9223986
二、房地产开发企业(单位)情况			
1.企业个数合计(个)	**702**	**695**	**663**
#一级企业	10	14	14
#二级企业	81	95	92
#三级企业	223	221	212
2.从业人数合计(人)	**19820**	**20491**	**20112**
#一级企业	598	839	898
#二级企业	3826	4461	4204
#三级企业	5702	6025	6112
3.资产合计(万元)	**28206092.6**	**31766350.8**	**41893644.3**
4.负债合计(万元)	**21809988.1**	**24893944.7**	**32239684**
5.资产负债率(%)	**77.3**	**78.4**	**77.0**
三、商品房屋开发面积(平方米)			
1.施工房屋面积	**56995349**	**60716386**	**70153163**
住宅	41198914	42358776	46798339
#别墅、高档公寓	1183537	1548602	1120021
办公楼	3388287	4127308	4467472
商业营业用房	7120365	8170356	10228973
其他	5287783	6059946	8658379

9-12 续表

指 标	2011年	2012年	2013年
2.新开工房屋面积	**19337731**	**14887521**	**22110228**
住宅	14063204	9580063	14786531
#别墅、高档公寓	404620	277449	193293
办公楼	897443	1098516	814214
商业营业用房	2421694	2331537	3488999
其他	1955390	1877405	3020484
3.竣工房屋面积	**8929156**	**9210200**	**14353288**
住宅	6642277	7252790	10723248
#别墅、高档公寓	89686	129050	229857
办公楼	615363	180936	604166
商业营业用房	1148623	988163	1281633
其他	522893	788311	1744241
4.待售房屋面积	**1711469**	**1906818**	**2201830**
住宅	1052051	1120039	1181657
#别墅、高档公寓	68708	76388	82158
办公楼	144073	80450	130132
商业营业用房	272835	399037	526569
其他	242510	307292	363472
四、商品房屋销售			
1.销售面积(平方米)	**12459761**	**12424768**	**16280937**
住宅	10583953	11173264	14516915
#别墅、高档公寓	157357	204712	213172
办公楼	582597	335145	580593
商业营业用房	1149827	671916	827185
其他	143384	244443	356244
2.销售额(万元)	**7881720**	**7648573**	**10230070**
住宅	5935002	6429446	8831792
#别墅、高档公寓	165487	209089	234431
办公楼	461114	285768	471270
商业营业用房	1446623	825626	830705
其他	38981	107733	96303
3.销售价格(元/平方米)	**6326**	**6156**	**6283**
住宅	5608	5754	6084
办公楼	7915	8527	8117
商业营业用房	12581	12288	10043
4.出租面积(平方米)	**428421**	**249141**	**308946**
住宅			
#别墅、高档公寓			
办公楼		34680	
商业营业用房	428421	214461	269636
其他			39310

9-13　福州市房地产开发投资综合统计

指　　标	2011年	2012年	2013年
一、本年完成投资额(万元)	**9634087**	**9722667**	**12647907**
1.按用途分			
住宅	6800822	6284804	8654077
#别墅、高档公寓	327291	326379	348176
办公楼	532640	811513	1082242
商业营业用房	864472	878689	1203579
其他	1436153	1747661	1708009
2.资金状况			
本年资金来源合计	14923771	17480380	23923272
#上年末节余资金	2171016	2264097	3100677
#本年资金来源小计	12752755	15216283	20822595
本年各项应付款合计	684088	1137731	1029431
3.资金来源及构成			
本年资金来源小计	12752755	15216283	20822595
国内贷款	1280838	2149219	3030912
利用外资	136947	385	16768
#外商直接投资	33622	385	16644
自筹资金	5912935	5985344	7810702
其他资金来源	5422035	7081335	9964213
二、房地产开发企业(单位)情况			
1.企业个数合计(个)	**676**	**556**	**561**
#一级企业	14	15	13
#二级企业	43	38	44
#三级企业	170	139	136
2.从业人数合计(人)	**17338**	**18429**	**20451**
#一级企业	1212	1391	1391
#二级企业	2399	2413	2763
#三级企业	5239	5487	5368
3.资产合计(万元)	**34036332.4**	**40753405.7**	**51381945.9**
4.负债合计(万元)	**25856650**	**32154492.1**	**41453933.5**
5.资产负债率(%)	**76.0**	**78.9**	**80.7**
三、商品房屋开发面积(平方米)			
1.施工房屋面积	**49389960**	**57046842**	**68710399**
住宅	38195415	42756942	49615687
#别墅、高档公寓	1497872	1535909	1582774
办公楼	2191638	3238584	3930862
商业营业用房	3397347	3921086	5052242
其他	5605560	7130230	10111608

9-13 续表

指　　标	2011年	2012年	2013年
2.新开工房屋面积	**16425556**	**15090523**	**17601525**
住宅	11984622	10977465	12572386
#别墅、高档公寓	363059	136720	228550
办公楼	924048	805065	802014
商业营业用房	1510238	964800	1334564
其他	2006648	2343193	2892561
3.竣工房屋面积	**5414256**	**5343298**	**8325467**
住宅	4578680	4024633	6058298
#别墅、高档公寓	137640	101771	192745
办公楼	39950	261379	200165
商业营业用房	350620	415215	508063
其他	445006	642071	1558941
4.待售房屋面积	**875239**	**1295630**	**1321110**
住宅	489842	661970	727686
#别墅、高档公寓	63999	84440	124539
办公楼	33826	44565	49951
商业营业用房	152068	394719	161246
其他	199503	194376	382227
四、商品房屋销售			
1.销售面积(平方米)	**6210430**	**8414981**	**12564926**
住宅	5320029	7339564	11054793
#别墅、高档公寓	161571	274011	242453
办公楼	306162	496383	652306
商业营业用房	228515	385469	395616
其他	355724	193565	462211
2.销售额(万元)	**6321066**	**9414937**	**14117852**
住宅	5082318	7812616	11226626
#别墅、高档公寓	221314	378120	370919
办公楼	484512	818497	1293639
商业营业用房	528121	646809	1226096
其他	226115	137015	371491
3.销售价格(元/平方米)	**10178**	**11188**	**11236**
住宅	9553	10645	10155
办公楼	15825	16489	19832
商业营业用房	23111	16780	30992
4.出租面积(平方米)	**289241**	**142946**	**112974**
住宅	2110		
#别墅、高档公寓			
办公楼	61526	9151	
商业营业用房	201136	130001	112974
其他	24469	3794	

9-14 南昌市房地产开发投资综合统计

指 标	2011年	2012年	2013年
一、本年完成投资额(万元)	**2798933**	**3443607**	**4061358**
1.按用途分			
住宅	2065066	2213319	2412447
#别墅、高档公寓	138096	178058	164812
办公楼	163509	519682	906052
商业营业用房	319211	392607	441146
其他	251147	317999	301713
2.资金状况			
本年资金来源合计	5975014	7751960	9676955
#上年末节余资金	1560842	1477220	2298402
#本年资金来源小计	4414172	6274740	7378553
本年各项应付款合计	627934	730281	908182
3.资金来源及构成			
本年资金来源小计	4414172	6274740	7378553
国内贷款	858222	1012803	1095760
利用外资	36741	7893	299
#外商直接投资	36741	6493	299
自筹资金	1396878	1435881	1540328
其他资金来源	2122331	3818163	4742166
二、房地产开发企业(单位)情况			
1.企业个数合计(个)	**504**	**487**	**483**
#一级企业	3	3	3
#二级企业	85	86	86
#三级企业	162	147	145
2.从业人数合计(人)	**12676**	**12045**	**13086**
#一级企业	592	403	365
#二级企业	3153	2896	2973
#三级企业	3173	2767	3045
3.资产合计(万元)	**19631394.9**	**23881698.6**	**30036746**
4.负债合计(万元)	**12874130.4**	**16659580.6**	**20884211.9**
5.资产负债率(%)	**65.6**	**69.8**	**69.5**
三、商品房屋开发面积(平方米)			
1.施工房屋面积	**26103430**	**31232866**	**39925097**
住宅	21122899	22316232	27627146
#别墅、高档公寓	1078298	1226463	1034332
办公楼	998162	2224337	3159383
商业营业用房	2329592	3726919	4546939
其他	1652777	2965378	4591629

9-14 续表

指　　标	2011年	2012年	2013年
2.新开工房屋面积	**8642363**	**10155011**	**11185473**
住宅	6639305	6643109	7347647
#别墅、高档公寓	519341	335828	266365
办公楼	476636	1041338	1201424
商业营业用房	992668	1473620	999367
其他	533754	996944	1637035
3.竣工房屋面积	**4461808**	**4179192**	**3737500**
住宅	3892006	3254150	3054749
#别墅、高档公寓	190589	239659	68911
办公楼	39075	284205	164644
商业营业用房	416797	502582	467536
其他	113930	138255	50571
4.待售房屋面积	**606825**	**763108**	**1039248**
住宅	427723	511491	494712
#别墅、高档公寓	56519	100324	77961
办公楼	42594	35599	72298
商业营业用房	93221	166134	409571
其他	43287	49884	62667
四、商品房屋销售			
1.销售面积(平方米)	**4991348**	**6898563**	**8414924**
住宅	4360131	5953330	7518728
#别墅、高档公寓	186360	143741	248662
#经济适用房屋			
办公楼	163596	424224	402681
商业营业用房	450501	463770	406068
其他	17120	57239	87447
2.销售额(万元)	**2964512**	**4428172**	**5975036**
住宅	2320749	3500552	4991916
#别墅、高档公寓	191978	152420	233324
办公楼	157596	474009	401079
商业营业用房	473467	419020	500583
其他	12700	34591	81458
3.销售价格(元/平方米)	**5939**	**6419**	**7101**
住宅	5323	5880	6639
办公楼	9633	11174	9960
商业营业用房	10510	9035	12328
4.出租面积(平方米)	**119361**	**77759**	**109802**
住宅	8530		2960
#别墅、高档公寓			
办公楼	8604	8604	8604
商业营业用房	102227	69155	98238
其他			

9-15　济南市房地产开发投资综合统计

指　　标	2011年	2012年	2013年
一、本年完成投资额(万元)	**5289193**	**6640112**	**7217682**
1.按用途分			
住宅	4040156	4453780	5141201
#别墅、高档公寓	127645	175763	178288
办公楼	258259	552686	560175
商业营业用房	564753	713677	742425
其他	426025	919969	773881
2.资金状况			
本年资金来源合计	8808392	10373073	11965114
#上年末节余资金	1680517	1921272	2317258
#本年资金来源小计	7127875	8451801	9647856
本年各项应付款合计	656569	1336380	1238746
3.资金来源及构成			
本年资金来源小计	7127875	8451801	9647856
国内贷款	1221804	1197518	1340137
利用外资	4949	61141	159308
#外商直接投资	4949	61141	159308
自筹资金	2600198	3452819	2973673
其他资金来源	3300924	3740323	5174738
二、房地产开发企业(单位)情况			
1.企业个数合计(个)	**468**	**489**	**494**
#一级企业	10	12	13
#二级企业	40	43	44
#三级企业	132	126	120
2.从业人数合计(人)	**15031**	**17856**	**18986**
#一级企业	720	843	1037
#二级企业	2068	2039	2261
#三级企业	3714	5532	5620
3.资产合计(万元)	**28066120.6**	**32094576.5**	**40513831.5**
4.负债合计(万元)	**22131969.1**	**25865804.1**	**32617565.4**
5.资产负债率(%)	**78.9**	**80.6**	**80.5**
三、商品房屋开发面积(平方米)			
1.施工房屋面积	**35063419**	**38194391**	**48150756**
住宅	25999371	26967174	32533437
#别墅、高档公寓	929054	1148503	1378492
办公楼	2090529	2157081	3734189
商业营业用房	3291919	3797523	5177404
其他	3681600	5272613	6705726

9-15 续表

指 标	2011年	2012年	2013年
2.新开工房屋面积	**12262944**	**12433844**	**13866547**
住宅	8221714	8505215	8387374
#别墅、高档公寓	313714	288523	159366
办公楼	1284983	625731	1933043
商业营业用房	682534	1480209	1523017
其他	2073713	1822689	2023113
3.竣工房屋面积	**5535109**	**4922526**	**8050219**
住宅	4150677	3656477	6135291
#别墅、高档公寓	144657	51337	195115
办公楼	464940	359121	250839
商业营业用房	391443	166392	462513
其他	528049	740536	1201576
4.待售房屋面积	**674094**	**760852**	**1014400**
住宅	364737	483329	614943
#别墅、高档公寓	47548	31118	55296
办公楼	112701	28683	52310
商业营业用房	87853	133373	136876
其他	108803	115467	210271
四、商品房屋销售			
1.销售面积(平方米)	**5961735**	**6595628**	**8226254**
住宅	5388986	5599195	7053072
#别墅、高档公寓	34784	168917	252680
#经济适用房屋			
办公楼	160468	293636	325593
商业营业用房	141123	220813	263984
其他	271158	481984	583605
2.销售额(万元)	**3993383**	**4506420**	**5883805**
住宅	3591159	3723781	4946498
#别墅、高档公寓	58442	227740	317398
#经济适用房屋			
办公楼	139339	296174	336491
商业营业用房	162617	277033	331472
其他	100268	209432	269344
3.销售价格(元/平方米)	**6698**	**6832**	**7152**
住宅	6664	6651	7013
办公楼	8683	10086	10335
商业营业用房	11523	12546	12557
4.出租面积(平方米)	**87450**	**164528**	**137775**
住宅			
#别墅、高档公寓			
#经济适用房屋			
办公楼	6580		
商业营业用房	80870	164528	137775
其他			

9-16　郑州市房地产开发投资综合统计

指　　标	2011年	2012年	2013年
一、本年完成投资额(万元)	**9263083**	**10951368**	**14453279**
1.按用途分			
住宅	6243077	6756524	9104558
#别墅、高档公寓	134196	140764	138242
办公楼	937370	1054159	1359075
商业营业用房	863394	1200155	1886844
其他	1219242	1940530	2102802
2.资金状况			
本年资金来源合计	12738809	16409762	20705799
#上年末节余资金	2371595	3243871	3972453
#本年资金来源小计	10367214	13165891	16733346
本年各项应付款合计	1075551	2054700	3271362
3.资金来源及构成			
本年资金来源小计	10367214	13165891	16733346
国内贷款	1017670	1109440	1418164
利用外资	50001		44254
#外商直接投资	50001		
自筹资金	5180214	5925561	8029330
其他资金来源	4119329	6130890	7241598
二、房地产开发企业(单位)情况			
1.企业个数合计(个)	**1116**	**1156**	**1173**
#一级企业	17	21	21
#二级企业	122	152	175
#三级企业	221	233	234
2.从业人数合计(人)	**29725**	**33303**	**32790**
#一级企业	1417	1768	1814
#二级企业	5560	7421	9062
#三级企业	5043	5684	5105
3.资产合计(万元)	**32144105.2**	**39927113.1**	**56031910**
4.负债合计(万元)	**24507513.9**	**31686407.8**	**45726067.4**
5.资产负债率(%)	**76.2**	**79.4**	**81.6**
三、商品房屋开发面积(平方米)			
1.施工房屋面积	**74721883**	**82539411**	**97212292**
住宅	53682762	56036379	63489017
#别墅、高档公寓	883941	1158421	894940
办公楼	5304247	6499298	8664094
商业营业用房	7281504	8774498	10791421
其他	8453370	11229236	14267760

9-16 续表

指　　标	2011年	2012年	2013年
2.新开工房屋面积	**18583663**	**21693449**	**28143553**
住宅	13548187	13635130	19765167
#别墅、高档公寓	106763	197110	225489
办公楼	1324367	2487846	2086940
商业营业用房	1447988	2172628	2674708
其他	2263121	3397845	3616738
3.竣工房屋面积	**15794775**	**14498289**	**11374714**
住宅	13047600	10432012	7605576
#别墅、高档公寓	7143	305957	25430
办公楼	611836	584180	850751
商业营业用房	1310898	1680068	1350110
其他	824441	1802029	1568277
4.待售房屋面积	**2206184**	**2980195**	**3205616**
住宅	1701517	2103006	2164019
#别墅、高档公寓	21888	54190	17030
办公楼	87204	84340	259874
商业营业用房	355111	613322	508910
其他	62352	179527	272813
四、商品房屋销售			
1.销售面积(平方米)	**15632188**	**14418690**	**16218948**
住宅	13063772	12261821	13134782
#别墅、高档公寓	171762	126223	158385
办公楼	1318006	1101148	1767376
商业营业用房	969252	657709	882670
其他	281158	398012	434120
2.销售额(万元)	**8904352**	**9016159**	**11616453**
住宅	6129900	6919432	8651663
#别墅、高档公寓	146567	130300	194763
办公楼	1324079	1041156	1722624
商业营业用房	1341572	899919	1058640
其他	108801	155652	183526
3.销售价格(元/平方米)	**5696**	**6253**	**7162**
住宅	4692	5643	6587
办公楼	10046	9455	9747
商业营业用房	13841	13683	11994
4.出租面积(平方米)	**11162**	**400296**	**382554**
住宅		4258	4220
#别墅、高档公寓			
办公楼			170
商业营业用房	11162	396038	378164
其他			

9-17　武汉市房地产开发投资综合统计

指　　标	2011年	2012年	2013年
一、本年完成投资额(万元)	**12822494**	**15748605**	**19056000**
1.按用途分			
住宅	7474397	9914052	12507839
#别墅、高档公寓	250591	501177	427777
办公楼	528625	1264736	1236820
商业营业用房	1666621	2015252	2742557
其他	3152851	2554565	2568784
2.资金状况			
本年资金来源合计	21200773	26823803	29453148
#上年末节余资金	3226409	4838634	5164568
#本年资金来源小计	17974364	21985169	24288580
本年各项应付款合计	3342991	2748508	4223732
3.资金来源及构成			
本年资金来源小计	17974364	21985169	24288580
国内贷款	3222646	3664550	5480295
利用外资	389219	12700	
#外商直接投资	362470	12200	
自筹资金	7566871	8572350	8792803
其他资金来源	6795628	9735569	10015482
二、房地产开发企业(单位)情况			
1.企业个数合计(个)	**1254**	**1160**	**1207**
#一级企业	34	39	43
#二级企业	293	263	267
#三级企业	456	403	381
2.从业人数合计(人)	**36278**	**39560**	**43654**
#一级企业	5406	3886	6160
#二级企业	12292	12855	13845
#三级企业	10356	9110	9770
3.资产合计(万元)	**53684143.9**	**66952874.5**	**84687847.4**
4.负债合计(万元)	**38863028.1**	**50907092.7**	**64677273.8**
5.资产负债率(%)	**72.4**	**76.0**	**76.4**
三、商品房屋开发面积(平方米)			
1.施工房屋面积	**59941119**	**68629675**	**85451294**
住宅	44895208	50689697	62257480
#别墅、高档公寓	1142199	1153651	2075150
办公楼	2678993	4507362	3960551
商业营业用房	7167335	6084906	9267945
其他	5199583	7347710	9965318

9-17 续表

指 标	2011年	2012年	2013年
2.新开工房屋面积	**20535685**	**21232693**	**27917972**
住宅	15238995	15986565	20571528
#别墅、高档公寓	314595	307901	456789
办公楼	776491	1386056	1355849
商业营业用房	3159147	1658727	2709063
其他	1361052	2201345	3281532
3.竣工房屋面积	**11704007**	**10544510**	**6793066**
住宅	9692281	9008975	5296953
#别墅、高档公寓	251390	261219	181373
办公楼	254170	170748	334178
商业营业用房	1025374	862521	637725
其他	732182	502266	524210
4.待售房屋面积	**4436567**	**4641286**	**6879087**
住宅	3138234	2943946	4591142
#别墅、高档公寓	372286	371281	687473
办公楼	190752	779198	723338
商业营业用房	730496	584882	809791
其他	377085	333260	754816
四、商品房屋销售			
1.销售面积(平方米)	**13293366**	**15761126**	**19953562**
住宅	11822070	13904712	17504293
#别墅、高档公寓	254919	296021	514655
办公楼	262224	589528	714357
商业营业用房	795621	737976	1239986
其他	413451	528910	494926
2.销售额(万元)	**9561785**	**11575054**	**15398990**
住宅	7892402	9587787	12669473
#别墅、高档公寓	344629	425440	635042
办公楼	255846	790158	669513
商业营业用房	1123130	970841	1724004
其他	290407	226268	336000
3.销售价格(元/平方米)	**7193**	**7344**	**7717**
住宅	6676	6895	7238
办公楼	9757	13403	9372
商业营业用房	14116	13155	13903
4.出租面积(平方米)	**180803**	**270835**	**131749**
住宅		66703	
#别墅、高档公寓			
办公楼	35391	21894	47232
商业营业用房	125156	180550	84517
其他	20256	1688	

9-18　长沙市房地产开发投资综合统计

指　　标	2011年	2012年	2013年
一、本年完成投资额(万元)	**9260095**	**10343503**	**11576292**
1.按用途分			
住宅	6927811	7010072	7694590
#别墅、高档公寓	434437	501273	461488
办公楼	410849	560310	639700
商业营业用房	862554	1243384	1565949
其他	1058881	1529737	1676053
2.资金状况			
本年资金来源合计	18985643	18559827	21730664
#上年末节余资金	4582664	4513276	5144672
#本年资金来源小计	14402979	14046551	16585992
本年各项应付款合计	2403198	2823631	3750423
3.资金来源及构成			
本年资金来源小计	14402979	14046551	16585992
国内贷款	2264875	2355149	3142479
利用外资	607412	447850	332079
#外商直接投资	587125	432350	324479
自筹资金	3819039	3657416	4014376
其他资金来源	7711653	7586136	9097058
二、房地产开发企业(单位)情况			
1.企业个数合计(个)	**858**	**803**	**809**
#一级企业	13	11	14
#二级企业	66	78	90
#三级企业	387	368	363
2.从业人数合计(人)	**25593**	**25886**	**27741**
#一级企业	648	626	1064
#二级企业	3542	4696	5708
#三级企业	10707	10923	11361
3.资产合计(万元)	**33966529.6**	**41063680.4**	**49905823.5**
4.负债合计(万元)	**26164377.7**	**31722036.8**	**39230315.6**
5.资产负债率(%)	**77.0**	**77.3**	**78.6**
三、商品房屋开发面积(平方米)			
1.施工房屋面积	**75784350**	**73762562**	**86965410**
住宅	59607626	53309771	61116657
#别墅、高档公寓	3721419	3291120	3412683
办公楼	1468629	2721464	4090424
商业营业用房	5392858	6867741	8709711
其他	9315237	10863586	13048618

9-18 续表

指　　标	2011年	2012年	2013年
2.新开工房屋面积	**23964405**	**18242273**	**27949696**
住宅	18165228	11587969	19844897
#别墅、高档公寓	1565308	335611	838537
办公楼	613020	1307391	1059345
商业营业用房	2204788	2234544	2755540
其他	2981369	3112369	4289914
3.竣工房屋面积	**14291103**	**14022678**	**14018368**
住宅	11637093	11310042	10675614
#别墅、高档公寓	631572	620065	689167
办公楼	179389	94929	356162
商业营业用房	964927	1213682	1140406
其他	1509694	1404025	1846186
4.待售房屋面积	**5521866**	**6505332**	**8233721**
住宅	3829868	4438099	5282416
#别墅、高档公寓	503504	515301	439628
办公楼	95913	114172	333079
商业营业用房	763171	976170	1310551
其他	832914	976891	1307675
四、商品房屋销售			
1.销售面积(平方米)	**15081806**	**15269295**	**18615564**
住宅	13941771	13853288	16595284
#别墅、高档公寓	1169252	773915	597925
办公楼	378997	423403	642587
商业营业用房	508952	734960	927538
其他	252086	257644	450155
2.销售额(万元)	**8841543**	**9315598**	**11713452**
住宅	7642169	7761320	9556564
#别墅、高档公寓	1027017	710278	545312
办公楼	377555	518384	780627
商业营业用房	713900	960378	1189635
其他	107919	75516	186626
3.销售价格(元/平方米)	**5862**	**6101**	**6292**
住宅	5481	5603	5759
办公楼	9962	12243	12148
商业营业用房	14027	13067	12826
4.出租面积(平方米)	**275189**	**107845**	**98943**
住宅	85440		
#别墅、高档公寓			
办公楼	29996	13541	30185
商业营业用房	94790	94100	68758
其他	64963	204	

9-19　广州市房地产开发投资综合统计

指　标	2011年	2012年	2013年
一、本年完成投资额(万元)	**13055605**	**13704511**	**15724289**
1.按用途分			
住宅	7895068	8276060	9506778
#别墅、高档公寓	494203	761824	677790
办公楼	1252429	1536392	1668426
商业营业用房	1780097	1975885	2058754
其他	2128011	1916174	2490331
2.资金状况			
本年资金来源合计	21777455	23978346	29843013
#上年末节余资金	5479538	5298184	6973844
#本年资金来源小计	16297917	18680162	22869169
本年各项应付款合计	1473364	1561947	1894840
3.资金来源及构成			
本年资金来源小计	16297917	18680162	22869169
国内贷款	3231164	4118511	4409807
利用外资	465137	67317	121140
#外商直接投资	435543	58817	110526
自筹资金	3461608	4774148	5635406
其他资金来源	9140008	9720186	12702816
二、房地产开发企业(单位)情况			
1.企业个数合计(个)	**1252**	**1294**	**1270**
#一级企业	10	11	13
#二级企业	139	138	126
#三级企业	627	621	598
2.从业人数合计(人)	**61955**	**44543**	**44064**
#一级企业	2823	4027	4270
#二级企业	6959	5920	5949
#三级企业	40115	20779	20752
3.资产合计(万元)	**90749256.4**	**106227127.8**	**122433380.3**
4.负债合计(万元)	**71573122.3**	**83526829.7**	**96342826.9**
5.资产负债率(%)	**78.9**	**78.6**	**78.7**
三、商品房屋开发面积(平方米)			
1.施工房屋面积	**76925947**	**78456170**	**81593081**
住宅	48383845	49175722	49907189
#别墅、高档公寓	3414772	3846736	3832402
办公楼	6564442	6652722	7690793
商业营业用房	8294689	8819190	9612499
其他	13682971	13808536	14382600

9-19 续表

指 标	2011年	2012年	2013年
2.新开工房屋面积	**21209931**	**15543363**	**21447610**
住宅	14534278	9803587	13415060
#别墅、高档公寓	784039	318681	703555
办公楼	1638267	1287944	2213915
商业营业用房	1301124	2043075	2430520
其他	3736262	2408757	3388115
3.竣工房屋面积	**12924722**	**12907877**	**11412991**
住宅	8440861	8008601	7096041
#别墅、高档公寓	524441	648886	544762
办公楼	1235323	1184041	1473557
商业营业用房	1184067	1510906	827077
其他	2064471	2204329	2016316
4.待售房屋面积	**4946440**	**6114527**	**7049813**
住宅	2304605	2733629	2999656
#别墅、高档公寓	396578	399278	405502
办公楼	411598	727445	1073766
商业营业用房	1081779	1272862	1336163
其他	1148458	1380591	1640228
四、商品房屋销售			
1.销售面积(平方米)	**11940755**	**13331259**	**16999830**
住宅	9916709	11285112	13984660
#别墅、高档公寓	637713	718047	925190
办公楼	1085313	1030997	1608469
商业营业用房	607525	751980	958000
其他	331208	263170	448701
2.销售额(万元)	**14452518**	**17547500**	**26060033**
住宅	10834838	13543132	19514542
#别墅、高档公寓	990876	971070	1397673
办公楼	2017013	2344107	3685641
商业营业用房	1202357	1357944	2258452
其他	398310	302317	601398
3.销售价格(元/平方米)	**12104**	**13163**	**15330**
住宅	10926	12001	13954
办公楼	18585	22736	22914
商业营业用房	19791	18058	23575
4.出租面积(平方米)	**2956564**	**2747874**	**1769764**
住宅	120434	129914	107048
#别墅、高档公寓	27715	29079	24907
办公楼	655123	783568	405181
商业营业用房	1455650	1256385	851993
其他	725357	578007	405542

9-20　南宁市房地产开发投资综合统计

指　　标	2011年	2012年	2013年
一、本年完成投资额(万元)	**3924234**	**3627301**	**4163709**
1.按用途分			
住宅	2691814	2539795	3023848
#别墅、高档公寓	152012	221640	150694
办公楼	128805	110642	171247
商业营业用房	330273	303734	393597
其他	773342	673130	575017
2.资金状况			
本年资金来源合计	7219378	8224497	8825724
#上年末节余资金	1366030	1535983	1963129
#本年资金来源小计	5853348	6688514	6862595
本年各项应付款合计	868318	728304	1010316
3.资金来源及构成			
本年资金来源小计	5853348	6688514	6862595
国内贷款	1032789	974382	1265460
利用外资	600		
#外商直接投资	600		
自筹资金	1923021	2166276	1786819
其他资金来源	2896938	3547856	3810316
二、房地产开发企业(单位)情况			
1.企业个数合计(个)	**724**	**722**	**573**
#一级企业	2	2	3
#二级企业	37	37	42
#三级企业	153	149	124
2.从业人数合计(人)	**14763**	**14675**	**16602**
#一级企业	239	229	294
#二级企业	1962	1988	3007
#三级企业	3376	3584	3684
3.资产合计(万元)	**15993022.1**	**17562356.4**	**21312607.8**
4.负债合计(万元)	**11967780.2**	**13822380.4**	**16672911.5**
5.资产负债率(%)	**74.8**	**78.7**	**78.2**
三、商品房屋开发面积(平方米)			
1.施工房屋面积	**35630539**	**37470436**	**38123539**
住宅	26395642	27349227	27674954
#别墅、高档公寓	1237291	1001826	805115
办公楼	901056	1282849	1278782
商业营业用房	3308470	3546429	3299985
其他	5025371	5291931	5869818

9-20 续表

指　　标	2011年	2012年	2013年
2.新开工房屋面积	**8730179**	**6932069**	**7210457**
住宅	6281779	4848233	5447753
#别墅、高档公寓	99470	340987	119526
办公楼	272847	556002	132516
商业营业用房	799487	664372	542458
其他	1376066	863462	1087730
3.竣工房屋面积	**5646906**	**6645283**	**3255841**
住宅	4519640	5211026	2344671
#别墅、高档公寓	148029	248075	146211
办公楼	31428	179437	96678
商业营业用房	536802	782883	459538
其他	559036	471937	354954
4.待售房屋面积	**1771638**	**2138646**	**2524533**
住宅	1070233	1049832	1212929
#别墅、高档公寓	8061	49091	78341
办公楼	2164	23743	13006
商业营业用房	298162	475016	593111
其他	401079	590055	705487
四、商品房屋销售			
1.销售面积(平方米)	**7117298**	**6290137**	**7026007**
住宅	6122416	5755204	6331392
#别墅、高档公寓	137115	45184	130953
办公楼	108744	72131	218850
商业营业用房	381513	268071	237196
其他	504625	194731	238569
2.销售额(万元)	**3698146**	**3775902**	**4889652**
住宅	3058691	3233650	3896706
#别墅、高档公寓	162097	61355	162792
办公楼	92630	140416	364978
商业营业用房	384146	335174	533598
其他	162679	66662	94370
3.销售价格(元/平方米)	**5196**	**6003**	**6959**
住宅	4996	5619	6155
办公楼	8518	19467	16677
商业营业用房	10069	12503	22496
4.出租面积(平方米)	**143876**	**66610**	**105823**
住宅	1871		8570
#别墅、高档公寓			
办公楼	48373		
商业营业用房	69457	65161	81105
其他	24175	1449	16148

9-21　海口市房地产开发投资综合统计

指　　标	2011年	2012年	2013年
一、本年完成投资额(万元)	**1446436**	**1756639**	**2564025**
1.按用途分			
住宅	1161118	1302142	2057313
#别墅、高档公寓	258108	216746	330616
办公楼	106627	11409	54348
商业营业用房	82014	93809	160040
其他	96677	349279	292324
2.资金状况			
本年资金来源合计	2851150	4931426	5327350
#上年末节余资金	768176	657057	828628
#本年资金来源小计	2082974	4274369	4498722
本年各项应付款合计	725802	1854238	2237330
3.资金来源及构成			
本年资金来源小计	2082974	4274369	4498722
国内贷款	603241	876421	718562
利用外资	30213		
#外商直接投资	30213		
自筹资金	501201	2177883	1385110
其他资金来源	948319	1220065	2395050
二、房地产开发企业(单位)情况			
1.企业个数合计(个)	**359**	**405**	**412**
#一级企业			
#二级企业	18	21	17
#三级企业	44	49	49
2.从业人数合计(人)	**9178**	**10705**	**11758**
#一级企业			
#二级企业	564	915	981
#三级企业	1770	1474	1452
3.资产合计(万元)	**12201923.9**	**18301018.2**	**19657784.8**
4.负债合计(万元)	**9469105.8**	**13235522.5**	**14297775.9**
5.资产负债率(%)	**77.6**	**72.3**	**72.7**
三、商品房屋开发面积(平方米)			
1.施工房屋面积	**11805124**	**15914741**	**18058905**
住宅	9480721	12793567	14300335
#别墅、高档公寓	2132990	1741574	1882485
办公楼	330508	221808	353966
商业营业用房	759720	997916	893552
其他	1234175	1901450	2511052

9-21 续表

指　　标	2011年	2012年	2013年
2.新开工房屋面积	**4337674**	**2619672**	**2763429**
住宅	3556841	1990635	1896358
#别墅、高档公寓	358041	243886	194839
办公楼	147943	89849	131957
商业营业用房	269260	207890	204134
其他	363630	331298	530980
3.竣工房屋面积	**609496**	**3074168**	**1950092**
住宅	455697	2284359	1476078
#别墅、高档公寓	222223	295860	84837
办公楼	1874	38549	
商业营业用房	93819	356703	167311
其他	58106	394557	306703
4.待售房屋面积	**438194**	**695942**	**1491986**
住宅	260822	374512	997469
#别墅、高档公寓	95263	124628	226362
办公楼		46530	41304
商业营业用房	94070	85491	159994
其他	83302	189409	293219
四、商品房屋销售			
1.销售面积(平方米)	**2218046**	**2669509**	**3381897**
住宅	1931647	2514881	3190390
#别墅、高档公寓	248735	281136	443056
办公楼	18084	2340	5057
商业营业用房	131459	92385	125014
其他	136856	59903	61436
2.销售额(万元)	**1471576**	**1820942**	**2510383**
住宅	1282859	1637699	2342310
#别墅、高档公寓	299156	270404	407563
办公楼	44721	7089	7726
商业营业用房	92115	157240	131214
其他	51881	18914	29133
3.销售价格(元/平方米)	**6635**	**6821**	**7423**
住宅	6641	6512	7342
办公楼	24730	30295	15278
商业营业用房	7007	17020	10496
4.出租面积(平方米)	**84790**	**77986**	**31321**
住宅			
#别墅、高档公寓			
办公楼	27000		
商业营业用房	53560	73756	31321
其他	4230	4230	

9-22　重庆市房地产开发投资综合统计

指　　标	2011年	2012年	2013年
一、本年完成投资额(万元)	**20150883**	**25083500**	**30127838**
1.按用途分			
住宅	14384457	17067687	20442392
#别墅、高档公寓	1199848	1656664	1398788
办公楼	526701	1016124	1445592
商业营业用房	2180277	3074966	3774147
其他	3059448	3924723	4465707
2.资金状况			
本年资金来源合计	44332807	51017442	58468351
#上年末节余资金	11375893	12322052	12327702
#本年资金来源小计	32956914	38695390	46140649
本年各项应付款合计	6892581	8318875	10102952
3.资金来源及构成			
本年资金来源小计	32956914	38695390	46140649
国内贷款	6950754	7207959	11122918
利用外资	599183	201314	441801
#外商直接投资	556833	74187	441301
自筹资金	8537163	11820589	12637033
其他资金来源	16869814	19465528	21938897
二、房地产开发企业(单位)情况			
1.企业个数合计(个)	**2453**	**2552**	**2594**
#一级企业	39	42	46
#二级企业	555	578	629
#三级企业	823	832	809
2.从业人数合计(人)	**90260**	**86938**	**91351**
#一级企业	5495	6346	7124
#二级企业	33645	31460	31750
#三级企业	24767	22063	21756
3.资产合计(万元)	**99326859.7**	**131173295.4**	**162686938.7**
4.负债合计(万元)	**68733446**	**91436538.7**	**112122073.8**
5.资产负债率(%)	**69.1**	**69.7**	**68.9**
三、商品房屋开发面积(平方米)			
1.施工房屋面积	**203972397**	**220090320**	**262518928**
住宅	159238406	169978502	192489455
#别墅、高档公寓	8776557	7234418	7339197
办公楼	3868418	4998528	7819761
商业营业用房	19562538	20289004	29657174
其他	21303035	24824286	32552538

9-22 续表

指　标	2011年	2012年	2013年
2.新开工房屋面积	**68243606**	**58134823**	**76416324**
住宅	52144185	43451427	53875951
#别墅、高档公寓	1795577	1179303	1525224
办公楼	1544422	1606357	2411484
商业营业用房	7081229	5390391	10013212
其他	7473770	7686648	10115677
3.竣工房屋面积	**34243331**	**39906286**	**38043584**
住宅	28267842	33863514	28674528
#别墅、高档公寓	1210529	1037241	1221810
办公楼	447696	303658	757561
商业营业用房	2987930	2822316	4560779
其他	2539863	2916798	4050716
4.待售房屋面积	**8578290**	**10363160**	**13535194**
住宅	3156385	4606570	5582516
#别墅、高档公寓	215933	290592	344468
办公楼	327373	309019	322311
商业营业用房	2749739	2838271	3682046
其他	2344793	2609300	3948321
四、商品房屋销售			
1.销售面积(平方米)	**45335019**	**45223997**	**48175643**
住宅	40634236	41051083	43591906
#别墅、高档公寓	1421885	1437780	1163208
办公楼	438754	622998	686687
商业营业用房	2663152	2218883	2440387
其他	1598877	1331033	1456663
2.销售额(万元)	**21460860**	**22973464**	**26827626**
住宅	18254119	19724206	22835658
#别墅、高档公寓	1250499	1189537	1156290
办公楼	512786	716121	780774
商业营业用房	2165765	2124707	2630838
其他	528190	408430	580356
3.销售价格(元/平方米)	**4734**	**5080**	**5569**
住宅	4492	4805	5239
办公楼	11687	11495	11370
商业营业用房	8132	9576	10780
4.出租面积(平方米)	**2445765**	**1210353**	**1254107**
住宅	426896	20244	25848
#别墅、高档公寓			
办公楼	51305	43921	27226
商业营业用房	1773462	800257	1063467
其他	194102	345931	137566

9-23　成都市房地产开发投资综合统计

指　　标	2011年	2012年	2013年
一、本年完成投资额(万元)	**15882175**	**18892305**	**21112499**
1.按用途分			
住宅	10358390	11711629	12904499
#别墅、高档公寓	1146278	1018713	1010678
办公楼	834296	1259429	1588574
商业营业用房	1781562	2464160	2994919
其他	2907927	3457087	3624507
2.资金状况			
本年资金来源合计	40752428	32769750	39693341
#上年末节余资金	15280202	7368772	8757420
#本年资金来源小计	25472226	25400978	30935921
本年各项应付款合计	3036166	3926487	4948486
3.资金来源及构成			
本年资金来源小计	25472226	25400978	30935921
国内贷款	3422206	3344414	5145514
利用外资	664182	169309	323252
#外商直接投资	645086	147063	223252
自筹资金	9979048	9393406	11106585
其他资金来源	11406790	12493849	14360570
二、房地产开发企业(单位)情况			
1.企业个数合计(个)	**1757**	**1771**	**1567**
#一级企业	20	21	20
#二级企业	240	245	220
#三级企业	834	866	841
2.从业人数合计(人)	**30856**	**46901**	**49219**
#一级企业	2153	2547	2992
#二级企业	7754	9586	9670
#三级企业	13610	21044	25015
3.资产合计(万元)	**76364885.7**	**89731529.8**	**115672841.5**
4.负债合计(万元)	**55332292**	**68366447.9**	**86516025.7**
5.资产负债率(%)	**72.5**	**76.2**	**74.8**
三、商品房屋开发面积(平方米)			
1.施工房屋面积	**126203859**	**141509820**	**152392971**
住宅	93396660	98551078	101068978
#别墅、高档公寓	5456468	5763854	5060407
办公楼	5417189	7634808	7915701
商业营业用房	10108606	14745261	17755480
其他	17281404	20578673	25652812

9-23 续表

指　标	2011年	2012年	2013年
2.新开工房屋面积	**31940396**	**35688693**	**40514569**
住宅	22634238	22411940	25513465
#别墅、高档公寓	881361	675141	965046
办公楼	1221435	2868779	1785671
商业营业用房	2853230	4560404	5614092
其他	5231493	5847570	7601341
3.竣工房屋面积	**15557365**	**21077324**	**18796547**
住宅	11782104	15902348	13530934
#别墅、高档公寓	939837	557331	527467
办公楼	481533	1084114	866993
商业营业用房	1085885	1457891	1533989
其他	2207843	2632971	2864631
4.待售房屋面积	**4583359**	**5563821**	**6989554**
住宅	2328167	2935394	3234120
#别墅、高档公寓	416575	367167	370415
办公楼	149385	175292	274044
商业营业用房	671340	714855	974076
其他	1434467	1738280	2507314
四、商品房屋销售			
1.销售面积(平方米)	**26760384**	**28440887**	**29501333**
住宅	22849102	24246051	25558054
#别墅、高档公寓	924657	1147647	956561
办公楼	798934	1481394	1060264
商业营业用房	1599529	1728187	1741570
其他	1512819	985255	1141445
2.销售额(万元)	**17974182**	**20728403**	**21231172**
住宅	14534055	16192639	17143195
#别墅、高档公寓	998728	1200433	957382
办公楼	804529	1364017	1070376
商业营业用房	1988789	2814095	2574257
其他	646809	357652	443344
3.销售价格(元/平方米)	**6717**	**7288**	**7197**
住宅	6361	6678	6708
办公楼	10070	9208	10095
商业营业用房	12434	16284	14781
4.出租面积(平方米)	**603590**	**345281**	**332508**
住宅	41681	74758	
#别墅、高档公寓	3142	5066	
办公楼	162380	63800	64589
商业营业用房	313677	175566	264985
其他	85852	31157	2934

9-24　贵阳市房地产开发投资综合统计

指　　标	2011年	2012年	2013年
一、本年完成投资额(万元)	**4604941**	**9010264**	**9780165**
1.按用途分			
住宅	3027702	5684871	6279440
#别墅、高档公寓	32761	131496	253871
办公楼	136470	335072	1022936
商业营业用房	573853	1119673	1380159
其他	866916	1870648	1097630
2.资金状况			
本年资金来源合计	9124755	8942112	12490530
#上年末节余资金	2127748	1476394	1955765
#本年资金来源小计	6997007	7465718	10534765
本年各项应付款合计	661201	2557292	1728440
3.资金来源及构成			
本年资金来源小计	6997007	7465718	10534765
国内贷款	1013430	1467834	1241793
利用外资	44065	42887	
#外商直接投资	44065	42887	
自筹资金	2754916	1967673	2519413
其他资金来源	3184596	3987324	6773559
二、房地产开发企业(单位)情况			
1.企业个数合计(个)	**801**	**789**	**798**
#一级企业	3	4	4
#二级企业	48	51	59
#三级企业	132	140	145
2.从业人数合计(人)	**16827**	**18775**	**20654**
#一级企业	521	555	544
#二级企业	2900	5493	6234
#三级企业	3385	3525	3604
3.资产合计(万元)	**19378063.2**	**25565546.4**	**32806442.4**
4.负债合计(万元)	**15644668.4**	**21280760.1**	**28458322.4**
5.资产负债率(%)	**80.7**	**83.2**	**86.7**
三、商品房屋开发面积(平方米)			
1.施工房屋面积	**45962011**	**56641048**	**64675157**
住宅	34151443	40315432	46453592
#别墅、高档公寓	358236	838680	1162618
办公楼	1066792	2195702	3582012
商业营业用房	4183655	5852939	6317565
其他	6560121	8276975	8321988

9-24　续表

指　　标	2011年	2012年	2013年
2.新开工房屋面积	**10325152**	**16158758**	**18976536**
住宅	7954659	10145709	14394232
#别墅、高档公寓	44478	47835	439329
办公楼	30862	1509531	1194207
商业营业用房	1326156	2065395	1314456
其他	1013475	2438123	2073641
3.竣工房屋面积	**6065432**	**5845038**	**7116855**
住宅	4455735	4438927	5364657
#别墅、高档公寓	54395	94880	40057
办公楼	254855	94477	189991
商业营业用房	626559	589923	668754
其他	728283	721711	893453
4.待售房屋面积	**1003907**	**1735579**	**2469615**
住宅	547608	1013946	1588922
#别墅、高档公寓	65253	50036	277061
办公楼	30883	74455	86813
商业营业用房	273728	336107	427452
其他	151688	311071	366428
四、商品房屋销售			
1.销售面积(平方米)	**8075339**	**10238370**	**12820070**
住宅	7146542	9484658	11457094
#别墅、高档公寓	200401	139494	182342
办公楼	227026	121680	875332
商业营业用房	528276	547174	393292
其他	173495	84858	94352
2.销售额(万元)	**4093809**	**4961655**	**6441847**
住宅	3278822	4242198	5141650
#别墅、高档公寓	150027	181976	188927
办公楼	147726	114748	664471
商业营业用房	572147	571591	584700
其他	95114	33118	51026
3.销售价格(元/平方米)	**5070**	**4846**	**5025**
住宅	4588	4473	4488
办公楼	6507	9430	7591
商业营业用房	10830	10446	14867
4.出租面积(平方米)	**201298**	**73839**	**69353**
住宅	5097	2748	
#别墅、高档公寓			
办公楼	20924	5445	25715
商业营业用房	127926	59272	32664
其他	47351	6374	10974

9-25 昆明市房地产开发投资综合统计

指　标	2011年	2012年	2013年
一、本年完成投资额(万元)	**6330343**	**9190732**	**12917060**
1.按用途分			
住宅	4276097	5859901	8689524
#别墅、高档公寓	263684	203463	277669
办公楼	410660	745510	957765
商业营业用房	750857	979491	1610082
其他	892729	1605830	1659689
2.资金状况			
本年资金来源合计	11893185	15695417	19526892
#上年末节余资金	3286865	4009248	2911087
#本年资金来源小计	8606320	11686169	16615805
本年各项应付款合计	2077864	2441362	3975576
3.资金来源及构成			
本年资金来源小计	8606320	11686169	16615805
国内贷款	851694	1583760	3044422
利用外资	2696		
#外商直接投资	2696		
自筹资金	4453131	5172034	9153989
其他资金来源	3298799	4930375	4417394
二、房地产开发企业(单位)情况			
1.企业个数合计(个)	**813**	**819**	**860**
#一级企业	13	13	13
#二级企业	90	107	126
#三级企业	128	114	122
2.从业人数合计(人)	**17047**	**19572**	**24753**
#一级企业	1000	1341	1610
#二级企业	4198	4988	6897
#三级企业	2774	2598	2812
3.资产合计(万元)	**31067469.7**	**44728543.3**	**67432577.1**
4.负债合计(万元)	**25250286.6**	**35204919**	**52892268.5**
5.资产负债率(%)	**81.3**	**78.7**	**78.4**
三、商品房屋开发面积(平方米)			
1.施工房屋面积	**44436022**	**58849961**	**77056572**
住宅	31848239	42286208	53490705
#别墅、高档公寓	3164830	2940479	2317684
办公楼	2613563	3385640	4420575
商业营业用房	4433709	5295069	8285851
其他	5540511	7883044	10859441

9-25 续表

指　　标	2011年	2012年	2013年
2.新开工房屋面积	**17800494**	**24530747**	**26841155**
住宅	11572766	16446391	18356385
#别墅、高档公寓	500448	593040	476824
办公楼	1318341	1780015	1194185
商业营业用房	2271543	2450248	3347277
其他	2637844	3854093	3943308
3.竣工房屋面积	**5656162**	**6296342**	**6026815**
住宅	4488726	5192484	4993566
#别墅、高档公寓	226493	833552	326070
办公楼	243390	145244	216752
商业营业用房	393835	439707	354751
其他	530211	518907	461746
4.待售房屋面积	**1441958**	**2764218**	**5181410**
住宅	797740	1770563	3388398
#别墅、高档公寓	80115	56909	212797
办公楼	93480	309435	400727
商业营业用房	253120	287571	564717
其他	297618	396649	827568
四、商品房屋销售			
1.销售面积(平方米)	**11212957**	**10513532**	**12111969**
住宅	9348861	9177307	10413531
#别墅、高档公寓	1442038	649291	412844
办公楼	397563	723954	407366
商业营业用房	871667	333927	704754
其他	594866	278344	586318
2.销售额(万元)	**5287165**	**6039691**	**7019440**
住宅	4253845	4960242	5847306
#别墅、高档公寓	563593	286253	364540
办公楼	214125	611512	409364
商业营业用房	625888	351635	558650
其他	193307	116302	204120
3.销售价格(元/平方米)	**4715**	**5745**	**5795**
住宅	4550	5405	5615
办公楼	5386	8447	10049
商业营业用房	7180	10530	7927
4.出租面积(平方米)	**117017**	**102981**	**53627**
住宅	2474	2706	481
#别墅、高档公寓		232	
办公楼	50804	45710	14090
商业营业用房	60323	53049	39056
其他	3416	1516	

9-26　西安市房地产开发投资综合统计

指　　标	2011年	2012年	2013年
一、本年完成投资额(万元)	**9961201**	**12699344**	**15726491**
1.按用途分			
住宅	8360515	10038530	12262802
#别墅、高档公寓	368130	284544	293155
办公楼	318641	373021	698553
商业营业用房	825256	1076236	1517128
其他	456789	1211557	1248008
2.资金状况			
本年资金来源合计	18048367	21688388	24237997
#上年末节余资金	3392728	4424873	5509776
#本年资金来源小计	14655639	17263515	18728221
本年各项应付款合计	1303213	2055721	3016268
3.资金来源及构成			
本年资金来源小计	14655639	17263515	18728221
国内贷款	1871437	2224414	2504820
利用外资	18	24000	74400
#外商直接投资		24000	74400
自筹资金	4750053	8076423	8112540
其他资金来源	8034131	6938678	8036461
二、房地产开发企业(单位)情况			
1.企业个数合计(个)	**579**	**672**	**662**
#一级企业	22	24	22
#二级企业	79	95	100
#三级企业	159	166	147
2.从业人数合计(人)	**33474**	**44447**	**39940**
#一级企业	5274	6347	6445
#二级企业	4799	7851	9445
#三级企业	9915	9718	7195
3.资产合计(万元)	**28782283.6**	**39575557.9**	**49199661.2**
4.负债合计(万元)	**22834846.1**	**32097245.9**	**40489045.6**
5.资产负债率(%)	**79.3**	**81.1**	**82.3**
三、商品房屋开发面积(平方米)			
1.施工房屋面积	**82388807**	**98931086**	**102976307**
住宅	70943211	82513782	83324414
#别墅、高档公寓	2088804	1869817	1839160
办公楼	1968629	2778484	4159677
商业营业用房	5481322	7426706	8546152
其他	3995645	6212114	6946064

9-26 续表

指　　标	2011年	2012年	2013年
2.新开工房屋面积	**24204310**	**27968320**	**25249159**
住宅	21121899	22710697	18954703
#别墅、高档公寓	216824	266309	101145
办公楼	531796	787994	1512845
商业营业用房	1384227	2568405	2737344
其他	1166388	1901224	2044267
3.竣工房屋面积	**6339613**	**10637000**	**7953509**
住宅	5661294	9038219	6632012
#别墅、高档公寓		142915	118065
办公楼	94206	177091	303367
商业营业用房	403322	857712	450102
其他	180791	563978	568028
4.待售房屋面积	**597645**	**1030612**	**750713**
住宅	454064	842618	617177
#别墅、高档公寓		7447	6770
办公楼	2901	24180	17705
商业营业用房	72719	101928	79779
其他	67961	61886	36052
四、商品房屋销售			
1.销售面积(平方米)	**17685175**	**15328991**	**16328496**
住宅	16639672	13791281	14963445
#别墅、高档公寓	511865	481209	243165
办公楼	303375	569230	333588
商业营业用房	545112	694703	614347
其他	197016	273777	417116
2.销售额(万元)	**10886283**	**10169737**	**10966293**
住宅	9700587	8583729	9628869
#别墅、高档公寓	505147	486989	243847
办公楼	298510	487949	299012
商业营业用房	767832	942777	717472
其他	119354	155282	320940
3.销售价格(元/平方米)	**6156**	**6634**	**6716**
住宅	5830	6224	6435
办公楼	9840	8572	8964
商业营业用房	14086	13571	11679
4.出租面积(平方米)	**80075**	**151610**	**155696**
住宅	32533	40290	7283
#别墅、高档公寓			
办公楼	256	256	2026
商业营业用房	47286	104064	146387
其他		7000	

9-27　兰州市房地产开发投资综合统计

指　　标	2011年	2012年	2013年
一、本年完成投资额（万元）	**1548444**	**2097401**	**2574350**
1.按用途分			
住宅	913233	1317222	1710236
#别墅、高档公寓	94	2569	76399
办公楼	58156	60078	131671
商业营业用房	132912	222647	368084
其他	444143	497454	364359
2.资金状况			
本年资金来源合计	2508164	3524352	5418269
#上年末节余资金	664227	732123	1137044
#本年资金来源小计	1843937	2792229	4281225
本年各项应付款合计	678054	753662	1127963
3.资金来源及构成			
本年资金来源小计	1843937	2792229	4281225
国内贷款	480052	688358	1092100
利用外资	55		
#外商直接投资			
自筹资金	709855	1245276	1580170
其他资金来源	653975	858595	1608955
二、房地产开发企业（单位）情况			
1.企业个数合计（个）	**585**	**556**	**570**
#一级企业	2	2	2
#二级企业	56	65	66
#三级企业	229	215	226
2.从业人数合计（人）	**11669**	**13555**	**16508**
#一级企业	286	297	632
#二级企业	2242	3239	4356
#三级企业	5126	5402	6788
3.资产合计（万元）	**7096641**	**9708233.1**	**12008717.4**
4.负债合计（万元）	**5530128.8**	**7974530.2**	**9983894.3**
5.资产负债率（%）	**77.9**	**82.1**	**83.1**
三、商品房屋开发面积（平方米）			
1.施工房屋面积	**17240361**	**23424938**	**26221323**
住宅	13367855	17400573	19953073
#别墅、高档公寓	20250	79886	213502
办公楼	529291	738678	737205
商业营业用房	1460162	2289385	2469977
其他	1883053	2996302	3061068

9-27 续表

指　　标	2011年	2012年	2013年
2.新开工房屋面积	**5354395**	**6560541**	**5751560**
住宅	3988815	4911386	4241900
#别墅、高档公寓	250	19886	133616
办公楼	152259	108811	167765
商业营业用房	523671	667880	685507
其他	689650	872464	656388
3.竣工房屋面积	**1770841**	**1682760**	**1584885**
住宅	1400416	1289143	1283125
#别墅、高档公寓			
办公楼	96663	71389	9500
商业营业用房	168667	170820	162215
其他	105095	151408	130045
4.待售房屋面积	**612545**	**721308**	**1068812**
住宅	415165	459451	751637
#别墅、高档公寓			
办公楼	46639	76159	48441
商业营业用房	113071	152505	234135
其他	37670	33193	34599
四、商品房屋销售			
1.销售面积(平方米)	**1310912**	**1903502**	**2534619**
住宅	1181286	1767479	2373499
#别墅、高档公寓	1710	1599	25370
办公楼	50740	21820	29488
商业营业用房	77924	113960	128199
其他	962	243	3433
2.销售额(万元)	**622344**	**1084524**	**1487306**
住宅	499577	958092	1310286
#别墅、高档公寓	1251	1816	25496
办公楼	50919	17922	32130
商业营业用房	71638	108286	143451
其他	210	224	1439
3.销售价格(元/平方米)	**4747**	**5698**	**5868**
住宅	4229	5421	5520
办公楼	10035	8214	10896
商业营业用房	9193	9502	11190
4.出租面积(平方米)	**164121**	**93400**	**31900**
住宅			
#别墅、高档公寓			
办公楼	58194	52096	5000
商业营业用房	103527	41304	26900
其他	2400		

9-28　西宁市房地产开发投资综合统计

指　　标	2011年	2012年	2013年
一、本年完成投资额(万元)	**1185454**	**1601412**	**1955784**
1.按用途分			
住宅	690996	1186910	1244635
#别墅、高档公寓	1170	1319	8334
办公楼	35542	24296	156732
商业营业用房	255792	230735	335768
其他	203124	159471	218649
2.资金状况			
本年资金来源合计	1391005	2396365	2689678
#上年末节余资金	162474	409938	646501
#本年资金来源小计	1228531	1986427	2043177
本年各项应付款合计	100940	361108	424790
3.资金来源及构成			
本年资金来源小计	1228531	1986427	2043177
国内贷款	164062	363616	418689
利用外资	15276		
#外商直接投资	15276		
自筹资金	633241	946258	790852
其他资金来源	415952	676553	833636
二、房地产开发企业(单位)情况			
1.企业个数合计(个)	**290**	**183**	**187**
#一级企业	5	4	4
#二级企业	79	75	84
#三级企业	99	60	62
2.从业人数合计(人)	**6163**	**6088**	**7187**
#一级企业	258	345	373
#二级企业	2827	3049	4407
#三级企业	1655	1353	1524
3.资产合计(万元)	**4323777.2**	**5363811.6**	**7950857**
4.负债合计(万元)	**3579864.1**	**4499331.2**	**6734290.4**
5.资产负债率(%)	**82.8**	**83.9**	**84.7**
三、商品房屋开发面积(平方米)			
1.施工房屋面积	**12842730**	**14799537**	**18403977**
住宅	10341617	11677234	13326610
#别墅、高档公寓	79803	129305	77850
办公楼	241601	244528	683460
商业营业用房	1226065	1608408	2212620
其他	1033447	1269367	2181287

9-28 续表

指 标	2011年	2012年	2013年
2.新开工房屋面积	**3500077**	**6370864**	**6468467**
住宅	2873607	4946500	4482549
#别墅、高档公寓		75850	77850
办公楼	44163	54312	414196
商业营业用房	260097	804235	717423
其他	322210	565817	854299
3.竣工房屋面积	**4316417**	**3610371**	**5244008**
住宅	3685981	3227129	4211356
#别墅、高档公寓	4748	6139	
办公楼	42147	18922	79417
商业营业用房	345248	195388	414605
其他	243041	168932	538630
4.待售房屋面积	**798635**	**502427**	**804657**
住宅	608063	390408	656427
#别墅、高档公寓	2010		
办公楼	12719	1876	5412
商业营业用房	131070	85831	107759
其他	46783	24312	35059
四、商品房屋销售			
1.销售面积(平方米)	**2656097**	**1770355**	**2777969**
住宅	2550522	1658528	2720397
#别墅、高档公寓	2561	4100	1960
办公楼	3757	1640	3232
商业营业用房	94712	109455	51713
其他	7106	732	2627
2.销售额(万元)	**968504**	**835313**	**1285696**
住宅	877023	713878	1191628
#别墅、高档公寓	1348	2932	1703
办公楼	732	1295	2640
商业营业用房	87952	119855	90246
其他	2797	285	1182
3.销售价格(元/平方米)	**3646**	**4718**	**4628**
住宅	3439	4304	4380
办公楼	1948	7896	8168
商业营业用房	9286	10950	17451
4.出租面积(平方米)	**108531**	**88847**	**51232**
住宅			
#别墅、高档公寓			
办公楼	10470	2151	
商业营业用房	98061	86696	51232
其他			

9-29　银川市房地产开发投资综合统计

指　　标	2011年	2012年	2013年
一、本年完成投资额(万元)	**2147834**	**2757023**	**3308094**
1.按用途分			
住宅	1486993	1755066	1956800
#别墅、高档公寓	63103	86159	117721
办公楼	71643	86558	154470
商业营业用房	297272	498339	706523
其他	291926	417060	490301
2.资金状况			
本年资金来源合计	3493007	4164149	5281413
#上年末节余资金	388389	628742	608026
#本年资金来源小计	3104618	3535407	4673387
本年各项应付款合计	730339	743193	887024
3.资金来源及构成			
本年资金来源小计	3104618	3535407	4673387
国内贷款	374010	365950	709062
利用外资			
#外商直接投资			
自筹资金	976080	1324968	1449825
其他资金来源	1754528	1844489	2514500
二、房地产开发企业(单位)情况			
1.企业个数合计(个)	**250**	**269**	**280**
#一级企业	10	10	10
#二级企业	47	49	56
#三级企业	56	63	70
2.从业人数合计(人)	**9718**	**10245**	**10991**
#一级企业	1221	1262	1273
#二级企业	2294	2407	2809
#三级企业	1722	1964	2512
3.资产合计(万元)	**8956654.4**	**11546634.5**	**14781589.1**
4.负债合计(万元)	**7366564**	**9496604.1**	**12203603.7**
5.资产负债率(%)	**82.2**	**82.2**	**82.6**
三、商品房屋开发面积(平方米)			
1.施工房屋面积	**24601446**	**29485300**	**35226550**
住宅	17817171	20494741	22558405
#别墅、高档公寓	500961	553240	902482
办公楼	887656	938424	1420000
商业营业用房	3003191	4543859	6594872
其他	2893428	3508276	4653273

9-29 续表

指　　标	2011年	2012年	2013年
2.新开工房屋面积	**12038836**	**10021338**	**12585802**
住宅	8498469	6302409	7804313
#别墅、高档公寓	170455	246334	398956
办公楼	452421	262493	514710
商业营业用房	1513531	2358886	2545317
其他	1574415	1097550	1721462
3.竣工房屋面积	**5782016**	**7443753**	**6432325**
住宅	4458639	5948561	4915214
#别墅、高档公寓	248413	15894	191293
办公楼	194805	92919	79574
商业营业用房	775807	712543	692560
其他	352765	689730	744977
4.待售房屋面积	**3346427**	**4496386**	**5113336**
住宅	2108185	2984820	3509679
#别墅、高档公寓	145267	69431	110421
办公楼	102139	143453	189149
商业营业用房	921163	970111	873689
其他	214940	398002	540819
四、商品房屋销售			
1.销售面积(平方米)	**4890287**	**4502610**	**6121084**
住宅	3840193	3883346	5430865
#别墅、高档公寓	183761	118590	151710
办公楼	81674	62615	50044
商业营业用房	854242	503625	547821
其他	114178	53024	92354
2.销售额(万元)	**2139903**	**2059736**	**2972413**
住宅	1528250	1626057	2456674
#别墅、高档公寓	88525	57237	106838
办公楼	61324	29897	39994
商业营业用房	510416	381874	432508
其他	39913	21908	43237
3.销售价格(元/平方米)	**4376**	**4575**	**4856**
住宅	3980	4187	4524
办公楼	7508	4775	7992
商业营业用房	5975	7583	7895
4.出租面积(平方米)	**280213**	**299570**	**299016**
住宅	4059	17610	19562
#别墅、高档公寓			
办公楼	63756	21810	25983
商业营业用房	189122	251297	234301
其他	23276	8853	19170

9-30 乌鲁木齐市房地产开发投资综合统计

指　标	2011年	2012年	2013年
一、本年完成投资额(万元)	**1942920**	**2206935**	**2705936**
1.按用途分			
住宅	1582460	1744694	1989774
#别墅、高档公寓	84747	115794	170671
办公楼	72130	53080	137524
商业营业用房	135446	150371	301553
其他	152884	258790	277085
2.资金状况			
本年资金来源合计	3722791	3849643	4965442
#上年末节余资金	605035	535320	696309
#本年资金来源小计	3117756	3314323	4269133
本年各项应付款合计	378117	480848	459394
3.资金来源及构成			
本年资金来源小计	3117756	3314323	4269133
国内贷款	475294	464090	497454
利用外资			
#外商直接投资			
自筹资金	756325	869630	1003527
其他资金来源	1886137	1980603	2768152
二、房地产开发企业(单位)情况			
1.企业个数合计(个)	**364**	**387**	**401**
#一级企业	6	7	7
#二级企业	43	43	50
#三级企业	101	97	102
2.从业人数合计(人)	**9835**	**10824**	**12450**
#一级企业	547	688	948
#二级企业	1881	1926	2350
#三级企业	2913	2677	3502
3.资产合计(万元)	**9221901.9**	**11829854.7**	**15370579.2**
4.负债合计(万元)	**6590487.6**	**8683691.9**	**11451659.8**
5.资产负债率(%)	**71.5**	**73.4**	**74.5**
三、商品房屋开发面积(平方米)			
1.施工房屋面积	**18517246**	**23905179**	**33512905**
住宅	15218267	19208941	25813418
#别墅、高档公寓	930866	617811	723186
办公楼	560511	629856	1046170
商业营业用房	1082736	1478825	2806210
其他	1655732	2587557	3847107

9-30 续表

指　　标	2011年	2012年	2013年
2.新开工房屋面积	**5712740**	**6500352**	**9205790**
住宅	4787888	4939072	6261059
#别墅、高档公寓	289633	53445	211514
办公楼	89104	178486	599869
商业营业用房	227121	441264	1269076
其他	608627	941530	1075786
3.竣工房屋面积	**3216854**	**6507821**	**4185989**
住宅	2743094	5367204	3450089
#别墅、高档公寓	200170	313962	40057
办公楼	83222	219562	30875
商业营业用房	177892	352471	242416
其他	212646	568584	462609
4.待售房屋面积	**1209896**	**1516029**	**1687894**
住宅	487353	591681	685999
#别墅、高档公寓	73755	80732	59231
办公楼	142557	208467	215972
商业营业用房	334899	275861	326875
其他	245087	440020	459048
四、商品房屋销售			
1.销售面积(平方米)	**4658373**	**3716101**	**5356684**
住宅	4215070	3372962	4885382
#别墅、高档公寓	163383	118602	145528
办公楼	110190	127034	80729
商业营业用房	191087	121191	171051
其他	142026	94914	219522
2.销售额(万元)	**2447408**	**2095553**	**3273273**
住宅	2094798	1772505	2862071
#别墅、高档公寓	165805	120175	168839
办公楼	97365	149972	95994
商业营业用房	202930	129926	218311
其他	52315	43150	96897
3.销售价格(元/平方米)	**5254**	**5639**	**6111**
住宅	4970	5255	5858
办公楼	8836	11806	11891
商业营业用房	10620	10721	12763
4.出租面积(平方米)	**386324**	**380141**	**385562**
住宅	5669	9295	7196
#别墅、高档公寓			
办公楼	19440	15128	14088
商业营业用房	341023	324023	339488
其他	20192	31695	24790

9-31　大连市房地产开发投资综合统计

指　　标	2011年	2012年	2013年
一、本年完成投资额(万元)	**11074630**	**13965204**	**17103585**
1.按用途分			
住宅	8696887	10554073	12579700
#别墅、高档公寓	628995	656338	672080
办公楼	179658	304267	470859
商业营业用房	1301199	1649340	2517862
其他	896886	1457524	1535164
2.资金状况			
本年资金来源合计	17770302	20448050	24949219
#上年末节余资金	3268896	3779631	4027588
#本年资金来源小计	14501406	16668419	20921631
本年各项应付款合计	1612800	3966419	3783851
3.资金来源及构成			
本年资金来源小计	14501406	16668419	20921631
国内贷款	3703160	3037922	4368820
利用外资	187225	91605	17700
#外商直接投资	183225	80281	5100
自筹资金	4468057	7614861	9677080
其他资金来源	6142964	5924031	6858031
二、房地产开发企业(单位)情况			
1.企业个数合计(个)	**966**	**1006**	**1025**
#一级企业	20	21	21
#二级企业	58	57	58
#三级企业	338	327	327
2.从业人数合计(人)	**21712**	**25260**	**26357**
#一级企业	1513	1316	1211
#二级企业	2182	2114	2199
#三级企业	6542	8141	8387
3.资产合计(万元)	**55214664.2**	**56438249.2**	**73491581.8**
4.负债合计(万元)	**44846204.1**	**43877318.2**	**54934638.4**
5.资产负债率(%)	**81.2**	**77.7**	**74.7**
三、商品房屋开发面积(平方米)			
1.施工房屋面积	**61933797**	**62134291**	**63961671**
住宅	49185819	48334199	48678923
#别墅、高档公寓	2875189	2501793	2315240
办公楼	1203111	1332108	1702721
商业营业用房	6438091	7073983	7554695
其他	5106776	5394001	6025332

9-31 续表

指　　标	2011年	2012年	2013年
2.新开工房屋面积	**14646367**	**16151154**	**20043410**
住宅	11751608	11904019	15055422
#别墅、高档公寓	492195	681503	618035
办公楼	65629	374183	669907
商业营业用房	1546643	2359383	2050225
其他	1282487	1513569	2267856
3.竣工房屋面积	**9428724**	**7499976**	**10465682**
住宅	7977370	5881419	8506630
#别墅、高档公寓	494290	267016	84453
办公楼	289328	185195	234442
商业营业用房	723839	620131	964536
其他	438187	813231	760074
4.待售房屋面积	**3570202**	**4810789**	**7658681**
住宅	2276193	3539134	5573320
#别墅、高档公寓	44416	125949	147008
办公楼	31501	34717	185210
商业营业用房	876198	733414	1200516
其他	386310	503524	699635
四、商品房屋销售			
1.销售面积(平方米)	**9099105**	**10763624**	**12221250**
住宅	8334237	9668943	11040202
#别墅、高档公寓	203876	222545	169782
办公楼	57044	245764	63805
商业营业用房	474158	588709	887593
其他	233666	260208	229650
2.销售额(万元)	**7326603**	**8614711**	**10098738**
住宅	6608200	7332894	8676651
#别墅、高档公寓	356040	311692	298508
办公楼	74233	380068	41401
商业营业用房	523539	745113	1235285
其他	120631	156636	145401
3.销售价格(元/平方米)	**8052**	**8004**	**8263**
住宅	7929	7584	7859
办公楼	13013	15465	6489
商业营业用房	11041	12657	13917
4.出租面积(平方米)	**351230**	**170852**	**194677**
住宅		263	3900
#别墅、高档公寓			
办公楼	3583	2589	11859
商业营业用房	347647	168000	178918
其他			

9-32　青岛市房地产开发投资综合统计

指　标	2011年	2012年	2013年
一、本年完成投资额(万元)	**7858221**	**9320986**	**10485229**
1.按用途分			
住宅	5725974	5949960	6681209
#别墅、高档公寓	626656	821152	687350
办公楼	287152	685944	1017530
商业营业用房	1010125	1404028	1345377
其他	834970	1281054	1441113
2.资金状况			
本年资金来源合计	17287988	17685546	21765802
#上年末节余资金	4374079	5396419	5044024
#本年资金来源小计	12913909	12289127	16721778
本年各项应付款合计	1768297	2800977	2966957
3.资金来源及构成			
本年资金来源小计	12913909	12289127	16721778
国内贷款	3216291	2443230	4450006
利用外资	151704	14649	41895
#外商直接投资	136498	14649	30494
自筹资金	4376665	4299284	4976019
其他资金来源	5169249	5531964	7253858
二、房地产开发企业(单位)情况			
1.企业个数合计(个)	**967**	**982**	**972**
#一级企业	10	11	11
#二级企业	51	55	56
#三级企业	166	179	178
2.从业人数合计(人)	**23912**	**23643**	**24747**
#一级企业	1134	1106	1136
#二级企业	2521	2865	2941
#三级企业	4495	4773	4839
3.资产合计(万元)	**42365852.4**	**47910238.5**	**60776391.2**
4.负债合计(万元)	**33992089.6**	**37922064.1**	**47394152.6**
5.资产负债率(%)	**80.2**	**79.2**	**78.0**
三、商品房屋开发面积(平方米)			
1.施工房屋面积	**56988377**	**64976895**	**70725539**
住宅	40055966	44818183	46892704
#别墅、高档公寓	2128690	2652183	2863720
办公楼	1856340	2856675	3814410
商业营业用房	7553870	8139182	9151097
其他	7522201	9162855	10867328

9-32 续表

指 标	2011年	2012年	2013年
2.新开工房屋面积	**18170118**	**17631505**	**18494989**
住宅	13175416	12342231	11727063
#别墅、高档公寓	793234	968514	684588
办公楼	542220	880667	948394
商业营业用房	2201372	1918015	2210092
其他	2251110	2490592	3609440
3.竣工房屋面积	**9247634**	**12115696**	**9573420**
住宅	6715676	9288535	6748578
#别墅、高档公寓	392060	506322	117409
办公楼	213081	321580	257216
商业营业用房	1246530	1051793	1177951
其他	1072347	1453788	1389675
4.待售房屋面积	**2357081**	**3652023**	**3994757**
住宅	1259363	2291774	2618294
#别墅、高档公寓	83751	135595	144129
办公楼	163414	278144	187934
商业营业用房	746402	706033	809953
其他	187902	376072	378576
四、商品房屋销售			
1.销售面积(平方米)	**10299105**	**9509187**	**11601552**
住宅	9194949	8424978	10506059
#别墅、高档公寓	386774	491550	485934
办公楼	158192	422156	464267
商业营业用房	675982	505627	420129
其他	269982	156426	211097
2.销售额(万元)	**7719636**	**7660684**	**9786176**
住宅	6589271	6388962	8390881
#别墅、高档公寓	564352	679150	622342
办公楼	186500	494049	685563
商业营业用房	800521	717442	588191
其他	143344	60231	121541
3.销售价格(元/平方米)	**7495**	**8056**	**8435**
住宅	7166	7583	7987
办公楼	11789	11703	14767
商业营业用房	11842	14189	14000
4.出租面积(平方米)	**397875**	**296857**	**324151**
住宅			750
#别墅、高档公寓			
办公楼	69840	34274	69384
商业营业用房	182798	187261	233167
其他	145237	75322	20850

9-33 宁波市房地产开发投资综合统计

指 标	2011年	2012年	2013年
一、本年完成投资额(万元)	**7114644**	**8843514**	**11231401**
1.按用途分			
住宅	3923437	5156454	6423263
#别墅、高档公寓	329023	547673	805936
办公楼	710574	667089	958136
商业营业用房	960833	1100395	1530845
其他	1519800	1919576	2319157
2.资金状况			
本年资金来源合计	9114053	9767583	16070991
#上年末节余资金	1243907	1166418	2160698
#本年资金来源小计	7870146	8601165	13910293
本年各项应付款合计	1011887	1419726	2700230
3.资金来源及构成			
本年资金来源小计	7870146	8601165	13910293
国内贷款	1774443	2190805	3148780
利用外资	92460	34364	269922
#外商直接投资	92460	31896	269922
自筹资金	3864062	3938384	5468753
其他资金来源	2139181	2437612	5022838
二、房地产开发企业(单位)情况			
1.企业个数合计(个)	**802**	**818**	**831**
#一级企业	20	22	24
#二级企业	66	69	61
#三级企业	273	290	303
2.从业人数合计(人)	**17245**	**16972**	**17737**
#一级企业	1282	1460	1750
#二级企业	2244	2104	1702
#三级企业	5538	5917	6405
3.资产合计(万元)	**45067827.9**	**87612697**	**57273991.7**
4.负债合计(万元)	**33866035.3**	**55555628.6**	**42407657.5**
5.资产负债率(%)	**75.1**	**63.4**	**74.0**
三、商品房屋开发面积(平方米)			
1.施工房屋面积	**52098082**	**60805078**	**68339592**
住宅	28936213	33620766	36279381
#别墅、高档公寓	1233860	2278184	2636894
办公楼	4733556	5125364	6014659
商业营业用房	6192632	7387441	9123412
其他	12235681	14671507	16922140

9-33 续表

指　　标	2011年	2012年	2013年
2.新开工房屋面积	**18995808**	**14705107**	**18372030**
住宅	10712992	8303184	10030984
#别墅、高档公寓	527838	1058605	827185
办公楼	1220929	903777	1226758
商业营业用房	2248636	1438536	2943532
其他	4813251	4059610	4170756
3.竣工房屋面积	**8427924**	**8399073**	**8674803**
住宅	4845779	5306090	4625109
#别墅、高档公寓	238425	420829	273114
办公楼	801863	452242	863832
商业营业用房	812203	956427	1025513
其他	1968079	1684314	2160349
4.待售房屋面积	**1604150**	**2399152**	**4914547**
住宅	386410	774651	2251719
#别墅、高档公寓	11450	60445	429026
办公楼	273356	313636	567619
商业营业用房	452204	733693	1341650
其他	492180	577172	753559
四、商品房屋销售			
1.销售面积(平方米)	**5265287**	**5902173**	**7300878**
住宅	3426513	4587421	5819535
#别墅、高档公寓	119747	102134	427294
办公楼	666398	455251	495874
商业营业用房	851055	553096	557051
其他	321321	306405	428418
2.销售额(万元)	**5808521**	**6633948**	**8104011**
住宅	3867039	5222892	6637387
#别墅、高档公寓	156426	211444	618145
办公楼	725155	429654	483513
商业营业用房	1034435	838365	764926
其他	181892	143037	218185
3.销售价格(元/平方米)	**11032**	**11240**	**11100**
住宅	11286	11385	11405
办公楼	10882	9438	9751
商业营业用房	12155	15158	13732
4.出租面积(平方米)	**569341**	**645422**	**616154**
住宅	3106	3106	3106
#别墅、高档公寓			
办公楼	58697	85902	75348
商业营业用房	493822	543655	529640
其他	13716	12759	8060

9-34 厦门市房地产开发投资综合统计

指 标	2011年	2012年	2013年
一、本年完成投资额(万元)	**4381217**	**5188791**	**5318029**
1.按用途分			
住宅	2485162	2894887	3041899
#别墅、高档公寓	127444	175841	205932
办公楼	342444	458412	699786
商业营业用房	401887	529327	575917
其他	1151724	1306165	1000427
2.资金状况			
本年资金来源合计	9947769	11568291	14762653
#上年末节余资金	2263183	2145010	2954960
#本年资金来源小计	7684586	9423281	11807693
本年各项应付款合计	556399	513396	742450
3.资金来源及构成			
本年资金来源小计	7684586	9423281	11807693
国内贷款	1128127	1395136	1897342
利用外资	72822	39870	146470
#外商直接投资	72822	39870	146470
自筹资金	2640187	2022235	2624883
其他资金来源	3843450	5966040	7138998
二、房地产开发企业(单位)情况			
1.企业个数合计(个)	**647**	**530**	**524**
#一级企业	12	13	13
#二级企业	27	24	29
#三级企业	56	49	35
2.从业人数合计(人)	**12368**	**12379**	**13606**
#一级企业	1183	1715	1801
#二级企业	1233	1369	1845
#三级企业	1924	1809	1361
3.资产合计(万元)	**35350197.6**	**38719197.9**	**46907635.9**
4.负债合计(万元)	**25076130.8**	**27032115.1**	**33467633.5**
5.资产负债率(%)	**70.9**	**69.8**	**71.3**
三、商品房屋开发面积(平方米)			
1.施工房屋面积	**35131693**	**35797338**	**37858602**
住宅	21608453	21110666	22016600
#别墅、高档公寓	734454	1123950	1116417
办公楼	3212492	3495760	3903816
商业营业用房	2330508	2756789	3478843
其他	7980240	8434123	8459343

9-34 续表

指　　标	2011年	2012年	2013年
2.新开工房屋面积	**10573846**	**8175737**	**6894973**
住宅	6570460	4369962	3827303
#别墅、高档公寓	266880	48927	25902
办公楼	847099	797465	634565
商业营业用房	650376	948025	1164647
其他	2505911	2060285	1268458
3.竣工房屋面积	**6029305**	**4224084**	**3437851**
住宅	3768337	2155462	2141127
#别墅、高档公寓	100226	247150	151458
办公楼	417899	735930	174343
商业营业用房	571298	451236	242029
其他	1271771	881456	880352
4.待售房屋面积	**2490467**	**2489589**	**2593693**
住宅	897755	723060	921158
#别墅、高档公寓	63431	17443	185915
办公楼	303302	304250	199067
商业营业用房	400016	396160	378085
其他	889394	1066119	1095383
四、商品房屋销售			
1.销售面积(平方米)	**4453899**	**6153435**	**7867109**
住宅	2721301	4802694	5815237
#别墅、高档公寓	129648	158736	179506
办公楼	491162	362498	671407
商业营业用房	154520	220769	214200
其他	1086916	767474	1166265
2.销售额(万元)	**4701383**	**7556699**	**10718544**
住宅	3652692	6221110	8461819
#别墅、高档公寓	288698	382587	364426
办公楼	404380	498784	979609
商业营业用房	317620	451425	569537
其他	326691	385380	707579
3.销售价格(元/平方米)	**10556**	**12280**	**13625**
住宅	13423	12953	14551
办公楼	8233	13760	14590
商业营业用房	20555	20448	26589
4.出租面积(平方米)	**283023**	**498068**	**347717**
住宅		3327	
#别墅、高档公寓			
办公楼	51048	117695	16013
商业营业用房	57245	316632	292893
其他	174730	60414	38811

9-35　深圳市房地产开发投资综合统计

指　　标	2011年	2012年	2013年
一、本年完成投资额（万元）	**5147362**	**7368421**	**8769002**
1.按用途分			
住宅	3532118	4745981	5904800
#别墅、高档公寓	120337	326350	558336
办公楼	367792	269991	644778
商业营业用房	646077	901108	844627
其他	601375	1451341	1374797
2.资金状况			
本年资金来源合计	11308682	15771136	22556745
#上年末节余资金	3120577	3861462	5687680
#本年资金来源小计	8188105	11909674	16869065
本年各项应付款合计	1223060	1208717	2437902
3.资金来源及构成			
本年资金来源小计	8188105	11909674	16869065
国内贷款	1998457	3028842	4410869
利用外资	20615		1200
#外商直接投资	20615		1200
自筹资金	2940339	4732439	4569711
其他资金来源	3228694	4148393	7887285
二、房地产开发企业（单位）情况			
1.企业个数合计（个）	**400**	**459**	**461**
#一级企业	47	45	38
#二级企业	27	25	23
#三级企业	60	77	102
2.从业人数合计（人）	**21814**	**26697**	**26660**
#一级企业	3997	5658	4494
#二级企业	1953	1941	1761
#三级企业	2693	3395	5240
3.资产合计（万元）	**62802034.8**	**77278569.6**	**98812769.4**
4.负债合计（万元）	**46201228.5**	**55713753.4**	**73185423.6**
5.资产负债率（%）	**73.5**	**72.1**	**74.1**
三、商品房屋开发面积（平方米）			
1.施工房屋面积	**28759757**	**32166887**	**40034868**
住宅	19656256	21075869	26082923
#别墅、高档公寓	349812	687567	1409827
办公楼	1714566	1569276	2615132
商业营业用房	2984700	3392528	3836201
其他	4404235	6129214	7500612

9-35 续表

指　　标	2011年	2012年	2013年
2.新开工房屋面积	**5379871**	**9052374**	**13663965**
住宅	3673169	5618884	9101325
#别墅、高档公寓	129077	276802	486322
办公楼	185394	506909	1148782
商业营业用房	547571	1034744	1206822
其他	973737	1891837	2207036
3.竣工房屋面积	**3249957**	**4257505**	**3535531**
住宅	2326564	2893951	1963294
#别墅、高档公寓	24416	118458	43000
办公楼	209732	122985	308407
商业营业用房	358901	397472	533493
其他	354760	843097	730337
4.待售房屋面积	**2576877**	**3100498**	**3516611**
住宅	1481256	1889388	2030568
#别墅、高档公寓	73266	175991	125311
办公楼	51484	168877	140808
商业营业用房	844871	801378	1030577
其他	199266	240855	314658
四、商品房屋销售			
1.销售面积(平方米)	**4968890**	**5258334**	**5885819**
住宅	4694316	4884429	5271586
#别墅、高档公寓	18523	151422	179605
办公楼	99045	59786	213144
商业营业用房	169528	210040	190451
其他	6001	104079	210638
2.销售额(万元)	**10608646**	**10300981**	**14362533**
住宅	9875457	9278424	12349964
#别墅、高档公寓	132081	545431	973588
办公楼	250277	249819	834070
商业营业用房	473602	520239	660602
其他	9310	252499	517897
3.销售价格(元/平方米)	**21350**	**19590**	**24402**
住宅	21037	18996	23427
办公楼	25269	41786	39132
商业营业用房	27937	24769	34686
4.出租面积(平方米)	**1677995**	**793723**	**415403**
住宅	196667	21205	5522
#别墅、高档公寓	64775		
办公楼	583756	403245	215827
商业营业用房	597209	361800	193391
其他	300363	7473	663

第四部分

附　录

附录一 2014 中国房地产百强企业研究报告

主报告

1 研究背景与目的

由国务院发展研究中心企业研究所、清华大学房地产研究所和中国指数研究院三家研究机构共同组成的“中国房地产 TOP10 研究组”，自 2004 年以来开展中国房地产百强企业研究，已连续进行了十一年，相关研究成果已成为评判房地产企业经营实力及行业地位的重要标准。

随着新型城镇化的稳步推进，与房地产业发展密切相关的住房、土地、财税、金融、户籍等制度性要素将发生显著变化，房地产企业在业务开拓与资源整合过程中面临更具挑战的竞争环境。在此背景下，中国房地产 TOP10 研究组启动“2014 中国房地产百强企业研究”，围绕“变革创新、跨越发展”的主题，发掘行业中综合实力强、成长潜力大、经营稳健的优秀房地产企业群体，鼓励企业积极改进业务模式、高效整合发展资源，引领行业在新的形势下实现持续、健康的成长。

在分析总结历年研究经验及房地产企业发展现状的基础上，研究组进一步完善了研究方法和评价指标体系，继续从规模性、盈利性、成长性、稳健性、融资能力、运营效率和社会责任感等七个方面全面、客观地评价企业的综合实力，引导企业不断优化发展模式，推动行业健康、良性运行。

中国房地产百强企业研究目的

（1）通过企业规模性、盈利性、成长性、稳健性、融资能力、运营效率和社会责任等指标的量化研究，发掘综合实力强、经营稳健以及具备较强社会责任感的优秀企业群体；

（2）通过系统研究，打造“中国房地产百强企业”品牌，提升企业知名度和影响力，发挥百强企业的行业示范效应，推动房地产企业做强做好做大；

（3）通过企业评价，鼓励企业为社会多做贡献，以营造行业重视社会责任的氛围，发挥房地产业作为国民经济重要支柱产业和重要民生行业的作用。

2 研究方法体系

2.1 标准和门槛值

中国房地产百强企业研究坚持以数据为依据，秉承客观、公正、准确、全面的研究原则。TOP10 研究组依照国际惯例，对中国房地产百强企业设立如下筛选标准和门槛值：

（1）依法设立并登记注册的房地产开发经营企业作为本次的研究对象；

（2）按照国际惯例，对进入研究的企业给予一个门槛指标，TOP10 研究组根据近 5 年百强企业实际状况，确定近三年每年的房地产业务销售额均须达到 10 亿元或销售面积 10 万平方米为入选门槛值；

（3）为了引导房地产开发企业做强做好做大，TOP10 研究组鼓励以集团的名义参与；

（4）符合上述 1～3 条，但是有严重拖欠工程款，或有重大偷漏税等违规行为问题的企业，取消评审资格。

2.2 评价指标体系

2.2.1 评价指标体系设立原则

2014 中国房地产百强企业研究以 2013 年度为主要研究时间段，同时结合过去五年的综合经营表现及未来三年成长潜力，涵盖规模性、盈利性、成长性、稳健性、融资能力、运营效率、社会责任在内的七个二级指标，全面考量企业的综合实力。

评价指标体系的设计主要把握以下几个基本原则：

（1）**企业规模与运营效率相结合**。规模与效率是企业向前发展的双驱动力，规模经济的获取离不开高效率的经营管理。基于资金密集型特性，房地产企业只有在不断提高经营管理的运转效率，更好地实现资本良性增值的基础上，才能稳健扩张规模。TOP10 研究组在此采用净资产、房地产业务收入、存货周转率等指标，综合反映企业规模化发展与运营效率的情况。

（2）**成长潜力与经营稳健相结合**。房地产是资金密集型行业，也是一个容易受政策影响的行业。企业的高杠杆运营，在市场调整期往往带来资金链断裂的巨大压力；此次研究继续强调企业成长潜力的培育必须建立在稳健经营的前提下，注重短期财务风险的控制，处理好稳健经营与快速成长之间的关系，以维护整个行业的平稳健康发展。

（3）**盈利能力与社会责任相结合**。企业必须稳步盈利才能实现永续经营，研究组对房地产企业盈利能力的评价，将从净利润、净资产收益率、营业利润率、成本费用利润率等角度来进行，更全面地衡量企业在不同市场形势下的盈利状况及成本控制水平。同时从纳税、政策性住房新开工面积、慈善捐赠三个基本层面引导企业重视社会责任，积极构建和谐社会，并将其作为企业综合实力评价的重要内容。

（4）**融资能力与综合实力相结合**。融资能力对于房地产企业有着极其重要的意义，项目的获取、运营等环节都离不开强大的融资能力支持。本次研究通过筹资活动现金流入、本年新增银行授信额度及综合资金成本率三个指标来分析企业的融资实力，表现突出的企业其综合实力指数相应提高。

2.2.2 评价指标体系

在 2014 中国房地产百强企业研究中，中国房地产 TOP10 研究组根据企业规模与运营效率相结合、成长潜力与经营稳健相结合、盈利能力与社会责任相结合、融资能力与综合实力相结合的原则，全面客观地评价企业的综合实力。

表1 2014中国房地产百强企业评价指标体系

- 规模性指标
  - 总资产
  - 净资产
  - 房地产业务收入
  - 房屋销售额
  - 房屋销售面积
  - 经营性物业持有面积
  - 房屋竣工面积
- 盈利性指标
  - 净利润
  - 总资产收益率
  - 净资产收益率
  - 长期资本收益率
  - 营业利润率
  - 成本费用利润率
- 成长性指标
  - 房屋销售面积增长率
  - 房地产业务收入增长率
  - 净利润增长率
  - 新开工面积
  - 土地储备规划总建筑面积
- 稳健性指标
  - 预收账款
  - 经营现金流量净额
  - 资产负债率
  - 流动比率
  - 速动比率
  - 带息负债比率
  - 房地产持有经营收入占比
- 融资能力指标
  - 筹资活动现金流入
  - 新增银行授信额度
  - 综合资金成本率
- 运营效率指标
  - 存货周转率
  - 总资产周转率
  - 存量资产周转率
- 社会责任指标
  - 纳税额
  - 慈善捐赠
  - 政策性住房新开工面积

2.3 数据来源和复核

2.3.1 数据来源

（1）房地产开发企业填报数据；

（2）中国房地产指数系统（CREIS）数据库；

（3）房地产企业对外公布的信息（包括公司年报、企业网站公布的信息和对外派发的宣传资料）；

（4）有关政府部门（包括建委、房管局和统计局等）的公开数据；

（5）2011-2013 中国房地产百强企业研究收集数据资料；

（6）2011-2013 中国房地产上市公司研究收集数据资料；

（7）2011-2013 中国房地产品牌价值研究收集数据资料。

2.3.2 数据复核

企业填报的数据须如实客观，同时研究组将对填报数据进行复核。

（1）企业财务数据通过会计师事务所出具的报表进行复核；

（2）通过税单复核企业经营收入及利润；

（3）对收集的数据坚持交叉复核：通过各地房地产交易中心公开的项目交易情况复核企业提供的销售数据；通过统计局的企业直报数据进行交叉复核；对有疑问的数据研究组可要求进行现场复核。

2.4 计量评价方法

（1）在研究方法上，为增加研究的严谨性，采用因子分析（Factor Analysis）的方法。因子分析是一种从变量方差——协方差结构入手，在尽可能多地保留原始信息的基础上，用少数新变量解释原始变量方差的多元统计分析方法。它将原始变量分解为公共因子和特殊因子之和，并通过因子旋转，得到符合现实意义的公共因子，然后用这些公共因子去解释原始变量的方差。计算中国房地产百强综合实力时，主要是计算各构成要素的相关矩阵，通过相关矩阵得到特征值、累计特征值及因子载荷。根据最初几个特征值在全部特征值的累计百分率大于或等于某百分比的原则，确定公共因子的具体个数。然后再根据因子载荷矩阵确定各个因子的现实意义并进行重新命名，最后根据不同企业各个因子的得分及载荷矩阵，通过加权累加构成 2014 中国房地产百强综合实力指数。

（2）企业按评价指标体系排序出现相同时，依照慈善捐赠数据确定排序；当上述累加计算又基本相同时，按西部、中部、东部排序确定。

3 主要研究成果

3.1 2014 中国房地产百强企业

表 2 “2014 中国房地产百强企业”名单

万科企业股份有限公司	朗诗集团股份有限公司
保利房地产（集团）股份有限公司	联发集团有限公司
恒大地产集团有限公司	上置集团有限公司
中国海外发展有限公司	河南正商置业有限公司
绿地控股集团有限公司	银亿房地产股份有限公司
碧桂园控股有限公司	美的地产集团
绿城房地产集团有限公司	上海爱家集团
世茂房地产控股有限公司	上海实业城市开发集团有限公司
龙湖地产有限公司	中梁地产集团
北京首都开发控股（集团）有限公司	广州广电房地产开发集团股份有限公司
华润置地有限公司	百步亭集团有限公司
中信房地产股份有限公司	星河控股集团有限公司
金地（集团）股份有限公司	东方银座集团中国有限公司
招商局地产控股股份有限公司	杭州宋都房地产集团有限公司
金科地产集团股份有限公司	深圳市富通房地产集团有限公司
佳兆业集团控股有限公司	福晟集团有限公司
华夏幸福基业股份有限公司	广西东方航洋实业集团有限公司
新城控股集团有限公司	武汉三江航天房地产开发有限公司
荣盛房地产发展股份有限公司	新鸥鹏地产集团
复地（集团）股份有限公司	美好置业集团股份有限公司
金融街控股股份有限公司	重庆晋愉地产（集团）股份有限公司
广州市敏捷投资有限公司	浙江金龙房地产投资集团有限公司
卓越置业集团有限公司	上海城建置业发展有限公司
北京金隅股份有限公司	上海大名城企业股份有限公司
四川蓝光和骏实业股份有限公司	嘉凯城集团股份有限公司
天津市房地产开发经营集团有限公司	上海保集（集团）有限公司
江苏中南建设集团股份有限公司	深圳市合正房地产集团有限公司
阳光城集团	德信控股集团有限公司
杭州滨江房产集团股份有限公司	浙江祥生房地产开发有限公司
旭辉控股（集团）有限公司	浙江金昌房地产集团有限公司
中国奥园地产集团股份有限公司	天朗控股集团
海伦堡地产集团有限公司	三盛地产集团
福星惠誉房地产有限公司	奥宸地产（集团）有限公司
宝龙地产控股有限公司	保亿置业集团有限公司
海亮地产控股集团有限公司	中国葛洲坝集团房地产开发有限公司
禹洲集团	重庆市兴茂产业发展（集团）有限公司

续表

花样年集团（中国）有限公司	上亿企业集团有限公司
泰禾集团股份有限公司	中惠熙元房地产集团有限公司
鑫苑（中国）置业有限公司	重庆同景置业有限公司
龙光地产控股有限公司	奥山置业有限公司
上海红星美凯龙房地产有限公司	重庆泽京房地产开发有限公司
俊发地产有限责任公司	中昂地产（集团）有限公司
沿海绿色家园集团	领地房地产集团股份有限公司
武汉地产开发投资集团有限公司	庭瑞集团股份有限公司
景瑞地产（集团）有限公司	浙江广厦股份有限公司
协信地产股份有限公司	云南实力房地产开发经营集团有限公司
方圆地产控股有限公司	浙江华都控股集团股份有限公司
隆基泰和实业有限公司	重庆长安房地产开发有限公司
上海三盛宏业投资（集团）有限责任公司	广州尚东地产集团有限公司
宁波奥克斯置业有限公司	德杰地产集团

3.2 百强企业整体发展特点分析

3.2.1 销售业绩与资产规模创新高，市场份额达 30.7%

（1）百强企业[①] 2013 年市场份额达 30.7%，综合实力 TOP10 企业市场份额达 12.0%，规模优势持续巩固

2013 年，国内部分热点城市和区域中心城市房地产市场呈现量价齐升局面，带动全国商品房销售额和销售面积分别达 8.14 万亿元和 13.06 亿平方米，同比增长 26.3%和 17.3%。

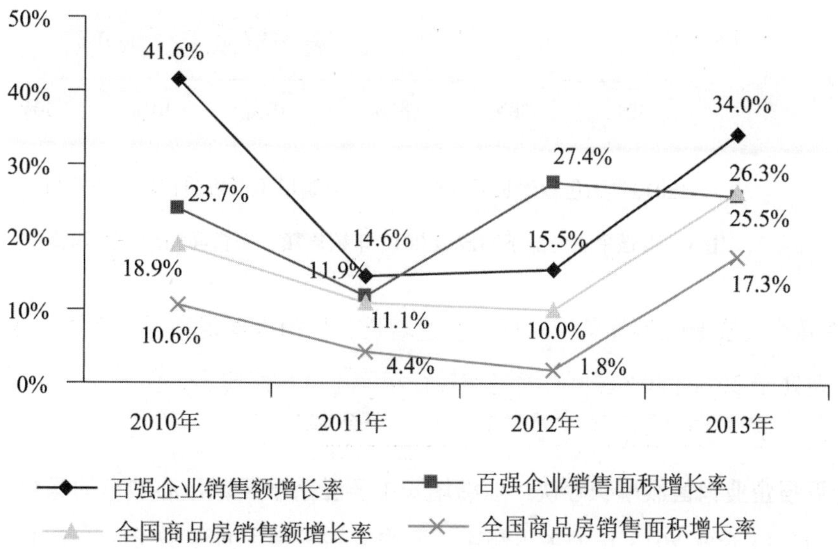

图 1 百强企业 2010-2013 年销售增长情况

中国房地产百强企业在 2013 年继续跑赢大市，伴随着量价齐升的良好市场形势，领先优势进一步彰显。在行业投资环境趋热、一二线重点城市市场全面上行、刚需集中释放的环境下，百强企业以其更强的市场

① 如无特别说明，本报告中的“百强企业”均指“2014 中国房地产百强企业”；数据为“2014 中国房地产百强企业”的历年数据。

竞争力迎来了快速发展：全年实现销售总额25038.4亿元，销售面积23425.6万平方米，同比增长率分别达到34.0%和25.5%，高于全国平均水平7.7和8.2个百分点（图1）；从销售额看，百强企业2013年市场份额达30.7%，较上年增加1.7个百分点，而综合实力TOP10企业市场份额则达到12.0%，占百强企业销售总额39.1%，领先优势显著（图2）。

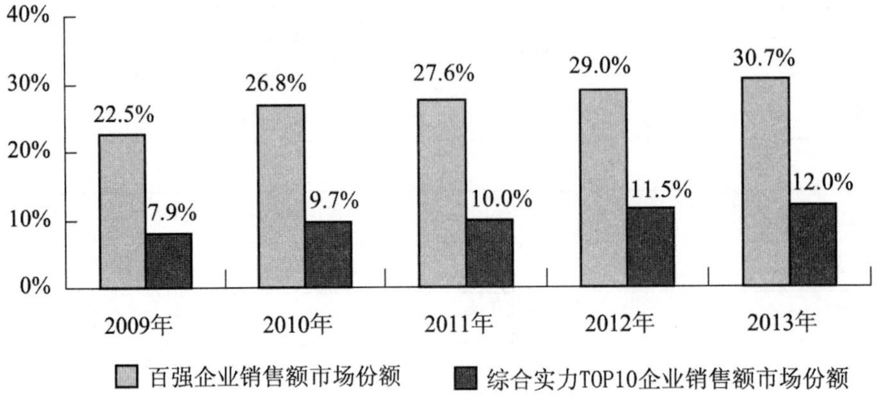

图2 百强及综合实力TOP10企业2009-2013年市场份额及变化

（2）百强企业2013年深耕核心区域、挖潜中西部市场，销售规模快速增长

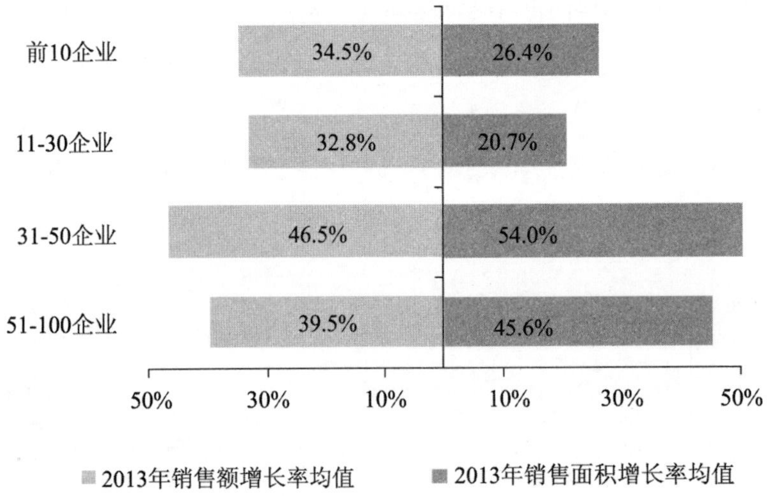

图3 百强企业内部不同层级2013年销售额、销售面积增长率均值

2013年，百强企业在激烈的竞争中实现了快速增长。从销售表现来看，百强企业不同层级企业的销售额增长率均值普遍处于30%—50%区间，增速均较往年有不同程度提升。但对比销售面积的增长率发现，百强企业的销售表现发生了明显分化：

规模较大的百强企业销售额增长较快，业绩增长主要受益于区域核心城市的深耕。由图3可以看出，百强前10企业、11-30企业2013年的销售额增长率均值高于销售面积增长率均值10个百分点左右，主要受益于这些企业在2013年加大核心城市特别是重点一二线城市的深耕力度，推动销售量价齐升。研究组对百强企业2013年的主要业绩贡献城市和项目进行分析，结果表明：前10企业和11-30企业销售规模在10亿元以上的城市分别为16.2个和5.3个（图4a），销售规模在5亿元以上的项目分别累积达到40.8个和14.1个（图4b），这些产能较高的城市和项目为企业贡献了强劲、稳定的业绩来源，在推动百强企业快速增长、巩固其重点市场规模优势方面发挥了重要作用。

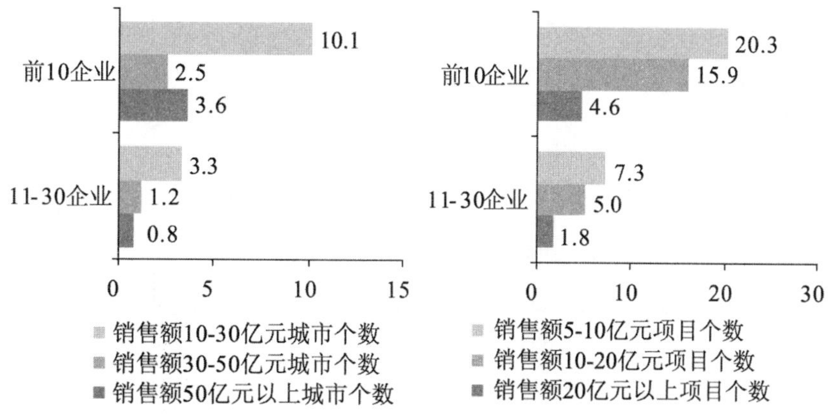

图 4 百强前 10 企业、11-30 企业 2013 年主要的业绩贡献城市和项目数量情况

规模中等的百强企业销售面积增长较快，业绩增长主要源于销售面积的拉动。百强 31-50、51-100 企业的销售面积分别增长 54.0%和 45.6%，分别高于销售额增长率 7.5 和 6.1 个百分点，其中部分百强企业抓住了中西部地区主要城市的结构性增长机会，凭借企业的区域影响力在这些商品房成交规模大、市场体量高的地区不断实现销售规模的突破，进而拉动销售业绩提升。

（3）百强企业 2013 年加大土地储备力度推动总资产规模快速增长，但负债扩张模式亦导致净资产增速下降

2013 年，百强企业资产规模持续增长，总资产均值为 663.9 亿元，同比增长 27.5%；净资产均值为 176.4 亿元，同比增长 22.7%（图 5）。与上年相比，百强企业总资产增速提升了 4.7 个百分点，资产累积速度有所加快；净资产增速则低于同期总资产增速 4.8 个百分点，2013 年百强企业总负债均值达到 487.5 亿元，同比增长 32.3%，可见百强企业在 2013 年仍保持了较为积极的负债扩张力度，以期抓住市场机遇实现新一轮增长。

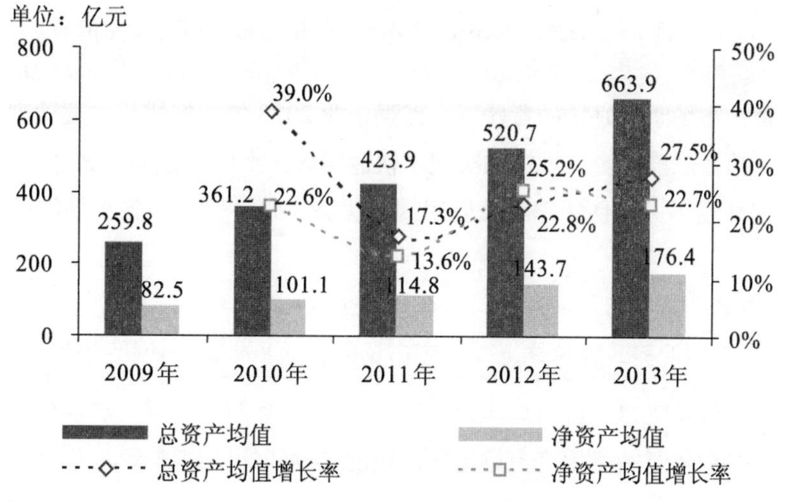

图 5 百强企业 2009-2013 年资产变化情况

百强企业总资产规模的扩大主要源于存货规模的提升，百强企业在市场快速消化期理性增加库存，实现资产的有质量增长。从数据来看，截至 2013 年底，百强企业存货均值达到 451.5 亿元，同比大幅增长 44.1%，增长率较上年增加了 25.3 个百分点，存货占总资产比重均值达到 59.2%，较上年同期增加了 2.7 个百分点，显著推动了总资产规模的扩大。对于房地产企业来说，保持一定数量的库存量是支撑未来业绩增长的基础，

而房价的上涨也会直接推动存货升值。与 2011 年底市场交易趋冷之下的存货高企不同，尽管 2013 年百强企业存货规模及增速也为近年来的高点，但受市场去化良好、现金流可控的影响，百强企业主动补充库存并将其控制于合理范围，存货规模与结构整体实现了资产的有质量提升，例如在万科总额高达 3311 亿元的存货中，在建开发产品占比为 57.0%，拟开发产品则占比 37.6%，已完工开发产品为 177.2 亿元，占比 5.4%，仅相当于企业一个月的销售规模，处于比较合理的状态。

受销售状况良好的影响，房地产企业 2013 年积极增加土地储备，为后续发展积淀基础。百强企业 2013 年土地储备规划建筑总面积均值为 1209.4 万平方米，较上年增长 11.6%，增长率较上年增加了 7.3 个百分点（图 6）。充足的土地储备满足了未来 4—5 年持续增长的开发需求，也为资产规模的后续增长注入了充足动力。

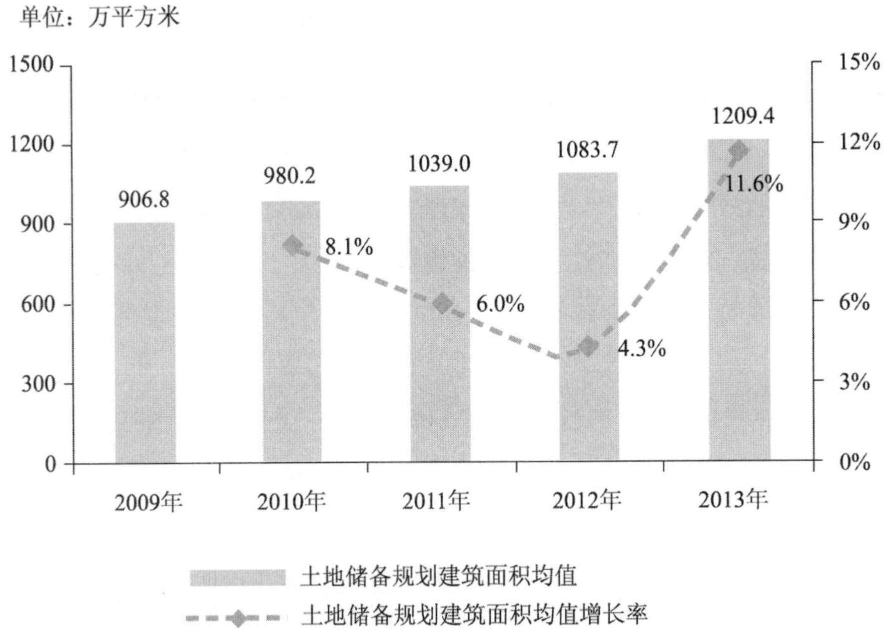

图 6 百强企业 2009-2013 年土地储备规划建筑面积变化情况

在调控趋于平稳、市场明显好转的背景下，百强企业 2013 年的规模化发展达到历史新高度，市场竞争优势得到充分彰显，销售规模与资产规模均实现了快速增长，土地储备的补充也为后续发展注入充足动力，但在竞争更趋激烈的环境下，如何能够继续巩固规模优势、始终保持领先水平则是摆在百强企业面前的最大考验。

3.2.2 把握一二线刚需市场，高周转、强合作成主流

2013 年，中国房地产调控政策总体上向适应市场化、逐步构建长效机制转变，在相对平稳的政策预期下，一、二线城市刚需持续释放，百强企业特别是前 50 企业在城市选择、产品结构、推盘节奏等方面做出了明显调整，以顺应持续分化的房地产市场走势，实现了业绩的快速增长。

（1）抓住一、二线城市主流市场，前 50 企业重点项目[①]一、二线城市销售贡献占比高达 84.9%

在城市选择方面，百强企业 2013 年普遍将销售重心转移至一、二线城市主流市场。2013 年一线和热点二线城市库存处于低位，房价持续上涨，商品房消化周期较上年明显加快；这些重点城市以其庞大的市场需求、更短的去化周期和更充分的销售溢价空间成为房地产企业业绩增长的重要依托，百强企业持续强化

① 如无特别说明，本报告中的“重点项目”均指企业 2013 年销售额最高的 10 个项目。

一、二线城市的聚焦。通过分析前 50 家百强企业的重点项目，可见其来源于一、二线城市的销售额累计占比为 84.9%（图 7）。

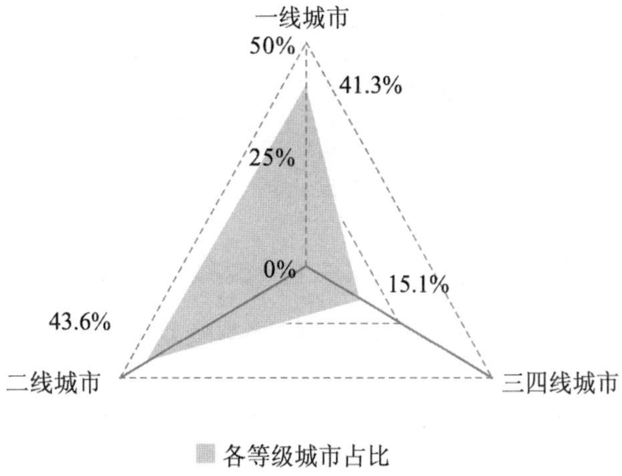

图 7 前 50 企业重点项目销售额在一线、二线、三四线城市的分布结构

其中，仅北、上、广、深四个一线城市的销售额占比已达到 41.3%，尤以北京、上海、广州对企业业绩贡献率最高，杭州、天津、南京、成都、重庆等各经济区域的重点二线城市也受到百强企业的极大关注（图 8）。同时，以三四线布局为主的百强企业 2013 年也积极转战一、二线城市并取得明显成效，如佳兆业 2013 年合同销售额的 65%来自一、二线城市项目，全年销售额同比增长 38.2%，较上年提升了 25 个百分点，保持了较快的发展速度。

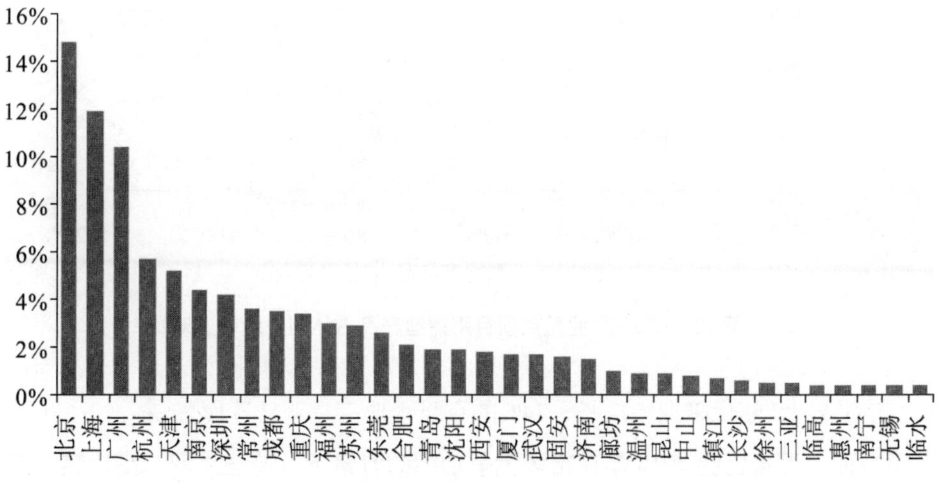

图 8 前 50 企业重点项目销售额在不同城市的分布情况

（2）把握主流市场需求，前 50 企业重点项目中刚需型产品占比高达 84.2%

百强企业在 2013 年继续调整产品结构，聚焦符合政策导向的“首置、首改”刚需产品。2013 年，一、二线城市商品房量价普涨，首置首改型刚性需求集中释放，继续成为全年市场的成交主力。以住宅成交套总价为计算依据，在前 50 百强企业的重点项目中，普通及中端项目的个数占比达到 84.2%，高端产品占比为 15.8%（图 9），产品结构持续优化。

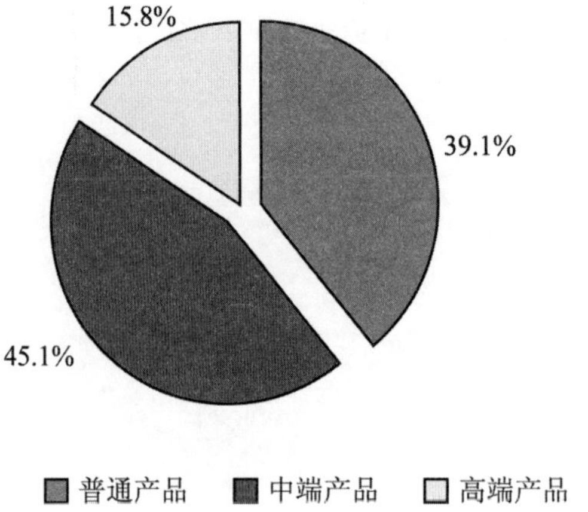

图 9　前 50 企业重点项目各档次①产品数量占比

从图 10 可以看出，销售业绩增速较高的百强企业均以普通及中端定位的刚需、改善型项目为主要业绩来源。万科 2013 年仍以中小户型普通商品房为主，144 平方米以下户型占比达到 91.5%；而以往以大户型产品开发为主的金地集团经过两年多的产品结构调整，2013 年 144 平方米以下中小户型占比达到 70%，同期销售额增长 31.7%，成功实现业绩逆转。

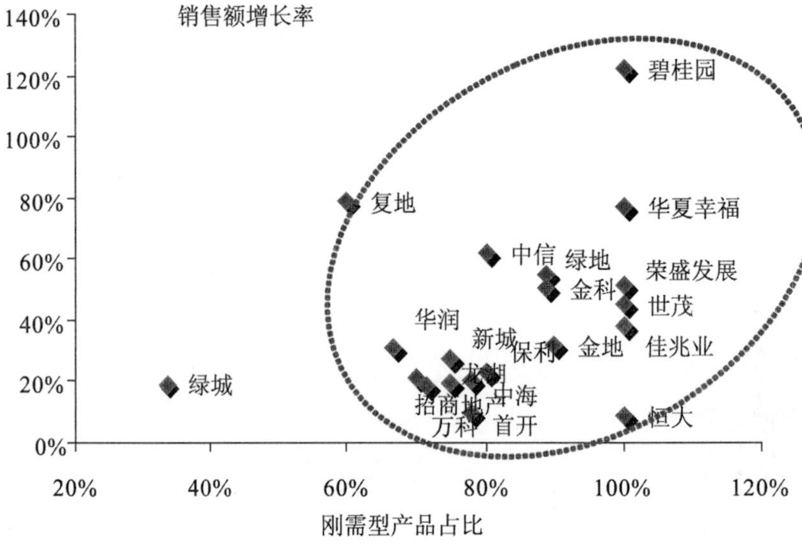

图 10　前 20 企业重点项目刚需型产品占比与业绩增速对比

（3）以“高周转”策略保障业绩增长，74%的百强企业存货周转速度加快

在推盘节奏方面，百强企业 2013 年在市场竞争加剧的背景下，普遍采取“高周转”策略保障较快发展速度，运营水平持续提升。百强企业 2013 年的总资产周转率、存货周转率和存量资产周转率均值分别为 0.41、0.48 和 0.60，分别较上年提升了 0.02、0.04 和 0.08（图 11）。

2013 年，全国及区域性布局的百强企业一方面凭借自身较强的竞争力和品牌影响，持续获得较高的市场认可，项目去化率明显加快；另一方面，百强企业在策略上也主动加快了开发节奏以适应快速变化的市场，如万科内部奉行的“5986”原则，即“拿地 5 个月动工、9 个月销售、第一个月售出 8 成、产品必须 6 成是住宅”；碧桂园平均拿地到开盘时间仅有 5.7 个月；金科地产要求重庆区域项目从拿地到首期开盘原则

① 本报告根据套均价将企业重点项目划分为普通产品、中端产品、高端产品三类不同档次：套均价低于项目所在城市全市套均价的为普通产品，主要客户群为刚性需求（主要为首次置业）；套均价介于全市套均价 1 倍至 2.5 倍之间的为中端产品，主要客户群为改善性需求（主要为首次改善）；套均价在全市套均价 2.5 倍以上的为高端产品。

上不得超过 6 个月；景瑞地产也提出“获取土地后 3 个月开工，6 个月开始销售，12 个月令现金流实现正数”的目标，高效运转已经成为企业业绩增长的重要保障。

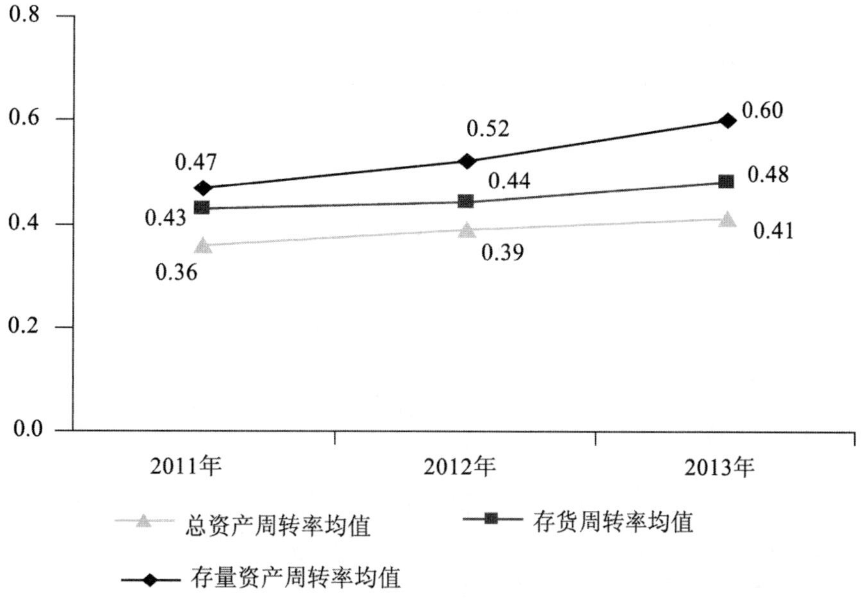

图 11　百强企业 2011-2013 年周转率变化情况

从百强企业的内部结构来看，2013 年存货周转率加快的百强企业数量占比达到 74%，较 2011 年和 2012 年分别提升了 62 和 17 个百分点（图 12）。加快周转、提升效率已成为百强企业的普遍共识，且这一趋势仍将延续。在未来的市场竞争中，百强企业须更好的兼顾效率与效益之间的关系，在追求高周转的同时，仍要做精做专产品，保障合理的溢利空间；同时更要不断优化运营管理体系，让效率的提升具有更稳固的基础。

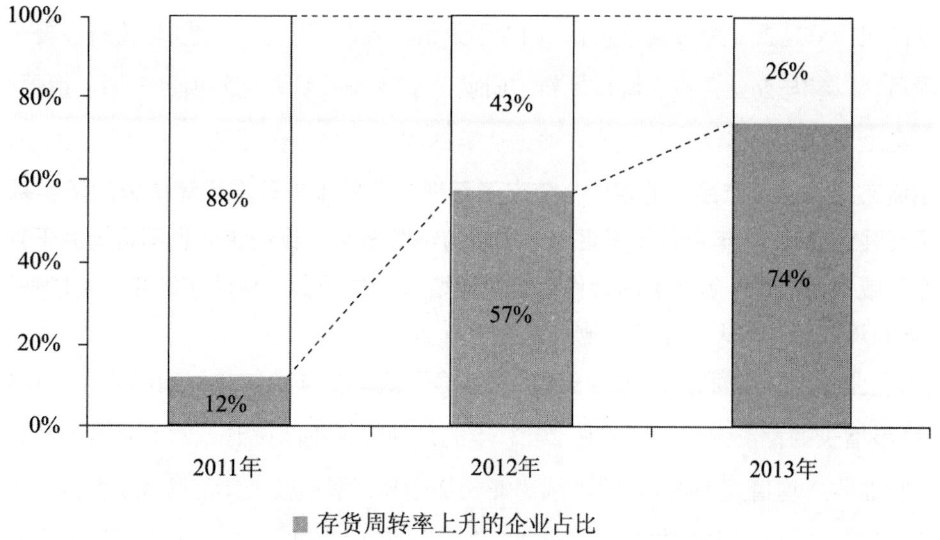

图 12　百强企业 2011-2013 年存货周转率上升的数量占比

（4）以合作方式快速累积主流市场优质地产项目，合理把握市场节奏

2013 年，一、二线热点城市土地价格不断升高、面对土地招拍挂市场的激烈竞争，百强企业较以往更多地采用项目公司、房屋参建、股权收购等合作模式，及时把握了重点城市的市场契机，迅速提升了经营

规模与业绩表现。

表 3　百强企业获取合作项目的主要类型

合作类型	主要特点	代表百强企业案例
企业间合作	**股权收购模式**：一方以土地使用权出资，本身只有一个项目公司，另一方以收购项目公司的股权方式合作开发房地产项目，双方按照注册资本的比例投入后续开发资金。 **联营模式**：一方以合作项目的土地使用权出资，另一方以现金等方式出资共同组建成一个项目公司来合作开发房地产项目。	**万科**：2013 年 3 月 18 日，万科以人民币 5.02 亿元收购了北京凯德新铭房地产开发有限公司 100%的股权，全盘接手深圳尚模八意府项目；2013 年 8 月 22 日，以人民币 1.20 亿元收购了陕西利昌源房地产开发有限公司 100%的股权，获得西安曲江大明宫遗址区优质地块。 **绿地**：绿地 2014 年 1 月 14 日公布就以 59.5 亿元投得的上海黄浦区土地与华润置地及投资者订立合作协议，分别以 50：50 的股权比例来承担项目公司的注册股本、股东贷款、土地代价、未来资金需求以及安排溢利分派等。
企业政府间合作	政府和企业共同参与项目的开发建设，企业参与部分或者全部的投资，通过一定的合作机制双方共同分担风险且共享收益。	**保利地产**：保利 2013 年 7 月 2 日与郑州金水区签署了项目合作协议将投资 180 亿元参与刘庄杓袁改造项目，总建筑面积超过 300 万方。 **招商地产**：2013 年 5 月 17 日，招商地产与西安市曲江新区在深圳签署《战略合作协议》，共涉及文化商务、生态科技、旅游度假、休闲养生等领域的六大项目，投资总金额达 1050 亿元。

2013 年，百强企业继续强化多元合作形式以获取一、二线城市优质项目。**（1）企业间合作。**万科在合作案例中较多的采取项目公司方式，“万科要操盘”的思路贯彻始终，2013 年公司新增加项目 104 个，其中约 66%的项目为合作、联合方式获取，合作比例持续提升；绿地、金科、花样年等百强企业 2013 年在项目收购上均表现踊跃，力求在一、二线热点城市获取大量优质项目资源，保障“货如轮转”的快速开发策略。这些企业在合作购地、合作开发中，通过优势互补，实现业绩倍增。**（2）企业与政府间的合作。**保利地产、招商地产、佳兆业、卓越置业等百强房企在 2013 年凭借较强的开发能力分别与政府签署了多笔大规模投资的地产开发项目，以参与产业合作、城市更新、旧城改造等方式获取优质项目资源。百强企业 2013 年通过合作获取项目愈发常态化、多元化，企业在输出优势的同时，也显著促进了业绩规模的快速提升。

坚持“主流市场、主流产品”的定位，奠定了百强企业稳步提升市场竞争力的坚实基础，而“加速周转”则成为了百强企业 2013 年销售规模更上一层楼的制胜法宝。百强企业也不再拘泥于独立开发，更多地以“强强合作”或“大拼小”等丰富的合作形式快速增加优质项目，保障了销售业绩的快速提升。

3.2.3　盈利规模持续扩大，平均土地成本再创新高

（1）百强企业 2013 年净利润同比增长 22.1%，净利润率受项目结转周期影响下滑 0.5 个百分点

在业绩稳步增长的背景下，百强企业 2013 年的盈利规模不断提升，营业收入与净利润均值保持较快增长。其中，营业收入均值为 196.3 亿元，同比增长 26.9%，增速较上年回落 4.6 个百分点；净利润均值为 29.8 亿元，同比增长 22.1%，增速较上年下滑 1.8 个百分点（图 13）。在基本面良好的带动下，净利润超过 50 亿元的企业数量较上年增加了 5 家，万科、中海的净利润继续维持百亿以上，保利净利润首次突破百亿大关，大型百强企业的“规模效应”愈发凸显，盈利优势不断强化。

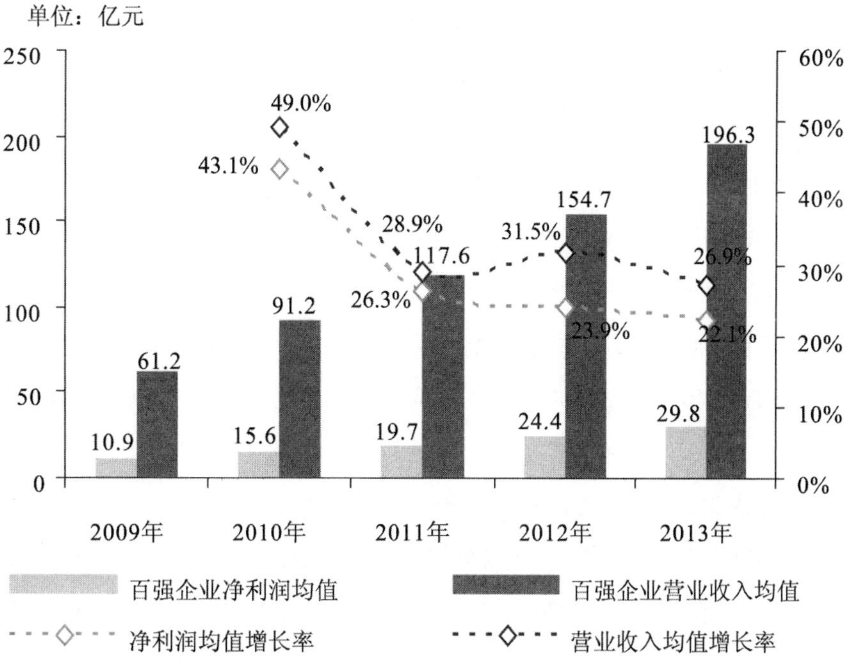

图 13 百强企业 2009-2013 年营业收入与净利润均值变化情况

百强企业 2013 年总资产收益率（ROA）均值为 5.2%，较上年回落 0.5 个百分点；净资产收益率（ROE）均值为 19.2%，较上年下降 0.6 个百分点（图 14）。在销售回暖的情况下，总资产收益率和净资产收益率的小幅下滑，主要在于当年企业规模扩张较快，期末总资产和净资产的增速高于净利润的增速。百强企业 2013 年的净利润率均值为 16.9%，较上年下滑 0.5 个百分点，利润率的回落，一方面源于近年来土地成本和建安成本的增速超过房价增速；另一方面，百强企业 2012 年以来“以价换量”的部分项目在 2013 年进入结算周期，摊薄了利润空间。为了克服利润率下降给企业盈利带来的影响，百强企业着力提升经营效率、扩大盈利规模，同时强化成本管控、降低费用成本，有效提升企业利润空间。百强企业 2013 年继续保持开源节流，销售、财务和管理三项费用率均值为 8.3%，较上一年下降 0.4 个百分点，其中万科 2013 年三项费用率为 5.7%，较上年降 0.7 个百分点，盈利质量得到一定程度的保障。

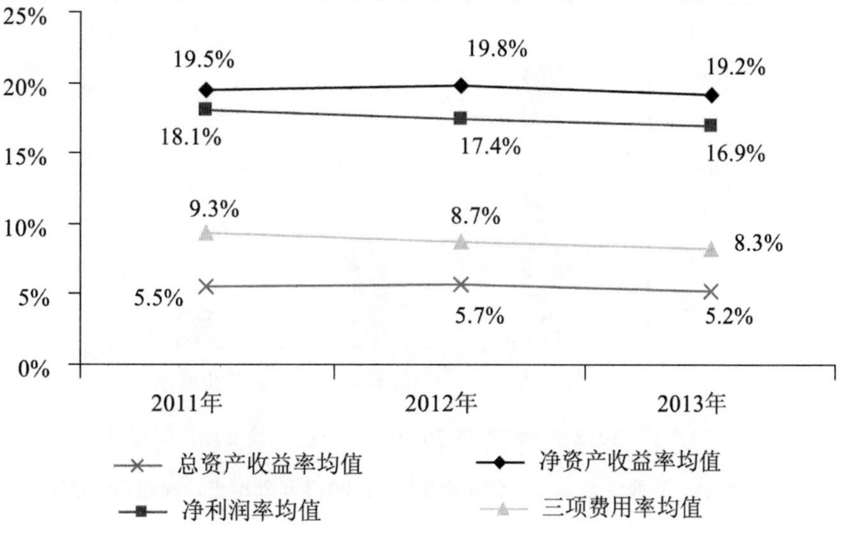

图 14 百强企业 2011-2013 年盈利及费用指标均值

2013 年房地产企业竞争的焦点是高周转的开发能力，土地与资金的获取变得尤为关键，而土地成本和资金成本则成为影响房地产企业开发利润空间的主要方面，在较大程度上决定了企业的获利能力，因此研究组进一步从土地和资金两个方面分析其对企业盈利的影响。

（2）百强企业 2013 年平均土地成本再创新高，将对未来盈利水平造成较大压力

销售转暖带动土地市场持续升温，百强企业 2013 年拿地[①]热情高涨，土地价格一路飙升，土地成本上涨超 30%，创近年新高，将对企业未来的盈利水平构成一定压力。

受市场转暖影响，百强企业 2013 年普遍加大热点一、二线城市的购地力度，土地成本再创新高。百强综合实力 TOP10 企业 2013 年一、二线城市的土地购置金额占比分别达 31.7%和 50.2%，而三、四线城市仅占 18.1%。其中，一直主攻二、三线城市的恒大，2013 年频频在一线城市北京、上海和广州拿地，一线城市的土地购置金额占比达 36.1%；龙湖 2013 年在一线城市的土地购置金额占比也较上年提升了 17.3 个百分点（图 15）。土地市场的持续升温助推土地价格的飙升，百强企业 2013 年的拿地成本大幅提升。百强综合实力 TOP10 企业在一线城市的新增土地楼面均价突破 12000 元/平方米，同比增长 36.2%；二线城市和三、四线城市的新增土地楼面均价同比分别增长 39.5%和 31.4%，土地成本压力加大（图 16）。

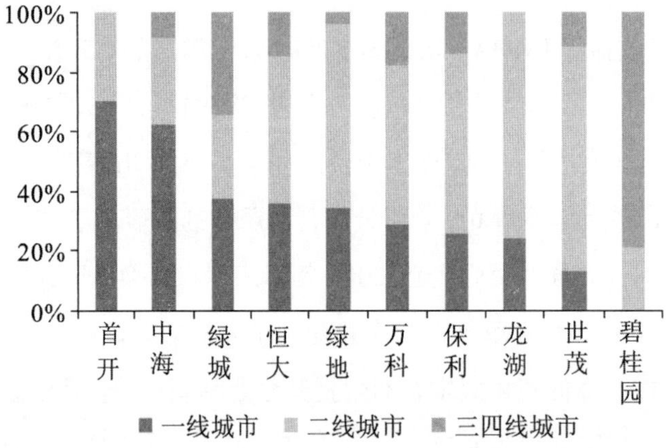

图 15 百强综合实力 TOP10 企业 2013 年各等级城市的拿地占比

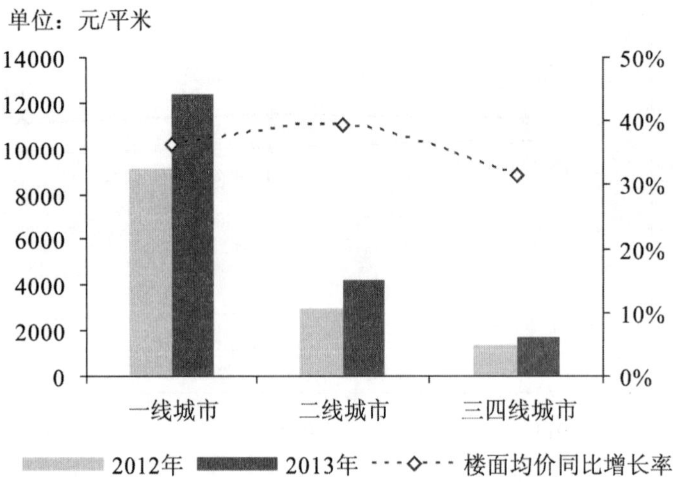

图 16 百强综合实力 TOP10 企业 2012-2013 年新增土地楼面均价情况

为了研究百强企业 2013 年拿地成本对企业利润率的影响，研究组对百强综合实力 TOP10 企业 2013 年

① 如无特别说明，本报告中涉及到的企业新增土地数据均来源于招拍挂市场。

重点项目的销售均价与其实际拿地成本进行了对比分析，结果如图 17 所示，86.5%的一线城市重点项目成交楼面价占销售均价比重低于 50%，二线城市、三四线城市分别有 53.6%和 77.8%的重点项目土地成本占比低于 30%。

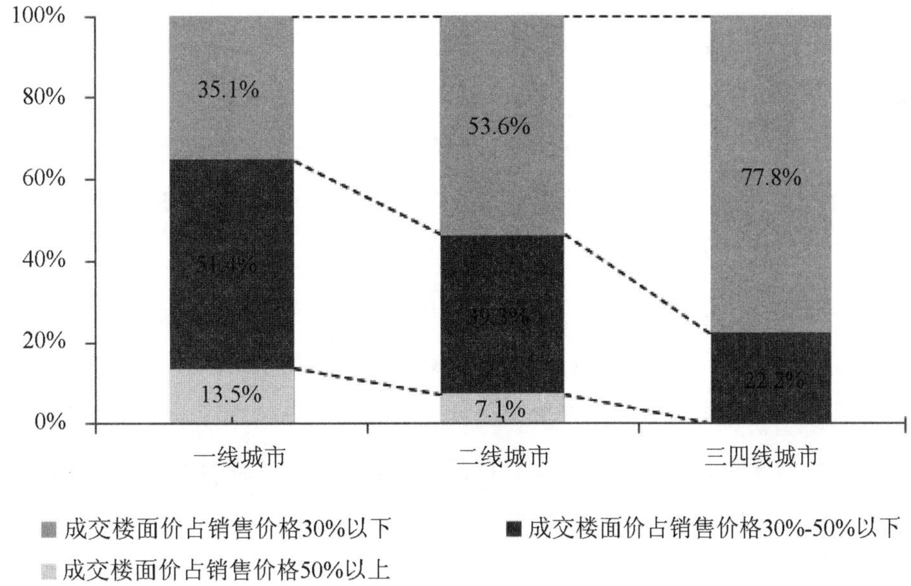

图 17　百强综合实力 TOP10 企业 2013 年重点项目在一线、二线和三四线城市的土地成本情况

研究组基于百强综合实力 TOP10 企业 2013 年在一线、二线和三四线城市的销售均价，对未来的项目销售价格做出预测（图 18）：若一线城市项目销售均价与 2013 年持平或涨 10%，企业 2013 年新增土地成本占销售均价的比例将超过 50%，若涨幅为 20%，该占比仍将高于 45%；二线城市项目销售均价在持平、涨 10%的情况下，土地成本占比高于或接近 35%，若涨幅超过 20%，该占比仍略高于 30%；三四线城市的土地成本占比则在 20%上下浮动。可见，对于 2013 年在一二线城市拿地金额占比较高的百强企业来说，未来的利润空间将受到一定影响。值得注意的是，在销售均价持平、涨 10%和涨 20%的情况下，一线城市销售均价与楼面价的差额仍接近或超过 10000 元/平方米，远高于二线和三四线城市，加之一线城市需求持续旺盛，尽管土地成本占比较高，但其绝对盈利规模仍具有较大优势。

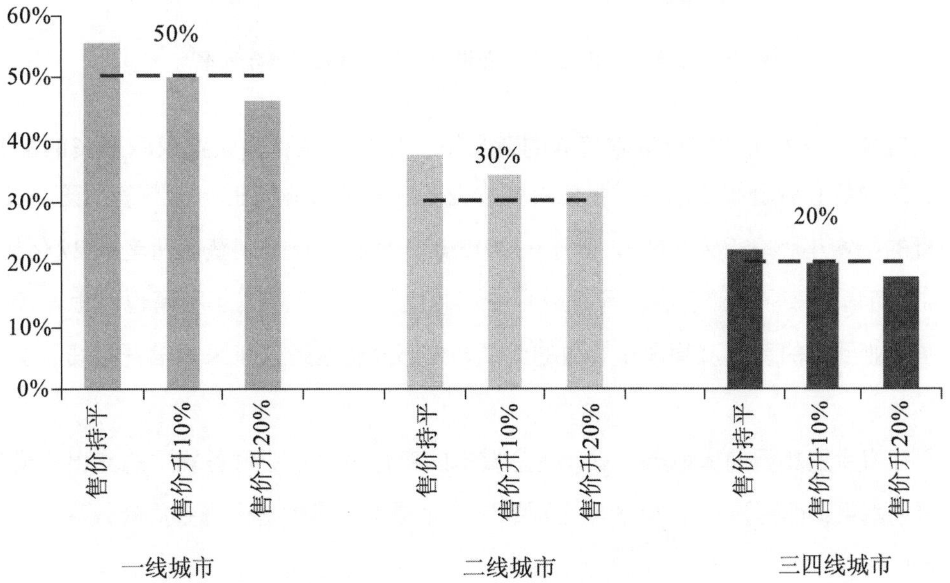

图 18　百强综合实力 TOP10 企业 2013 年拿地成本占未来销售均价（不同预期下）的比例情况

（3）百强企业 2013 年海外发债规模同比提升 130%，多元融资组合优势降低综合资金成本

市场回暖和货币政策的微调使国内外融资环境进一步改善，百强企业 2013 年把握时机积极拓展融资渠道，综合运用银行贷款、海外发债、信托、IPO 等方式建立多元融资体系。凭借综合实力和良好的声誉，百强企业获得国内外大额优质资本，且融资成本优势显著，综合资金成本率均值仅为 9.6%。

资金规模大、发债期限长、平均年利率低使海外发债成为众多百强企业首选的融资渠道。2013 年境外资本市场融资面临较好的窗口期，百强企业海外发债持续升温，发债规模、频次再创新高，全年累计海外发债总额接近 1250 亿元，同比大幅提升约 130%，平均年利率低于 10%，成本优势凸显。百强综合实力 TOP10 企业全年海外发债突破 550 亿元，平均年利率低于 6%，其中万科全年海外发债超 70 亿元，平均年利率仅为 3.26%；中海、保利和绿地的平均年利率控制在 5%左右；世茂、龙湖、碧桂园等百强企业平均年利率低于 8%（图 19）。一般来说，海外发债的利率与企业获得的国际评级密切相关，如万科获得国际权威评级机构标准普尔、穆迪和惠誉分别给予公司 BBB+、Baa2 和 BBB+的长期企业信用评级，为企业获得低利率的海外发债创造了有利条件。中国指数研究院对海外发债的评级研究显示：绿城、世茂、旭辉等企业得益于业务布局均衡合理，土地储备充足且成本相对低廉，产品结构较为完善、注重迎合主流市场的需求，未来业绩增长潜力较大、盈利能力可期，故存在上调信用评级的空间。

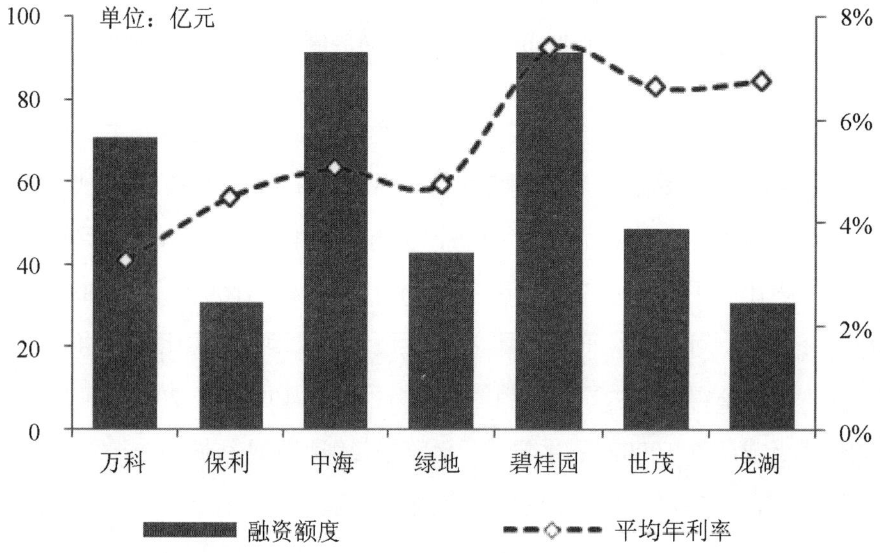

图 19　百强代表企业 2013 年海外发债额度及平均年利率[①]

在融资需求旺盛、开发企业银行贷款趋紧的背景下，信托仍是百强企业获取融资的重要渠道。2013 年，市场基本面的向好和融资渠道的多元化使百强企业信托融资成本较上一年略有回落。其中，万科 1-5 月四次信托融资的平均年利率仅为 7.08%；首开在 2013 年 3 月和 4 月分别获得两笔共 27 亿元的信托融资，年利率均为 8%，而华夏幸福基业、金科等百强企业年内发行的信托融资年利率也较上一年有所回落。此外，得益于百强企业到位的现金流管理和靓丽的业绩，大部分企业近几年来的信托融资，基本不存在较大的兑付风险。

整体来看，在资金密集型的房地产行业，资金成本的变化将对企业财务费用的支出构成较大的压力，进而影响企业盈利水平；而百强企业 2013 年合理控制资金成本、有效提升资金周转效率的举措，虽未改善

[①]平均年利率：多笔债券的年利率按融资金额进行加权所得。

利润率下滑的总体趋势，但也显著保障了企业的利润空间。

百强企业 2013 年盈利规模持续扩大，营业收入和净利润保持较快增长，但受近年来土地成本持续提升和上年“以价换量”项目进入结算期的影响，利润率下滑态势延续。百强企业通过积极拓展多元融资渠道，兼顾不同融资渠道的额度、成本与灵活性，获得国内外大额优质资本，融资成本优势显著，有效保障了企业盈利能力，但 2013 年土地成本的大幅上涨将压缩企业未来利润空间。

3.2.4 扩投资致资金面趋紧，巧布局使经营风险可控

（1）资产负债率均值较上年提升 2.5 个百分点，投资规模扩大导致经营性现金流净额由正转负

百强企业 2013 年资产负债水平温和上升，资产负债率均值为 72.3%，较 2012 年同期上升 2.5 个百分点；剔除预收账款之后的有效负债率均值为 49.2%，较上年增加 2 个百分点；带息负债率均值为 36.9%，较上年增加 1.8 个百分点，负债水平仍处于可控范围（图 20）。同时，百强企业负债结构显著改善，带息负债中短期负债比例较上一年下降 6.2 个百分点，在一定程度上保障了企业财务的安全性。

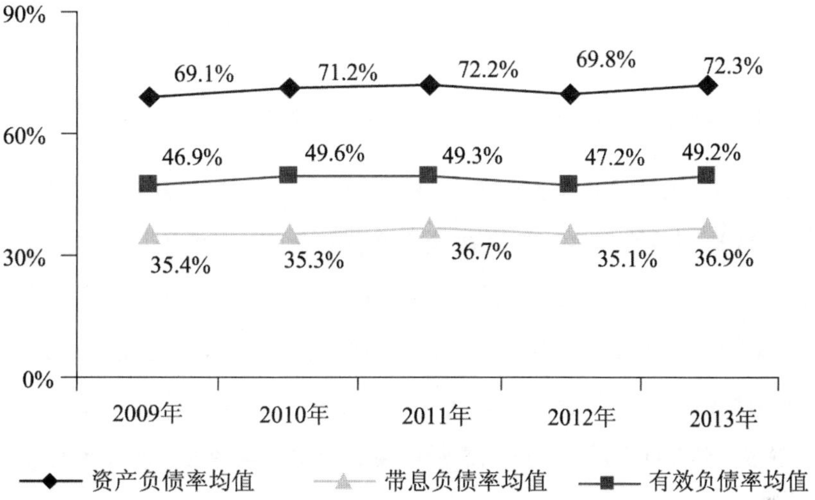

图 20　百强企业 2009-2013 年负债情况

百强企业 2013 年流动比率均值达到 2.01，较上一年提升 0.04，接近于近年来的最高值，企业短期偿债能力得到优化。但由于百强企业 2013 年规模快速扩张，企业存货大量增加，速动比率均值较上年回落 0.05 至 0.57（图 21）。综合来看，百强企业 2013 年偿债能力尚可。未来，企业仍需坚守财务纪律、适度控制负债水平，加快推进长短期债务结构的优化，以降低经营风险。

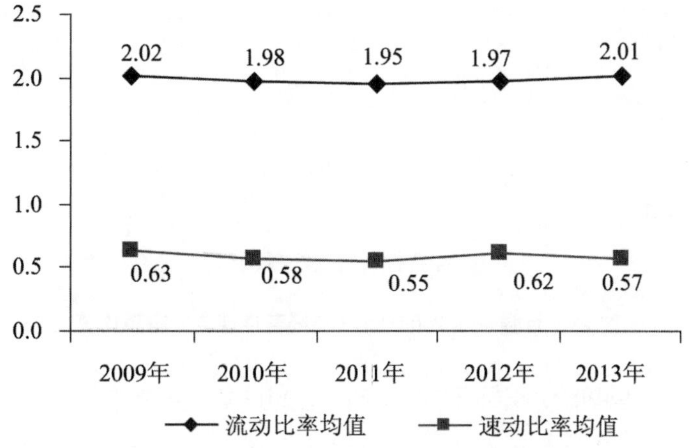

图 21　百强企业 2009-2013 年流动比率与速动比率均值

百强企业 2013 年持续加大土地投资力度，综合实力 TOP10 企业的平均土地购置金额超 400 亿元，占销售额的比重均值达 45.0%，较上年大幅提升 15.7 个百分点（图 22）。其中，恒大土地购置金额占销售额比重达 54.7%，较上年增长 38 个百分点。

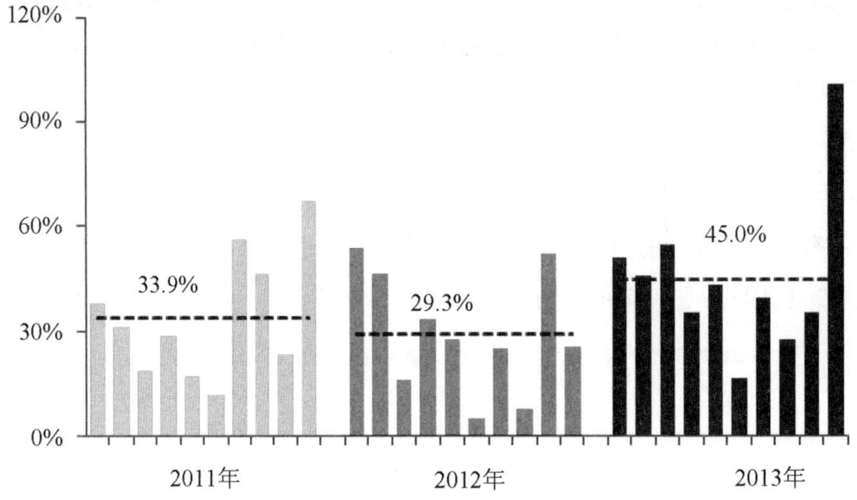

图 22 百强综合实力 TOP10 企业 2011-2013 年土地购置费用占销售额比重变化

受企业在土地和项目运营等投资上大规模支出的影响，百强企业 2013 年经营性现金流净额均值由正转负，为-4.2 亿元（图 23）。从企业来看，不同风险偏好型的企业经营性现金流净额呈差异变化，48%的百强企业经营性现金流仍然为正，主要为投资策略相对谨慎的企业，如万科始终坚持积极销售、审慎投资，现金流水平继续保持良好状态。而部分百强企业在预期乐观的背景下投资力度明显加大，经营性现金流趋紧，如金地 2013 年土地购置金额占销售额比重超 50%，经营性现金流净额出现明显下降；佳兆业 2013 年快速扩张，全年土地购置金额达 141.3 亿元，占销售额比重近 60%，其经营性现金流也由 2012 年的-7.25 亿元下降为 2013 年的-14 亿元。

图 23 百强企业 2009-2013 年经营性现金流净额均值

（2）百强企业注重管控经营风险、积极调整市场布局，2013 年主要集中于北京、上海及重点二线城市拿地

2013 中国房地产继续呈现分化发展的格局，受供需结构影响，一线城市房价上涨的压力持续加大，但

部分三线城市则存在供应过剩、消化周期过长、价格下跌的风险。百强企业在 2013 年大举进行土地投资，其对布局市场的选择至关重要，并将成为影响企业未来长期稳健经营的关键问题。

为避免三四线城市的运营风险，百强企业在 2013 年的新增土地储备显著向一、二线城市倾斜。从百强企业 2013 年整体的新增土地储备结构来看，超过三分之一百强企业 2013 年新增土地储备全部来自一、二线城市，另外 50%的百强企业显著加大了一、二线城市的拿地比例，其中龙湖、首开 2013 年来自一、二线城市的新增土地储备占比均为 100%，分别较上年增加了 22.3 和 15.9 个百分点。

研究组根据前 30 企业 2013 年的拿地情况，分别从拿地规模和拿地企业个数两方面统计出这些企业的拿地热点城市，以分析其可能面临的城市布局风险。研究表明，前 30 企业选择拿地的城市主要集中于北京、上海两个一线城市以及位于长三角、环渤海和中西部的重点二线城市（图 24）。其中，北京、上海、杭州由于房地产市场价格上行、交易旺盛成为百强企业争先布局的重点城市；而重庆、苏州、成都、沈阳、济南、西安、长沙等重点二线城市由于土地供应量充足、土地成本较低，且城镇化进程较快、市场需求潜力大，成为百强企业拿地规模最大的城市；此外，佛山作为热点三线城市，因其与广州共同构成“广佛经济圈”的地缘优势，存在较大的发展潜力和开发利润空间，也成为前 30 企业的拿地重点选择。整体来看，百强企业 2013 年补充土地储备的城市抑或市场需求旺盛，抑或具备较强的开发投资潜力，城市布局风险处于可控范围。

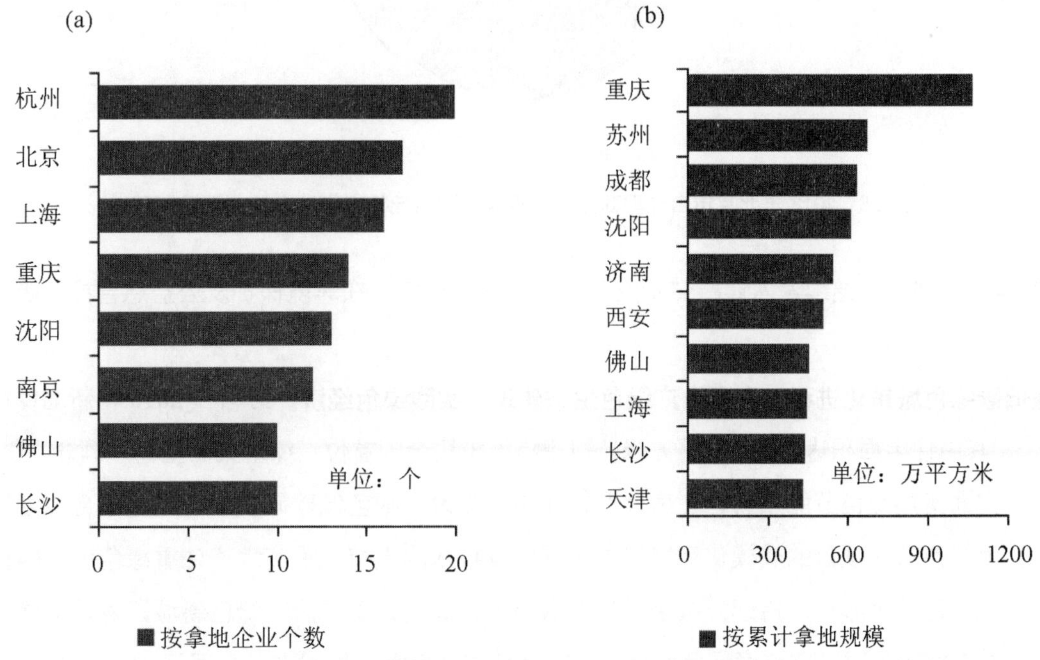

图 24 前 30 企业 2013 年拿地热点城市

2013 年百强企业在销售回款加速、账面资金充裕的条件下显著加大投资力度，债务水平有所上升，资金流动性有所下降，但财务水平整体处于安全、合理的范围；在三四线城市风险集聚之下，城市布局成为影响企业稳健经营的重要因素，百强企业在 2013 年主要布局于供求旺盛、城市发展潜力较大的一、二线热点城市，城市布局风险也处于可控范围。

3.2.5 纳税总额同比提升 25%，全面履行企业公民责任

2013 年，百强企业继续推进自身社会责任体系的完善与健全，自觉承担起更大的经济、社会与人文道德责任，通过在依法纳税、大力投入保障房、自住型商品房建设，积极发展慈善公益事业，树立了令社会

认可、消费者信任的企业公民形象，推动房地产行业与社会的和谐、快速发展。

2013 年，百强企业继续强化在诚信经营、依法纳税中的作用，无论是纳税总额还是增长率均保持稳步增长：全年百强企业缴纳营业税金及附加值均值为 12.6 亿元，所得税均值为 9.0 亿元，同比分别增长 26.0% 及 23.3%。

同时，百强企业继续积极参与保障性住房建设来深化自己的社会责任：首开、金隅股份、天房集团等企业积极参与地方保障房项目建设，其中首开 2013 年政策性住房新开工面积达 59 万平方米，占全年新开工面积的 19.5%。万科、保利、恒大等企业，在拿地过程中也通过配建保障房积极支持民生工程建设。北京市宣布加快发展自住型商品房以来，截至 2014 年 2 月底已有 38 家房企竞得 33 个地块（含联合拿地），其中万科、保利、绿地、恒大、首开、金隅股份等 8 家百强企业已取得其中的 11 个地块，配建的自住型商品房规划建筑面积共计 186.2 万平方米，占自住房总规划建筑面积的 39.2%（图 25）。

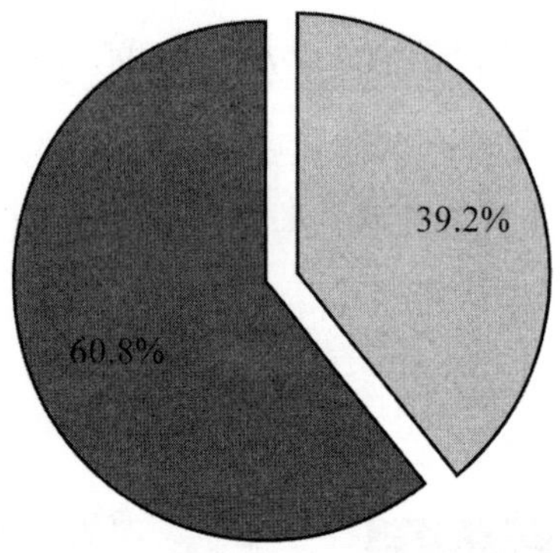

图 25　2013 年北京市自住型商品房中百强企业占比情况（按自住房配建面积）

2013 年，百强企业继续深入履行“企业公民”的社会责任，在环境保护及公益慈善投入等方面扮演了重要角色：

聚焦低碳绿色城镇化进程，大力推广绿色生态建筑，实践绿色经济。万科在 2013 年新增绿色三星建筑项目 16 个，其中住宅面积达 141.4 万平方米，规模持续位居全国首位；绿地集团坚持从理念、机制、战略、研发等四个方面实施绿色节能创新，在房地产行业中率先设立绿色低碳研发中心，并联合成立绿色建筑产业研究院，为绿色节能项目的规模化开发提供了理论及技术的支持；招商地产注重绿色地产的持续升级，从单一绿色低碳建筑为起点，持续升级至绿色低碳小区、绿色大型社区、绿色新城开发，最终形成绿色城镇化建设，并在集团内部设立首席绿色低碳官，将绿色理念贯彻于集团内各个部门。

注重自身公益基金与各类社会公益组织的对接与协作，继续强化慈善公益投入，范围覆盖捐资赈灾、扶贫帮困、教育等多项领域。万科公益基金会与民间公募基金会壹基金深度联手，通过举办慈善迷你马拉松赛募集善款；在 2013 年“4•20”雅安芦山地震发生后，万科、保利、中海、恒大、绿地、金科等百强企业均在第一时间筹措大量善款，共同为抗震救灾贡献企业力量，履行公民责任；佳兆业集团则通过香港中联办捐资 2000 万港币，为支持基础教育的发展积极贡献力量。

3.3　百强企业未来发展展望

“分化”是 2013 年乃至未来更长时间里房地产行业运行的主要特征，伴随着市场集中度进一步提高，百强企业在业绩、产品架构、市场布局方面的差异化发展趋势将更加明显。竞争加剧的态势不可避免，“愈大愈快、强者恒强”仍将是主导未来行业生态格局的基本定律。在此背景下，房地产企业的资源整合能力将是考验其未来发展潜力的关键，百强企业亟需清晰认识并把握未来市场脉搏，在市场的浪潮中站稳脚跟，抢占行业发展制高点。

（1）百强企业短期内仍保持谨慎乐观态度，中长期将面临更高门槛的激烈竞争

尽管面临着激烈的市场竞争态势，但大多数百强企业对短期的发展前景仍保持积极乐观的态度，在业绩目标设定、土地投资力度等方面都显现出了较强的信心。

从已公布 2014 年销售目标的百强企业可以发现，万科、绿地、恒大等百强综合实力 TOP10 企业 2014 年的目标销售增速与 2013 年实际增速保持相近水平，反映出龙头企业对销售节奏的把控能力更为突出，对 2014 年的稳健发展信心充足，碧桂园在 2013 年实现了高达 123%的销售额增长率，2014 年调低目标增长率，但是 20%的目标增长率仍然高于万科、恒大等同级别企业；而旭辉、禹洲等百强企业虽调低了目标增速，也多处于 20%-45%的较高区间（图 26）。进入 2014 年后，百强企业在土地投资上仍延续了较大的力度，龙湖、华润 1-2 月土地购置金额占销售额比重分别高达 167%和 175%，远超同期销售额，中海、招商、金地等百强企业该比值也达到 92%、88%、80%的高位，土地投资额接近同期销售额，以更积极的姿态为未来发展储备丰富资源。

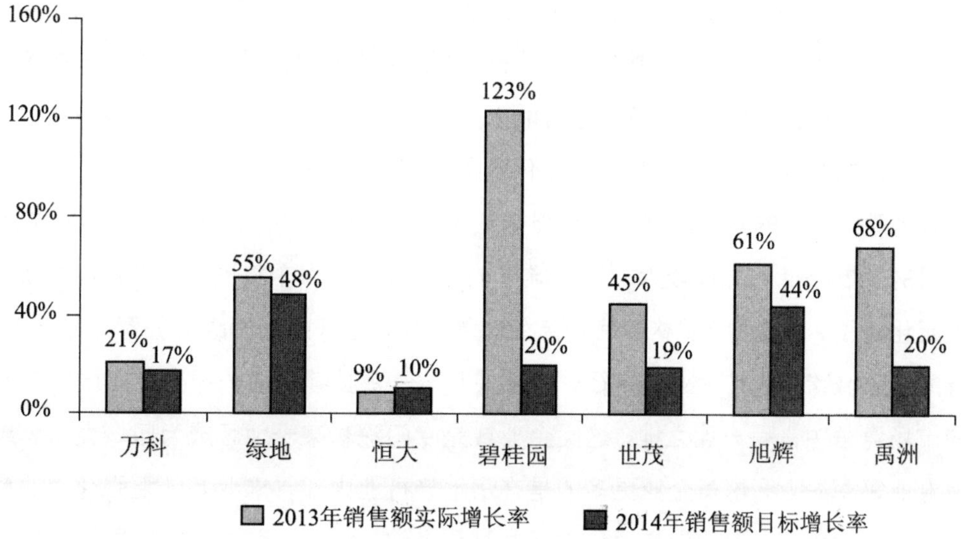

图 26　部分百强企业 2014 年销售目标增速情况

根据“中国房地产业中长期发展动态模型[①]”对 2014 年到 2020 年中国房地产市场的发展情况和房地产企业的发展格局进行预测，结果显示，未来 7 年我国房地产市场规模仍会增加，2020 年末全国商品房销售面积预计达到 13 亿平方米，全国商品房销售额将达 12 万亿左右，预计届时百强 TOP10 企业的市场份额将超过 25%，销售额超过 500 亿元的百强企业将近 50 家，销售额 1000 亿元以上的企业将扩容至 20 家左右，将有 10 家企业销售额进阶 2000 亿量级，500 亿-1000 亿销售规模企业将成为百强企业主体，而 300-500 亿区间的企业将密集分布（图 27），百强企业的规模门槛不断刷新，将在新的高度展开更为激烈的竞争。

[①] “中国房地产业中长期发展动态模型”基于以下四个假设条件：假设 1：宏观经济平稳增长（GDP：2011-2015 年均增长 7.5%，2016-2020 年均增长 7%）；假设 2：货币政策稳健中微调（M_2 年均增长 12%-14%，贷款余额年均增长 13%-15%）；假设 3：土地市场平稳（土地购置面积增速 3%以内，价格波动不超过 5%）；假设 4：调控政策继续有效实施，继续抑制投资投机需求。

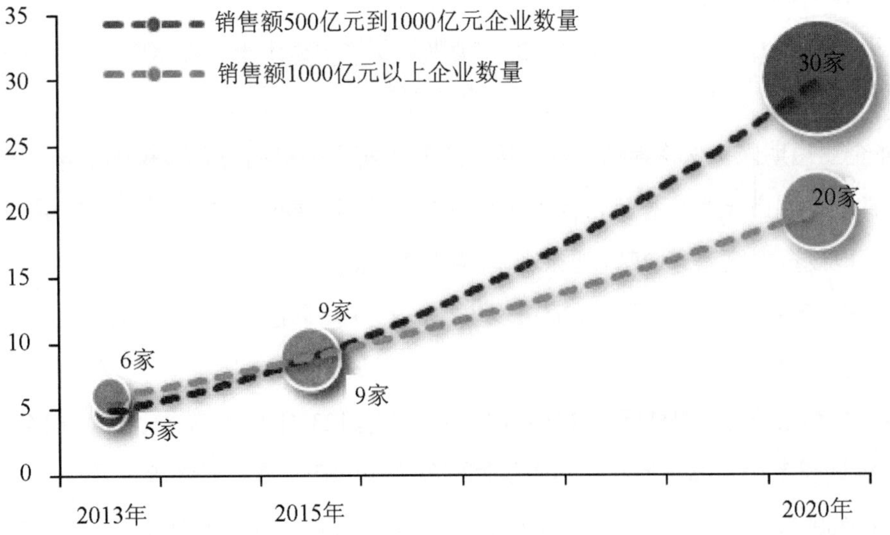

图 27 中国房地产企业未来发展格局

（2）"百舸争流，智者领航；千帆竞发，勇者争先"：百强企业将在崭新的市场格局中走向分化

2014 年，龙头企业将有可能开启崭新的"2000 亿时代"，房地产业的生态环境也将面临更趋复杂的背景：新型城镇化将给房地产各个领域的发展带来新的增长红利，三四线城市房地产市场的变化将继续引领市场的结构性调整；房地产民生导向将更为突出，行业利润率面临较大挑战。在市场集中度进一步提升的过程中，房地产企业对资金、土地等资源的整合能力差异将加速其分化发展，大企业有望继续扩大领先优势，中型企业处于不进则退的境地，小型企业将不可避免被淘汰或被整合。

道远险，勇者胜。激烈的竞争环境下，百强企业亟待从战略布局、业务结构、运营成本方面迈出调整步伐，寻找新的发展路径。规模较大、实力雄厚的全国性综合房企将进一步拓展布局提升市场份额，业务结构向多元化转型，逐步利用"构建房地产生态圈"的思路开始探索跨界经营之路，尝试向互联网、金融、社区服务等领域跨界，扩大业务半径，寻找更稳定、更持续的增长源泉；规模中等的精耕型企业也将在激烈的市场竞争中占有一席之地，这类企业或是专门深耕某一地区成为区域龙头，或是专营某一产品领域成为专业领军企业，这类企业更多的是在房地产行业内部寻求业务转型强化资源整合能力，在与住宅领域平行的商业地产、产业地产领域进行尝试和突破，倾力为客户提供更具品质的产品和更佳的服务体验，持续扩大业绩增长面。分化发展将是百强企业在竞争中突破自身、谋求长远发展的必然选择。"百舸争流，智者领航；千帆竞发，勇者争先"，我们期待百强企业以全新的姿态描绘行业未来发展的美好蓝图！

3.4 2014 中国房地产百强企业 TOP10 研究

中国房地产 TOP10 研究组在百强企业研究的基础上，基于对企业规模性、盈利性、成长性等方面的深入研究，评价产生了 2014 中国房地产百强企业"综合实力 TOP10"、"规模性 TOP10"、"盈利性 TOP10"、"成长性 TOP10"、"稳健性 TOP10"、"融资能力 TOP10"、"运营效率 TOP10"和"年度社会责任感企业"。

表 4 2014 中国房地产百强企业“综合实力 TOP10”

排名	公司名称
1	万科企业股份有限公司
2	保利房地产（集团）股份有限公司
3	恒大地产集团有限公司
4	中国海外发展有限公司
5	绿地控股集团有限公司
6	碧桂园控股有限公司
7	绿城房地产集团有限公司
8	世茂房地产控股有限公司
9	龙湖地产有限公司
10	北京首都开发控股（集团）有限公司

2013 年中国房地产市场整体呈现快速增长态势，综合实力 TOP10 企业凭借突出的规模优势与成长能力，注重稳健经营与高效运作相结合，以更强的综合竞争实力持续引领行业发展。

2013 年，综合实力 TOP10 企业发展规模再创新高、成长速度持续领先。已有万科、保利、恒大、中海、绿地、碧桂园 6 家企业销售规模达千亿以上，十家企业销售额均值为 979.6 亿元，高达百强企业销售额均值的 3.9 倍；十家企业 2013 年市场占有率提升至 12.0%，销售额同比平均增长 34.5%，延续了“愈大愈快、强者恒强”的发展态势。

2013 年，综合实力 TOP10 企业稳健经营与高效运营并举，全年营业收入与净利润均值分别同比增长 32.8%和 26.7%，盈利能力得到进一步强化；总资产周转率较上年增加 0.02，周转效率稳步提升。此外，综合实力 TOP10 企业凭借其较强的综合实力，在银行贷款、海外发债、信托融资等方面获得多笔总额高、成本低的资金，融资优势充分彰显。

表 5 2014 中国房地产百强企业“规模性 TOP10”

排名	公司名称
1	恒大地产集团有限公司
2	万科企业股份有限公司
3	保利房地产（集团）股份有限公司
4	绿地控股集团有限公司
5	中国海外发展有限公司
6	绿城房地产集团有限公司
7	碧桂园控股有限公司
8	龙湖地产有限公司
9	华润置地有限公司
10	北京首都开发控股（集团）有限公司

2013 年，规模性 TOP10 企业资产规模与业绩规模持续扩大。其中，总资产和净资产均值分别为 2451 亿元和 600 亿元，为百强企业均值的 3.7 倍和 3.4 倍，分别同比增长 27.8%和 21.2%；全年销售额均值是百

强企业均值的 3.9 倍；营业收入均值为百强企业均值的 3.3 倍，同比增长 31.5%，规模优势凸显。

表 6 2014 中国房地产百强企业“盈利性 TOP10”

排名	公司名称
1	中国海外发展有限公司
2	恒大地产集团有限公司
3	世茂房地产控股有限公司
4	保利房地产（集团）股份有限公司
5	万科企业股份有限公司
6	上海三盛宏业投资（集团）有限责任公司
7	龙光地产控股有限公司
8	卓越置业集团有限公司
9	杭州滨江房产集团股份有限公司
10	鑫苑（中国）置业有限公司

2013 年，盈利性 TOP10 企业利润规模稳步扩大，净利润均值达 78.8 亿元，较去年增长 22.9%，是百强企业净利润均值的 2.6 倍；盈利质量持续得到提升，净资产收益率均值达到 21.1%，比同期百强企业均值高出 1.9 个百分点。

表 7 2014 中国房地产百强企业“成长性 TOP10”

排名	公司名称
1	阳光城集团
2	华夏幸福基业股份有限公司
3	佳兆业集团控股有限公司
4	四川蓝光和骏实业股份有限公司
5	广州市敏捷投资有限公司
6	旭辉控股（集团）有限公司
7	宁波奥克斯置业有限公司
8	上海大名城企业股份有限公司
9	鑫苑（中国）置业有限公司
10	上海实业城市开发集团有限公司

成长性 TOP10 企业依托较强的扩张能力在 2013 年实现了快速增长，营业收入增长率均值达 68.5%，约为百强企业均值的 2.5 倍，销售面积增长率均值为 46.6%，高于百强企业均值约 21 个百分点，保持强劲的发展态势。

2013 年，稳健性 TOP10 企业资产负债率均值为 69.7%，比同期百强企业平均水平低 2.6 个百分点，债务结构较为合理；稳健性 TOP10 企业预收账款与当年营业收入比值平均达到 1.2，提前锁定未来业绩，确保经营的稳健及可持续性。

表 8 2014 中国房地产百强企业“稳健性 TOP10”

排名	公司名称
1	中国海外发展有限公司
2	保利房地产（集团）股份有限公司
3	中信房地产股份有限公司
4	万科企业股份有限公司
5	新城控股集团有限公司
6	福星惠誉房地产有限公司
7	江苏中南建设集团股份有限公司
8	协信地产股份有限公司
9	上海爱家集团
10	河南正商置业有限公司

表 9 2014 中国房地产百强企业“融资能力 TOP10”

排名	公司名称
1	万科企业股份有限公司
2	恒大地产集团有限公司
3	保利房地产（集团）股份有限公司
4	中信房地产股份有限公司
5	中国海外发展有限公司
6	天津市房地产开发经营集团有限公司
7	华夏幸福基业股份有限公司
8	旭辉控股（集团）有限公司
9	龙湖地产有限公司
10	金科地产集团股份有限公司

融资能力 TOP10 企业在 2013 年的融资优势继续彰显，在融资规模、融资渠道及融资成本等方面均表现优秀，有效保障了企业未来发展的资金需求。

表 10 2014 中国房地产百强企业“运营效率 TOP10”

排名	公司名称
1	恒大地产集团有限公司
2	万科企业股份有限公司
3	金科地产集团股份有限公司
4	佳兆业集团控股有限公司
5	新城控股集团有限公司
6	中国奥园地产集团股份有限公司
7	联发集团有限公司
8	景瑞地产（集团）有限公司
9	朗诗集团股份有限公司
10	上海三盛宏业投资（集团）有限责任公司

2013 年，运营效率 TOP10 企业密切关注市场变化，根据需求对销售策略和产品结构进行调整，加大去库存力度，运营效率得到有效改善，总资产周转率均值和存货周转率均值分别较上年提升了 0.01 和 0.03。

表 11　2013-2014 中国房地产年度社会责任感企业

公司名称
保利房地产（集团）股份有限公司
天津市房地产开发经营集团有限公司
北京首都开发控股（集团）有限公司
绿城房地产集团有限公司
武汉地产开发投资集团有限公司
宝龙地产控股有限公司
新鸥鹏地产集团
方圆地产控股有限公司
百步亭集团有限公司
银亿房地产股份有限公司

2013 年，年度社会责任感企业积极践行社会责任，在推动保障房建设、倡行绿色经济、促进公益事业等方面为行业做出了表率。

表 12　2014 中国房地产百强之星

荣盛房地产发展股份有限公司	武汉三江航天房地产开发有限公司
复地（集团）股份有限公司	美好置业集团股份有限公司
海伦堡地产集团有限公司	浙江金龙房地产投资集团有限公司
海亮地产控股集团有限公司	上海城建置业发展有限公司
禹洲集团	嘉凯城集团股份有限公司
泰禾集团股份有限公司	上海保集（集团）有限公司
上海红星美凯龙房地产有限公司	德信控股集团有限公司
俊发地产有限责任公司	浙江祥生房地产开发有限公司
方圆地产控股有限公司	浙江金昌房地产集团有限公司
隆基泰和实业有限公司	天朗控股集团
宁波奥克斯置业有限公司	三盛地产集团
联发集团有限公司	奥宸地产（集团）有限公司
上置集团有限公司	保亿置业集团有限公司
银亿房地产股份有限公司	中国葛洲坝集团房地产开发有限公司
美的地产集团	重庆市兴茂产业发展（集团）有限公司
中梁地产集团	上亿企业集团有限公司
广州广电房地产开发集团股份有限公司	重庆同景置业有限公司
星河控股集团有限公司	奥山置业有限公司
东方银座集团中国有限公司	庭瑞集团股份有限公司
杭州宋都房地产集团有限公司	浙江广厦股份有限公司
福晟集团有限公司	浙江华都控股集团股份有限公司
广西东方航洋实业集团有限公司	广州尚东地产集团有限公司

2014 中国房地产百强企业研究中继续涌现出一批独具特色的企业，在行业分化日趋明显、市场竞争愈发激烈的关键时期，这些企业顺应市场大势，积极调整自身定位，或聚焦主流需求、提升运转效率，或聚合资源优势、开拓业务新亮点，或持续深耕核心区域与城市，挖掘高增长市场的潜力，取得了优异的业绩，受到行业广泛关注。

北京 TOP10	上海 TOP10	天津 TOP10	重庆 TOP10	武汉 TOP10	南宁 TOP10	金华 TOP10
中海地产	绿地集团	融创中国	龙湖地产	福星惠誉	瀚林地产	保集集团
融创中国	万科	天房集团	融创中国	保利地产	广西荣和集团	益友置业
金隅股份	绿城中国	保利地产	金科股份	万科	金源集团	基业集团
万科	融创中国	万科	保利地产	武汉地产集团	保利置业	滨江集团
保利地产	长江实业	富力地产	万科	万达	龙光地产	豪都房产
首开股份	中海地产	天津住宅集团	协信集团	百步亭集团	广西红日东升	东辰房产
远洋地产	保利地产	首创置业	中海地产	新世界地产	盛天集团	万厦房产
龙湖地产	上海大华	金融街	新鸥鹏地产	保利置业	云星地产	婺城房产
中建地产	城投控股	远洋地产	晋愉集团	奥山置业	华润置地	金地集团
中国铁建地产	新城控股	中海地产	华润置地	庭瑞集团	中房股份	欧源置业

表 13 商业地产主要优秀企业

企业名称	企业名称
大连万达商业地产股份有限公司	中国新天地有限公司
上海红星美凯龙房地产有限公司	隆基泰和实业有限公司
宝龙地产控股有限公司	世纪金源集团
华润置地有限公司	首创置业股份有限公司
龙湖地产有限公司	重庆中基实业(集团)有限公司
中粮置业投资有限公司	上海鹏欣房地产（集团）有限公司
五洲国际控股有限公司	力帆置业
银泰置地集团有限公司	湖南华创地产集团有限公司
金融街控股股份有限公司	上海悦达房地产发展有限公司
宁波奥克斯置业有限公司	广西东方航洋实业集团有限公司

这些优秀企业紧随现代商业消费趋势与商业运营规律，主动变革业务模式，依托技术创新、服务创新不断满足细分客户需求、提升客户体验，迅速强化了对目标市场的渗透；另一方面，也在于这些优秀商业地产企业对于布局市场的选择更趋理性与审慎，挖掘高潜力、低风险区域的价值增长空间，实现立体化布局，持续保障了业绩增长的稳定性。

表 14 产业园区运营优秀企业

企业名称
北京联东投资（集团）有限公司
华夏幸福基业股份有限公司
天安数码城集团
上海张江高科技园区开发股份有限公司
重庆高科集团有限公司
中新苏州工业园区开发集团股份有限公司
华南城控股有限公司
武汉银湖科技发展有限公司
武汉新港建设投资开发集团有限公司
百世金谷实业有限公司

优秀产业园区运营企业依托独特的资源禀赋与专业经营能力，抓住政策调整与产业变革带来的结构性机会，或通过服务模式的创新整合，或契合新型城镇化发展需求，或积极转型升级，在运营模式、产品开发、服务增值以及金融创新等各领域均都取得了显著的进步，实现了持续强劲的增长。

附录二 2014 中国房地产策划代理百强企业研究报告

1 研究背景与目的

由国务院发展研究中心企业研究所、清华大学房地产研究所和中国指数研究院三家研究机构共同组成的“中国房地产 TOP10 研究组”，自 2005 年以来开展中国房地产策划代理百强企业研究，已连续进行了十年。十年来，研究组紧随行业发展脉搏，深入研究房地产策划代理企业经营规律，为促进行业良性运行、企业快速成长发挥了重要作用，相关研究成果已成为评判房地产策划代理企业经营实力及行业地位的重要标准。

党的十八届三中全会明确了全面深化改革的指导思想，中国经济将在调结构和促改革的进程中持续释放发展活力。同时，随着新型城镇化的稳步推进，房地产策划代理企业持续推进业务整合与优化布局，积极应对房地产市场的机遇与挑战。在此背景下，中国房地产 TOP10 研究组启动“2014 中国房地产策划代理百强企业研究”，以“变革创新、跨越发展”为主题，发掘行业中综合实力强、发展速度快、成长潜力大的优秀房地产策划代理企业群体，鼓励企业积极拓展业务、深化布局，引领行业在新的形势下实现持续、健康的成长。

在总结历年研究经验的基础上，研究组进一步完善了研究方法体系，从规模性、盈利性、成长性、策划能力、一手物业代理能力等方面入手，更加全面、客观地评价企业的综合实力，引导企业持续健康的发展，促进行业的良性、平稳运行。

2014 中国房地产策划代理百强企业研究目的：

（1）通过企业规模性、盈利性、成长性、策划能力、一手物业代理能力等指标的量化研究，发掘综合实力强、经营稳健并具有成长潜力的优秀企业群体；

（2）通过系统研究，分析企业自身的营运状况及优劣势，帮助企业了解当前形势下策划代理企业的最新发展状况，加强策划代理企业与房地产开发百强企业的深度合作；

（3）通过百强企业研究成果发布，树立房地产策划代理标杆企业，全面提升房地产策划代理行业运作水平和服务质量，促进行业健康发展，实现房地产行业资源的优化组合。

2 研究对象与方法

2.1 研究方法概述

基本原则：

坚持以数据为依据，坚持客观、公正、准确、全面的研究原则。

门槛值：

（1）依据《公司法》建立、经过省级（含副省级省辖市）以上有关部门批准并登记注册的房地产策划代理企业作为本次的研究对象；

（2）按照国际惯例，对进入研究的企业给予一个门槛指标，TOP10 研究组确定近三年平均一手物业代理总建筑面积 50 万平方米为入选门槛值；

（3）为了引导房地产策划代理企业做强做大，TOP10 研究组鼓励以集团的名义参与。

计量评价方法：

（1）在研究方法上，为增加研究的严谨性，采用因子分析（Factor Analysis）的方法。因子分析是一种从变量方差——协方差结构入手，在尽可能多地保留原始信息的基础上，用少数新变量解释原始变量方差的多元统计分析方法。它将原始变量分解为公共因子和特殊因子之和，并通过因子旋转，得到符合现实意义的公共因子，然后用这些公共因子去解释原始变量的方差。计算中国房地产策划代理百强综合实力时，主要是计算各构成要素的相关矩阵，通过相关矩阵得到特征值、累计特征值及因子载荷。根据最初几个特征值在全部特征值的累计百分率大于或等于某百分比的原则，确定公共因子的具体个数。然后再根据因子载荷矩阵确定各个因子的现实意义并进行重新命名，最后根据不同企业各个因子的得分及载荷矩阵，通过加权累加构成 2014 中国房地产策划代理百强综合实力指数。

（2）企业按评价指标体系排序出现相同时，依照慈善捐赠数据确定排序；当上述累加计算又基本相同时，按西部、中部、东部排序确定。

数据来源：

（1）由房地产策划代理企业填报的数据；

（2）房地产策划代理企业对外公布的信息（包括公司年报、企业网站公布的信息和对外派发的宣传资料）；

（3）中国房地产指数系统（CREIS）数据库；

（4）有关政府部门（包括建委、房管局和统计局等）的公开数据；

（5）2011、2012、2013 中国房地产策划代理百强企业研究收集的企业数据资料；

（6）2011、2012、2013 中国房地产策划代理品牌价值研究收集的企业数据资料。

2.2　评价指标体系

评价指标体系设计原则：

在保持评价方法的科学性、系统性、连续性与稳定性的同时，2014 中国房地产策划代理百强企业研究以 2011-2013 年度为研究时间段，涵盖规模性、盈利性、成长性、策划能力、一手物业代理能力等五个二级指标，全面综合考量企业的整体实力。

评价指标体系的设计主要把握以下几个基本原则：

（1）企业规模与盈利能力相结合。规模反映了房地产策划代理企业的业务发展现状，而盈利能力是企业持续健康发展的重要基础，因此，TOP10 研究组采用营业收入、进入城市个数、分公司个数等指标来反映企业的规模性，采用净利润、毛利率、净资产收益率、人均绩效来反映企业的盈利能力，将企业经营规模与盈利能力相结合进行评价。

（2）企业现状与成长能力相结合。成长能力决定企业的未来发展，只有将业务能力、盈利能力与成长能力三者结合才能对房地产策划代理企业做出全面的评价。TOP10 研究组采用合同储备代理总建筑面积、营业收入增长速度反映企业成长潜力；采用前五位客户收入占比和本科及以上员工人数占比反映企业的成长质量，全面衡量企业的未来发展能力。

（3）一手物业代理能力与策划能力相结合。成功的房地产营销取决于企业的策划和销售能力，二者密不可分。策划的好与坏直接关系到项目销售进程的顺利与否；代理规模以及代理销售速度全面体现了房地产策划代理企业的销售能力。TOP10 研究组采用一手物业代理业务收入、一手物业代理项目个数、一手物业代理总建筑面积、一手物业代理实现销售额及一手物业代理实现销售面积全面反映策划代理企业的一手物业代理销售能力；同时采用策划顾问收入、策划顾问项目个案数和策划顾问项目总建筑面积来反映策划代理企业的策划能力。

评价指标体系：

表1 2014中国房地产策划代理百强企业评价指标体系

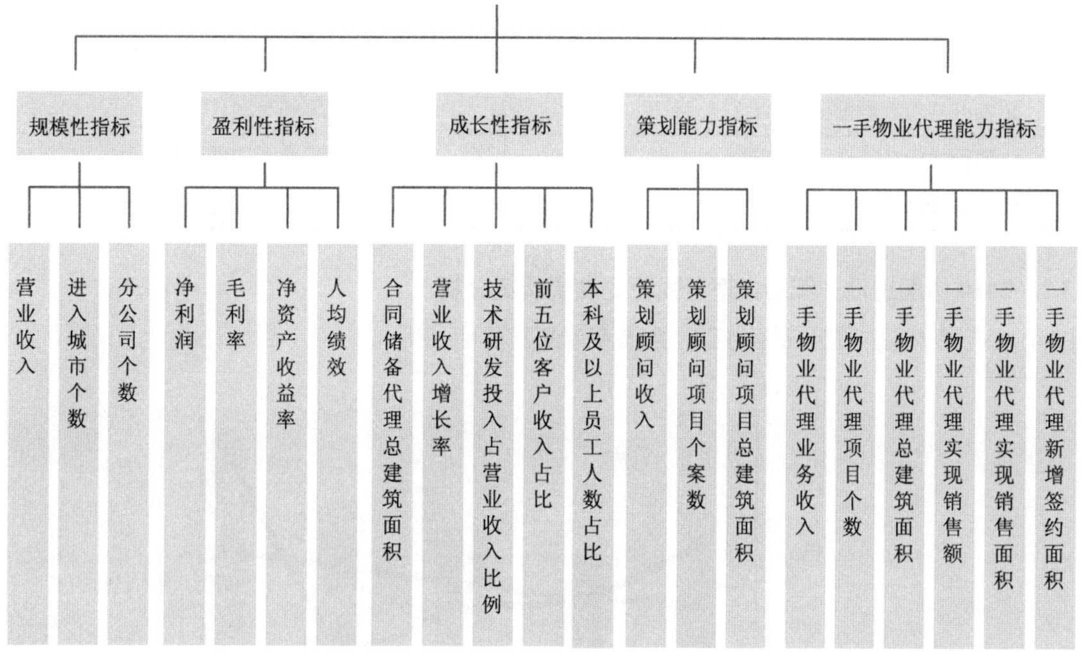

3 研究成果及分析

3.1 2014 中国房地产策划代理百强企业

表 2 “2014 中国房地产策划代理百强企业”前 50 强

深圳世联行地产顾问股份有限公司	新联康（中国）有限公司
易居（中国）控股有限公司	中原地产代理（深圳）有限公司
同策房产咨询股份有限公司	高策地产服务机构
合富辉煌集团控股有限公司	北京华润房地产经纪有限公司
博思堂地产综合服务股份有限公司	深圳市同致行物业顾问有限公司
伟业顾问集团	北京远洋嘉业房地产经纪有限公司
上海新聚仁物业咨询有限公司	厦门同舟济置业顾问有限公司
广州保利地产代理有限公司	北京亚豪房地产经纪有限公司
新景祥投资控股有限公司	成都正合地产顾问有限公司
北京金网络联行地产顾问有限公司	北京金融街房地产顾问有限公司
上海华燕置业发展有限公司	沈阳联祥地产营销策划有限公司
上海金丰易居房地产顾问有限公司	瑞尔特控股集团
中原地产代理（上海）有限公司	深圳世方商业地产顾问机构

续表

上海汉宇房地产策划营销有限公司	宁波市华星房产咨询有限公司
广州凌峻房地产咨询有限公司	中广信地产服务机构
金达利筑地集团	珠海百脑会房地产策划有限公司
北京华远房地产经纪有限公司	沈阳信达行房地产经纪有限公司
经纬物业（中国）有限公司	华厦伟业(中国)控股集团有限公司
广州中地行房产代理有限公司	杭州汉嘉地产咨询有限公司
上海杰星投资（集团）有限公司	深圳市新峰地产顾问有限公司
北京同创联行房地产经纪有限公司	华坤道威整合营销机构
深圳黑马房地产顾问有限公司	厦门蓝火置业有限公司
上海开启房地产投资咨询有限公司	青岛荣置地顾问有限公司
上海天地行房地产营销有限公司	江苏蓝风国际投资发展有限公司
北京协成房地产经纪有限责任公司	深圳市尊地地产咨询有限公司

3.2 2014 中国房地产策划代理百强企业发展状况分析

（1）增强竞争实力提升市场份额，全国布局拓宽发展空间

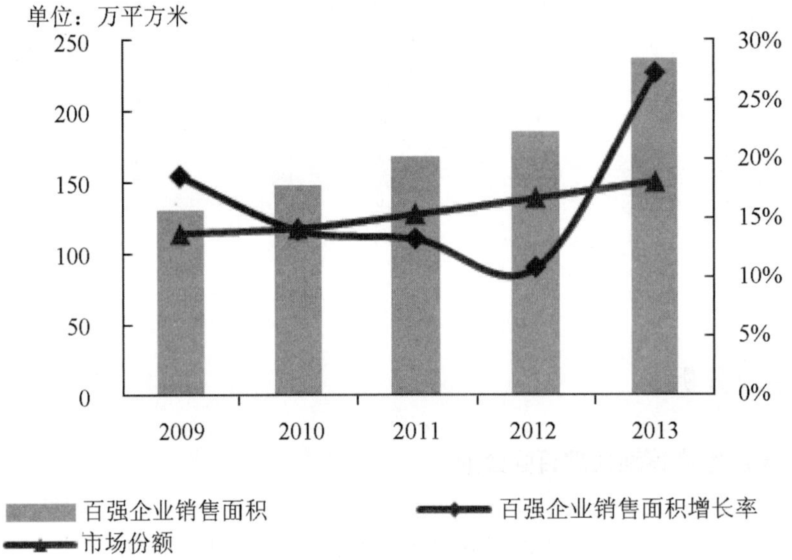

图 1 2009-2013 年百强企业[①]一手物业代理实现销售面积变化情况

2013 年，全国商品房销售面积 130551 万平方米，同比增长 17.3%，增速比 2012 年提高 15.5 个百分点，房地产市场发展良好，策划代理百强企业顺应形势，进一步加大市场拓展力度，一手物业代理实现销售面积均值为 236.87 万平方米，同比增长 27.20%，提升市场份额[②]至 18.14%，较去年提高了 1.41 个百分点，表明策划代理行业集中度进一步提升，行业优势资源向百强企业聚集。

[①] 除有特殊说明，本报告中“百强企业”指“2014 中国房地产策划代理百强企业”。

[②] 策划代理百强企业市场份额=百强企业一手物业代理实现销售面积/全国商品房销售面积*100%

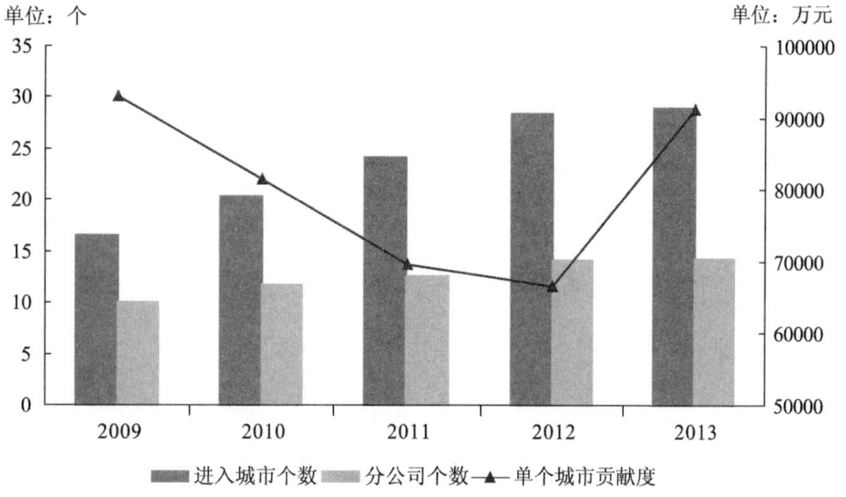

图 2 2009-2013 年百强企业进入城市以及分公司数量情况

策划代理百强企业规模化发展首先来源于市场布局的拓宽，2013 年百强企业进入城市以及分公司个数均值分别为 28.97 个、14.26 个，较 2012 年分别小幅增长 0.58 个、0.17 个，连续五年持续增长，全国布局发展突出；同时，百强企业注重对已进入区域的市场挖掘，持续实施区域深耕策略，且部分百强企业在完成城市布局后，逐步放缓区域扩张速度，通过实施以分公司为中心、周边进驻城市为重点的深耕策略，有效提升百强企业的单个城市贡献度：2013 年单个城市贡献度[①]为 91068.94 万元，同比大幅增长 37.09%。

（2）创新能力成为盈利关键要素，人均绩效持续大幅增长

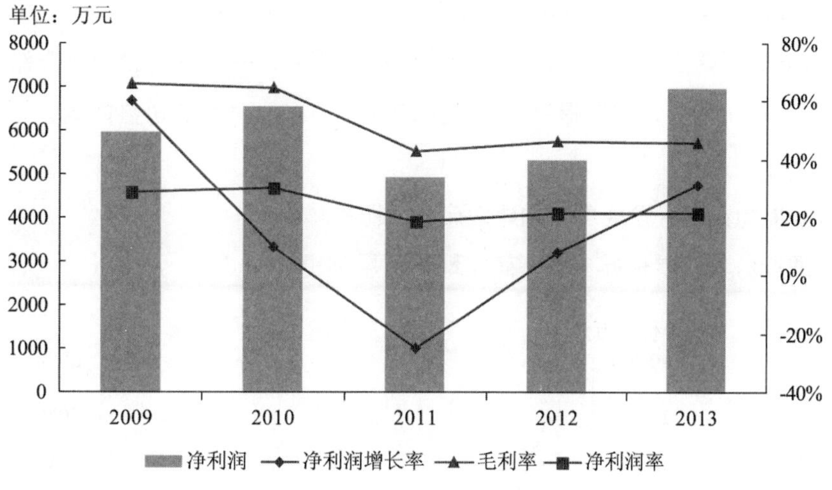

图 3 2009-2013 年百强企业盈利情况

2013 年，百强企业实现盈利 6925.86 万元，同比大幅增长 30.92%，连续两年保持增长的态势，一方面百强企业形成规模化发展优势，营业收入大幅增长，另一方面严格控制经营环节中的各项成本费用；且创新营销方式，多元化开拓客户来源，如通过网络营销方式吸引潜在置业群体，有效降低传统坐销方式蓄客花销，共同促进百强企业净利润的稳步增长。在传统营销方式利润空间不断被压缩的情况下，创新能力成为百强企业提升盈利能力的关键要素：2013 年百强企业毛利率与净利润率分别为 45.82%、21.45%，与 2012

[①] 单个城市贡献度=百强企业一手物业代理实现销售额均值/进入城市数量均值

年基本持平，表明百强企业在快速扩张阶段通过控制成本有效稳定盈利能力；同时也应注意到，少部分策划代理企业无论业务规模还是业务范围，均采取粗放发展的模式，虽然在市场较好时，仍能保持一定的利润率，但在市场下行时，则难以摆脱亏损。

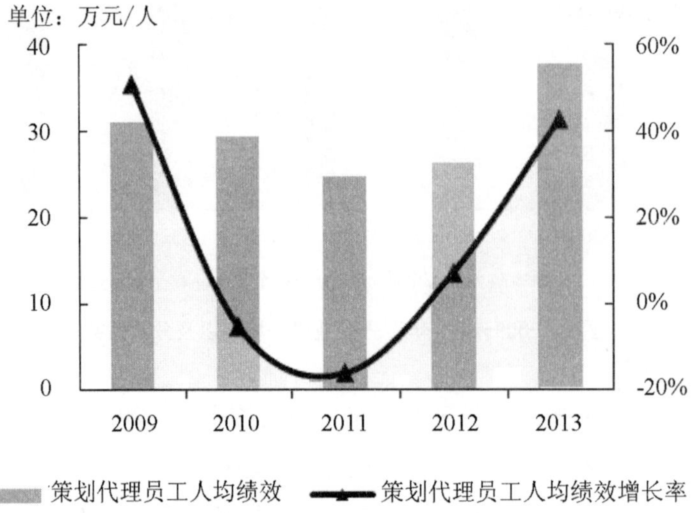

图 4　2009-2013 年百强企业策划代理员工人均绩效[①]

人才是企业的核心竞争力，但同时薪酬也是策划代理企业的重要成本所在，提高人均绩效是提升盈利水平的重要途径。2013 年，百强企业策划代理业务的人均绩效为 37.83 万元，同比大幅增长 42.97%，自 2011 年以来一直呈现快速增长趋势，这一方面是由于百强企业策划与代理业务进入规模化发展阶段，策划与代理两项业务的收入增速远高于员工数量增长速度；另一方面，百强企业通过引进人力资源管理软件、培训、合理化奖罚机制等方式，建立企业内部以及对外合作的大平台，有效优化公司员工结构，最大化调动员工的积极性并不断提高员工素质，有效提高企业的人均效益，以此改善公司整体运营管理，实现企业与员工的共同发展。

（3）围绕核心能力延伸经营业务，构建地产综合服务体系

· 策划与代理业务收入增长近 30%，商业地产发展突出

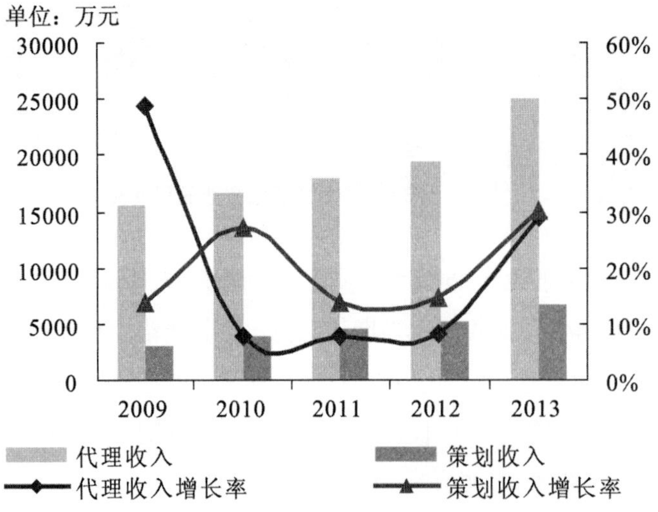

图 5　2009-2013 年百强企业策划收入及销售代理收入

① 百强企业策划代理员工人均绩效=策划代理业务收入/策划代理员工数量

在全国房地产市场回暖的背景推动下，百强企业凭借其专业能力和智力支持，继续获得开发企业的信赖，代理销售和营销策划业务稳步扩张，深耕战略进入收获期：其中，2013 年百强企业代理收入均值达到 25063.54 万元，同比增长 29.00%，业绩贡献率高达 77.61%，仍是百强企业最为重要的收入来源；策划收入均值达到 6730.85 万元，大幅增长 30.43%，增速较去年增加 15.65 个百分点，连续四年增幅高于代理收入增长率，市场成长空间较大，且策划业务可早期进入项目规划建设，先行优势促使该业务与代理销售等后续业务良性联动，策划专业优势是策划代理企业的重要竞争力。

2013 年，百强企业代理与策划业务仍以住宅项目为主，代理与策划住宅项目面积占比分别为 84.81%和 68.79%。同时，百强企业积极推动商业地产的策划代理业务，对行业进行细分，有效匹配自身专业能力与房地产市场整体的发展，策划商业项目面积占比连续四年提高，2013 年达到 25.19%，较 2010 年高出 8.63 个百分点。

· 稳健拓展服务链，加速发展模式创新转型

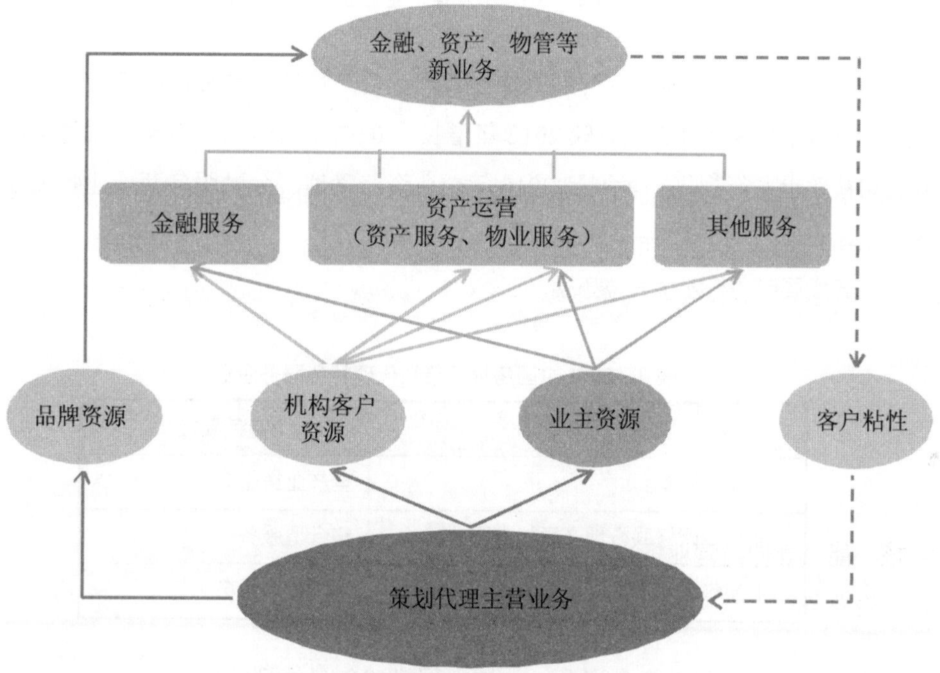

图 6 策划代理百强企业业务拓展

伴随房地产开发行业逐步走向成熟，全价值链的房地产服务体系将成为房地产行业运行中不可或缺的一环。百强企业一方面夯实现有成熟产品，保持收入稳定，为未来发展和业务创新提供动力和支撑；另一方面以策划代理业务现有渠道和机构客户、小业主等客户为依托，全面整合企业的品牌资源和社会资源，加快在房地产金融、资产运营等服务领域布局，谋求发展新模式和新局面，为客户提供更专业、更有深度的服务，提高主营业务的客户粘性，实现主营业务和新业务的良性互动，向全产业链房地产集成式服务商转变。

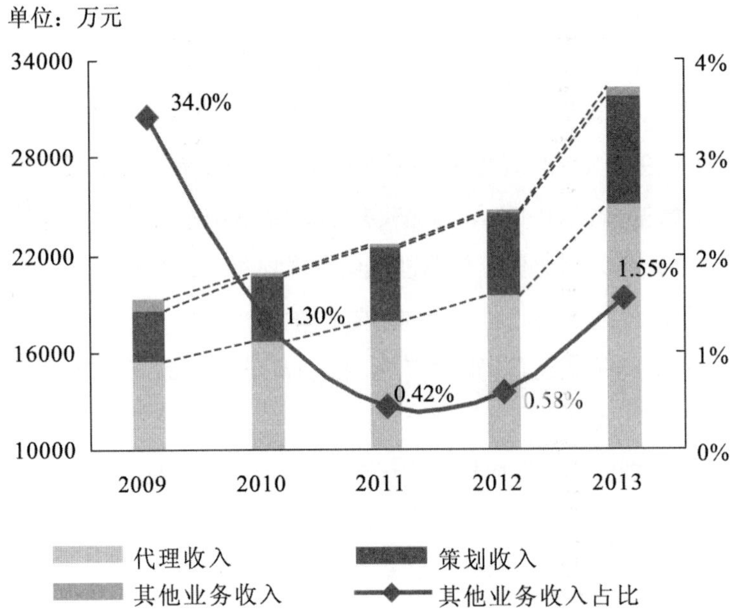

图 7 2009-2013 年百强企业各业务收入情况

自 2011 年以来，策划代理百强企业开展的物业管理、资产管理、金融管理等业务开始贡献盈利，2013 年这些业务占营业收入的比例为 1.55%，较 2012 年增长了 0.97 个百分点，占比连续两年保持增长，业务多元化发展明显。如按照世联行规划，发展到 2016 年企业资产管理、金融服务两项业务将改变其收入结构，成为未来业绩重要增长点。

· 特色企业创新发展引领行业全方位拓展

表 3 2014 中国房地产策划代理特色服务企业

公司名称	特色领域
伟业顾问集团	全产业链服务
北京金网络联行地产顾问有限公司	整合型服务
上海华燕置业发展有限公司	地产金融服务

策划代理百强企业在不断整合自身资源，加快发展模式创新转型的同时，部分百强企业通过突出自身的发展特色，市场领先地位稳固。伟业顾问以“全产业链服务”为特色，建立起包括营销代理、投资顾问、商业管理、房地产金融在内的综合服务模式；金网络以“全客户主体、整合型服务、区域性布局、国际化标准”为发展定位，通过融合各业务链的资源优势，成功构建了完整的房地产综合服务平台；华燕置业秉承“地产金融综合服务商”的核心服务理念，以全新的商业模式以及金融服务团队，将经纪、金融两大领域完美结合，向“成为中国房产流通服务领域最具创新价值整合力的领导者”的发展愿景迈进。

（4）互联网时代电商大行其道，百强企业与时俱进绘蓝图

• 百强企业试水房产电商，有效拓展业务新渠道

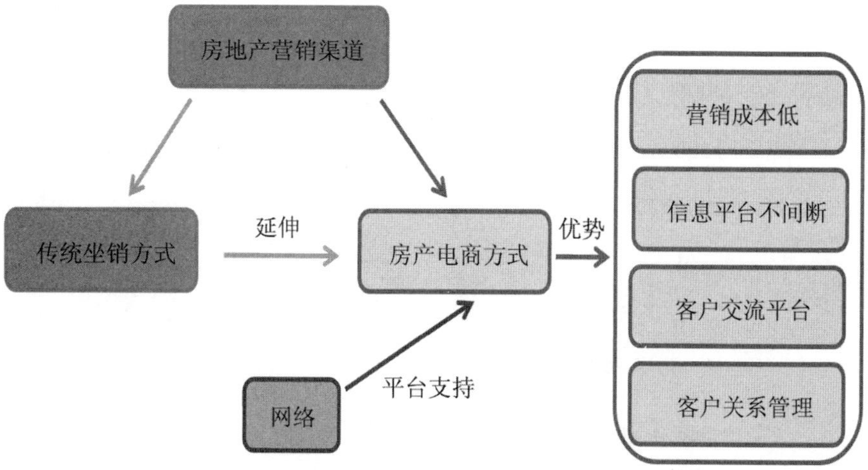

图 8　房地产营销渠道对比情况

伴随房地产市场的发展，市场竞争日趋激烈，营销渠道对房屋销售日益重要。房产营销渠道不再局限于传统坐销方式，通过与网络的紧密结合，房产电商的营销模式被房地产开发企业以及相关企业接受并不断创新。房产电商方式相较于传统坐销方式的优势在于：一是营销成本有效降低，二是网络平台可以进行全方位、无间断的楼盘展示，成为楼盘宣传的有利渠道，三是网络可以为客户提供交流平台，更有利于对房产信息的全面了解，四是可以通过网站客户关系管理，有效匹配购房者与房源，提高客户的转化率。

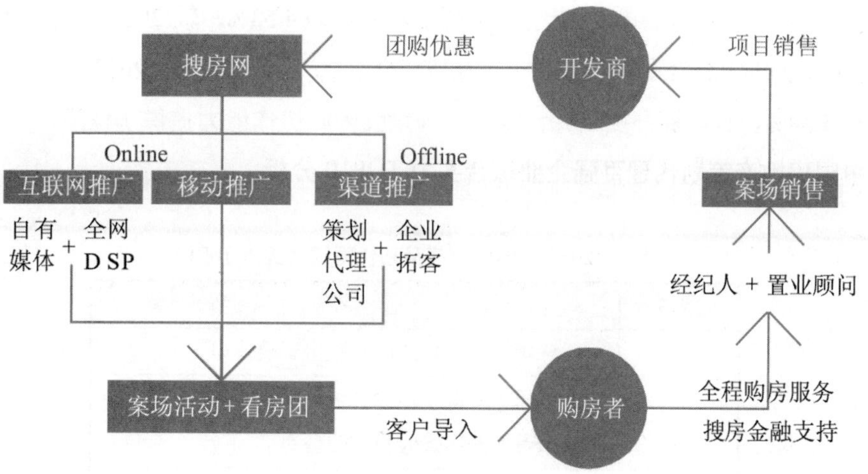

图 9　搜房网电商平台

2013 年，策划代理百强企业迅速调整营销策略，积极应对房地产发展变化趋势，通过实现房产电商对企业主营业务的正向促进，有力地推进规模化发展。一方面，百强企业依托房产电商成熟平台进行拓展，如搜房网作为最早一批进入房产电商领域的房地产服务企业，已经发展到搜房电商 6.0，结合最新的金融业务为客户群体提供更为全面的服务，领导房地产营销渠道的创新拓展；另一方面，百强企业为应对市场挑战，积极接受互联网思维，通过自建网络营销平台对房源以及客户资源进行有效整合。

• 新渠道高要求，人才技术投入齐增长

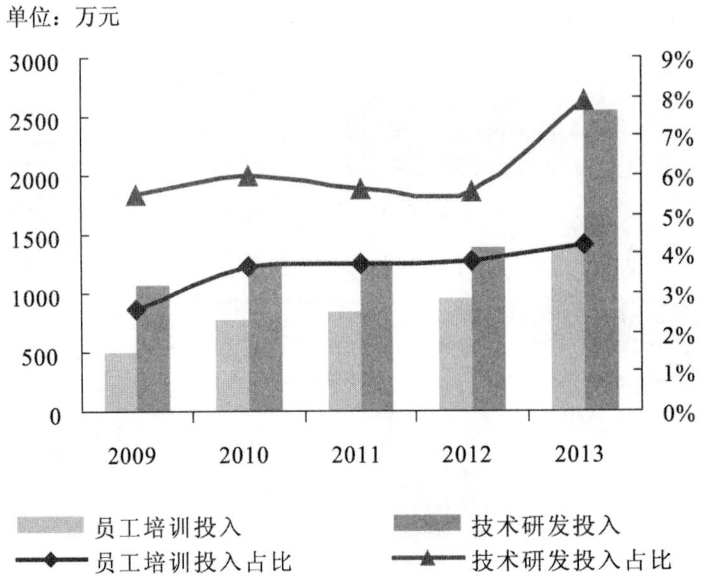

图 10 2009-2013 年百强企业培训及技术研发投入情况

伴随房产电商的发展，营销渠道需要高效的团队、较强的技术研发能力和高素质员工的支撑，同时受限购、限贷等政策影响，房地产行业呈现复杂多变的发展格局，激烈的竞争促使房地产开发企业对策划代理企业的技术研发能力和人员素质提出了更高的要求，因此，提升企业技术研发能力和加大员工培训成为百强企业抢占业务新渠道、实现新业务领先战略、提高市场竞争力的重要途径。2013 年，百强企业技术研发投入均值达到 2548.03 万元，占营业收入比例达到 7.89%。在人力资源开发方面，一方面通过为员工提供有利的发展和晋升平台，完善人才选用、培养、评价和激励机制等措施，稳定团队及保有人才，使得硕士学历以上员工占比、本科学历以上员工占比分别达到 9.57%和 64.53%，较 2012 年分别上涨 1.17 和 3.03 个百分点，确保了人才队伍的高素质水平；另一方面继续加大员工培训投入，2013 年员工培训投入 1375.74 万元，同比增长 45.38%，有效提升员工综合能力，为增强团队协作能力提供了保障。

3.3 2014 中国房地产策划代理百强企业综合实力 TOP10 分析

表 4 2014 中国房地产策划代理综合实力 TOP10

排名	公司名称
1	深圳世联行地产顾问股份有限公司
2	易居（中国）控股有限公司
3	同策房产咨询股份有限公司
4	合富辉煌集团控股有限公司
5	博思堂地产综合服务股份有限公司
6	伟业顾问集团
7	上海新聚仁物业咨询有限公司
8	广州保利地产代理有限公司
9	新景祥投资控股有限公司
10	北京金网络联行地产顾问有限公司
10	上海华燕置业发展有限公司

2013年，伴随房地产市场的快速发展，中国房地产策划代理综合实力TOP10企业凭借自身的市场优势、专业的策划代理能力以及丰富的品牌效应，市场地位进一步稳固，成为策划代理行业的引领者：其中世联行、易居中国、同策咨询、合富辉煌连续十年荣登综合实力 TOP10；新聚仁、保利代理、新景祥、金网络也凭借稳健经营再次进入综合实力 TOP10；博思堂、伟业顾问、华燕置业则凭借优异的表现成功晋级中国房地产策划代理综合实力TOP10。

4 结语

2013 年，中国房地产行业继续强调房价控制目标、限购升级抑制投机投资，但是在刚需的推动下，房地产行业仍保持了稳步增长的势头。房地产策划代理百强企业跟随开发企业的步伐，顺应市场的发展，一方面深化策划和代理等主业，并在大数据及移动互联网技术迅速发展背景下挖掘电商平台客户资源及数据整合优势，多渠道稳固并提高市场份额，市场集中度不断提升；另一方面，百强企业顺应市场发展趋势，积极整合资源谋求业务创新转型，纷纷加快涉足金融、资产管理、物业等领域，从而创造新的业绩点，打造房地产服务集成化产业链。

未来，在严格的市场准入机制建立、全社会地产信息网络健全的背景下，我国房地产服务行业将呈现向专业化、精细化、深层次和高附加值发展的趋势。策划代理百强企业应在保持市场份额领先的前提下，整合多方优势资源，努力打造多维一体的服务体系，从而成为优秀的地产综合服务商。

专题：中国房地产策划代理百强企业十年发展

1 2005-2014 中国房地产策划代理百强企业研究概述

1.1 百强研究十年回顾

由国务院发展研究中心企业研究所、清华大学房地产研究所和中国指数研究院三家研究机构共同组成的“中国房地产TOP10研究组”，自2005年起开展中国房地产策划代理百强企业研究，已连续进行了十年。十年来，研究组紧扣行业发展脉搏，深入研究房地产策划代理企业运营规律，为促进行业良性运行、企业快速成长发挥了重要作用，相关研究成果已成为评判房地产策划代理企业经营实力及行业地位的重要标准。

1.2 百强研究方法体系十年改进

在持续十年的中国房地产策划代理百强企业研究的过程中，TOP10 研究组结合最新市场形势及百强企业发展现状，不断对相关研究方法体系进行调整和完善，以准确反映行业运行规律与企业经营趋势，指引百强企业科学、理性发展。

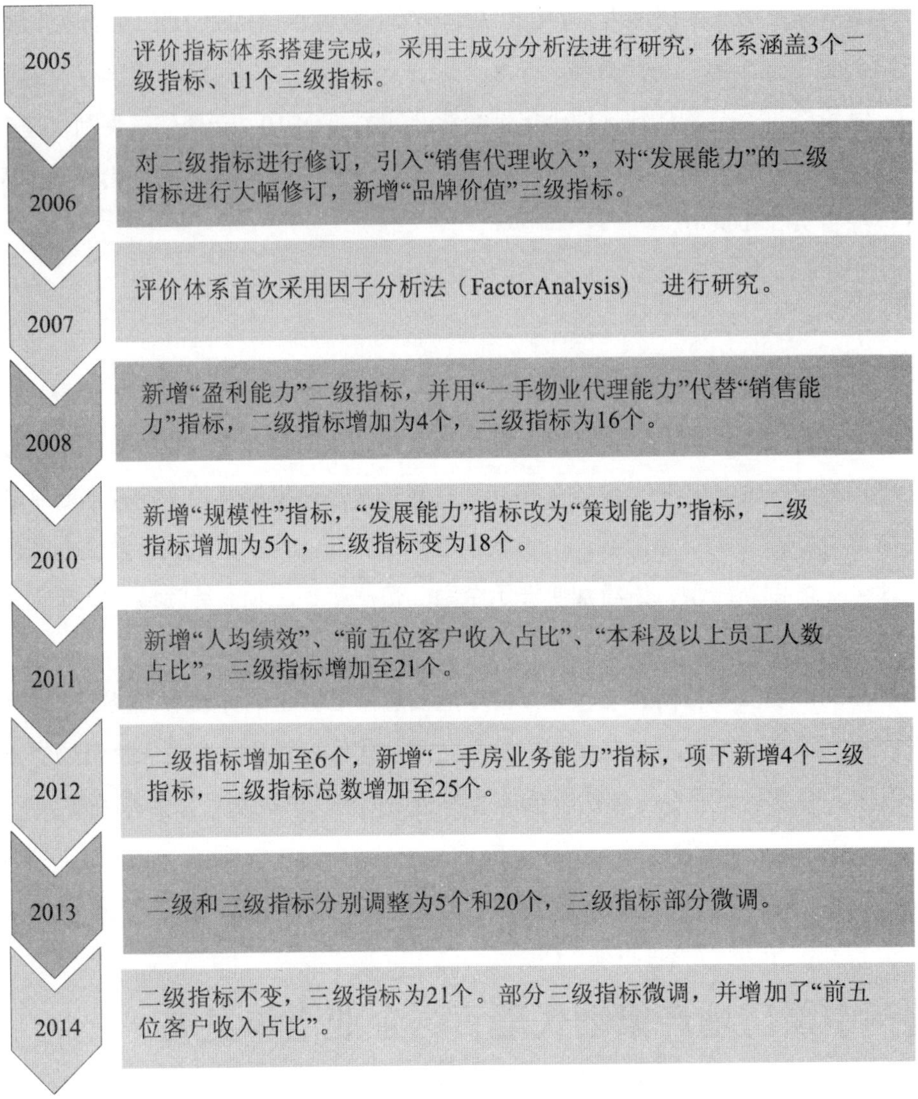

图 1 策划代理百强企业评价指标体系 10 年改进历程

2005 年，研究组搭建了中国房地产策划代理百强企业评价指标体系主要框架，以后历年的变动都在这个基础上进行，评价指标体系设立了销售能力、策划能力和可持续发展能力 3 个二级指标、11 个三级指标，采用主成分分析法进行研究。经过十年的发展修订，分析方法转化为因子分析方法（Factor Analysis），2014 中国房地产策划代理百强企业研究评价指标体系包含 5 个二级指标：规模性指标、盈利性指标、成长性指标、策划能力指标、一手物业代理能力指标，三级指标扩展至 21 个，对百强企业的评价更为细化，从不同角度体现其发展变化趋势，全方位反映策划代理百强企业的综合实力。中国房地产策划代理百强企业研究方法体系的变迁，是行业十年运行情况的直观见证，同时也引导着策划代理企业不断探索、持续发展。

2 中国房地产策划代理百强企业十年发展总结

2.1 企业营收稳步增加，年均复合增长率达到 17.10%

（1）营业收入规模化发展，全国布局推动市场份额提升

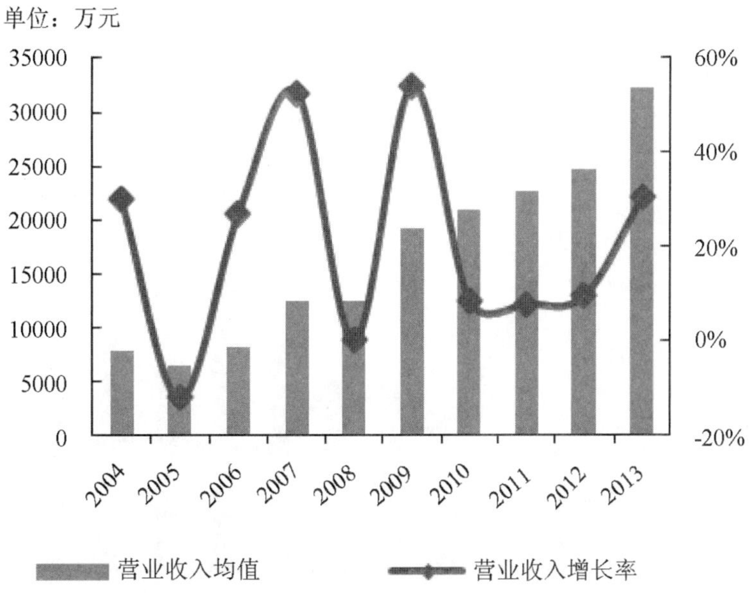

图 2 2004-2013 年百强企业营业收入规模变化情况

十年中，策划代理百强企业的营业收入基本保持了稳定的增长态势。2004 年，百强企业平均营业收入为 7798.8 万元，发展到 2013 年增长为 32294.39 万元，年均复合增长率达到 17.10%，绝对收入增长了 3 倍以上。从营业收入年增长率的走势来看，百强企业遭遇了两次收入下降的情况，分别出现在 2005 年和 2008 年。2005 年国务院出台八点意见稳定房价，策划代理企业的业绩大幅下滑；2008 年美国金融危机的爆发造成投资者对中国楼市的悲观预期蔓延，策划代理行业亦受到较大影响。但是在紧接下来的一年，百强企业营业收入都出现了“报复性”反弹，例如，2009 年营业收入年增长率达到了 53.91%。

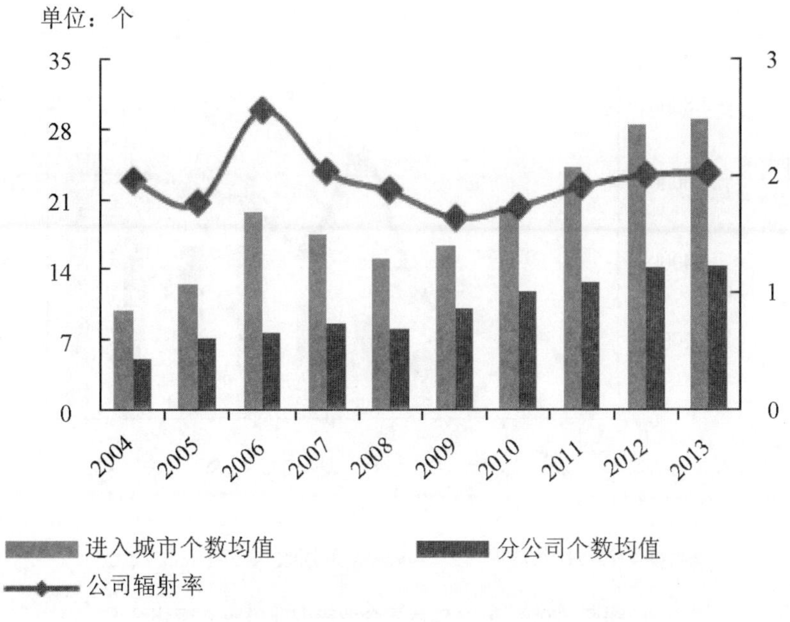

图 3 2004-2013 年百强企业进入城市与成立分公司的数量变化情况

自 2004 年以来，策划代理百强企业不断推进市场布局，进驻城市和分公司的数量逐级增加，分别增长了近 2 倍，一方面部分百强企业采取全国扩张，通过实施跟随战略逐步开拓市场范围；另一方面，百强企业对已进入城市进行深耕，以进驻城市为基点，逐渐开拓周边城市。在高速增长的同时，百强企业注重自身能力与发展速度的匹配，采取紧密依托分公司的策略，稳扎稳打、避免管理失控，十年间百强企业的公司辐射率[①]保持在 2 左右，既能有效发挥分公司的管理作用，又保障了进驻城市的发展。

（2）策划与代理业务齐头并进，延伸业务助力企业增收

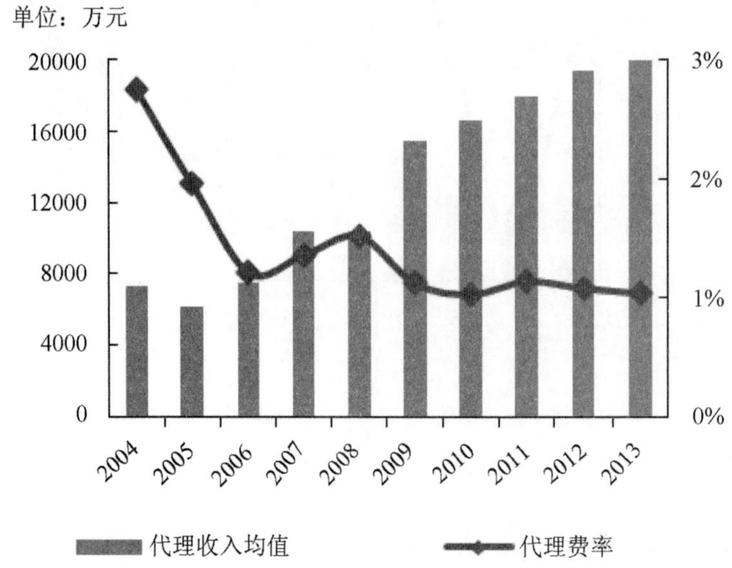

图 4　2004-2013 年百强企业代理销售业务收入变化情况

自 2004 年开始，策划代理百强企业的代理销售费率持续下滑，从 2.76%下降到 2006 年的 1.21%，两年的降幅达到 56.16%，主要是随着行业的逐步正规化，以及溢价分成的收益逐步消失，导致代理费率的大幅下滑。随后虽然代理费率小幅回升，但从 2009 年至 2013 年基本保持在 1.1%上下，在此背景下，百强企业通过加强与重点开发企业的合作不断提升获取项目的能力，保持了代理收入的持续增长，十年间复合增长率达到 14.68%。

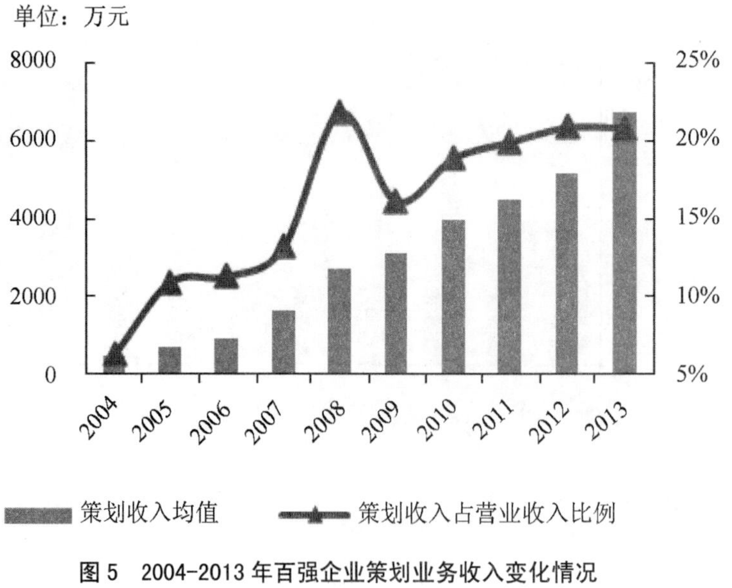

图 5　2004-2013 年百强企业策划业务收入变化情况

作为体现百强企业智力能力的重要指标，策划业务自 2004 年至 2013 年获得了长足发展，策划收入十年间增长了 12.63 倍，收入贡献度不断提升，2013 年占营业收入的比例为 20.84%，成为百强企业重要收入来源，一方面得益于百强企业专业的策划能力受到开发企业认可，策划项目平均收费不断上涨，另一方面

[①] 公司辐射率=进入城市个数均值/分公司个数均值

百强企业凭借市场影响力，策划项目个数增长明显。从发展情况来看，策划业务在外部市场震荡期间有效缓解了百强企业营业收入的下降风险，稳固了企业运营，如在2008年金融危机时，策划收入同比大幅上涨66.04%，对营业收入形成有力支撑。

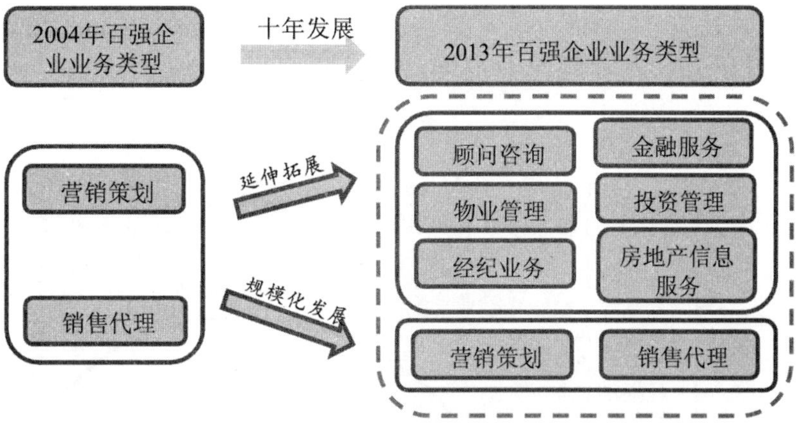

图6 百强企业十年业务类型拓展

除基本的代理与策划业务外，围绕房地产产业链的各个环节，百强企业不断创新延伸出物业管理、二手房经纪、投资管理、金融服务、房地产信息服务等业务，最大化发挥资源利用率，同时也为企业收入的增加做出了一定贡献，如合富辉煌的业务类型最为全面，同时涉足了这八个领域，有效缓解市场变化带来的冲击；世联行则是划分了不同的发展阶段，自成立以来第一个十年确定了策划与代理的主营业务地位，第二个十年完成了全国布局，未来十年则向“集成服务”的战略目标迈进，通过不断开拓房地产相关产业链服务，有效增强了企业的资源使用效率。

2.2 净利润增长2.5倍，规范发展促百强企业做大做强

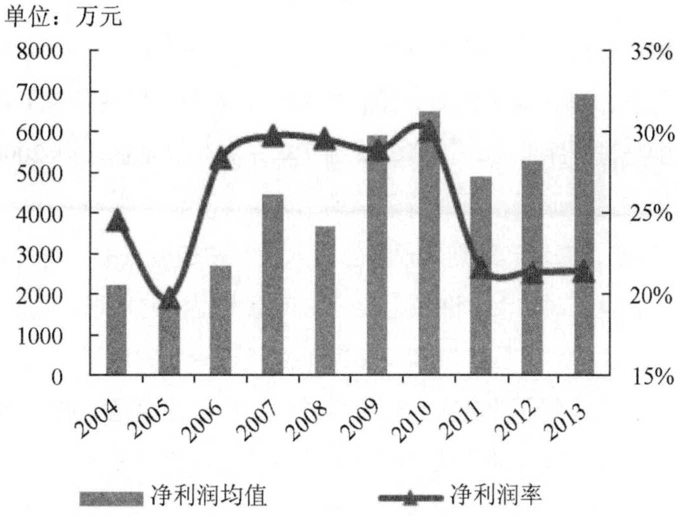

图7 2004-2013年百强企业净利润变化情况

整体来看，百强企业的平均净利润波动较为明显，但整体保持了上涨的态势。2010年以前，企业的收益主要受到宏观经济环境的影响，在政策调控和金融危机之年，利润出现了较大幅度的下滑；从2010年以后，利润的主要风险转向了行业内部风险，企业间的竞争加剧、人力成本的提高和代理项目结算周期的延长，拉低了百强企业的净利润率，从前几年的30%左右下降到近三年来的20%左右。

十年间，策划代理行业先后有包括合富辉煌、易居中国、世联行、思源经纪（已退市）等企业相继上市，表明策划代理行业的业务模式、盈利能力与发展潜力逐步被国内外资本市场认可，企业自身价值在不断提高，同时也是行业不断发展的见证。上市企业募集的资金主要用于拓展全国业务市场布局、品牌宣传和提升内部人力资源、信息技术及管理平台建设等方面，有效提升企业的核心竞争力和资源整合能力，进一步扩大企业在各区域的市场份额，促进其保持高盈利性的快速成长态势。

3 中国房地产策划代理百强企业发展趋势分析

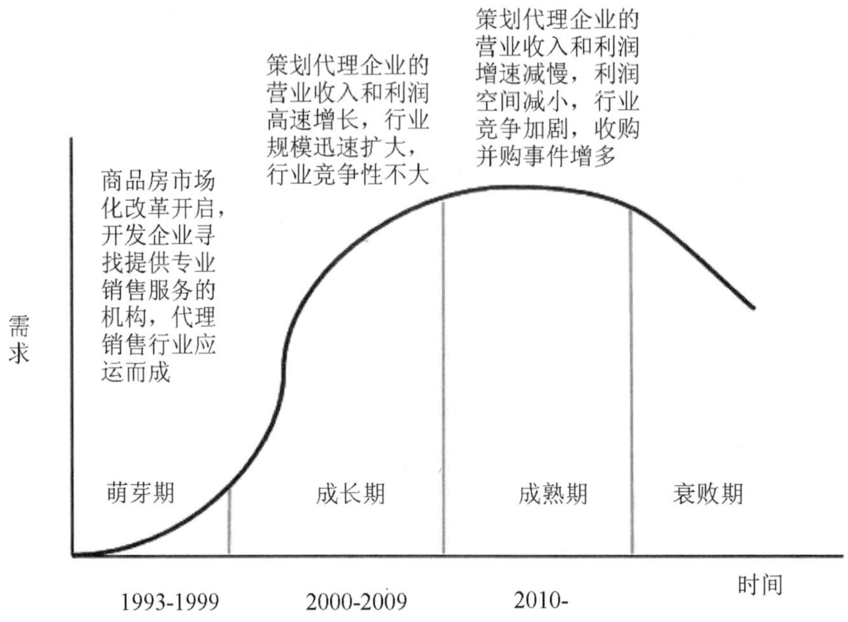

图 8 策划代理行业生命周期图

整体上看，从 90 年代初至今，中国的策划代理行业经历了三个阶段：

萌芽期：房地产策划代理行业的出现与商品房市场化改革密不可分。起始于上世纪 90 年代初的房地产策划代理行业，作为商品房市场化改革的副产品，在东南沿海地区如雨后春笋般的发展起来，之后企业伴随着商品房市场化改革的推进一路北上，迅速扩展到了华东和华北地区。到 2000 年，策划代理行业的行业边界、主营业务和盈利模式逐渐形成，行业的萌芽期结束。

成长期：从 2001 年开始，房地产策划代理行业进入到了快速成长期，企业营业收入与利润出现高速增长，企业实力快速提升，规模逐渐增大，许多企业开始考虑大规模的扩张计划。2004 年到 2009 年，上市融资成为大型策划代理企业的主题词，国内陆续有多家策划代理企业完成了在大陆、香港或美国的上市首发。多数企业将上市所募集的资金投到了业务多元化扩张的计划中，业务范围向房地产行业二、三级市场延伸，商务载体从单一线下模式转向双线互动模式，跨界企业业务合作更趋紧密。

成熟期：2010 年，房地产策划代理行业又进入到了一个新的阶段，行业的成熟期正式拉开序幕。

未来十年，我国经济增速将有所放缓，国家对房地产行业的管理也将实行“长效机制”；同时，因为城镇化及人口因素的推动，房地产行业前景仍将看好；另外，产业升级与新技术的应用，也将为策划代理百强企业发展提供良好的外部环境。百强企业凭借丰富的市场经验、专业的营销手段以及优质的客户资源，仍将保持持续发展的良好势头，但我们也应该看到，随着新房与存量房市场比例的转换，市场危机必然存在，百强企业应该积极应对，充分体现自身的智力价值，走规模化、专业化、品牌化发展之路。

附录三 2014中国房地产上市公司TOP10研究报告

1 研究背景与目的

由国务院发展研究中心企业研究所、清华大学房地产研究所和中国指数研究院三家研究机构共同组成的“中国房地产TOP10研究组”，自2003年开展中国房地产上市公司TOP10研究以来，已连续进行了十二年，其研究成果引起了社会各界特别是机构投资者的广泛关注，中国房地产上市公司TOP10研究的相关成果已成为投资者评判上市公司综合实力、发掘证券市场投资机会的重要标准。

在新型城镇化战略全面推进、房地产长效机制逐步确立的背景下，房地产板块受到资本市场的广泛关注。一批优秀房地产上市公司聚焦主流市场，积极优化市场布局与产品结构、持续强化快周转运营策略，收获了良好的业绩。未来，这些优秀公司仍有望依托资源整合优势、加速战略投资步伐，开拓更具持续性的业务模式，在行业分化的进程中占得发展先机，具有更高的投资价值。在2014中国房地产上市公司研究中，中国房地产TOP10研究组在总结历年研究经验的基础上，进一步完善了研究方法和指标体系，本着“客观、公正、准确、全面”的原则，发掘成长质量佳、投资价值大的优秀房地产上市公司，探索不同市场环境下房地产上市公司的经济增长方式，为投资者提供科学全面的投资参考依据。

2 研究结果及分析

2.1 整体发展状况分析

“2014中国房地产上市公司TOP10研究”的研究对象主要包括135家沪深上市房地产公司和45家大陆在港上市房地产公司。研究结果显示：2013年，在房地产市场全面回暖的背景下，房地产上市公司精准把握市场脉搏，经营业绩实现了稳步增长；但在激烈的市场竞争中，由于规模效应、管控水平、运营效率的差异导致上市公司在盈利表现、财富创造力和财务稳健性等方面的分化日益加剧；2014年一季度，受部分区域市场调整影响，房地产上市公司的业绩趋于波动，在资本市场的表现亦显疲弱，但受新型城镇化稳步推进、区域发展规划密集出台及市场化改革等诸多因素影响，部分具备类似题材概念的房地产上市公司受到广泛关注，投资价值凸显。

2.1.1 经营状况：营业收入与利润规模稳步增长，业绩分化加速

（1）营业收入再获新突破，但净利润增速出现下滑

2013年，房地产上市公司的业绩规模稳步提升，沪深上市房地产公司营业收入均值为56.15亿元，同比增长30.10%，增速达到近年来的较高水平，其中约四分之一企业的营业收入增长率超过50%，推动了整体收入规模的较快增长；大陆在港上市房地产公司营业收入均值为194.37亿元，同比增长30.08%。

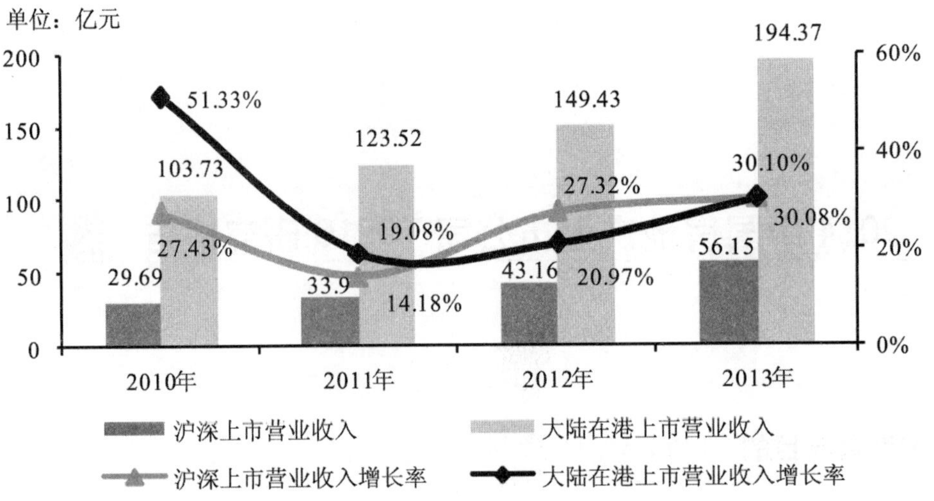

图1　2010-2013年沪深及大陆在港上市房地产公司平均营业收入及增长率

2013年，沪深上市房地产公司净利润均值为7.29亿元，同比增长8.31%，较上年降低13.02个百分点；大陆在港上市房地产公司净利润均值为34.02亿元，增速降至13.05%。房地产上市公司在2011年末及2012年上半年降价促销的项目于2013年集中进入结算期，导致利润空间缩小、净利润增长趋缓，与营业收入的高增长节奏形成较大反差。从内部结构来看，房地产上市公司中净利润达50亿元的有11家，与上年数量持平，其净利润增长率均值为22.25%；净利润位于10-50亿元区间的房地产上市公司增至34家，净利润增长率均值为23.01%；而净利润低于10亿元的企业中，约有47%出现盈利规模的下滑。房地产上市公司的盈利能力更趋分化，大企业依托标准化、规模化的开发模式，积极强化成本管控与运转效率，利润增长较为稳定，而小企业则在激烈竞争中面临较大的盈利挑战。

2014年一季度，沪深上市房地产公司营业收入均值为8.35亿元，同比增长9.58%，净利润均值为1.02亿元，同比降低5.99%，业绩增长明显放缓。随着2012年下半年以来的热销项目逐步进入结算期，预计今年房地产上市公司的结算收入及盈利规模将稳步回升，但受较高的土地及资金成本影响，其利润状况仍难有较大的改善。

（2）聚焦内部管控，强化运转效率，多措施保障盈利空间

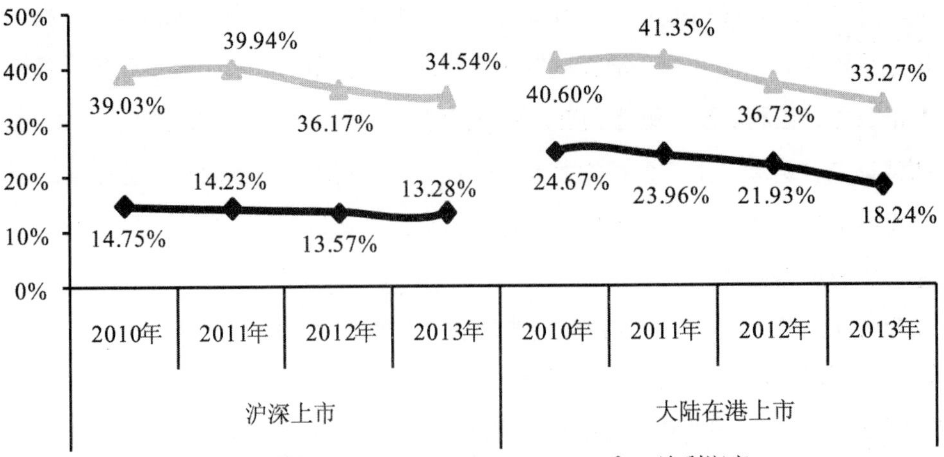

图2　2010-2013年沪深及大陆在港上市房地产公司毛利率与净利润率均值

2013 年，沪深及大陆在港上市房地产公司的毛利率均值分别为 34.54%、33.27%，较上年下降 1.63、3.46 个百分点；净利润率均值分别为 13.28%、18.24%，较上年降低 0.29、3.69 个百分点。为缓解降价促销项目结转带来的利润率下滑压力，房地产上市公司积极强化内部管控降低成本费用，沪深上市房地产公司 2013 年的销售费用率、管理费用率、财务费用率较上年分别下降 0.25、0.44、0.24 个百分点，其中万科、龙湖、华润置地等房地产上市公司的三项费用率分别降至 5.73%、4.74%、5.44%，利润空间得到了一定程度的保障。

房地产上市公司普遍提升周转速度、缩短开发周期，保障业绩快速增长。沪深上市房地产公司的总资产周转率均值为 0.27，与上年水平相当，存货周转率均值为 0.48，较上年增加 0.07；大陆在港上市房地产公司的总资产周转率均值、存货周转率均值分别为 0.25、0.39，较上年增加 0.02、0.06。2013 年，所有房地产上市公司中有 62%的企业存货周转率上升，加快周转已成为行业共识。招商地产以“标准先行，刚性执行”的要求实施标准化产品推广，有效加快了项目周转速度；金地集团 2013 年遵循“深化体系、提速发展”的经营导向，92%的项目在获取土地后 53 天内完成产品策划与经营方案，平均开盘周期由 12 个月缩短至近 10 个月。高周转策略为房地产上市公司确保利润空间、维持业绩稳定增长发挥了重要作用。

2.1.2 股东回报：资产收益水平下行，财富创造能力差距扩大

（1）近半企业资产收益水平出现下滑，但龙头企业表现依旧抢眼

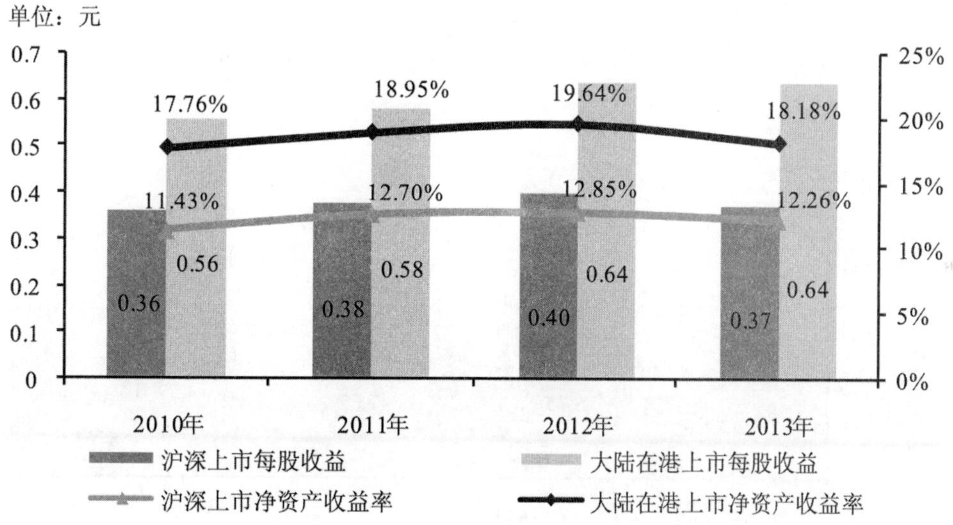

图 3 2010-2013 年沪深及大陆在港上市房地产公司每股收益与净资产收益率均值

2013 年，沪深及大陆在港上市房地产公司的净资产收益率均值分别下降至 12.26%和 18.18%，每股收益均值与 2012 年基本持平，分别为 0.37 元和 0.64 元。具体来看，沪深及大陆在港上市房地产公司中分别有 54%和 42%的企业净资产收益率出现下滑，且大多为资产规模小、业绩表现一般的中小企业；同期龙头房企则实现了有质量的增长，万科、恒大、保利等企业的净资产收益率分别达到 19.66%、25.96%、20.76%；从每股收益情况看，沪深及大陆在港上市房地产公司中，分别有 37%和 38%的企业每股收益出现下降，同样以中小企业居多，而招商、绿城、中海等企业则表现突出，每股收益分别高达 2.45 元、2.26 元和 2.22 元，企业稳定增长的同时也为股东创造了较大价值。

（2）大陆在港上市房地产公司资本成本优势显著，经济增加值稳步提升

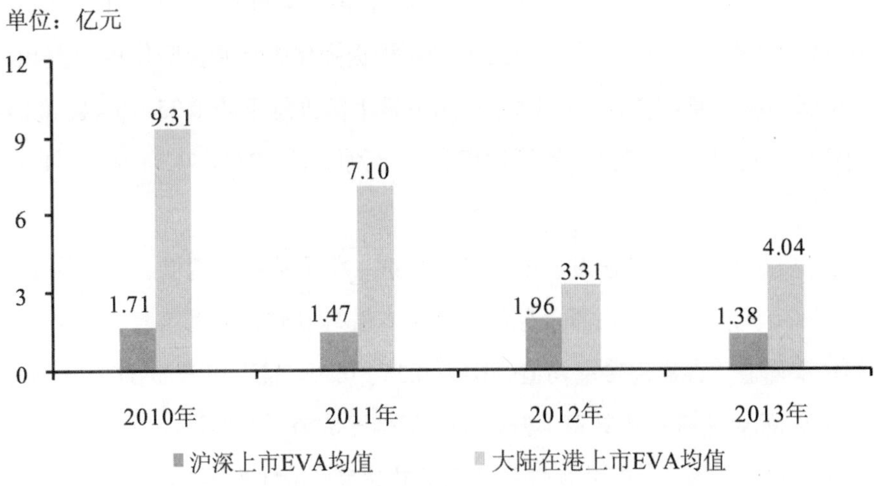

图4 2010-2013年沪深及大陆在港上市房地产公司EVA均值

2013年，沪深上市房地产公司的EVA均值为1.38亿元，同比降低近30%；而大陆在港上市房地产公司的EVA均值为4.04亿元，同比增长22.05%，在财富创造能力方面明显领先于沪深上市房地产公司。整体来看，房地产上市公司保持了较为稳定的财富创造水平，近两年来均有近一半的沪深及在港上市房地产公司EVA为正值，为带动整个房地产上市公司群体经营效益提升奠定了基础。其中，万科、中海、保利、招商等龙头企业创造的经济增加值持续位居行业前列，经营成果显著。

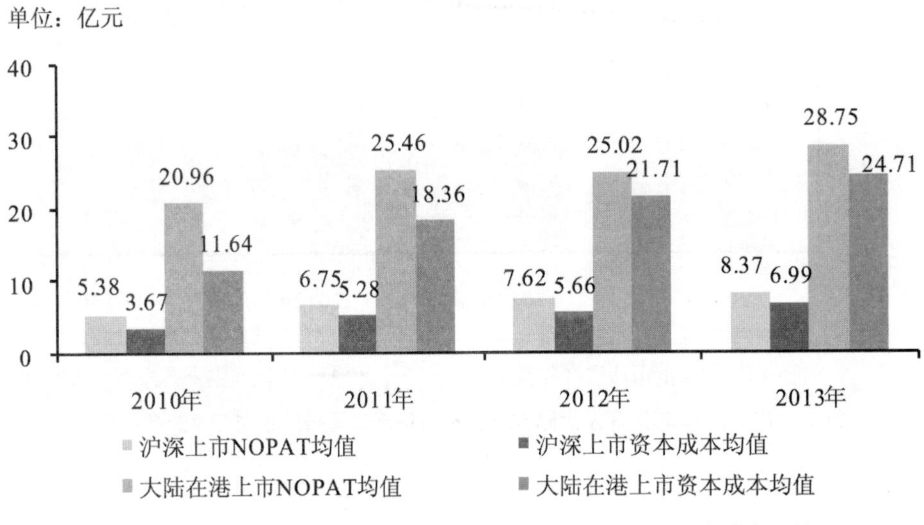

图5 2010-2013年沪深及大陆在港上市房地产公司NOPAT与资本成本均值

税后净营业利润和资本成本是影响企业EVA表现的两个基本因素。从实际情况看，2013年沪深、大陆在港上市房地产公司的税后净营业利润均值分别为8.37亿元和28.75亿元，同比增幅为9.84%和14.91%。另外，沪深上市房地产公司的资本成本均值达到6.99亿元，增幅达23.50%，大大超过税后净营业利润的增幅；同期大陆在港上市房地产公司资本成本为24.71亿元，增幅仅为13.82%，可见资本成本的快速上升已成为制约沪深上市房地产公司提升财富创造表现的关键因素。

2.1.3 财务稳健性：负债水平小幅上升，高成本拿地加剧现金流压力

（1）资产负债率小幅上升，但仍处于合理水平

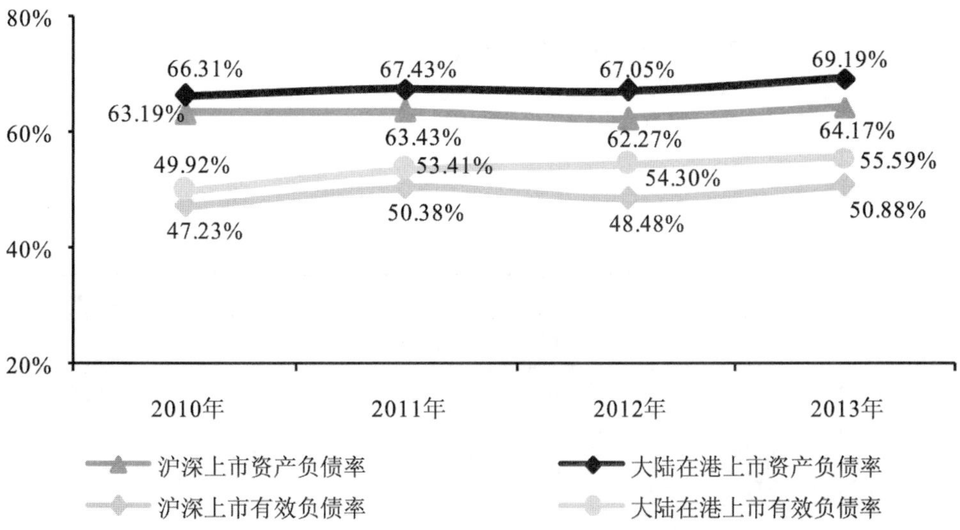

图 6 2010-2013 年沪深及大陆在港上市房地产公司资产负债率与有效负债率均值

2013 年末，沪深上市房地产公司的资产负债率均值为 64.17%，大陆在港上市房地产公司的资产负债率均值为 69.19%，较上年分别上升 1.90、2.14 个百分点，达到近 4 年最高水平。剔除预收账款后，沪深上市及大陆在港上市房地产公司的有效负债率均值分别为 50.88%和 55.59%，较上年上升 2.40、1.29 个百分点，但总体负债水平仍处于合理可控范围。从内部结构看，沪深及大陆在港上市房地产公司中有 27 家企业的资产负债率达 80%以上，较上一年增加 7 家。未来，这部分高杠杆发展的企业需适度控制拓展节奏、积极优化债务结构，以规避运营风险。

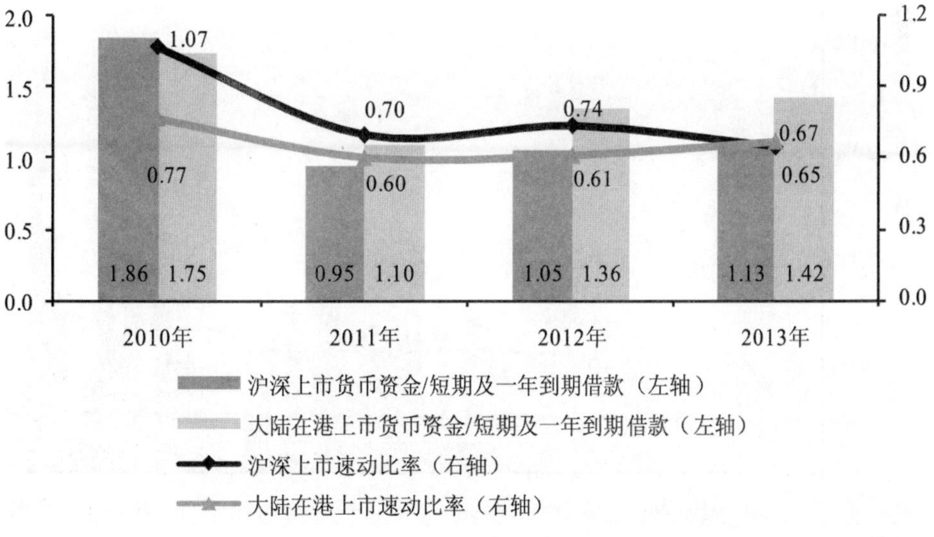

图 7 2010-2013 年沪深及大陆在港上市房地产公司速动比率与货币资金/短期及一年到期借款

2013 年，沪深与大陆在港上市房地产公司的货币资金与短期及一年到期借款的比值均值分别为 1.13、1.42，较 2012 年分别提升 0.08、0.06；此外，沪深与大陆在港上市房地产公司的速动比率也分别达 0.65 和 0.67，短期内不会面临较大的偿付压力。2013 年，房地产上市公司实施多种策略改善债务结构：一方面，万科、保利、金地、恒大等龙头企业灵活应对市场变化，加快周转、强调高去化，确保了资金安全；另一

方面，房地产上市公司充分利用国内外融资平台，加强中长期融资，有效改善了债务结构：万科于2013年发行的中期票据计划及美元债券均为3-5年的中长期计划，中海、保利、金地、龙湖、碧桂园、恒大等房地产上市企业在2013年也多选择中长期债券进行融资，长短期债务结构进一步优化，运营更趋稳健。

（2）现金流净额由正转负，存货增加考验企业去化能力

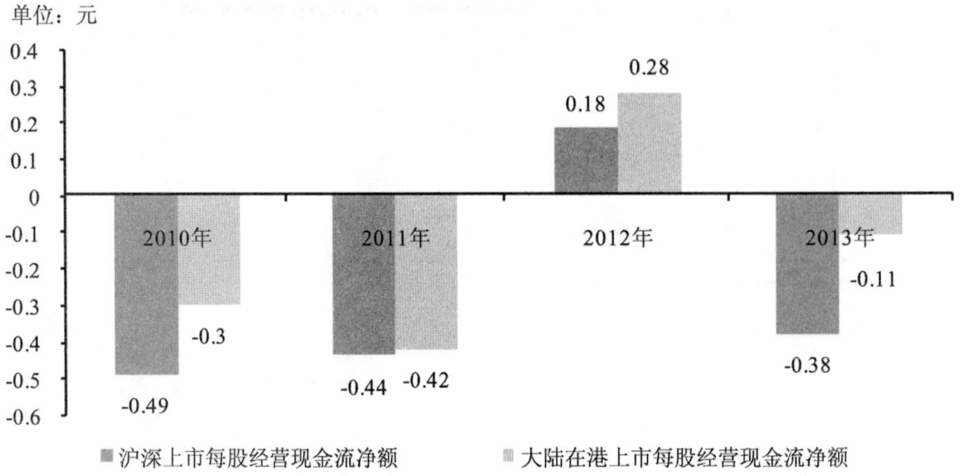

图8 2010-2013年沪深及大陆在港上市房地产公司每股经营现金流净额均值

2013年，受销售态势良好、部分热点区域及城市量价齐升的影响，沪深及大陆在港上市房地产公司加快了扩张步伐，资金流出额度扩大，现金流状况趋紧：沪深及大陆在港上市房地产公司2013年每股经营现金流净额均值再次由正转负，分别下降至-0.38元、-0.11元。其中沪深上市房地产公司经营现金流净额为负的企业有81家，较2012年增加21家；大陆在港上市房地产公司经营现金流净额为负的企业有24家，较2012年增加5家；2014年一季度，沪深上市房地产公司每股经营现金流净额均值进一步下降至-0.41元，现金流压力持续加大。

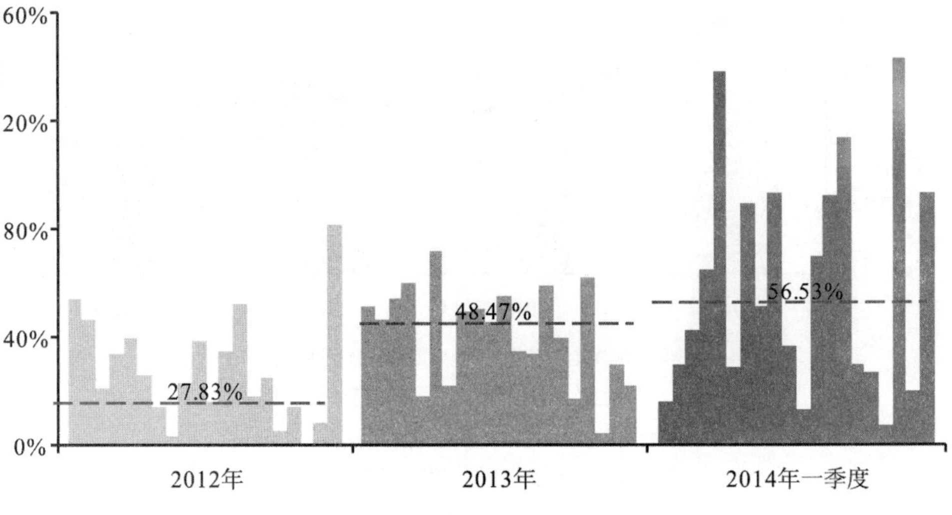

图9 2012-2014年一季度沪深及大陆在港上市综合实力TOP10企业土地购置费用占销售额比例变化

多频次、高成本拿地是加剧企业现金流紧张的主要原因，房地产上市公司2013年加大了在一、二线城市的布局深度，频频投资购置了较大规模的土地储备。据研究组测算，沪深及大陆在港上市综合实力TOP10企业在2012年、2013年及2014年一季度的土地购置费用占销售额比重分别为27.83%、48.47%和56.53%，呈持续提升趋势。大幅增加的土地购置成本及开发运营支出加快了房地产上市公司现金流出速度，资金压力不断凸显。

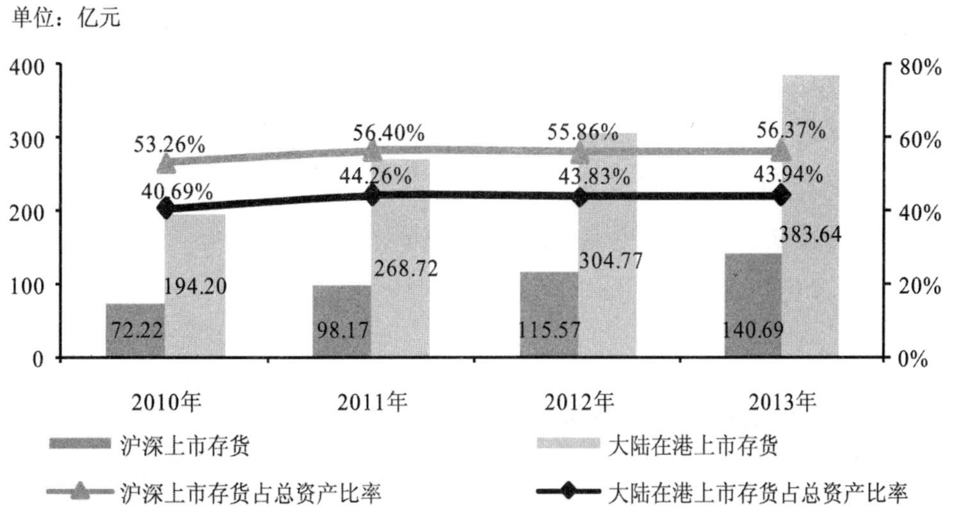

图 10 2010-2013 年沪深及大陆在港上市房地产公司存货及存货占总资产比率情况

从存货情况看，房地产上市公司 2013 年的存货规模继续扩大，其中沪深上市房地产公司的存货均值达 140.69 亿元，大陆在港上市房地产公司的存货均值为 383.64 亿元，同比分别增长 21.74%、25.88%。另外，沪深及大陆在港上市房地产公司的存货占总资产比率均值也较上一年分别增加 0.51、0.11 个百分点。受市场整体回暖影响，房地产上市公司在 2013 年主动补充库存量，存货规模及存货占总资产比率均呈上升态势。2014 年一季度，房地产市场观望情绪较浓，多个重点城市成交量出现下滑，同期商品住宅供应量却稳步增长，其中北京增长最为明显。受此影响，包括北京、上海、杭州、福州在内的典型一、二线城市的库存总量较 2013 年末有所上升，出清周期延长。存货增长过快不仅对企业资金面构成压力，更易在价格波动期带来较大的资产减值风险，因此通过多种手段加快库存去化将成为房地产上市公司当前的重要经营目标之一。

2.1.4 投资价值：*房地产板块表现弱于大盘，利好政策提升部分公司投资价值*

（1）房地产板块表现弱于大盘，市值下挫

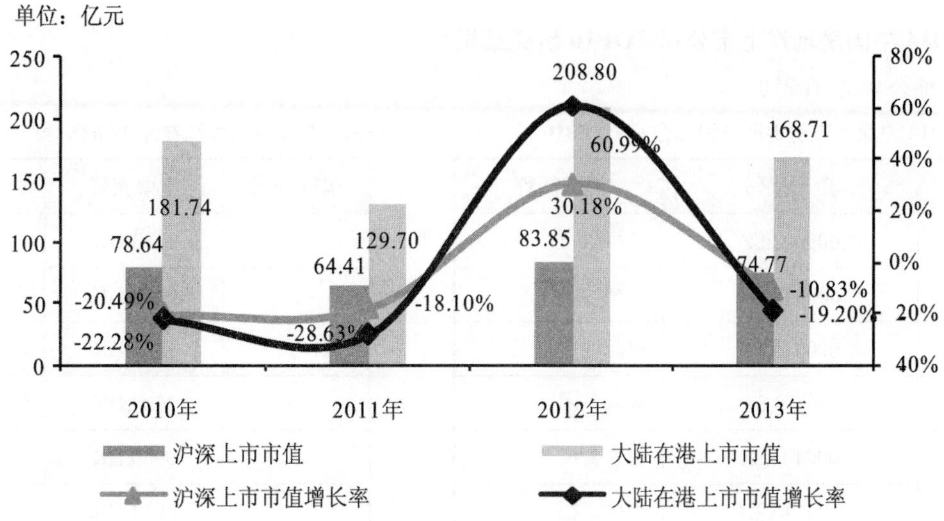

图 11 2010-2013 年沪深及大陆在港上市房地产公司市值均值及其增长率

截至 2013 年底，沪深上市房地产公司的平均市值为 74.77 亿元，同比下降 10.83%；大陆在港上市房地产公司平均市值为 168.71 亿元，同比下降 19.20%。2014 年以来，受 IPO 开闸、部分城市成交下滑、房企业绩低于预期等因素影响，投资者对地产板块的信心仍显不足，截至 5 月 5 日，沪深上市房地产公司和在港上市房地产公司的平均市值与2013年底相比均呈继续下跌态势:沪深上市房地产公司的平均市值为72.74亿元，较上年末下降了2.72%；大陆在港上市房地产公司平均市值为142.36亿元，较上年末下降了15.62%。资本市场“新国九条”的出台，有利于进一步增强市场信心，为股市的长期健康发展带来利好因素，房地产板块也有望借此机会出现一轮反弹行情。

（2）新型城镇化推进、区域规划调整、国企改革为部分公司带来利好，投资价值凸显

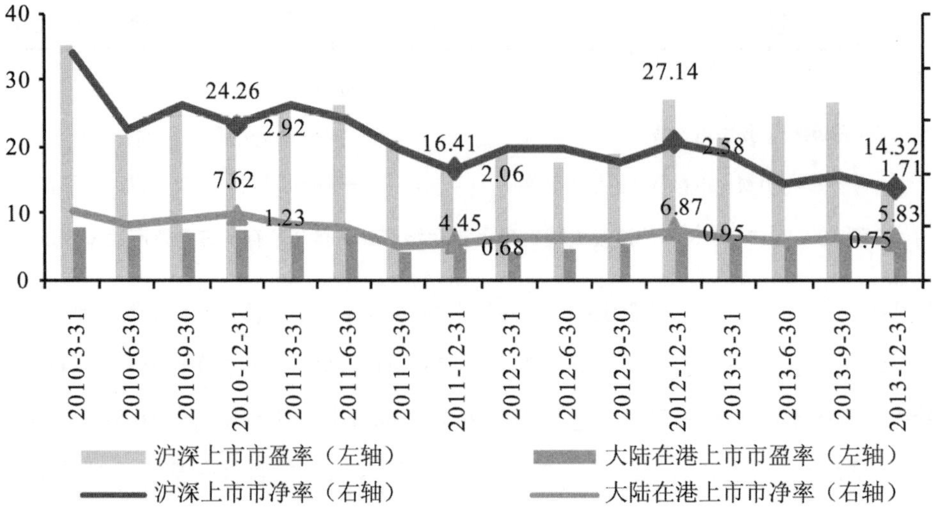

图12　2010-2013年沪深及大陆在港上市房地产公司市盈率及市净率变化情况

2013年末，沪深上市房地产公司的市盈率均值由上年的27.14下降至14.32，大陆在港上市房地产公司的市盈率均值从上年的6.87下降至5.83；同期，沪深、大陆在港上市房地产公司的市净率均值也分别下降至1.71和0.75。整体来看，房地产板块的持仓和估值都处于近几年的低位，但由于2013年行业销售形势良好，大部分房地产上市公司的业绩锁定性较强，加之受新型城镇化推进、系列区域规划政策落地等因素影响，地产板块的估值修复行情值得期待。

2.2　2014中国房地产上市公司TOP10研究结果

2.2.1　综合实力TOP10

表1　2014沪深上市房地产公司综合实力TOP10

2014排名	股票代码	股票简称
1	000002.SZ	万科A
2	600048.SH	保利地产
3	000024.SZ	招商地产
4	600383.SH	金地集团
5	000402.SZ	金融街
6	600340.SH	华夏幸福
7	601992.SH	金隅股份
8	002146.SZ	荣盛发展
9	002244.SZ	滨江集团
10	600376.SH	首开股份

表2　2014中国大陆在港上市房地产公司综合实力TOP10

2014排名	股票代码	股票简称
1	3333.HK	恒大地产
2	0688.HK	中国海外发展
3	1109.HK	华润置地
4	2007.HK	碧桂园
5	0960.HK	龙湖地产
6	0813.HK	世茂房地产
7	3900.HK	绿城中国
8	2777.HK	富力地产
9	3383.HK	雅居乐地产
10	0817.HK	方兴地产

2013 年，沪深上市房地产公司综合实力 TOP10 的资产规模稳步增长，年末总资产均值和净资产均值分别为 1491.20 亿元、166.13 亿元，每股收益（EPS）均值从上年的 1.10 元增至 1.30 元，为同期沪深上市房地产公司均值的 3.51 倍，净利润均值达 55.62 亿元，盈利优势突出；大陆在港上市房地产公司综合实力 TOP10 的总资产均值为 1824.55 亿元，同比增长 38.85%，超过大陆在港上市房地产公司总资产增长率均值 23.08 个百分点，同时每股收益（EPS）均值也达同类上市公司均值的 2.28 倍，综合经营绩效优异。

2.2.2 财富创造能力 TOP10

表 3 2014 沪深上市房地产公司财富创造能力 TOP10

2014 排名	股票代码	股票简称
1	000002.SZ	万科 A
2	600048.SH	保利地产
3	000024.SZ	招商地产
4	600383.SH	金地集团
5	600340.SH	华夏幸福
6	002146.SZ	荣盛发展
7	000402.SZ	金融街
8	600266.SH	北京城建
9	002244.SZ	滨江集团
10	000031.SZ	中粮地产

表 4 2014 中国大陆在港上市房地产公司财富创造能力 TOP10

2014 排名	股票代码	股票简称
1	0688.HK	中国海外发展
2	3333.HK	恒大地产
3	0960.HK	龙湖地产
4	2007.HK	碧桂园
5	1109.HK	华润置地
6	1638.HK	佳兆业集团
7	0410.HK	SOHO 中国
8	3900.HK	绿城中国
9	1030.HK	新城发展控股
10	2608.HK	阳光 100 中国

2013 年，沪深上市房地产公司财富创造能力 TOP10 的 EVA（经济增加值）均值达到 19.51 亿元，是同期沪深上市房地产公司 EVA 均值的 14.14 倍；中国大陆在港上市房地产公司财富创造能力 TOP10 全年 EVA 均值为 11.52 亿元，是同期大陆在港上市房地产公司 EVA 均值的 2.85 倍，领先优势明显。万科、保利、中海、恒大、招商、龙湖、碧桂园等企业的财富创造能力持续位居行业领先地位。

2.2.3 财务稳健性 TOP10

表 5 2014 沪深上市房地产公司财务稳健性 TOP10

2014 排名	股票代码	股票简称
1	000002.SZ	万科 A
2	000024.SZ	招商地产
3	600048.SH	保利地产
4	600383.SH	金地集团
5	000402.SZ	金融街
6	600266.SH	北京城建
7	600340.SH	华夏幸福
8	601992.SH	金隅股份
9	600376.SH	首开股份
10	000926.SZ	福星股份

表 6 2014 中国大陆在港上市房地产公司财务稳健性 TOP10

2014 排名	股票代码	股票简称
1	0688.HK	中国海外发展
2	3333.HK	恒大地产
3	1109.HK	华润置地
4	0960.HK	龙湖地产
5	3377.HK	远洋地产
6	0884.HK	旭辉控股集团
7	1238.HK	宝龙地产
8	1628.HK	禹洲地产
9	1369.HK	五洲国际
10	1862.HK	景瑞控股

2013 年，沪深、大陆在港上市房地产公司财务稳健性 TOP10 的有效负债率均值分别为 47.99%、51.42%，

货币资金与短期及一年到期债务的比率均值分别为1.39、2.52，均优于沪深、大陆在港上市房地产公司同期指标；另外，大陆在港上市房地产公司财务稳健性TOP10公司的每股经营现金流净额均值为0.22元，也明显高于同类房地产上市公司。

2.2.4 投资价值TOP10

表7 2014沪深上市房地产公司投资价值TOP10

2014排名	股票代码	股票简称
1	000002.SZ	万科A
2	600048.SH	保利地产
3	000024.SZ	招商地产
4	600340.SH	华夏幸福
5	000402.SZ	金融街
6	600383.SH	金地集团
7	000656.SZ	金科股份
8	601992.SH	金隅股份
9	000732.SZ	泰禾集团
10	000926.SZ	福星股份

表8 2014中国大陆在港上市房地产公司投资价值TOP10

2014排名	股票代码	股票简称
1	3333.HK	恒大地产
2	0688.HK	中国海外发展
3	0960.HK	龙湖地产
4	1638.HK	佳兆业集团
5	0884.HK	旭辉控股集团
6	0817.HK	方兴地产
7	2608.HK	阳光100中国
8	1628.HK	禹洲地产
9	1238.HK	宝龙地产
10	1369.HK	五洲国际

2013年，沪深及大陆在港上市房地产公司投资价值TOP10每股收益均值分别为1.24元、0.75元，是同期沪深及大陆在港上市房地产公司均值的3.35倍和1.17倍；其净利润均值分别达51.96亿元、56.37亿元，分别为同类上市公司均值的7.13倍、1.66倍。

2.2.5 2014园区开发上市公司TOP10研究结果

表9 2014园区开发上市公司TOP10

2014排名	股票代码	股票简称
1	600663.SH	陆家嘴
2	600648.SH	外高桥
3	600064.SH	南京高科
4	600736.SH	苏州高新
5	600895.SH	张江高科
6	600639.SH	浦东金桥
7	600133.SH	东湖高新
8	600658.SH	电子城
9	000573.SZ	粤宏远A
10	600082.SH	海泰发展

在新型城镇化进程中，园区类开发上市公司在促进产业聚合、区域价值提升等方面发挥着更加重要的作用。2014园区开发上市公司TOP10紧跟国家政策导向，积极创新优化园区经营模式，加速产业资源整合，强化服务平台搭建和金融创新，在物业租售规模、招商引资额、园区地均GDP等方面进步显著，实现了较好的运营业绩。

2.2.6 2014 中国房地产上市公司海外影响力品牌研究结果

表 10 2014 中国房地产上市公司海外影响力品牌

股票代码	股票简称
000002.SZ	万科 A
2007.HK	碧桂园
NYSE: XIN	鑫苑中国

国内优秀房地产上市公司一方面充分利用海外优质资本平台强化资金实力，另一方面也积极进军海外房地产市场，业务范围已延伸至东南亚、澳洲、欧美等多个国家，通过一个个品质项目的打造，在国际市场树立了良好的品牌形象。万科在 2013 年通过和当地知名开发商合作，先后进入香港、新加坡和美国市场，海外房地产业务初具规模，为其日后大范围的国际化拓展积累宝贵经验；碧桂园在马来西亚合作开发的海景综合体项目 2013 年热销近 70 亿元人民币，为企业全年销售额突破千亿做出重要贡献；鑫苑中国作为中国第一家在纽交所上市的房地产开发企业，积极拓展海外开发业务，公司于 2013 年 4 月获得一块位于纽约市布鲁克林区的土地，独立开发超过 200 个单元的住宅项目，企业将秉持高度社会责任感，将其打造为高品质的美式生活社区，为国内房企海外拓展树立榜样。

3 结语

2013 年，政策调控趋于稳定、房地产调控长效机制框架初现，全面推进的新型城镇化战略蕴含着巨大的行业机遇，全年国内主要城市房地产市场行情稳步向好。房地产上市公司准确把握市场走势，适时调整产品结构及市场布局，并采取灵活有效的销售策略，有力促进了业绩的快速提升。同时，由于规模效应、运营效率、资源整合能力、管控水平的差异，房地产上市公司在经营业绩、财富创造能力、财务稳健性等方面都呈现出较高程度的分化。其中，龙头上市房地产公司表现出了持续稳定的盈利能力，核心财务指标控制得当，市场份额明显提升，吸引了资本市场的广泛关注。

进入 2014 年，主要城市房地产市场表现较为平淡，部分房地产上市公司业绩增长低于预期。但基于上一年的良好销售表现，房地产上市公司的业绩锁定性较高，结算利润率也将在今年有一定程度改善。同时，随着市场化改革的深入、一系列区域规划政策的出台，为部分上市公司带来较好的增长预期，投资价值彰显。未来，行业分化发展的格局仍将持续，优秀房地产上市公司在保持快速增长的同时，要进一步强化内部管控，提升运营效率和财务安全保障，以实现有质量的发展，为股东、员工和社会持续创造价值，引领行业健康发展。

附录四　2014 中国房地产品牌价值研究报告

1　研究背景与目的

2014 年上半年房地产市场调整压力显现，品牌房企运筹帷幄，逆市再创佳绩。品牌是维系消费者持久品质信赖的重要保障，为企业加速累积核心忠实客户；品牌是政府、金融机构选择战略伙伴的重要标尺，为企业有效聚集优质发展资源；品牌更是企业在分化格局中把握竞争先机、抢占市场份额的利器。打造独特的品牌基因，是优秀品牌房企实现持续经营、促进行业健康运行的重要基础。

2014 中国房地产品牌价值研究全面启动以来，由国务院发展研究中心企业研究所、清华大学房地产研究所和中国指数研究院三家研究机构共同组成的“中国房地产 TOP10 研究组”，在深入理解国家政策的基础上，针对中国房地产企业的整体发展状况，进一步完善了 2014 中国房地产品牌价值研究的方法体系，为更加客观地评价企业品牌实力提供了理论与实践依据，通过品牌价值的客观评价彰显优秀企业的品牌发展成就、促进企业有效提升品牌建设水平，推动中国房地产行业健康有序发展。2014 中国房地产品牌价值研究也是继 2004 年以来中国房地产 TOP10 研究组连续第十一年对中国房地产企业的品牌价值开展研究。

2　2014 中国房地产品牌价值研究成果

2.1　2014 中国房地产公司品牌价值 TOP10

表 1　2014 中国房地产行业领导公司品牌

领导属性	品牌	企业名称	品牌价值（亿元）
价值创造	中海地产	中国海外发展有限公司	342.46
规模效益	万科	万科企业股份有限公司	341.62
成长速度	保利地产	保利房地产（集团）股份有限公司	306.76

中海地产坚持“精耕细作、品牌经营”的品牌发展战略，走中高端精品路线，依托优良的产品和服务，持续提升客户居住价值与生活品质。中海地产 2013 年实现净利润 231.8 亿港元，继续位居全行业之首，且净利润增速已连续十一年超过 20%。2014 中海地产品牌价值达 342.46 亿元，同比增长 15.02%。万科 2013 年实现销售金额 1709.4 亿元，布局城市超过 60 个，规模效应的持续显现源于其对开发经营模式的不断变革。万科积极推进住宅产业化进程，加快将工业化技术成果应用到新产品建设；同时主动探索品牌经营，实践“小股操盘”的轻资产运营模式。2014 万科品牌价值达 341.62 亿元，同比增长 15.40%。保利地产积极迎合

市场需求、采取快周转开发策略，实现资产规模与业绩规模的较快增长。2013 年末，保利地产的总资产和净资产分别达到 3139 亿元和 692 亿元，净利润首次突破百亿。2014 保利地产品牌价值达 306.76 亿元，同比增长 17.57%。

表 2 2014 中国房地产公司品牌价值 TOP10（混合所有）

品牌	企业名称	品牌价值（亿元）
恒大地产	恒大地产集团有限公司	235.48
绿城	绿城集团	198.83
龙湖地产	龙湖地产有限公司	111.29
融创中国	融创中国控股有限公司	99.87
碧桂园	碧桂园控股有限公司	99.62
合生创展	合生创展集团有限公司	99.39
金科股份	金科地产集团股份有限公司	80.86
佳兆业	佳兆业集团控股有限公司	78.13
华夏幸福	华夏幸福基业股份有限公司	66.41
沿海绿色家园	沿海绿色家园集团	60.76

全国品牌 TOP10 企业的发展特点体现在以下三个方面：第一，以恒大地产为代表的全国品牌企业积极延伸产业链，坚持多元化业务发展战略，品牌影响力持续扩展。恒大地产聚焦产业生态圈，坚持多元化品牌战略，已在住宅、商业、快消、酒店、文化等领域积累了丰富的运营经验与客户基础，规模和品牌影响力稳步扩张，近期又延伸到现代农业业务领域，加速进入“多元+规模+品牌”战略发展阶段。第二，碧桂园、华夏幸福等企业以市场为导向，凭借专业能力打造特色运营模式，不断挖掘品牌价值增长潜力。其中，华夏幸福迎合新型城镇化发展要求，坚持既定的产业新城业务模式并不断延伸价值链，在原有业务的基础上接入和发展多元化的产业、城市增值服务业态，行业品牌形象日益彰显。第三，佳兆业、融创中国等企业重点推进主流城市战略布局，强化一二线热点城市的品牌辐射，品牌影响力进一步提升。佳兆业持续专注一线城市及省会城市的品牌布局，2013 年 92.3%的土地投资位于一二线城市，推动公司业绩快速提升、品牌影响不断深化。

表 3 2014 中国房地产公司品牌价值 TOP10（国有）

品牌	企业名称	品牌价值（亿元）
绿地	绿地集团	124.75
首开	北京首都开发控股（集团）有限公司	105.35
中信地产	中信房地产股份有限公司	105.02
远洋地产	远洋地产控股有限公司	103.66
招商地产	招商局地产控股股份有限公司	102.13
金地集团	金地（集团）股份有限公司	98.48
金融街控股	金融街控股股份有限公司	89.39
北京城建地产	北京城建投资发展股份有限公司	69.73
首创置业	首创置业股份有限公司	69.64
天房集团	天津房地产集团有限公司	56.21

国有背景的全国品牌企业发展特点如下：第一，绿地、金地集团等企业长期重视品牌建设，多年积淀的品牌效应日益凸显。国有背景全国品牌企业的平均品牌年龄达到 21.3 年，已经形成成熟的品牌发展战略与管理机制，品牌形象获得广泛市场认同。金地集团历经 26 年的探索和实践，坚守“科学筑家”的使命，以“引领人本生活”为产品核心理念，布局全国 25 个重点城市，品牌辐射范围持续扩展。第二，中信地产、招商地产、金融街控股利用强大的集团资源优势与品牌背书，加速完善地产业务链条，品牌竞争力稳步提升。其中，中信地产坚持“整合内外部资源，为客户创造全面生活价值”的理念发展品牌，依托中信集团多元化的产业背景，探索出 “3 大产品系列+1 个服务平台”的增值业务体系，品牌价值持续提升。第三，首开、北京城建地产、天房集团等企业在为客户提供优质产品的同时，积极践行“责任地产”理念，成为改善民生、贡献社会、公益慈善等多个方面的榜样，品牌内涵得到升华。其中，首开参与建设或配建保障房总建筑面积超过 120 万平方米，天房集团也积极投身天津市建设和滨海新区建设，成为地方政策性住房建设的主要参与者，树立了良好的品牌形象。

表 4　2014 中国房地产公司品牌价值 TOP20（混合所有 11-20）

品牌	企业名称
复地	复地（集团）股份有限公司
雅居乐	雅居乐地产控股有限公司
蓝光地产	四川蓝光和骏实业股份有限公司
泰禾集团	泰禾集团股份有限公司
旭辉集团	旭辉控股（集团）有限公司
阳光城	阳光城集团
福星惠誉	福星惠誉房地产有限公司
鑫苑中国	鑫苑（中国）置业有限公司
广物地产	广东广物房地产开发有限公司
新鸥鹏集团	NEWOPEN中国企业集团有限公司

这些品牌企业的发展特点主要有：首先，十家企业由深耕区域核心城市逐步扩展到全国化布局，现已平均进入 14.5 个城市。部分企业从一线城市起步，占据市场影响的制高点，在快速成长中积淀了较高的品牌价值及品牌辐射能力；复地、旭辉集团深耕上海，覆盖整个长三角区域，持续拓展至其他重要经济圈，形成全国化的战略纵深。部分企业借力区域经济的快速发展，不断推进多元业务拓展，并加速进入其它核心区域；蓝光地产、福星惠誉、鑫苑中国、新鸥鹏集团等成长于中西部的品牌企业，积极顺应布局区域的经济发展趋势，不断完善业务模式，在强化区域领导地位的基础上加速全国版图的布局。其次，十家企业准确把握行业调整节奏，以市场为导向、以品牌为纽带，不断优化产品结构、灵活调整营销手段，经营业绩得以迅速提升，在加速分化的行业格局中实现了弯道超车。泰禾集团 2013 年把握市场上升机遇，销售额和净利润增长率均超过 120%，旗下高端住宅、商业等系列产品在多个市场实现热销，品牌形象不断强化；阳光城精确细分客户需求，重点关注刚性需求和首次改善需求人群，辅以合理的产品定价策略，实现了销售业绩与品牌影响力的快速提升。

表 5 2014 中国华东房地产公司品牌价值 TOP10

品牌	企业名称
新城	新城控股集团有限公司
滨江集团	杭州滨江房产集团股份有限公司
仁恒置地	仁恒置地集团有限公司
景瑞地产	景瑞地产有限公司
银亿股份	银亿房地产股份有限公司
大华集团	上海大华（集团）有限公司
金龙集团	浙江金龙房地产投资集团有限公司
上置集团	上置集团有限公司
祥生房产	浙江祥生房地产开发有限公司
浙江广厦	浙江广厦股份有限公司

华东区域历来是品牌企业的布局重镇和主要收入贡献区域。2014 华东品牌企业的品牌价值均值为 31.31 亿元，同比增长 21.26%。面对更加激烈的竞争环境，华东区域品牌企业围绕产品要素积极创新，以提供更高性价比的产品提升品牌竞争力。

表 6 2014 中国华南房地产公司品牌价值 TOP10

品牌	企业名称
卓越集团	卓越置业集团有限公司
禹洲	禹洲地产股份有限公司
奥园	中国奥园地产集团股份有限公司
深业	深业集团有限公司
花样年	花样年集团（中国）有限公司
方圆	方圆地产控股有限公司
福晟	福晟集团有限公司
华发股份	珠海华发实业股份有限公司
奥宸地产	奥宸地产（集团）有限公司
颐和地产集团	颐和地产集团有限公司

华南区域市场发展较为成熟，房地产企业在激烈竞争中形成比较系统的品牌发展模式，成就了大批品牌价值高、区域影响力大的品牌企业。2014 华南品牌企业的品牌价值均值为 35.27 亿元，同比增长 22.69%，品牌价值继续位居五大区域之首。

表 7　2014 中国华北房地产公司品牌价值 TOP10

品牌	企业名称
中粮地产	中粮地产（集团）股份有限公司
金隅嘉业	北京金隅嘉业房地产开发有限公司
泛海控股	泛海控股股份有限公司
隆基泰和	隆基泰和实业有限公司
融科智地	融科智地房地产股份有限公司
万通地产	北京万通地产股份有限公司
京汉置业	京汉置业集团股份有限公司
华远地产	华远地产股份有限公司
泰达建设	天津泰达建设集团有限公司
天津住宅集团	天津住宅建设发展集团有限公司

华北区域迎来京津冀一体化稳步推进带来的市场契机，发展空间广阔。2014 华北品牌企业的品牌价值均值为 27.63 亿元，同比增长 21.76%。

表 8　2014 中国中部房地产公司品牌价值 TOP10

品牌	企业名称
建业集团	建业住宅集团（中国）有限公司
百步亭	百步亭集团有限公司
武汉地产集团	武汉地产开发投资集团有限公司
三江航天地产	武汉三江航天房地产开发有限公司
美好集团	美好置业集团股份有限公司
奥山集团	奥山集团
庭瑞集团	庭瑞集团股份有限公司
金侨集团	金侨投资控股集团股份有限公司
名门地产	名门地产（河南）有限公司
永威置业	郑州市永威置业有限公司

中部区域城镇化进程持续加快，区域品牌企业的后发优势明显。2014 中部品牌企业的品牌价值均值为 22.51 亿元，同比增长 19.37%。

表 9　2014 中国西部房地产公司品牌价值 TOP10

品牌	企业名称
俊发地产	俊发地产有限责任公司
晋愉集团	重庆晋愉地产（集团）股份有限公司
天朗	天朗控股集团
同景地产	重庆同景置业有限公司
泽京集团	重庆泽京实业发展（集团）有限责任公司
领地集团	领地房地产集团股份有限公司
蓝润	四川蓝润实业集团有限公司
实力集团	云南实力房地产开发经营集团有限公司
同德集团	云南同德实业集团有限公司
长安地产	重庆长安房地产开发有限公司

西部区域受益城镇化进程带来的需求释放，经济社会进入快速发展轨道，房地产市场亦形成独特的发展格局。西部房地产品牌企业加速崛起，2014 西部品牌企业品牌价值均值为 13.21 亿元，同比增长 25.72%，增速明显领先其它区域。

2.2 2014 中国房地产产品品牌价值 TOP10

表 10 2014 中国房地产专业领先品牌价值 TOP10

品牌	企业名称	专业领域
北辰实业	北京北辰实业股份有限公司	复合地产
沿海绿色家园	沿海绿色家园集团	健康住宅
卓越集团	卓越置业集团有限公司	CBD商务地产
三盛宏业	上海三盛宏业投资（集团）有限责任公司	园林地产
福星惠誉	福星惠誉房地产有限公司	城中村旧城改造
上实城开	上海实业城市开发集团有限公司	核心区域运营
联发集团	联发集团有限公司	多元聚合
佳兆业	佳兆业集团控股有限公司	城市更新
东原地产	重庆市迪马实业股份有限公司	童梦童享
协信地产	协信地产控股有限公司	商住产一体化

表 11 2014 中国房地产专业新锐品牌价值 TOP10

品牌	企业名称	专业领域
鑫苑中国	鑫苑（中国）置业有限公司	泛地产
泛海控股	泛海控股股份有限公司	资本运作
隆基泰和	隆基泰和实业有限公司	新型城镇化运营
天朗	天朗控股集团	城市文化产业运营
东原地产	重庆市迪马实业股份有限公司	综合商业开发
三盛地产	三盛地产集团	多元复合地产
金大元	金大元集团	创新人文地产
宁夏中房	宁夏中房实业集团股份有限公司	品质地产
兴茂集团	重庆市兴茂产业发展（集团）有限公司	文化旅游
绿都地产	郑州绿都地产集团有限公司	特色景观

专业领先品牌企业多年沉浸于专业产品研发与创新，在细分市场领域具有较为成熟的产品运营经验与模式，形成一系列特色鲜明、标准化水平高的产品线，并在多个区域成功实现复制，为行业进行专业化品牌开发树立了榜样。而随着行业转型升级的加快，部分品牌企业围绕核心产业优势，积极进入高成长业务领域，通过持续地探索与创新，成为各专业领域的新锐品牌力量。

表 12 2014 中国房地产住宅项目品牌价值 TOP10

项目品牌	企业名称
孔雀城	孔雀城有限公司
中海锦城系列	中国海外发展有限公司
成都中信城	中信房地产股份有限公司
橡树湾	华润置地有限公司
保利·海德公园	保利房地产（集团）股份有限公司
金茂系	方兴地产（中国）有限公司
龙湖·滟澜新宸	龙湖地产有限公司
绿地国际博览城	绿地集团
北京泛海国际居住区	泛海控股股份有限公司
御江湾系列	浙江祥生房地产开发有限公司

表 13 2014 中国房地产地方项目品牌价值 TOP10

项目品牌	企业名称
上海城建置业·瑞仕系列	上海城建置业发展有限公司
福晟钱隆系列	福晟集团有限公司
金大元·御珑宫廷	金大元集团
国贸新天地	国贸地产集团有限公司
奥山世纪城	奥山集团
蓝润V客系	四川蓝润实业集团有限公司
庭瑞集团「大观澜系」	庭瑞集团股份有限公司
德杰·秦岭北麓	重庆德杰地产集团
实力苍海一墅	云南实力房地产开发经营集团有限公司
年年丰广场	年年丰集团

全国住宅项目品牌大多为品牌房企历经多年开发的成熟的系列产品，经过不断的改革与创新，已形成了标准化的产品运营体系，并通过规模化的复制实现全国布局。地方项目品牌在项目开发过程中，则更注重对当地特色的深刻解读，将地方景致与人文底蕴完美融入产品设计，以此打造具备浓郁地域文化、凸显

地方个性的品质项目。

2.3 2014中国特色地产品牌价值TOP10

表14 2014中国商业地产公司品牌价值TOP10

品牌	企业名称
万达	大连万达集团股份有限公司
宝龙	宝龙地产控股有限公司
华润置地	华润置地有限公司
圆融集团	苏州圆融发展集团有限公司
银泰置地	银泰置地（集团）有限公司
五洲国际	五洲国际控股有限公司
东方银座集团	东方银座集团中国有限公司
阳光100	阳光100中国控股有限公司
鹏欣集团	上海鹏欣房地产（集团）有限公司
申基集团	重庆申基实业（集团）有限公司

在商业地产市场不断升温、竞争加剧的背景下，打造强势品牌、吸引客户的持久青睐成为企业关注的重点。2014中国商业地产公司品牌价值TOP10企业深耕商业地产市场多年，一方面凭借成熟丰富的商业项目运作经验及优质服务，树立了行业领先的品牌形象；另一方面通过产品与业务的不断创新，实现了企业经营效益和品牌价值的持续累积，行业地位愈发稳固。

表15 2014中国商业地产项目品牌价值TOP10

项目品牌	企业名称
万达广场	大连万达商业地产股份有限公司
宝龙城市广场	宝龙地产控股有限公司
大悦城	中粮置地管理有限公司
圆融（时代）广场	苏州圆融发展集团有限公司
泰禾广场	泰禾集团股份有限公司
和道国际	和道国际商贸集团
诺德中心	北京中铁华升房地产开发有限责任公司
东方银座中心城	东方银座集团中国有限公司
明发商业广场	明发集团有限公司
昆明广场	云南同德实业集团有限公司

商业地产品牌项目作为公司品牌运营精华的重要载体，积极契合市场需求，无论是在规划、招商还是后期运营管理方面都不断进行升级，通过打造更为鲜明独特的项目品牌形象，持续提升产品的市场竞争优势。宝龙城市广场挖掘社区商业价值，根据地段及目标客群对产品进行精确定位，并根据客群差异划分为社区商业综合体、区域商业综合体、城市商业综合体三类，进一步延伸了公司的产品体系；万达广场借助万汇网与大数据技术，通过客流监控采集、建立大会员体系等方式完成对客户需求的分析，并围绕客户需求打造智慧型广场；泰禾广场注重消费者购物体验，引入儿童消费等体验式业态，并通过充满人性化和“一切以客户为中心”的细节打造，树立体验式商业典范。

表 16 2014 中国产业园区品牌价值 TOP10

品牌	企业名称
联东U谷	北京联东投资（集团）有限公司
张江高科	上海张江高科技园区开发股份有限公司
天安数码城	天安数码城集团
华南城	华南城控股有限公司
博济科技园	苏州火炬创新创业孵化管理有限公司
中节能环保产业园	中节能实业发展有限公司
光谷联合	武汉光谷联合集团有限公司
东湖高新	武汉东湖高新集团股份有限公司
中国宏泰发展	中国宏泰产业市镇发展有限公司
百世金谷	百世金谷实业有限公司

联东 U 谷、天安数码城、华南城、博济科技园等专业产业园区运营商，持续改善园区软硬件设施，尤其是在软性服务方面，不断创新服务模式，引入投融资平台、电商平台等为园区企业提供更全面的服务。天安数码城为企业打造多向融资渠道；博济科技园致力于企业生态环境的研究和建设，持续为区域创新及产业发展发挥更大价值；光谷联合在产业园区开发过程中引入软件开发、科技城等元素，打造主题园区；中节能环保产业园致力于节约能源、环境保护、资源循环利用等，品牌影响力持续扩散。

3 2014 中国房地产品牌价值研究成果分析

3.1 挖掘品牌价值增长核心要素，打造行业品牌发展全新格局

中国经济正步入全面深化改革的重要发展期，推动市场导向型企业加速品牌扩张，并为品牌展示真实价值提供了基础。2014 年，房地产市场步入调整期，房地产企业的持续经营能力受到考验，品牌对企业保障业绩、提升效益的作用愈发明显；品牌企业积极挖掘促进品牌成长的核心要素、发挥品牌效应，实现业绩与市场份额的稳步提升，并进一步反哺品牌，推动品牌价值的持续积累。

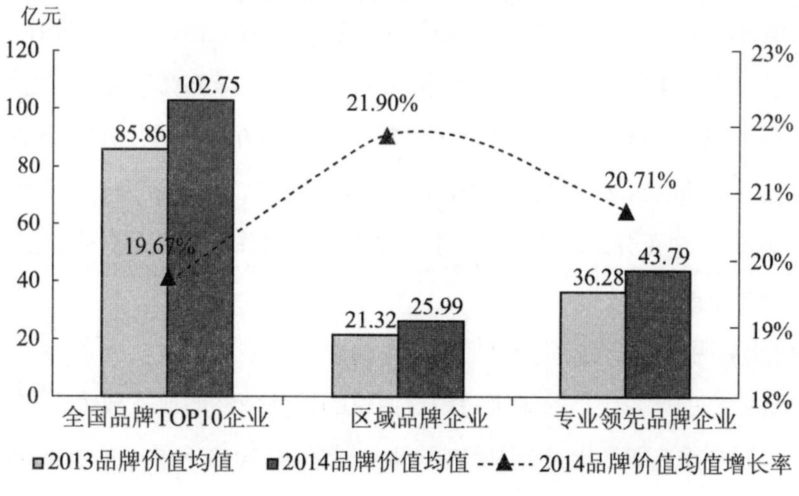

图 1 2014 全国、区域、专业领先品牌企业近两年品牌价值均值及其变化

2014 行业领导公司品牌中海地产、万科与保利地产的品牌价值分别达 342.46 亿元、341.62 亿元和 306.76 亿元，三家企业品牌总值接近千亿，继续彰显行业强势领导品牌地位。同时，2014 全国品牌 TOP10 企业的

品牌价值均值为 102.75 亿元，同比增长 19.67%。

2014 区域品牌企业品牌价值均值为 25.99 亿元，同比增长 21.90%。其中，华南、华东、华北、中部四大区域品牌企业的品牌价值均值分别为 31.31 亿元、35.27 亿元、27.63 亿元和 22.51 亿元，西部地区的品牌价值均值为 13.21 亿元，同比增长率达到 25.72%，增长速度继续领先其它区域。

2014 专业领先品牌企业把握行业专业化发展趋势，潜心专注房地产细分产品领域，成功实践了特色品牌发展模式，专业品牌形象鲜明，品牌价值均值达到 43.79 亿元，同比增长 20.71%，连续多年保持 20%以上增速。

（1）品牌影响力全面覆盖主流市场，全国品牌企业经营业绩快速攀升

2014 年以来，房地产市场步入调整期，市场交易持续趋于低迷，消费者热情冷却、购房选择愈加谨慎。在一片观望氛围中，品牌成为影响和决定消费行为的重要因素，品牌企业充分发挥品牌优势、积极调整价格策略，更快地实现了业绩逆市提升，带动市场份额的集中，打造行业品牌竞争发展的新格局。

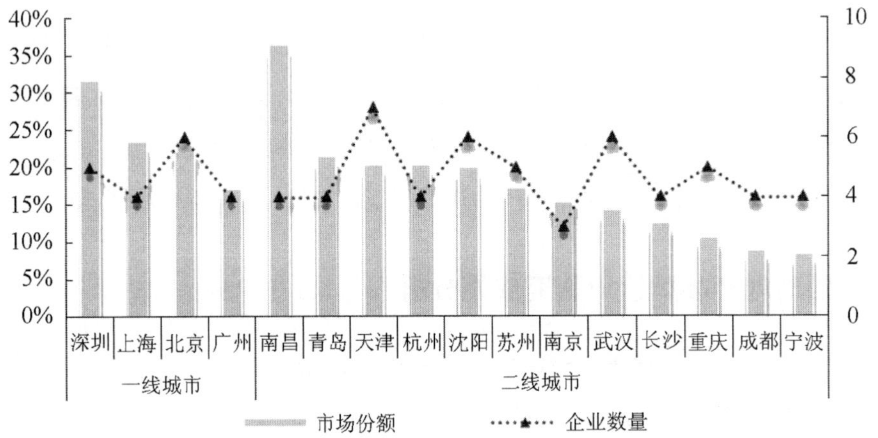

图 2　2014 上半年 23 家全国品牌企业[①]在重点城市市场份额及企业数量

在加速市场拓展与聚焦热点城市并举的战略下，23 家全国品牌企业持续深化主流城市的品牌辐射，在多个一二线城市实现了业绩突破。研究组对 2014 上半年 16 个重点城市商品房销售额排名前十企业进行了研究，数据显示各地占据市场领先地位的多为全国品牌企业。2014 上半年，进入 16 个重点城市销售额前十的全国品牌企业数量均值为 4.7 个，在各城市市场占有率均值达 18.79%，较去年提升 3.18 个百分点。从全国范围看，23 家全国品牌企业今年上半年的市场份额已达到 18.03%，较 2013 年末提高了 2.28 个百分点，其中 3 家行业领导公司品牌的市场份额提高至 6.18%；相比之下，区域品牌企业受到市场调整影响较大，占全国的市场份额回落 0.53 个百分点。可见，在强者愈强的规律作用下，品牌企业的发展格局将持续分化，行业将加速迈入品牌竞争时代。

（2）品牌溢价优势明显，有效提升盈利空间

在市场调整渐成常态的背景下，品牌维持销售溢价的优势依然明显，成为企业提升盈利空间、创造经营效益的重要保障。研究组选取了十家全国品牌企业，计算其 2013 年在 19 个重点城市的销售均价，并对比该城市商品房成交均价，计算品牌企业的城市溢价率。数据显示，十家全国品牌企业 2013 年在以上城市的销售溢价率均值为 21.35%，在一线、二线及三线城市的溢价率均值分别为 28.78%、21.51%和 9.12%，与

---

① 如无特别说明，本报告中的 23 家全国品牌企业包含中海、万科、保利三家行业领导品牌企业及中国房地产公司品牌价值 TOP10 企业（混合所有及国有）。

各线城市分化发展的趋势相吻合。近年来，品牌企业回归或深耕经济发展强劲、市场需求旺盛的一二线城市，品牌地位受到充分认可，获得更为突出的销售溢价表现；而三线城市受市场供需失衡等因素影响，溢价被进一步压缩。

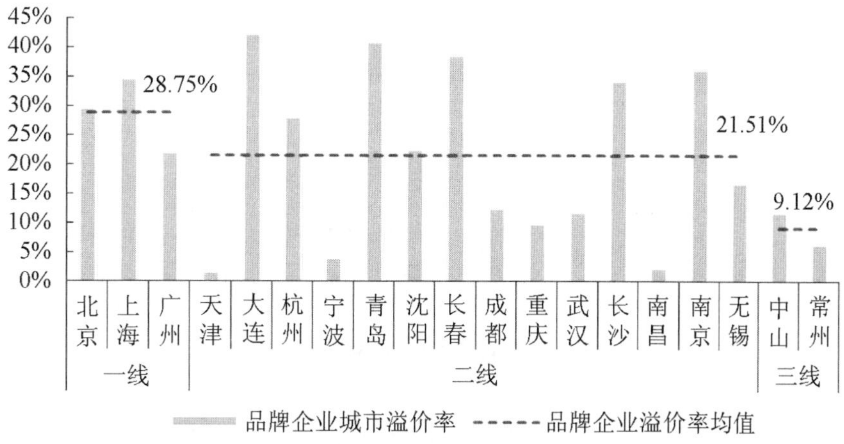

图3 十家全国品牌企业 2013 年在重点城市的销售溢价率情况[①]

（3）低成本聚纳优质资源，品牌保障经营效益

品牌企业受到各地政府青睐，不断获得低成本棚改、旧改项目优质土地。2013 年以来，佳兆业、福星惠誉、北京城建地产、保利地产等品牌企业相继获得多幅低成本的棚改旧改地块，项目多位于一、二线重点城市靠近市中心的区域，符合政府发展经济、盘活存量的政策方向。在 2014 年上半年整体拿地普遍减缓的背景下，品牌企业继续在重点一、二线城市以较低成本获取优质棚改旧改项目，保持了拿地成本优势。

品牌企业持续获得低成本、大额度资金支持。在银行贷款方面，华润置地通过多家银行贷款共 77.5 亿港元，利率为 hibor+1.70%和 hibor+1.90%，融资成本处于同行业中较低水平；华夏幸福、绿地集团则分别获得 400 亿元、300 亿元大规模“总对总”融资授信，体现出“名单制”背景下银行对领先品牌企业的发展仍然充满信心。债券融资方面，万科、金地集团、华润置地等品牌房企均成功发行年利率 6%以下的中长期债券，中海地产亦在去年 11 月成功发行一笔总额高达 15 亿美元的债券，仍是目前美元市场上低利率高额度发债的典型。

品牌企业发挥品牌聚纳效应，低成本整合品牌合作伙伴资源。品牌企业以较高的品牌信誉及影响力，获得优质品牌供应商的青睐，通过战略合作模式扩大自身品牌背书效应，以更低的价格获得优质发展资源；品牌企业亦率先建立了自主线上采购平台或电子商务系统，在建材、物料、家居等原材料采购中吸纳优质品牌供应商合作，有效降低了成本支出。绿城集团运用电子商务技术优化整合资源，建立了自己的采购平台并提供制定采购规划、推荐用材标准、线上线下选样等服务，目前已经形成了覆盖全国的完善运行体系，帮助企业节省项目采购费用 10%-30%。

3.2 加强品牌资产经营模式探索，轻资产运营促品牌效应增值

随着房地产行业整体利润水平的下行和融资环境的收紧，传统的以大规模资金投入为特征的重资产运营模式正在发生转变。品牌是最具价值的轻资产要素，是企业核心竞争力的集中体现，品牌资产经营引领下的业务转型正成为诸多品牌企业积极探索的方向之一。

---

① 本处选取的十家全国品牌企业分别为中海、万科、保利、恒大、绿城、绿地、远洋、合生创展、首开、中信；19 个城市的选取标准为十家全国品牌企业中至少有五家进入的城市。

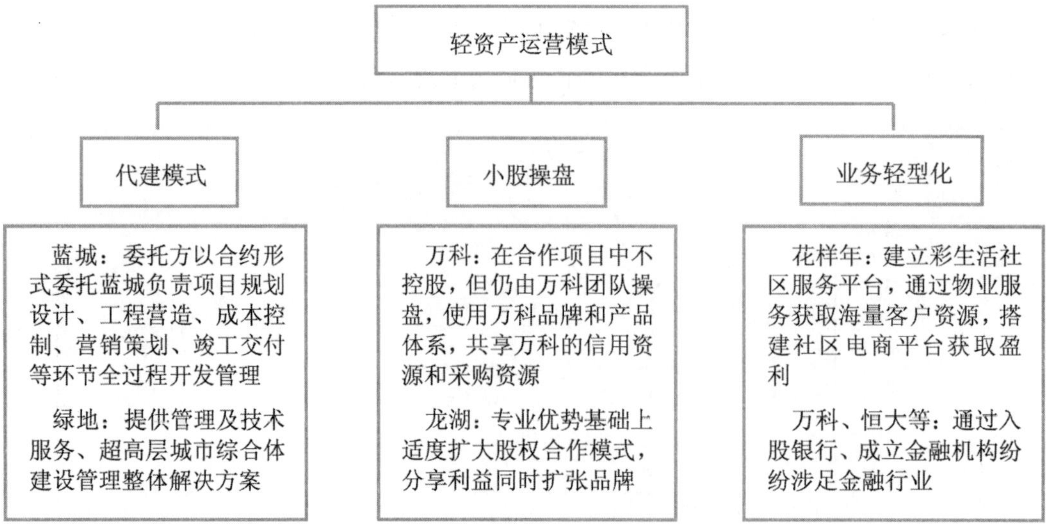

图 4　房地产企业的轻资产运营模式

（1）对外进行品牌资产输出：品牌效应提升经营杠杆，实现高收益

品牌资产输出运营的实质是企业核心竞争优势的输出，一方面通过与其他企业共同开发市场获取管理费或溢价收益，实现品牌资产的提升，另一方面通过输出品牌和管理，减少投资、提高效益、增强灵活性并降低风险，推动品牌企业的轻资产运营。

品牌资产输出具有代表性的是蓝城的代建模式和万科的“小股操盘”模式。通过委托代建模式，品牌企业在向轻资产转型中实现由投资运营转为专业服务。蓝城集团整合品牌资源和管理资源，以契约形式向委托方提供房地产项目技术支撑、专业管控和品牌输出服务，包括项目前期管理、规划设计管理、工程营造管理、成本管理、营销管理、竣工交付管理等开发环节的全过程管理，并收取委托开发管理费和项目业绩奖励。蓝城集团代建模式分为政府代建、商业代建和资本代建三种业务模块。

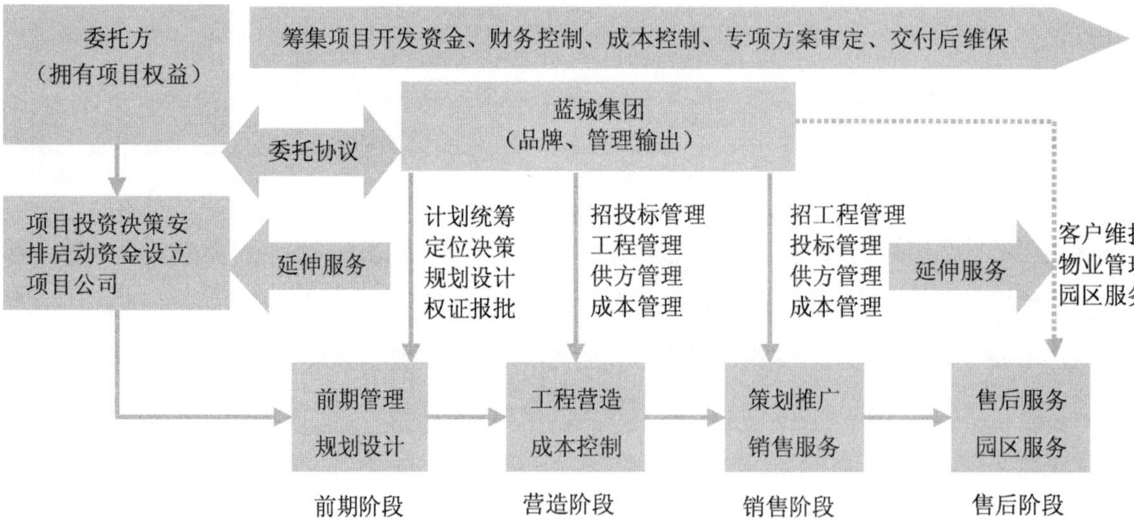

图 5　蓝城集团品牌输出委托代建模式

截至 2014 年 8 月，蓝城集团已进驻全国 30 余城，下辖建设项目 170 多个，总建筑面积 4000 多万平方米，其中商业代建项目 90 多个，总建筑面积 2300 多万平方米，预计总可售金额 1800 多亿元；政府保障房项目 80 多个，总建筑面积近 1700 万平方米。

（2）对内进行品牌延伸：构建品牌全生态产业链，实现品牌集群化发展品牌企业在新业务开拓、新产品推广或企业合作、并购等过程中，充分发挥领先品牌效应，将现有品牌资产整体或部分地使用到新产品、新品牌以及其它现有品牌中去，进行品牌资产延伸，最大限度地发挥已有品牌的价值，有效节约营销成本，以更快速度提高新业务与产品的市场占有率。对房地产品牌企业来说，品牌资产延伸主要有业务内嫁接和业务外扩展两种模式。

表 17 房地产品牌企业的品牌延伸情况

<table>
<tr><th>品牌延伸模式</th><th>类型</th><th>企业名称</th><th>概述</th></tr>
<tr><td rowspan="2">地产业务内嫁接</td><td rowspan="2">由住宅延伸到商业、旅游、养老地产等业务领域</td><td>中海、绿城</td><td>中海亲颐玺悦、绿城乌镇雅园等养老地产项目</td></tr>
<tr><td>绿地、首开</td><td>绿地韩国旅游健康城、首开·仙海龙湾等旅游地产项目</td></tr>
<tr><td rowspan="6">地产业务外扩展</td><td rowspan="3">地产金融化</td><td>万通</td><td>与华润信托成立正奇资本基金平台</td></tr>
<tr><td>花样年</td><td>成立发起“合和年”小额贷款公司</td></tr>
<tr><td>绿地</td><td>贵州绿地金融资产交易中心</td></tr>
<tr><td rowspan="2">借力互联网转型社区服务</td><td>金地</td><td>云服务—包括云居家、云教育、云健康、云商旅、云消费、云公益等6个大类别18项服务，提供多角度、多维度的尊享服务体验</td></tr>
<tr><td>花样年</td><td>彩生活—让物业在第一时间知道业主需求，并提供服务最后产生收益，让业主能够享受到多层次、全方位的个性服务</td></tr>
<tr><td>地产向民生行业延伸</td><td>恒大</td><td>恒大冰泉、恒大粮油、恒大乳业、恒大畜牧</td></tr>
</table>

品牌资产的业务内嫁接是指品牌企业在既有的地产业务范围内进行品牌延伸，可以借助品牌在住宅市场上积累起来的认知度和美誉度，进一步降低产品线拓展可能带来的市场认知风险，亦有助于强化企业品牌的整合效应。2013 年末，品牌企业均已将品牌延伸至商业地产，另有 65.2%和 39.1%的全国品牌企业分别拓展了旅游地产和养老地产业务，区域品牌企业中分别有 36.0%及 6.0%的企业进入这两项业务领域。品牌资产的业务外扩展是指房地产企业充分利用现有庞大的社区客群基础，将品牌向社区服务及民生服务等领域延伸，通过现有品牌的强背书模式推动新业务的快速发展，构建完善的品牌生态产业链，最大化品牌效益。

（3）跨区域、跨国界进行品牌扩张：优化品牌资产布局，奠定品牌可持续发展基础

品牌资产运营价值的体现不仅需要持续突破现有业务边界，更需要在广阔的区域空间上进行扩张，依托更大的市场范围实现品牌影响的边际效应。随着品牌企业逐步完善全国化横向延伸与区域内纵向深耕，国内扩张的步伐趋于减缓，更多企业将眼光投向了国际市场，以期通过“出海”扩张、树立“国际化品牌”，更均衡的布局企业品牌资产，持续强化品牌形象。

国内各区域和城市房地产市场的分化持续显现，品牌企业对新城市的拓展愈加谨慎，更多地通过持续挖掘核心城市，以稳健的扩张速度来巩固品牌深度、夯实品牌实力。2013 年末，23 家全国品牌企业平均进入城市数量达到 32.9 个，较上年增加 5.1 个；区域品牌企业与专业品牌企业布局城市受到区域独特的市场形势与专业领域发展条件所限，进入城市数量较上年仅增加 0.3 和 0.2 个，至 12.5 和 12.0 个，增速明显放缓。

在此背景下，一批综合实力较强的品牌企业充分发挥品牌特色，加快“国际化之路”的探索，实现了品牌资产的全球优化配置。另外，国有背景的品牌企业拥有集团公司充足的资源支持，且受到海外政府或合作伙伴更高的信赖，能以较低成本迅速推进国际扩张。此外，万达等特色地产领军品牌企业更多地选择欧美发达国家的核心城市开发酒店、综合体等物业项目，或选择国际旅游城市经营旅游地产项目。

表 18 品牌企业海外投资情况

企业	绿地	万科	碧桂园	万达	福星惠誉	泛海控股
进入城市	济州岛、悉尼、墨尔本、曼谷、芭提雅、新山、多伦多、洛杉矶、纽约、圣彼得堡、伦敦、法兰克福、马德里、巴塞罗那	香港、旧金山、纽约、新加坡	马来西亚新山	伦敦、西班牙、芝加哥、洛杉矶、澳大利亚黄金海岸	新南威尔士	洛杉矶
物业类型	旅游、商业、酒店、住宅、公寓	住宅、公寓、商铺	住宅	酒店、商业、公寓、综合体	住宅	商业
代表项目	韩国健康旅游城、悉尼绿地中心、德国绿地铂骊酒店、伦敦 RAM 啤酒厂住宅、纽约绿地大西洋广场	荃湾项目、Lumina 项目、林曦阁项目、列克星敦大道 610 号	碧桂园金海湾	伦敦万达酒店、西班牙大厦、芝加哥万达大厦、万达文华酒店	普罗米娜	Fig Central 商业地产

但总体来看，目前品牌企业的海外拓展还属于初级阶段，规模和品牌影响力有限。面对具有明显差异的国际化经营环境，品牌企业更多地应该聚焦在某一特定市场或特定业务领域，通过深耕开发运营，占领该细分领域的品牌制高点，做强品牌，而不应一味追求规模扩张，谨慎防范国际化风险带来的品牌损害。

3.3 围绕客户体验升级服务体系，全产业链联袂提升品牌张力

随着房地产市场的日趋成熟，“以客户为中心”，不断提高客户满意度，实现品牌价值与企业效益的联动提升，成为房地产企业长足发展的关键。近一年多来，品牌企业继续提升客户服务品质，使品牌内涵在企业与客户之间进行有效的传递，不断累积客户对品牌的口碑和信任感，最终赢得客户的忠诚。

（1） 聚焦客户接触点、完善全流程服务体系，品牌三度水平稳步提升

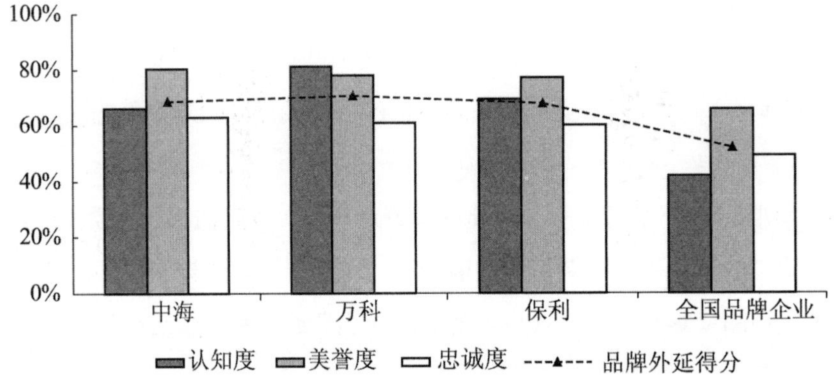

图 6 全国房地产品牌企业 2013 年品牌“三度”分析[①]

2014 全国品牌企业的认知度、美誉度和忠诚度均值分别为 42.03%、65.84%和 49.25%，持续的品牌建设获得“品牌三度”的稳步提升。中国房地产行业领导公司品牌的“品牌三度”优势明显，中海、万科、保利的品牌认知度、美誉度和忠诚度均值分别为 71.61%、78.53%和 61.25%，得分明显高于全国品牌企业均值。

目前，品牌房企更加注重“从客户角度出发”，充分发挥其专业技术能力，优化和完善客户服务体系，及时了解客户感知，推动服务改善，打造企业认知度、美誉度、忠诚度。

[①] 2014年5-8月，TOP10研究组在全国主要大中城市对开发企业的品牌“认知度”、“美誉度”和“忠诚度”及购房者关注要素等问题进行了广泛的问卷调查。此次调查共回收调查问卷13162份，其中有效问卷数量达11863份，有效率达到了90.13%。

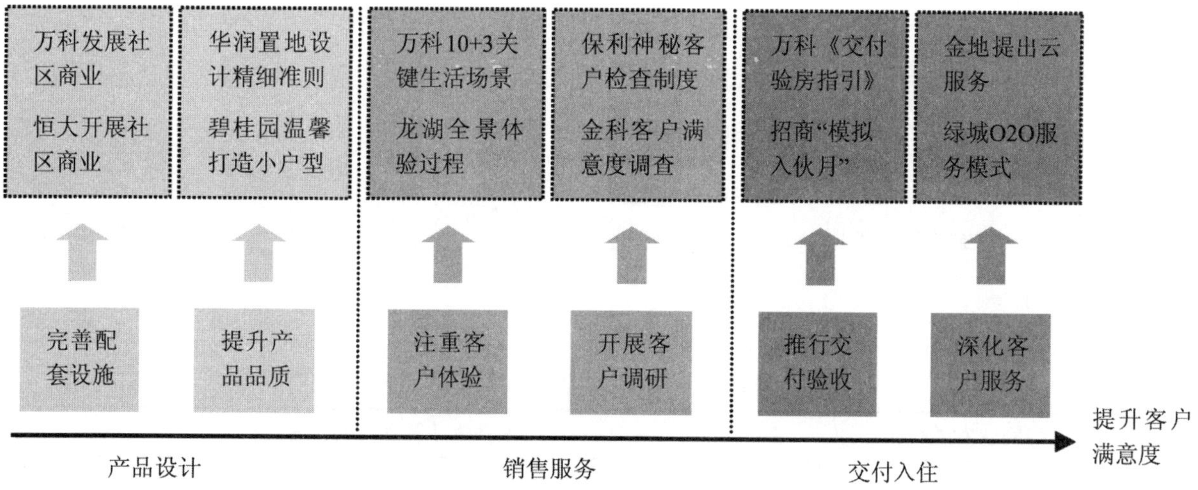

图 7 品牌企业围绕客户接触点完善服务与产品策略

品牌企业在打造客户满意度方面主要依赖于创新产品设计、提升产品质量及完善客户服务等，而要做到这些最重要的是需深入了解客户和市场需求，打造高品质产品，并能快速解决问题。第一，在产品设计上，品牌企业不断完善配套设施，提升产品品质，打造独具企业品牌形象的高品质产品，实现差异化竞争，提升客户满意度。第二，在销售服务上，品牌企业通过体验式营销让客户全方位、多层次体验产品，并采用调查问卷、神秘访客等方式了解客户需求及相关服务的执行情况。第三，在交付入住上，品牌企业以客户为中心，通过创新交付验房和借助互联网平台实现客户关系管理的信息化和智能化，有效提升客户满意度。

表 19 2014 中国房地产顾客满意度领先品牌

品牌	企业名称	品牌价值（亿元）
绿城	绿城集团	198.83

绿城集团建立客户满意度调查机制，不断提高客户满意度，实现品牌价值与企业效益的联动提升；始终秉持“把客户的满意度作为最重要的评判标准”的信念，成就了企业良好的口碑。2014 年在中国指数研究院进行的中国城市居民居住满意度调查中，绿城在其布局的 18 个重点城市中满意度水平全部位列第一，继续成就了“顾客满意度领先品牌”。

（2）品牌叠加保障产品和服务品质，项目保值增值提升品牌张力

表 20 2014 中国家居产业优秀品牌企业

品牌	企业名称	品牌	企业名称
老板	杭州老板电器股份有限公司	德尔	德尔国际家居股份有限公司
圣象	圣象集团有限公司	九牧	九牧厨卫股份有限公司
久盛	久盛地板有限公司	东易日盛	东易日盛家居装饰集团股份有限公司

品牌房企通过与品牌家居企业建立稳定战略合作关系，强化精品战略，提升精装修项目比例，协调产业化与个性化需求，有效提升了产品品质。首先，随着家居产业的规范发展，特别是 2013 年家居行业出台了四大标准和规范，对室内精装修的设计、服务、验收进行了规范和标准化，品牌家居企业精装修产品的

真实质量更容易为购房者量化感知，品牌房企和品牌家居企业的合作步伐进一步加速。其次，品牌房企与品牌家居企业进行长期的战略合作，建立起稳定的战略供应商数据库，实现精装修产品风格统一、材质配套的标准化产品，促进了品牌形象的铸造和价值沉淀。此外，品牌房企与品牌家居企业携手推出了“套餐式”、“菜单式”等个性化精装修产品，从装修风格、材料选择等方面为客户提供了不同类型、功能及需求层次的选择空间，满足客户差异化需求，实现产业化与个性化相统一，最大程度贴近客户需求，提高了客户整体满意度水平。

表 21　2014 中国物业服务领先品牌企业

万科物业发展有限公司	金地物业管理集团公司
绿城物业服务集团有限公司	保利物业管理有限公司
北京首开鸿城实业有限公司	彩生活服务集团有限公司
均豪物业管理股份有限公司	北京凯莱物业管理有限公司
上海上房物业管理有限公司	金科物业服务有限公司
上海银湾物业管理连锁集团	厦门联发（集团）物业服务有限公司
重庆隆鑫物业管理有限公司	上海上置物业集团有限公司
重庆同景物业服务有限公司	沈阳其仕物业服务有限公司

品牌房企积极联合物业服务领先品牌企业，全面升级客户服务，在促进项目保值增值的基础上，提升了品牌房企的品牌张力。首先，物业服务领先品牌企业注重通过对房屋及设备、设施的修缮打理，延长其使用年限，实现产权人、使用人的合法权益最大化，促进房屋资产保值增值，同时维护了业主的利益，树立了良好的项目口碑。其次，物业服务领先品牌企业通过专业能力提升，对业务管理流程的分工和监控实现专业化物业管理，深化非住宅项目专业化物业服务能力，逐步发展成为管理的系统集成商与组织者，创造和深化物业服务效益，提升了服务品质。最后，除了绿化、保洁、安保等基础功能外，物业服务领先品牌企业积极引进各项增值服务，把传统的对物的管理升级为对人的全面服务。

3.4　构建差异化的品牌组合谱系，管理创新保障品牌良性发展

（1）优化品牌组合管理，科学规划促进多业务协同发展

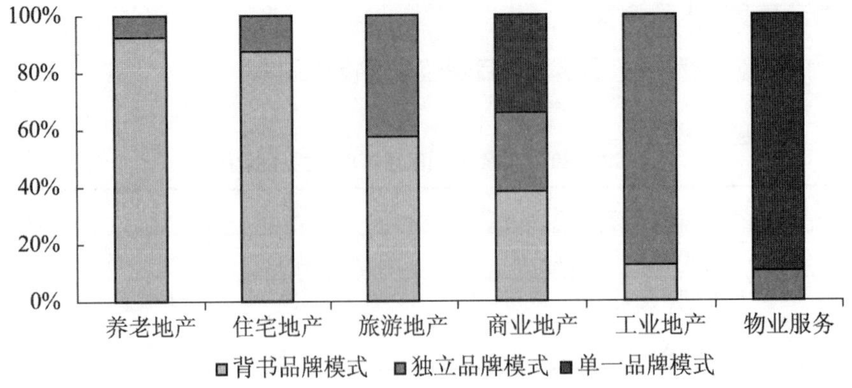

图 8　2014 品牌企业不同业务类型的品牌组合模式

品牌企业在养老地产、住宅地产和旅游地产业务领域以“企业品牌+项目品牌”的背书品牌模式为主，占比分别为 92.31%、87.50%、57.58%，这种模式可以充分分享公司品牌的形象、声誉和实力，加速项目的

异地扩张，还能通过企业品牌和项目品牌的有效互动实现均衡发展，不断拓展和丰富企业的品牌内涵。在商业地产领域，品牌企业利用背书品牌模式来进行品牌组合的占比为 38.36%；品牌企业在商业地产领域采用单一品牌模式和独立品牌模式的占比分别为 34.25%和 27.40%。在工业地产领域，品牌企业采用独立品牌模式和背书品牌模式的占比分别为 87.50%和 12.50%。

由于物业服务与住宅地产具有较高的关联性，89.55%的品牌企业在物业服务领域采用单一品牌模式，如中海物业、万科物业等。但是随着物业服务发展潜力的进一步凸显，品牌企业也趋向利用较为独立的品牌模式来拓展，如花样年的“彩生活”。

（2）完善品牌管理职能、创新品牌管理模式，保障品牌良性健康发展

随着房地产市场竞争的日趋激烈，品牌作为企业核心竞争要素的影响力日益凸显，品牌建设成为房地产企业应对行业竞争、平滑市场风险的有力武器。在此背景下，品牌企业着力完善品牌管理职能体系，保障品牌战略的持续、高效执行；同时，不断加强品牌管理职能、创新品牌运营管理模式，持续引领行业发展。

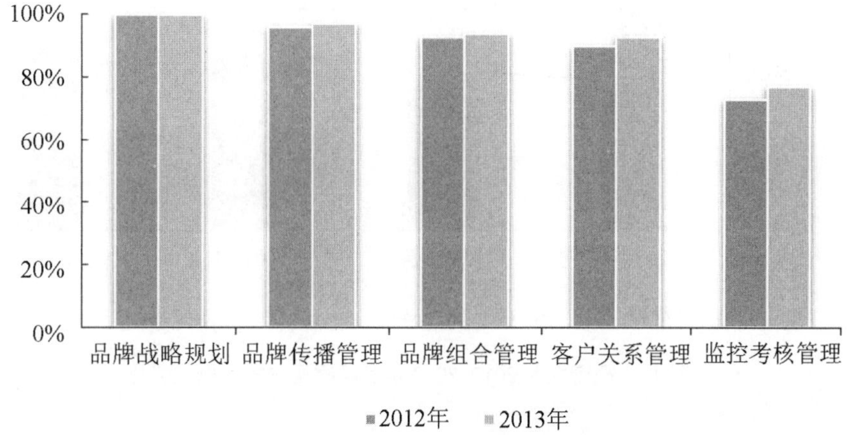

图 3-9 品牌企业 2012-2013 年品牌管理部门职能分析

品牌企业在品牌部门建设及职能设置方面不断完善，有效保障品牌管理工作有序开展，促进品牌效益向经营效益转化。2013 年，品牌企业中设置专门、独立品牌管理部门的比例为 77.51%，比上年提升 2 个百分点，客户关系管理职能设置比例为 92.73%，较上年提升 2.77 个百分点；分别有 82.61%的全国品牌企业和 64%的区域品牌企业已经建立了系统、规范的客户会体系；企业监控考核管理体系也得到显著强化，设置比例为 77.14%，较上年增长 3.08 个百分点。此外，不断深化品牌管理职能、创新品牌管理模式，成为品牌企业强化品牌管理的新趋势。全国品牌企业中已有 82.61%的企业建立了系统的满意度调查机制；诚信建设亦得到品牌企业的重视；同时，受移动互联迅速发展的影响，品牌管理思维也受到冲击，品牌企业不断创新品牌管理模式。

3.5 提高品牌建设投入产出效率，多元平台推进品牌广泛传播

（1）品牌传播费用稳定增长，客户关系投入力度持续加强

全国及区域品牌企业在 2013 年品牌传播投入均值分别达到 13.82 亿元和 3.47 亿元，同比增长 37.51%和 25.72%。全国品牌企业投入均值增幅与占销售额比重相比 2012 年无明显变化；而由于多数区域品牌企业 2013 年品牌传播投入增速低于销售额增速，区域品牌企业传播投入占比较上年下降 0.14 个百分点。

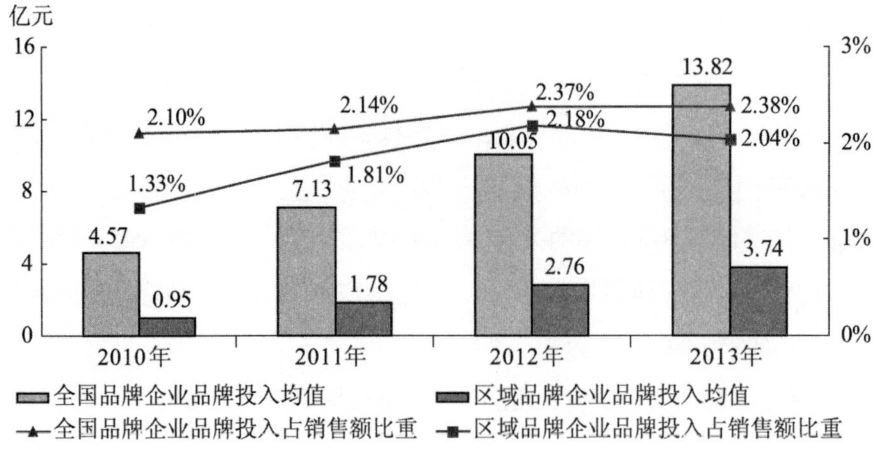

图 10 全国及区域品牌企业 2010-2013 年品牌传播投入均值及占销售额比重

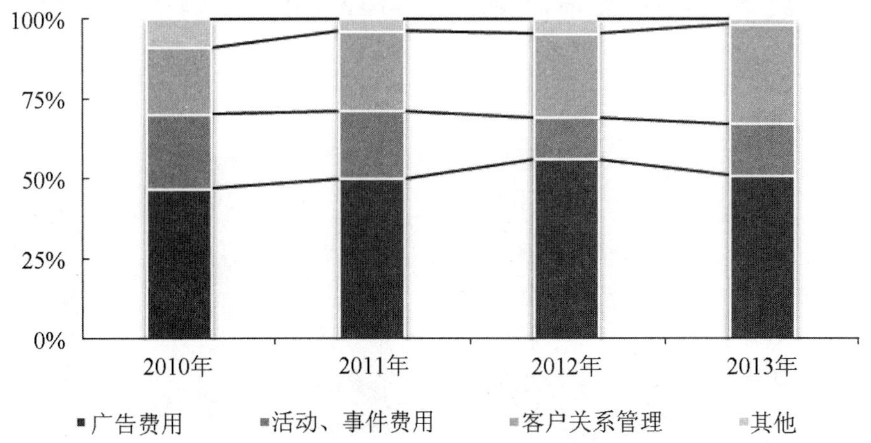

图 11 品牌企业 2010-2013 年品牌建设方式比例及变化

分渠道投入来看，房地产品牌常用的推广渠道包括广告推广、公共关系推广、人际关系推广、销售推广等，媒体形式包括平面户外广告、网络、电视、展会、事件活动、赞助等。品牌企业 2013 年的品牌建设投入情况呈现以下变化：品牌企业在广告费用方面投入略微下降，占比较上年下降 5 个百分点；客户关系管理与活动、事件费用的投入占比则比去年分别上升约 3 个、5 个百分点。

（2）品牌推广更趋网络化，移动互联媒体成热点

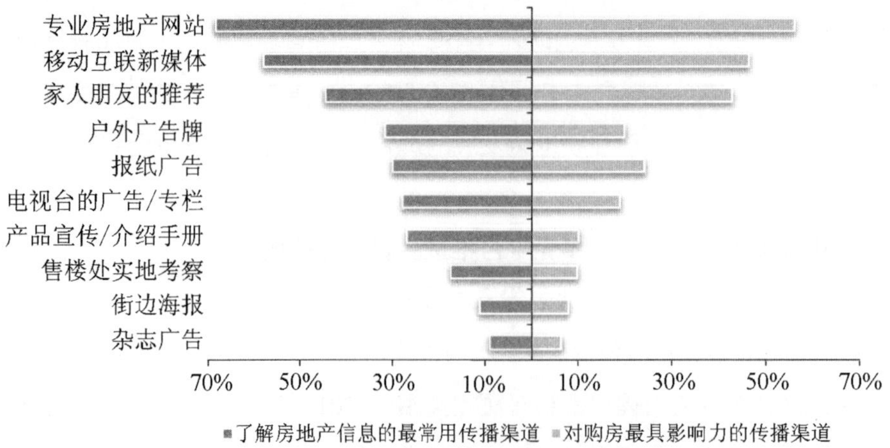

图 12 消费者了解房地产信息最常用、对购房最具影响力的传播渠道分析

2014 年，研究组针对中国房地产品牌企业的主流消费者进行了消费行为问卷调查。调查结果显示，专业房地产网站、移动互联新媒体在所有渠道类别中的占比最大，分别为 68.42%、57.89%，在对购房最具影响力的传播渠道中，二者所占比例分别为 59.86%、46.09%。

在线下传播方面，品牌房地产企业通过多种方式进行品牌推广活动，通过策划、组织具有新闻价值以及社会影响的人物或事件等多种方式进行品牌推广活动。（1）品牌主题活动形式多样、内容丰富，传播范围覆盖全国各地。（2）与品牌理念紧密集合，彰显企业社会责任。（3）更具区域性特点，注重沟通消费者情感。品牌房企在发掘项目区位特质的同时，注重结合所在区域人文特色，从而在推广效果上和消费者建立情感纽带。

表 22 品牌企业移动互联平台传播情况

企业	代表性公众号	首次发布时间	更新频率	消息内容分类
万科	“万科周刊”	2013 年 4 月 12 日	1 天—3 天	企业文化、大事记、科普知识、新闻评论
恒大地产	“恒大集团”	2013 年 7 月 13 日	3 天—10 天	企业文化、集团新闻、科普知识
招商地产	“招商地产，家在情在”	2013 年 12 月 29 日	1 天—5 天	活动宣传、新闻评论、业绩公布
金科股份	“金科地产”	2013 年 7 月 29 日	2 天—5 天	活动宣传、新闻评论、科普知识
绿城集团	“绿城生活”	2014 年 3 月 6 日	1 周—2 周	科普知识、新闻评论
远洋地产	“远洋地产”	2013 年 4 月 17 日	1 天	企业动态、行业新闻、科普知识、艺术欣赏

2013 年以来，随着移动互联平台在人们生活中的广泛渗透，品牌企业也开始利用微信公众号进行品牌宣传推广，并有效带动产品销售。（1）形式由单一化向多元化转变，彰显品牌理念。部分企业从单一的图文信息模式逐渐加入了视频、小游戏、留言板等元素，增强了信息的生动性、可读性。（2）内容上寓教于乐，富有生活气息。微信传播的内容不仅仅限于单纯的广告、项目宣传，更倾向于向信息受众传播具有趣味性、教育意义、贴近生活的信息。（3）通过品牌的持续传播，强化自身品牌形象。多数品牌企业在官方微信上发布连载、系列形式的信息，在时间上具有连续性、定时性、持久性。

4 结语

2013 年，房地产调控政策保持平稳、市场持续回暖，部分热点城市和区域出现量价齐升局面；同时，行业集中度持续上升，格局分化加剧，市场竞争愈发激烈。在此背景下，品牌作为产品质量和企业信誉的保证书，成为品牌企业竞争制胜的利器，为其成功实现业绩突破、以领先行业的速度持续发展保驾护航。

在此背景下，中国房地产品牌企业继续强化品牌优势，引领行业发展。第一，品牌效益转换加速：在激烈的市场竞争中，品牌的溢价能力和聚纳优质发展资源的能力得到强化，有效帮助品牌企业控制运营成本、提升盈利空间，进而推动品牌企业实现业绩突破和市场份额攀升。第二，品牌价值驱动轻资产运营：作为最具价值的轻资产要素，品牌企业通过品牌资产运营对外有效放大经营杠杆，实现高水平收益，对内构建品牌生态产业链，实现品牌集群化发展。第三，全方位提升品牌服务体系：品牌企业围绕客户体验升级服务体系，持续强化客户满意度建设，保障品牌持续、健康、稳健的发展。第四，持续完善品牌管理：品牌企业积极完善品牌管理体系，有效强化品牌竞争力；同时，通过多元品牌传播渠道，实现从传统的媒体到新兴移动网络平台等的全覆盖，有效扩大了品牌辐射力。

2014 年以来，房地产市场进入调整期，品牌抵御风险能力愈发显著，其作为企业核心竞争要素的影响力也更加深远。同时，随着移动互联技术的高速发展，企业品牌建设的维度不断延展，品牌带来的效益将持续提升。对于品牌企业而言，应继续优化品牌管理，注重品牌资产价值的有效利用，铸就长青品牌，为长期可持续发展赢得发展先机。

附录五　2014中国房地产策划代理品牌价值研究报告

1　研究背景与目的

2014年上半年房地产市场调整压力显现，策划代理品牌企业逆市再创佳绩，品牌影响力进一步凸显。品牌是维系消费者持久品质信赖的重要保障，为企业加速累积核心忠实客户；品牌是政府、金融机构选择战略伙伴的重要标尺，为企业有效聚集优质发展资源；品牌更是企业在分化格局中把握竞争先机、抢占市场份额的利器。打造独特的品牌基因，是优秀策划代理品牌企业实现持续经营、促进行业健康运行的重要基础。

由国务院发展研究中心企业研究所、清华大学房地产研究所和中国指数研究院三家研究机构共同组成的“中国房地产TOP10研究组”，自2005年开展中国房地产策划代理品牌价值研究以来，已持续进行了十年。十年来，研究组深入挖掘优秀策划代理企业品牌成功要素，积极探索中国房地产策划代理品牌可持续发展之路，研究成果引起社会各界广泛关注，对品牌企业提升品牌形象、沉淀品牌资产、强化行业地位发挥了重要作用。

2　2014中国房地产策划代理品牌价值研究成果

2.1　2014中国房地产策划代理公司品牌价值TOP10

表1　2014中国房地产策划代理公司品牌价值TOP10

品牌名称	企业名称
世联行	深圳世联行地产顾问股份有限公司
合富辉煌	合富辉煌集团控股有限公司
同策咨询	同策房产咨询股份有限公司
易居中国	易居（中国）控股有限公司
伟业顾问	北京伟业联合房地产顾问有限公司
博思堂	博思堂地产综合服务股份有限公司
思源经纪	北京思源兴业房地产经纪有限公司
新景祥	新景祥投资控股有限公司
保利地产代理	广州保利地产代理有限公司
华燕房盟	上海华燕房盟网络科技股份有限公司

自2005年以来，中国房地产TOP10研究组已连续十年开展中国房地产策划代理品牌价值研究，2014中国房地产策划代理品牌价值研究成果显示：在房地产市场低迷的背景下，策划代理行业集中度明显提升，

全国性品牌企业凭借专业能力以及良好的服务不断获得客户认可。

（1）紧密结合互联网，创新营销渠道拓展市场影响力。在房地产市场去化压力不断增加的背景下，开发企业更需要专业的营销能力，策划代理品牌企业紧密结合互联网，多途径为开发企业提供服务。世联行、合富辉煌通过与互联网龙头企业强强联合，搭上互联网快车，品牌价值大幅提升；博思堂是一家具有全价值链运营的股份制公司，运用14年地产经验为房地产行业提供更为专业的服务，秉承团队创造价值的博思堂精神，全力以赴打造精细化服务分工，以创新的思维方式在互联网时代提升传统代理服务新价值、打造线上线下营销体系，实现O2O营销新模式；华燕房盟以现代信息技术为基础打造线上信息服务与线下体验交易的全网络营销服务平台，通过信息服务、销售代理、决策咨询、策划顾问等四大核心业务流为客户提供综合性服务，实现多方共赢。

（2）全产业链发展，促进品牌价值提升。全国性品牌企业呈现出逐步向房地产服务全产业链发展的趋势，各业务协同发展，共同促进企业品牌价值提升。同策咨询秉承“专业至上，服务至诚”的经营理念，全面开展营销代理、咨询服务、商业运营、金融服务等全产业链条服务，业务辐射全国，经营规模、服务能力、盈利能力始终稳居行业前列；伟业顾问针对发展商的全面需求，逐步创新、细化、整合服务体系，现已形成营销代理、投资顾问、商业管理、房地产金融的综合服务模式，为发展商提供从土地获取、项目前期、市场销售至项目后期的房地产全程服务方案，全力为客户提升项目的市场竞争力与核心价值；新景祥致力于为客户提供房地产全产业链的服务，经过十几年的努力，已经开展了顾问咨询、营销策划、代理销售、经纪业务、金融服务等海外业务，业务类型不断丰富；保利地产代理依托保利地产的雄厚实力，在“中国保利•地产长城”的目标激励下，本着“团结、敬业、创新、服务”的企业精神，实现了快速稳定的发展与扩张。

2.2 2014中国房地产策划代理区域公司品牌

表2 2014中国房地产策划代理区域公司品牌

区域	品牌名称	企业名称
华北	金网络	北京金网络联行地产顾问有限公司
	沈阳信达行	沈阳信达行房地产经纪有限公司
华东	策源地产	上海策源置业顾问有限公司
	新聚仁	上海新聚仁物业咨询有限公司
	新联康	新联康（中国）有限公司
	金丰易居	上海金丰易居房地产顾问有限公司
	汉宇地产	上海汉宇房地产顾问有限公司
华南	同致行	深圳市同致行物业顾问有限公司
	凌峻地产	广州凌峻房地产咨询有限公司
中西部	正合地产	成都正合地产顾问有限公司

房地产市场具有地域性特点，部分策划代理企业通过深耕当地市场，形成强大的区域品牌影响力。中国房地产TOP10研究组针对华北、华东、华南和中西部等区域的策划代理企业进行深入研究，结果表明，区域策划代理品牌企业在各区域深耕过程中通过努力提升专业能力、提供高品质高价值服务、加强品牌建设力度等措施，在品牌价值提升方面同样具有突出表现。

华北地区策划代理品牌企业紧抓市场机遇不断发展壮大，一批专业性强、品牌影响力大的策划代理品牌企业脱颖而出。金网络以“全客户主体、整合型服务、区域性布局、国际化标准”为企业发展定位，以国际化作业标准提供整合型服务、打造专业品牌形象，向中国房地产领先发展的综合顾问机构全力迈进；作为东北地区品牌领先策划代理企业，信达行凭借独特商业地产代理模式，企业业绩弱市中仍保持稳步增长，品牌价值同步快速提升。

华东地区策划代理品牌企业立足客户需求，致力于为开发企业提供全过程、全方位的高品质服务，综合实力得到快速提升。策源地产积极契合市场需求，在追求规模化发展的同时，力求凭借差异化的资源整合能力，持续拓展各服务领域的业务多元步伐；新聚仁秉承“不断超越、追求完美”的核心价值观，不断超越消费者和发展商日益提高的期望要求，全力打造地产专业服务链体系品牌形象；新联康凭借深厚的专业底蕴、高超的业务水准、优质的客户服务和执着的敬业精神共同打造房地产代理行业的知名品牌；金丰易居以联动的服务、创新的理念、优秀的品牌更好的为发展商提供优良的服务，致力于成为项目畅销方案的供应商；汉宇地产善于整合多方资源，逐渐形成一手项目营销代理、二手住宅居间中介、商铺写字楼经纪等三大领域协调发展的运营模式，承香港先进物业代理之始，为上游发展商和下游目标客户呈献更好更专业的服务。

华南地区策划代理品牌企业坚持为客户提供全方位、专业化的服务，服务房地产开发企业的同时也显著提升了自身品牌价值。同致行秉持“同心同力，致诚致信”的服务理念，在为客户提供全程有效的专业化服务的过程中自身品牌价值也得到了快速提升；凌峻地产凭借完备的策划体系、丰富的产业和商业资源为开发企业提供全方位综合服务，树立了良好的品牌形象。

中西部地区策划代理品牌企业顺应中西部地区房地产市场快速发展趋势，通过加强内部管理、提升服务品质积极巩固区域内的市场地位。正合地产秉承“正行致远，合智为道”的企业精神，以“地产价值推动者”为自身定位，不断追求专业高度、树立品质标杆、促进行业进步，成为中西部地区策划代理品牌企业的优秀代表。

3 2014 中国房地产策划代理品牌价值研究成果分析

3.1 深挖客户需求强化专业服务，推动模式创新提升品牌价值

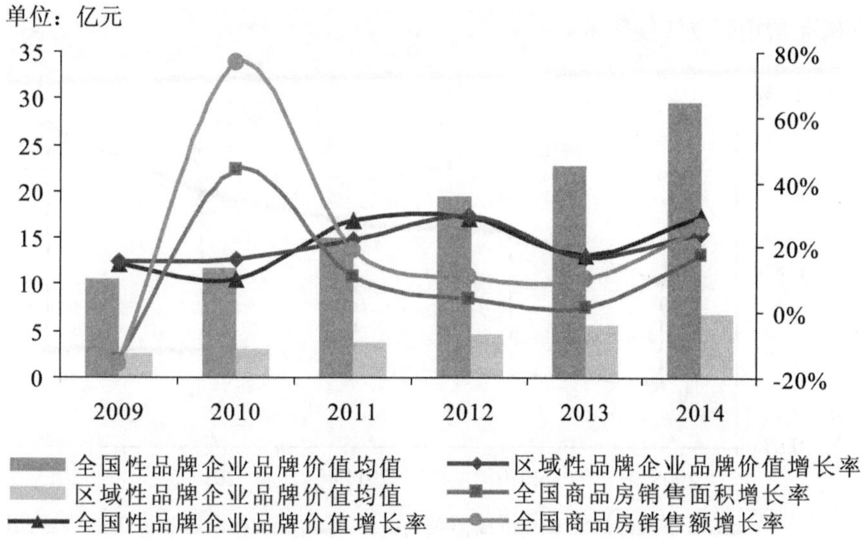

图 1 2009-2014 全国性、区域性品牌企业[①]品牌价值和全国商品房销售额、销售面积[②]及增长率

---

① 本报告中品牌企业指 2014 中国房地产策划代理品牌企业。

② 全国商品房销售额、销售面积数据分别对应 2008-2013 年数据。

2014全国性策划代理品牌企业的品牌价值均值为29.53亿元，同比增长29.38%，其中世联行的品牌价值达到50.17亿元，成为首家品牌价值突破50亿元的房地产策划代理企业；2014区域性策划代理品牌企业的品牌价值均值为6.89亿元，同比增长24.52%。2014年上半年全国商品房销售面积与销售额同比均出现不同程度的下滑，去化压力凸显，开发企业对策划代理服务的要求提升，品牌企业一方面紧密围绕客户需求不断强化专业能力，提供优质服务，助力开发企业创造优异的销售业绩，另一方面延伸客户服务价值链，各业务协同发展；同时，品牌企业紧密联系互联网，采用电商、全民经纪人等方式全面拓展营销渠道，行业集中度不断提高，品牌价值得到全面提升。

（1）深度挖掘客户需求，全面提升专业服务水平

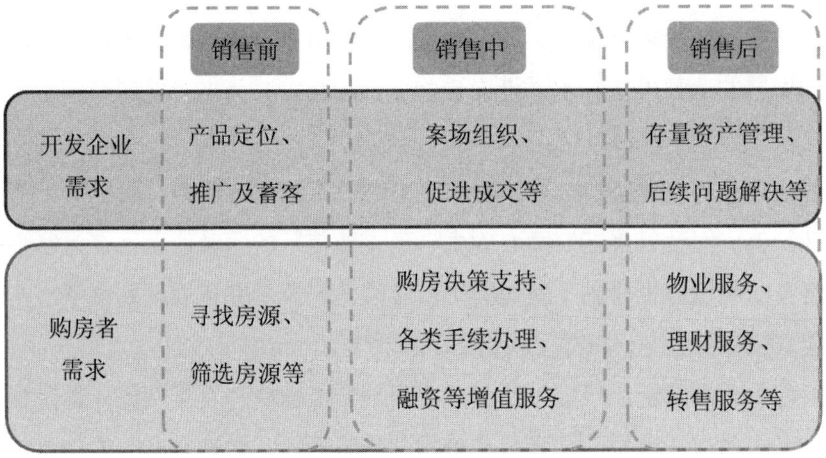

图2　策划代理企业客户需求价值链

把握并满足客户需求，是企业发展的核心能力之一，尤其在市场低迷时期，这种能力尤为重要。在新的市场形势下，品牌企业以策划代理业务为基础，对客户需求价值链进行深入分析，准确把握和挖掘开发企业及购房者的需求，促进成交；同时品牌企业在长期发展过程中积累了大量新老客户，结合互联网、大数据分析等新技术，通过对客户信息的系统多维分析，在房产销售过程中全面了解客户情况，深度挖掘客户需求，对客户精准营销有效转换需求。

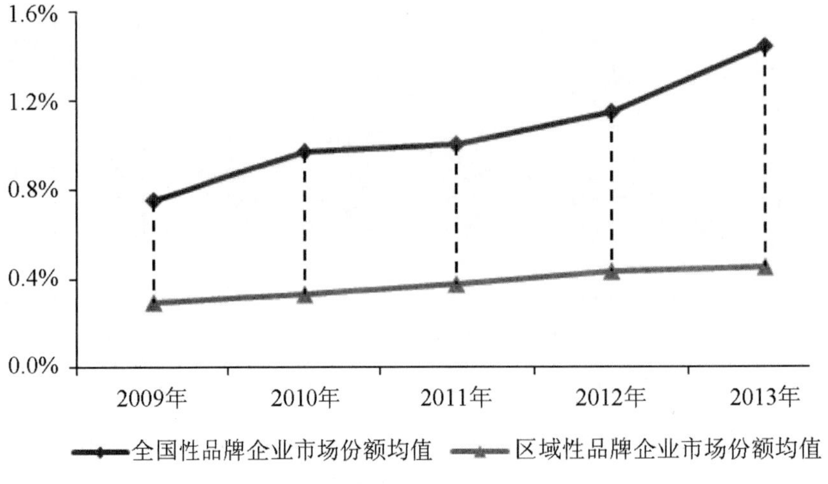

图3　全国性、区域性品牌企业2009-2013年的市场份额[①]情况

① 市场份额=一手物业代理实现销售额/全国商品房销售额×100%

品牌企业通过提供优质服务，合理匹配开发企业和购房者需求，有效促进项目成交，扩大市场份额。品牌企业进一步强化项目前期调研活动和销售案场服务等工作，对原有项目服务内容进行标准化、流程化、整体化，有效缩短服务期限和提高服务质量，整体促进服务水平提升，助推策划代理业务市场份额显著提升：2013 年，全国性品牌企业的市场份额均值为 1.44%，较 2012 年提升 0.29 个百分点；区域性品牌企业的市场份额均值为 0.45%，提升 0.02 个百分点。相比较来看，全国性品牌企业的市场份额拓展更为迅速，主要是全国性品牌企业的规模效应更为突出，如世联行 2013 年实现代理销售额 3175 亿元，是万科当年实现销售额 1709 亿元的 1.86 倍，其规模效应凸显，品牌市场影响力增强。

表 3　2014 中国房地产策划代理特色服务品牌

品牌	公司名称	专业领域
合富辉煌	合富辉煌集团控股有限公司	全产业链
华燕房盟	上海华燕房盟网络科技股份有限公司	地产金融
骅盖资产	上海骅盖资产经营管理有限公司	商业综合服务

品牌企业在整合优势资源、打造全产业链价值服务的过程中，不断发掘自身优势和强化特有能力，在特定地产领域树立强大的品牌影响力。如合富辉煌业务已涵盖发展策略顾问、营销策划与代理、二手物业租售代理、物业管理、房地产投资理财和房地产信息服务等，形成了房地产服务链条的全覆盖，成为国内服务体系最完整的房地产服务企业之一；华燕房盟业务链涵盖房地产全程策划营销代理与房地产流通领域的地产金融衍生服务，并依托房地产营销策划代理业务的业务基础，建立了房地产流通一站式服务的网络信息及渠道平台——房盟中国；骅盖资产多年来秉承“合作、创新、开放、诚信、共赢”的企业精神，始终为开发企业、投资者和使用者提供最优质的商业地产服务，在专业商业地产综合服务领域成为行业领先者。

（2）品牌企业紧密结合互联网，推动模式创新，引领行业发展新趋势

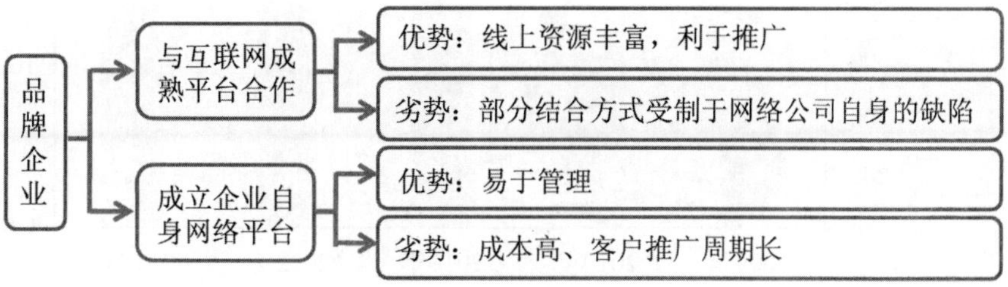

图 4　品牌企业与互联网结合方式

品牌企业通过多种方式紧密结合互联网，有效打通房地产线上线下链条，促进品牌价值提升。其拓展方式主要有两种：一是品牌企业与互联网龙头企业强强合作，一方面可以充分发挥双方线上与线下的优势，共同促进双方价值最大化，互联网企业丰富的线上资源和流量为品牌企业进行线上拓展提供了得天独厚的条件，有利于品牌企业借用其网络优势平台、市场覆盖率以及品牌影响力，形成强强联合，更有利于品牌推广。另一方面，品牌企业借助互联网成熟平台可有效规避自建平台的成本支出以及拓客周期长等劣势，如微信传播是近来企业纷纷进入的领域，通过微信平台有效传递信息，与自建平台相比较来看成本几乎可以忽略不计，性价比较高，但往往受制于客户的圈层范围，短期内难以取得迅速扩大影响力的效果。

4.2 品牌企业获开发企业和购房者认同，品牌三度稳步提升

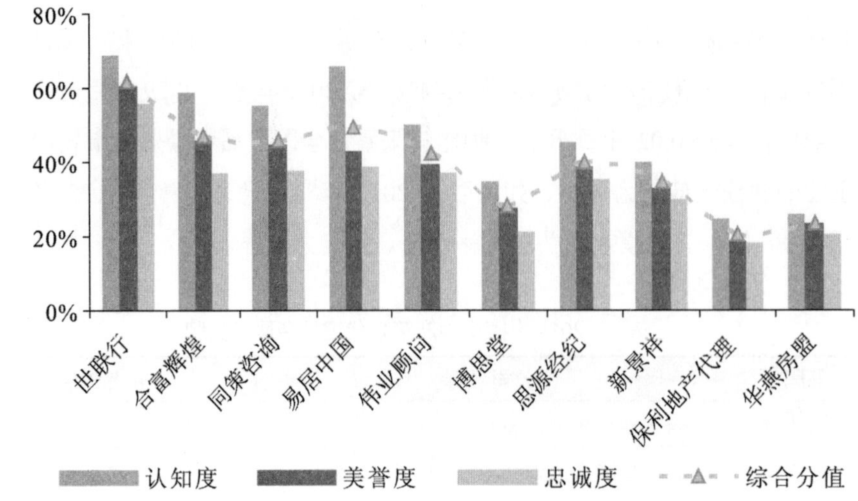

图 5　2014 全国性策划代理品牌企业品牌三度

品牌企业凭借专业的服务能力和良好的销售业绩，“品牌三度”大幅提升。2014 全国性策划代理品牌企业的品牌三度综合得分为 39.22%，较 2013 年提高 2.61 个百分点，一方面，品牌企业通过提供优秀的销售服务和有力的增值服务，有效帮助购房者解决问题，对购房者的置业影响力不断加深，品牌美誉度和忠诚度逐步提高；另一方面，品牌企业通过专业和优质策划代理服务，助力开发企业业绩大幅提升，同时为开发企业提供资产、物业管理等全价值链服务，获得了开发企业多方肯定。

4.3 品牌建设投入不断增加，立体化传播全面塑造品牌形象

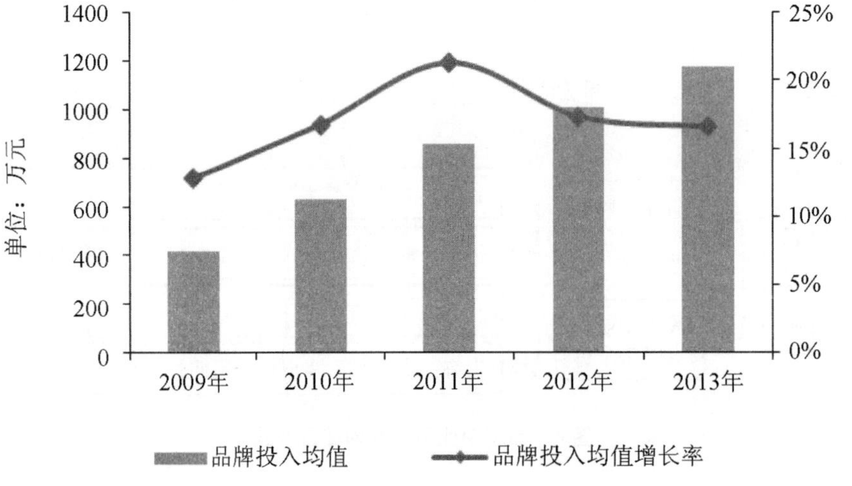

图 6　品牌企业 2009-2013 年品牌投入均值及其增长率

品牌是企业、产品、服务的标识，更是反映企业综合实力和经营水平的无形资产，在房地产市场由卖方市场向买方市场转变的过程中，品牌对于企业形象、产品质量和服务水平的推进更为重要。近年来，品牌企业积极开展品牌建设，注重加大品牌建设投入力度，通过品牌影响力来提升产品和服务的竞争力。2013 年品牌企业品牌建设投入均值为 1173.70 万元，同比增长 16.56%，连续四年保持稳步增长。

2014 年，品牌企业对品牌传播渠道和工具进行整合，通过实施多角度、多渠道、多形式的整合立体传播策略，保证在品牌传播过程中开发企业和购房者能够从不同传播渠道获知和了解品牌，形成品牌传播的整合传播效果和累积传播效应，全面提升品牌影响力。首先，品牌企业横向传播多元化，利用多种媒体进

行品牌宣传起到立竿见影的效果；通过实际解决开发企业的销售需求、实现项目热销，企业品牌的美誉度大幅提升；公关传播树立企业良好社会形象，彰显品牌在社会责任方面的影响力。同时，品牌企业不仅通过多元化品牌传播策略有效达成品牌宣传和品牌核心价值传递的目标，同时紧密围绕开发企业和购房者两大品牌传播目标，通过加强客户关系管理、围绕客户价值链提供优质的多元化服务等措施，在行业竞争激励的背景下有效强化了品牌影响力，增加了品牌粘性，深化了品牌传播的纵向发展。

5 结语

2013 年，房地产市场保持了良好的运行态势，但进入 2014 年，房地产市场去化压力凸显，品牌企业紧抓市场运行脉搏，品牌价值提升明显：品牌企业基于对开发企业和购房者需求进行全价值链的深度挖掘、强化专业能力、延伸专业领域、全方位开展房地产服务业务尤其是金融业务，打造全产业链服务体系，同时顺应移动互联时代的发展，开展一二手联动有效打通营销渠道，市场份额稳定增长，品牌价值大幅提升；凭借优质服务和良好的代理销售业绩，品牌企业不断获得开发企业和购房者的认可，市场影响力凸显，品牌三度得以提升；品牌企业加强品牌内部建设力度，通过立体化传播全面塑造品牌形象，为企业长远发展构筑了良好的基础。品牌企业积极应对市场变化带来的挑战与机遇，良好的市场把握能力、专业的策划代理能力以及强大的品牌影响力成为其保持市场领先地位的法宝。

专题：中国房地产策划代理品牌价值研究十年总结

2005-2014 年，伴随着房地产市场的较快增长，策划代理行业发展迅速，行业品牌建设进入品牌锻造资源整合阶段，与企业盈利能力相辅相成，共同促进企业的稳健经营。TOP10 研究组对十年策划代理行业品牌价值研究进行总结，并以此挖掘优秀品牌企业的成功经验，为行业品牌建设提供参考。

1 中国房地产策划代理品牌企业十年发展数字总结

（1）全国性品牌价值增长迅速，十年品牌价值增长 9.32 倍

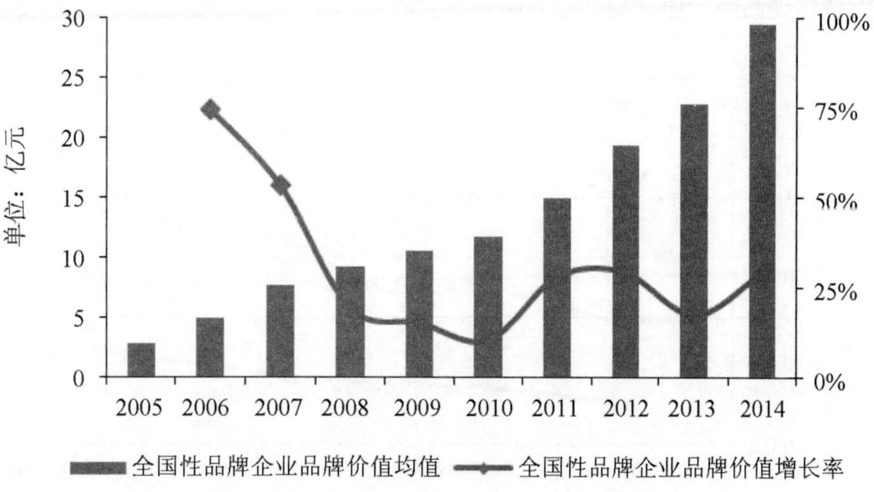

图 1 2005-2014 全国性品牌企业品牌价值均值及增长率

十年间，全国性品牌企业紧跟房地产企业步伐布局全国，有效拓宽品牌建设的广度与深度，品牌价值

持续增长。2005 全国性品牌企业品牌价值均值为 2.86 亿元，2014 增长到 29.53 亿元，年均复合增长率达到 26.29%。就品牌价值的增长率情况来看，2011 与 2012 全国性品牌企业品牌价值增长速度达到了峰值，一方面是由于前两年房地产市场波动性较大，而策划代理行业作为服务业，提高品牌价值能有效的增加客户粘性，保证企业的经营业绩；另一方面，全国性品牌企业全面推进全国化布局，企业规模不断扩大，进一步提升品牌影响力。

（2）区域性品牌价值增长稳定，年均复合增长率达到 17.49%

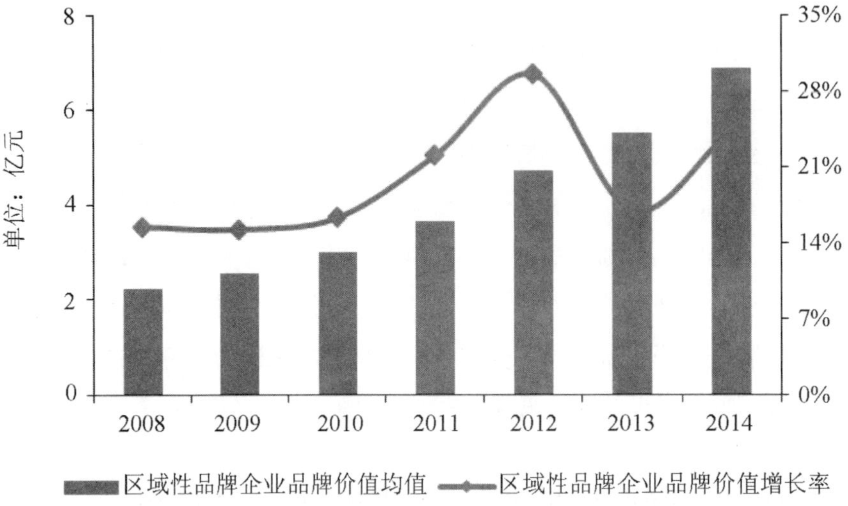

图 2　2008-2014 区域性品牌企业品牌价值均值及增长率

TOP10 研究组自 2008 中国房地产策划代理品牌价值研究开始对区域品牌企业品牌价值进行细分化研究，2008-2014 区域性品牌企业通过深耕区域策划代理市场、提供特色服务，实现品牌价值均值的快速增长，2014 区域性品牌企业品牌价值均值达到 6.89 亿元，较 2008 增长 4.66 亿元，年均复合增长率达到 17.49%。就品牌价值增长率变化来看，区域性品牌企业品牌价值的增长率较全国性品牌企业增长率平稳，主要是因为区域性品牌企业采取深耕策略进行市场拓展，整体市场规模受限，但区域性品牌企业在当地树立了良好的品牌形象，品牌影响力持续稳步提升。

（3）市场份额体现品牌价值，稳固提升确保行业领先

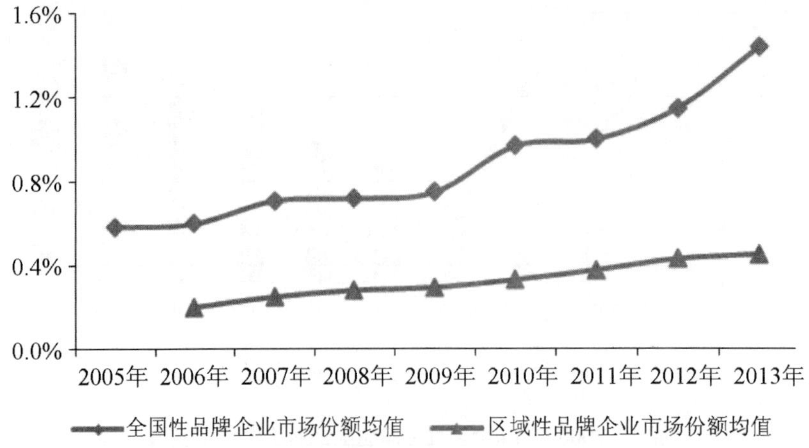

图 3　品牌企业 2005-2013 年市场份额均值

市场份额的大小和品牌价值高低成正比关系，品牌价值的不断提升为市场份额的增长提供了有力支撑，市场份额的快速增长扩大品牌影响力，提升品牌价值。数据表明，经过十年发展，品牌企业凭借其专业素质和品牌知名度强化了行业领先地位，市场份额稳步提升，全国性品牌企业在 2013 年市场份额均值达到了 1.44%，年均复合增长率达到 9.48%；区域性品牌企业 2013 年市场份额为 0.45%，较 2006 年提升 0.25 个百分点，发展速度相较于全国性品牌企业有一定差距，其市场拓展和业务创新等方面仍有待加强。

2　中国房地产策划代理品牌企业品牌建设成功经验总结

（1）品牌组合和投入不断升级，全面提升品牌竞争力

建立完善的品牌管理组织体系是品牌企业树立品牌形象、提升品牌价值的有利条件。过去十年，品牌企业通过建立独立的品牌管理部门、深化完善管理架构、明确授权和岗位职责等举措，为品牌形象的深化和品牌价值的提升提供了有力的支撑。2014 年成立品牌管理部门的品牌企业占比达到 87%，较 2009 年提高近 30 个百分点，品牌管理部门的职能也逐步完善，涵盖了品牌战略规划、品牌传播管理、品牌组合管理、监控关系管理和监控考核管理等多项内容，品牌企业的品牌管理已由过去的单一化、粗放化进入了多元化、精细化时代。

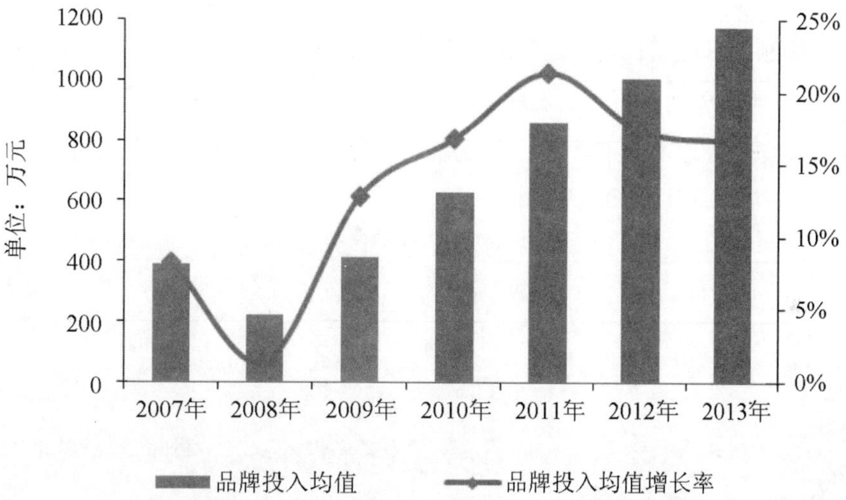

图 4　全国性品牌企业 2007-2013 年品牌投入均值及增长率

品牌建设投入的持续增加也是品牌企业品牌价值不断提升的关键因素。2007 年以来，除 2008 年受宏观经济环境及市场周期的影响品牌建设投入稍有降低外，其他年份品牌建设投入增长率均保持在 10%以上。品牌企业 2007 年投入 388.58 万元，2013 年达到 1173.70 万元，年均复合增长率为 17.11%。从品牌建设投入占营业收入的占比来看，2008 年至今品牌建设投入占比呈稳定增长态势，2013 年为 0.95%，较 2008 年增长 0.27 个百分点，表明品牌企业对品牌建设的重视程度逐渐加大。

（2）多策并举，力促品牌价值提升

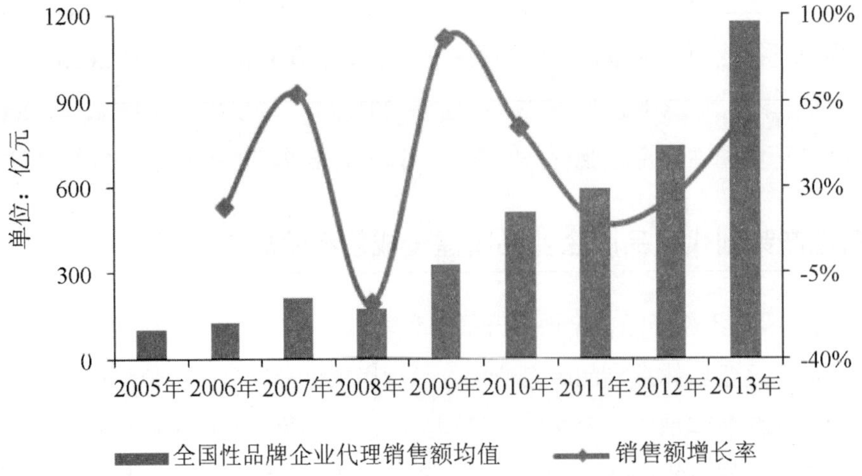

图5　全国性品牌企业2005-2013年代理销售额均值及增长率

提高服务质量，强化品牌载体。作为企业的无形资产，品牌价值以产品或服务为载体才能向客户传递有效信息，因此，提高服务品质成为品牌价值增长的有效手段。过去十年，品牌企业不断加强策划和代理两大主营业务的专业与知识的积累及沉淀，凭借其专业性和较高品牌知名度获得了开发企业的认可和信任，直接表现为代理销售额的迅速增长，全国性品牌企业2013年代理销售额均值达到1175.01亿元，年均增长率为27.62%。此外，随着房地产行业的发展，客户需求向多层次化发展，品牌企业为了更好的服务客户、开拓市场，稳健拓展物业管理、资产管理、金融服务等增值服务新模式，打造集成化立体服务体系。

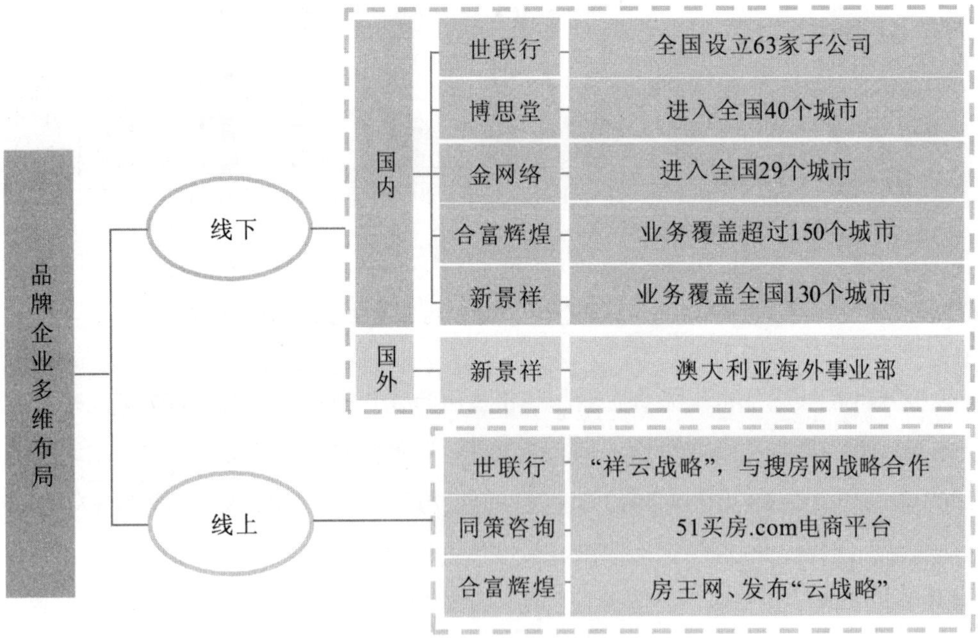

图6　全国性品牌企业多维布局情况

多维布局，全面扩大品牌影响力。2004-2005年，部分策划代理企业开始全国扩张的步伐，从具有区域影响力的企业向全国性的品牌企业发展。十年来，全国性品牌企业不断深耕市场，并通过在全国范围内稳步扩张奠定了品牌优势地位，保障了经营业绩的持续提升及品牌价值的有效沉淀。2014 全国性品牌企业布局城市均值达到了 62.5 个。品牌企业经过十年发展，积累了巨大的线下房地产信息资源，同时遍布各地的网点和大量的业务人员，能够实现购房者线下的购房体验。随着互联网的发展，线上流量资源的优势成为品牌企业新的布局重点。品牌企业也积极筹谋线上布局，赋予品牌新活力、新内涵，全面扩大品牌影响力。

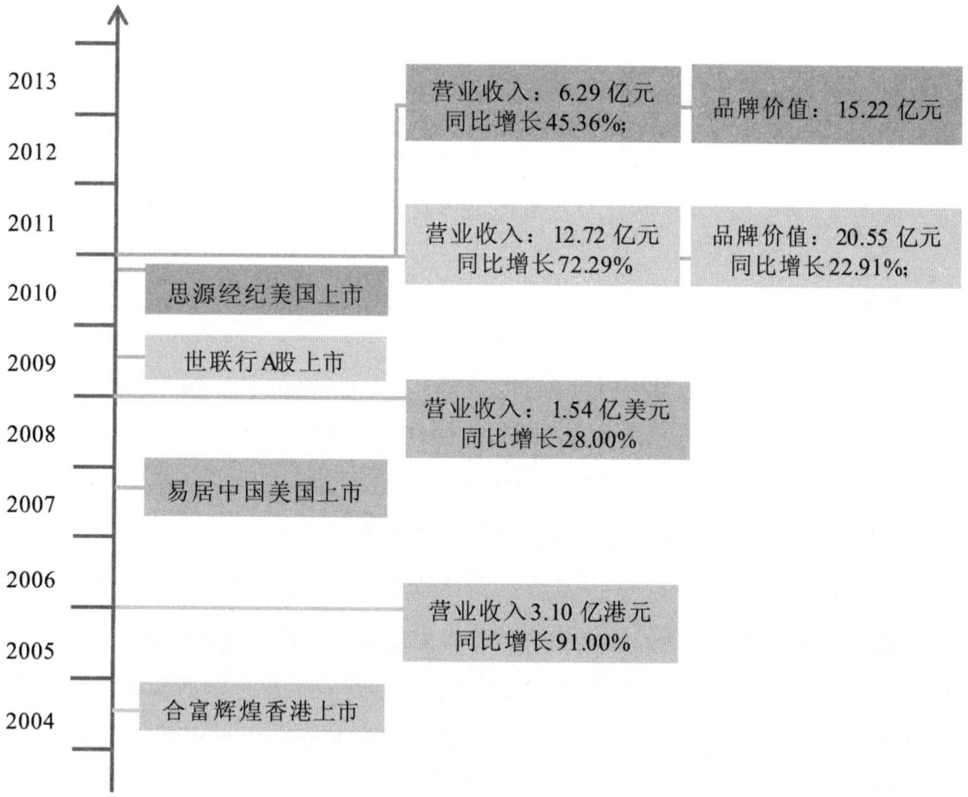

图 7 全国性品牌企业上市情况

品牌企业精益求精，上市谋求品牌溢价。上市不仅有助于品牌企业聚集优势资源，更是品牌企业实现品牌价值的助推器，2004-2013 年先后有合富辉煌、易居中国、世联行和思源经纪四家品牌企业通过上市，在购房者和房地产企业面前树立起良好的知名度和公信力，有效提升了品牌价值和经营业绩。例如，合富辉煌 2004 年在香港上市，2005 年营业收入为 3.10 亿港元，增长率高达 91.00%；世联行 2009 年 A 股上市，社会影响力和市场竞争力得到大幅提升，即使在房地产行业受严格调控政策的 2010 年，品牌价值和营业收入仍实现了大幅增长，分别为 20.55 亿元和 12.72 亿元，增长率分别为 22.91%和 72.29%。

经过十年的探索与发展，中国策划代理品牌企业建立起了完善的品牌管理组织体系，不断增加品牌投入并实施系统、科学与专业的品牌组合管理，通过提高服务质量、全面扩大布局、上市等途径实现了品牌价值的提升，树立了行业品牌领先地位。未来十年，房地产服务行业竞争将更加激烈，品牌仍是房地产策划代理品牌企业取得市场竞争最终胜利的重要法宝，品牌实力将成为品牌企业关键的核心竞争力。

附录六　2014 中国物业服务百强企业研究报告

1　研究背景与目的

由中国指数研究院、中国房地产 TOP10 研究组开展的“中国物业服务百强企业研究”，自 2008 年以来已连续进行七年，引起了社会各界的广泛关注，同时也得到了行业内优秀企业的认可，相关研究成果已经成为评判物业服务企业经营实力及行业地位的重要标准，对促进市场资源向物业服务百强企业聚集、推动房地产开发百强企业与物业服务百强企业强强联合起到了重要作用。

十八届三中全会审议通过的《中共中央关于全面深化改革若干重大问题的决定》指出，“要加快转变经济发展方式，加快建设创新型国家，推动经济更有效率、更加公平、更可持续发展”，对于物业服务企业来说，“创新”更是加快转型升级的重要的驱动力。2013 年，众多百强企业开始重新审视自身的发展情况，紧紧抓住移动互联时代的重大机遇，整合资源，提供延伸服务，开拓新的发展模式，积极提升自身实力。在此背景下，中国房地产 TOP10 研究组以“服务创新，突破提升”为主题，全面启动“2014 中国物业服务百强企业研究”，发掘一批规模大、实力强、服务品质高的物业服务企业，发挥示范带头作用，引领行业健康、快速发展。在总结历年研究经验的基础上，研究组进一步完善了“2014 中国物业服务百强企业研究”方法体系，更加全面、客观地评价企业的综合实力。

2014 中国物业服务百强企业研究的目的：

（1）以客观的数据和研究结果，反映行业最新状况和主流企业的发展态势，为政府部门研究制定行业政策、有关部门加强行业指导提供参考和依据；

（2）科学评价企业的真实实力，发掘一批综合实力强、服务水平高、业主满意度高的优秀物业服务企业；

（3）系统总结优秀企业服务理念和经营模式，供广大物业服务企业学习借鉴，促进企业提升运作水平和服务质量。

2　研究方法体系

2.1　标准和门槛值

中国房地产 TOP10 研究组坚持以客观数据和社会评价为依据，坚持客观、公正、准确、全面、自愿的研究原则。确定现阶段纳入研究范围企业的门槛标准：

（1）依法设立、具有独立法人资格；

（2）按照国际惯例和《物业服务企业资质管理办法》，研究组确定现阶段入选门槛值为：近三年平均在管项目数量不低于 5 个或平均在管项目总建筑面积不低于 10 万平方米；

（3）为了引导物业服务企业做强做大，TOP10 研究组鼓励企业以集团的名义参与。

2.2 评价标准体系

（1）评价指标体系设计原则

“2014 中国物业服务百强企业研究”以“服务创新，突破提升”为主题，以客观数据和社会评价为依据，坚持客观、公正、准确、全面、自愿的研究原则，遵循以下三个准则进行指标体系的设计：

· 服务规模与服务质量相结合。经营规模的持续扩大是物业服务企业提升市场占有率、获得稳定业绩的主要方式，而良好的服务质量是企业绩效提升的有力支撑，只有实现经营绩效与服务质量的结合，才能实现企业的持续健康发展。研究组继续采用总资产、物业管理项目总数、总建筑面积、进入城市个数来评价企业的服务规模，在服务质量的评定方面，引入“星级小区数量”指标，与业主满意度、物业服务费收缴率及物业管理项目续约率结合，来综合评价企业的服务质量。

· 经营绩效与发展潜力相结合。经营绩效不仅是企业盈利和运营能力的重要指标，也是企业市场拓展和发展速度的重要保障，而是否具有丰富的储备项目、较为完善的人才结构和规范化的管理体系以及企业智能化投入的多寡则显示了企业未来的发展潜力。而三项费用率的控制则体现了企业的成本控制水平，对经营绩效有较大影响。

· 经营业绩与社会责任相结合。作为与业主日常生活密切相关的行业，物业服务企业在构建和谐社会方面发挥了重要的作用。企业对社会的积极贡献有利于提高群众对于物业服务企业的认知度，树立企业品牌形象，促进企业快速发展。研究组采用年度纳税总额、就业岗位个数和保障性住房管理面积三个指标评价企业的社会责任贡献，引导行业重视社会责任。

（2）评价指标体系

表1 2014中国物业服务百强企业研究指标体系

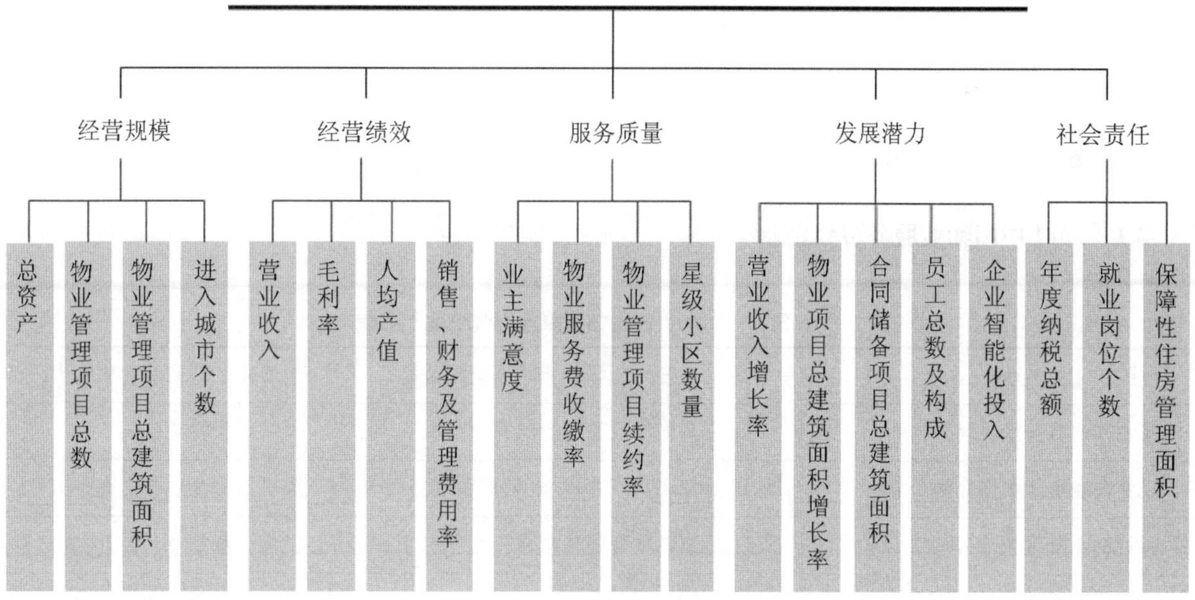

2.3 数据来源及复核

（1）数据来源

· 物业服务企业填报的数据；

· 中国房地产 TOP10 研究组对业主进行的满意度调查（网上调查与网下调查相结合）数据；

· 中国房地产指数系统（CREIS）数据库及中国房地产统计年鉴；

· 物业服务企业对外公布的信息（包括企业网站信息和对外派发的宣传资料）；

- 有关政府部门（包括建委、房管局和统计局等）的公开数据；
- 2011、2012、2013 中国物业服务百强企业研究收集的企业数据资料；
- 2011、2012、2013 中国物业服务品牌价值研究收集的企业数据资料。

（2）数据复核

企业填报的数据须如实客观，同时研究组将对填报数据进行复核。

- 企业财务数据通过会计师事务所出具的报表进行复核；
- 通过税单复核企业经营收入及利润；
- 对收集的数据坚持交叉复核：通过各地物业管理协会的公开信息及统计局经济普查数据对企业填报数据交叉复核；

对有疑问的数据研究组将进入社区进行业主一对一访谈现场复核。

2.4 计量评价方法

（1）在研究方法上，为增加研究的严谨性，采用因子分析（Factor Analysis）的方法。因子分析是一种从变量方差——协方差结构入手，在尽可能多地保留原始信息的基础上，用少数新变量解释原始变量方差的多元统计分析方法。它将原始变量分解为公共因子和特殊因子之和，并通过因子旋转，得到符合现实意义的公共因子，然后用这些公共因子去解释原始变量的方差。计算中国物业服务百强综合实力时，主要是计算各构成要素的相关矩阵，通过相关矩阵得到特征值、累计特征值及因子载荷。根据最初几个特征值在全部特征值的累计百分率大于或等于某百分比的原则，确定公共因子的具体个数。然后再根据因子载荷矩阵确定各个因子的现实意义并进行重新命名，最后根据不同企业各个因子的得分及载荷矩阵，通过加权累加构成 2014 中国物业服务百强综合实力指数。

（2）企业按评价指标体系排序出现相同时，依照社会效益实现情况数据确定排序；当上述累加计算又基本相同时，按西部、中部、东部排序确定。

3 主要研究成果及分析

3.1 2014 中国物业服务百强企业

表 2 “2014 中国物业服务百强企业”名单

1	万科物业发展有限公司	35	深圳市开元国际物业管理有限公司	69	天津津滨联合物业服务有限公司
2	绿城物业服务集团有限公司	36	北京东光物业管理股份有限公司	70	上海明华物业公司
3	长城物业集团股份有限公司	37	深业集团（深圳）物业管理有限公司	71	重庆晋愉物业服务有限公司
3	保利物业管理有限公司	38	上海复瑞物业管理有限公司	72	上海上置物业（集团）管理有限公司
5	金地物业管理集团有限公司	39	鑫苑物业服务有限公司	73	深圳市鹏基物业管理有限公司
6	北京首开鸿城实业有限公司	40	厦门联发（集团）物业服务有限公司	74	深圳市科技工业园物业管理有限公司
7	北京市均豪物业管理股份有限公司	41	盛全物业服务有限公司	75	上海申大物业有限公司
8	彩生活服务集团有限公司	42	杭州佰全物业管理有限公司	76	深圳市特发物业管理有限公司
9	广东中奥物业管理有限公司	43	北京新世界物业管理有限公司	77	中新苏州和乔物业服务有限公司
10	广东康景物业服务有限公司	44	浙江佳源物业管理有限公司	78	浙江颐景园物业服务有限公司

续表

11	中航物业管理有限公司	45	重庆隆鑫物业管理有限公司	79	苏州市会议中心物业管理有限公司
12	北京凯莱物业管理有限公司	46	新疆广汇物业管理有限公司	80	浙江绿升物业服务有限公司
13	中海物业管理有限公司	47	远洋物业	81	上海上实物业管理有限公司
14	招商局物业管理有限公司	48	北京科住物业管理有限公司	82	重庆同景物业服务有限公司
15	深圳市卓越物业管理有限公司	49	山东省诚信行物业管理有限公司	83	浙江大管家物业管理服务有限公司
16	重庆新龙湖物业服务有限公司	50	海亮物业	84	深圳熊谷物业管理有限公司
17	北京网信物业管理有限公司	51	重庆鸥鹏物业管理有限公司	85	上海证大物业管理有限公司
18	北京金融街物业管理有限责任公司	52	重庆天骄物业管理服务有限公司	86	北京国瑞物业服务有限公司
19	佳兆业物业管理（深圳）有限公司	53	廊坊荣盛物业服务有限公司	87	天津市天房物业管理有限公司
20	上海银湾物业管理连锁集团	54	上海科瑞物业管理发展有限公司	88	奥宸物业管理有限公司
21	北京金隅物业管理有限责任公司	55	重庆新东原物业管理有限公司	89	重庆市长安物业管理有限公司
22	融创物业管理有限公司	56	深圳市莲花物业管理有限公司	90	深圳中旅联合物业管理有限公司
23	金科物业服务有限公司	57	云南俊发物业服务有限公司	91	云南实力物业服务有限公司
24	上海东湖物业管理公司	58	北京金辉锦江物业服务有限公司	92	杭州怡华物业管理有限公司
25	江苏新城物业服务有限公司	59	北京市北宇物业服务公司	93	重庆泽京物业管理集团有限公司
26	上海世茂南京物业服务有限公司	60	昆明银海物业服务有限公司	94	四川汇丰物业服务有限公司
27	上海陆家嘴物业管理有限公司	61	广州珠江物业酒店管理有限公司	95	上海保集物业管理有限公司
28	阳光城物业服务（福建）有限公司	62	北京市圣瑞物业服务有限公司	96	泛海物业管理有限公司
29	北京万通鼎安国际物业服务有限公司	63	长江三峡实业有限公司	97	重庆市光华物业管理有限公司
30	廊坊市幸福基业物业服务有限公司	64	深圳市明喆物业管理有限公司	98	云南巨和物业服务有限公司
31	北京首欣物业管理有限责任公司	65	深圳市之平物业发展有限公司	99	北京北大资源物业经营管理集团有限公司
32	成都置信物业	66	中化金茂物业管理(北京)有限公司	100	深圳市福田物业发展有限公司
33	深圳市赛格物业管理有限公司	67	上海永升物业管理有限公司		
34	港联物业（中国）有限公司	68	上海景瑞物业管理有限公司		

3.2 2014中国物业服务百强企业发展特点分析

（1）经营规模：在管面积均值达到1500万平米，区域拓展与行业整合促进企业做强做大

- 百强企业以专业能力打造核心竞争力，在管面积持续快速增长

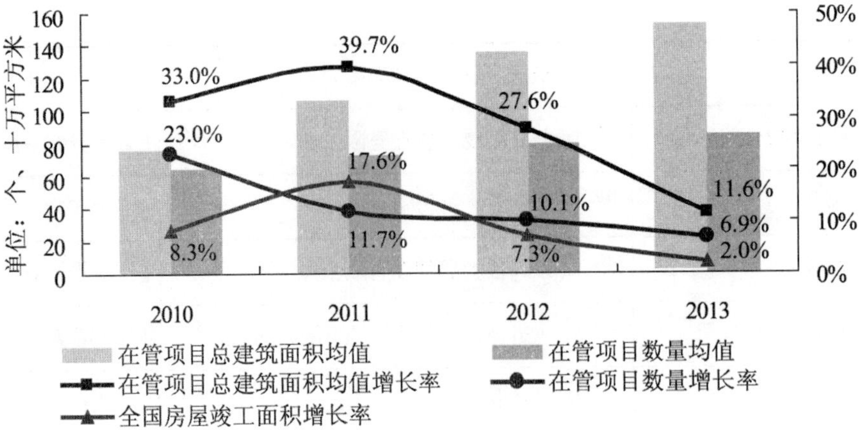

图1　2010-2013 年百强企业服务规模变化趋势

近年来，中国房地产市场持续升温，为物业服务行业提供了良好的发展机遇，百强企业以专业能力打造核心竞争力，经营规模持续大幅增长。2013 年百强企业实现在管项目总建筑面积均值 1511 万平方米，同比增长 11.6%，较全国房屋竣工面积增速高出 9.6 个百分点，在管项目数量均值 85 个，较上年增加 6 个。百强企业凭借优质的品牌形象、精良的服务品质、长效的客户维护与市场培育机制，不断加强区域布局和业务拓展力度。随着行业逐步步入整合期，部分百强企业通过收购并购完善布局，进一步强化了行业领先地位。

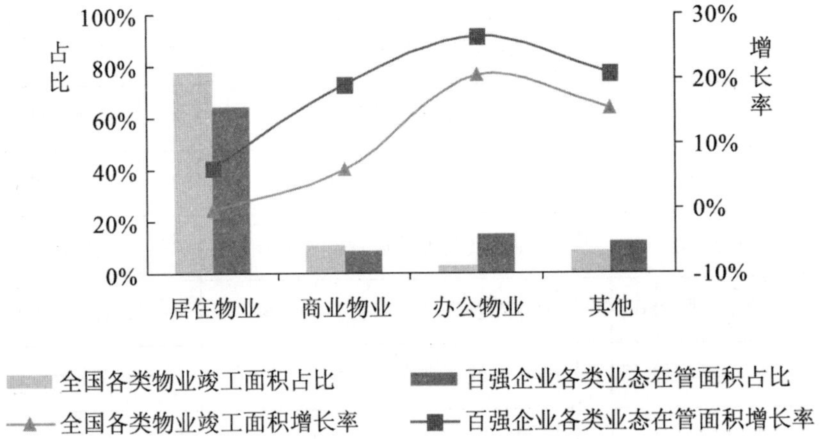

图2　2013 年全国各类物业竣工面积与百强企业管理业态对比

随着房地产开发业态日趋多元化，不同业态物业服务差异也越发明显，专业化物业服务的价值更加受到重视。凭借扎实的专业能力，百强企业在多业态物业市场中显示出更加明显的竞争优势。具体来看，居住物业竣工面积在高基数的约束下出现了 0.4%的回落，受其影响，百强企业居住物业服务面积均值为 971.8 万平方米，同比仅增长 6.3%，但仍是百强企业服务最主要的物业类型；商业物业、办公物业获得了开发企业的青睐，竣工面积分别增长了 6.1%和 20.5%，为百强企业的可持续发展创造了新的空间。百强企业商业物业和办公物业在管面积分别增长了 19.1%和 26.5%，在一定程度上保证了企业规模的增长；其他类型中，公共物业与工业物业项目在企业管理组合的占比持续加大，2013 年占比增至 12.0%，同比增长 0.5 个百分点，政府委托项目和新建工业园区已成为百强企业扩大市场份额、提高收入的新增长点之一。

- 追随开发企业积极进行城市拓展，以点带面把握区域发展良机

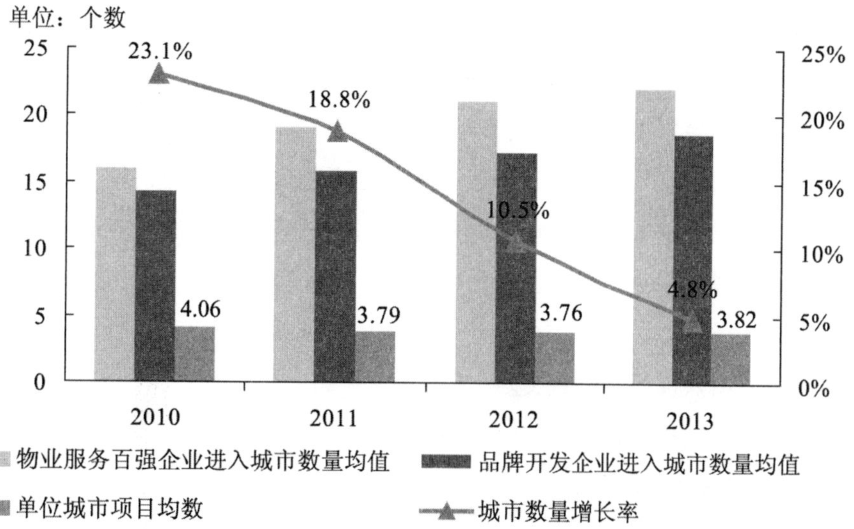

图 3 2010-2013 年百强企业进入城市数量与单个城市管理项目情况

百强企业在管项目面积的持续增长，主要得益于全国布局速度的加快以及对已进入城市实施的深耕策略：2013 年，百强企业布局城市增至 22 个，同比增长 4.8%。长期以来，百强企业通过集团合作或市场跟随，实现对目标市场的快速覆盖，2010-2013 年上游品牌开发企业进入城市增量与百强企业进入城市数量的相关性达到 0.98，布局增长趋势高度相关。从单个城市项目个数来看，在全国化布局的进程中，由于新进入城市的项目贡献度较低，对单位城市项目个数形成了一定稀释。2010-2013 年，百强企业单个城市的项目数均值一直稳定在 3 个左右，2013 年，百强企业每个城市项目数量均值达到 3.82 个，同比增长 1.6%。在经过前几年快速扩张后，百强企业正将开拓重点转向对已进入城市的深度挖掘，发展策略的变化将帮助企业夯实已布局城市，有效节约成本，获得集约化发展。

百强企业的在管项目组合已完成从一线城市单核心到二、三四线城市多核心的结构性改变，“多核驱动”也成为企业规模扩张的新型模式。2013 年，百强企业一线、二线和三四线城市项目占比分别为 35%、43% 和 22%，二线城市项目总量已超过一线城市，同时随着开发商加大对三四线城市的开发，百强企业在三四线城市在管项目占比也有所扩大。

· 行业整合加速，部分百强企业通过收购并购完善布局，做强做大

表 3 近几年部分百强企业收购并购交易情况

百强企业名称	收购并购企业	收购并购交易理由
长城物业	北京安港物业	挖掘核心城市
诚信行物业	香港天怡物业	全国布局与企业国际化
	南京百市物业	中高端居住物业管理优势
彩生活物业	南京名城物业	长三角市场布局
	南京慧韬物业	
	南京锦江物业	
	上海通翼物业	
	天津新塘物业	环渤海市场布局
均豪物业	青岛海信物业	环渤海市场布局
	上海瀛海三幸	挖掘核心城市

中国物业服务行业经过三十多年的发展，企业数量超过 7 万家，大量的中小物业服务企业过度分散，

不利于行业的健康发展，随着物业服务行业的发展成熟，行业整合势在必行。近几年，部分百强企业凭借资本实力开始对中小物业公司收购并购，积极完善企业战略布局，快速实现做强做大的目标。第一，通过收购并购迅速壮大在管项目规模，同时优化双方企业的可共享资源，实现规模经济，抵御市场冲击。彩生活物业正是通过这种方式实现规模扩张，逐步树立了在全国的领先地位；第二，通过收购并购降低市场准入门槛，实现企业跨区域快速布局，可以有效规避跨区域经营风险，高效完成本土化进程，例如，长城物业收购北京安港物业，成功解决了企业进入北京“水土不服”的难题；第三，以收购并购实现国际化发展，诚信行通过收购香港天怡物业，进军海外市场，同时成功获得高端物业的管理能力，对提升企业管理水平和加强核心竞争力，具有深远的战略意义。

（2）经营绩效：守正出奇营收再攀高峰，开源节流利润持续增长

· 坚守主业，经营收入再攀高峰

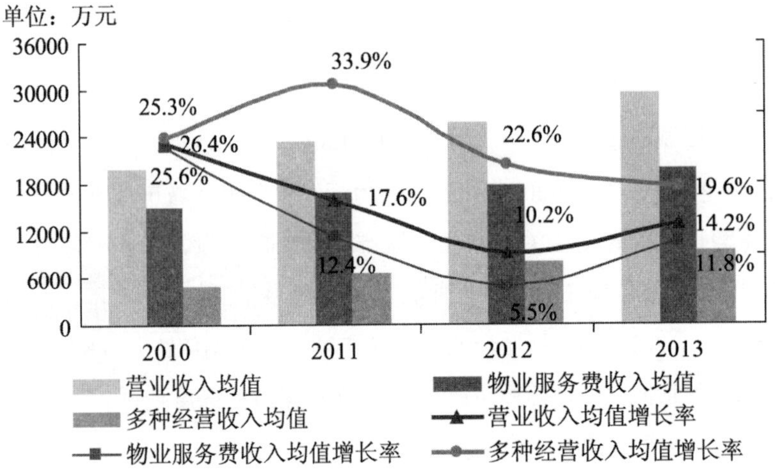

图 4　2010-2013 年百强企业收入变化及构成

2013 年，中国房地产市场发展良好，物业服务百强企业顺势而为持续提升业务水平，随着二三级市场纵向合作及行业内资源整合持续发酵，百强企业凭借区域优势与企业内部资源特点，物业服务收入保持了良好的增长势头，2013 年收入 19939.9 万元，增长率达到 11.8%；同时，百强企业对多元化业务的重视程度也在不断升温，随着经营范围的扩大与深入，多种经营收入迅速增长，2013 年达到 9447.7 万元；主副业双增的良好局面带动百强企业营业收入整体上升，均值达到 29387.6 万元，同比增长 14.2%。

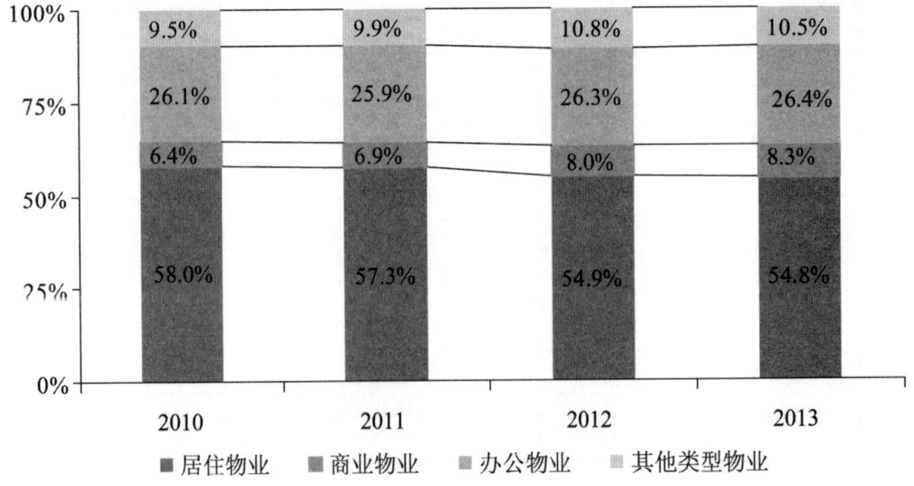

图 5　2010-2013 年百强企业各类型项目物业服务收入比例

伴随城镇化的持续推进，中国城市的房屋总存量持续增长，各种业态物业服务市场不断扩大，为百强企业提供了充分的发展空间。从2013年百强企业物业服务收入的业态分布看，百强企业居住物业服务收入占总营业收入的54.8%，收入水平占比平稳，作为企业的主体收入来源，是企业发展的坚固基石；而随着商业地产的快速发展以及百强企业对商业物业项目的拓展，2013年商业物业服务收入在全部物业服务收入中的比例持续增加，占到8.3%左右，办公物业收入占比为26.4%；公共物业、工业物业等其他类型的物业收入占比稳定在10%左右。百强企业对物业服务能力的打造，不仅保障了基本生存空间，更为企业的未来发展打下坚实的基础。

· 创新带动，全力挖掘资源价值

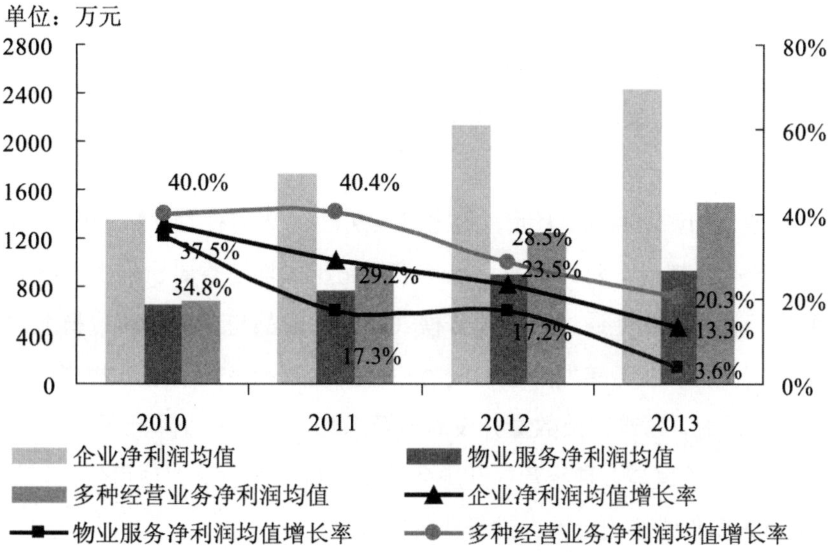

图6 2010-2013年百强企业净利润及变化情况

2013年，百强企业净利润均值为2427.1万元，同比增长13.3%，保持了较快速度的发展，这主要在于：一方面百强企业不断挖掘自有客户资源，运用大数据分析提升社区服务、房屋租售等多种经营业务，2013年实现多种经营业务盈利1499.9万元，同比大幅增长20.3%，增幅远远超过物业服务业务，有效提升了百强企业整体盈利能力；另一方面，百强企业坚持主业为根的企业发展战略，不断优化在管项目质量，主动退出盈利能力差、发展潜力低的亏损项目，保持物业服务业务利润的健康持续增长，2013年该业务平均实现盈利927.2万元，同比增长3.6%。另外，一些地方政府出台了降低营业税费的扶持政策，帮助微利经营的企业渡过经营危机，在一定程度上也增加了百强企业抗风险能力与盈利能力。总体上，百强企业盈利结构已形成以物业服务业务为基础、多种经营业务为盈利主体的混合型盈利模式，市场风险抵御能力明显提升。

近年来，百强企业的多种经营收入和利润逐年增长，在企业全部营收和总利润中所占的比例连续稳步提升，其中利润占比连续五年超过50%，2013年多种经营在企业全部营收中占比32.1%，而利润占比却达到61.8%，多种经营已经成为百强企业创造利润的主力军。

· 集约发展，新技术提升人均绩效

科技应用以及企业内部的结构优化，是提升服务质量、降低服务成本的有效手段。在不动产全生命管理概念中，科技运用已无所不在，楼宇自动控制、物业办公信息化、设施管理智能化、大数据云端处理等科技应用逐渐从大型商业、办公物业普及到公寓住宅的管理服务上，服务质量和效率都有了显著改善。

表 4 2013 年百强企业居住物业人均效能情况

	项目管理人员	保安人员	保洁人员	绿化人员	设备维修维护人员
单位管理面积配置人员[①]（人数/百万平米）	34	100	67	29	21
外包比例（%）	-	22.1	40.8	33.7	22.2

多年来，百强企业始终关注项目人员结构的重组优化问题，结构优化配置主要通过两种手段进行，一是进行减员增效，不断优化企业员工配置，二是持续增加外包项目比例，利用第三方力量深度提升企业效能。据中国指数研究院调研显示，2013 年百强企业星级物业管理小区配置人员平均为 251 人/百万平米，其中管理人员 34 人/百万平米、保安人员 100 人/百万平米、保洁人员 67 人/百万平米、绿化人员 29 人/百万平米、维修维护人员 21 人/百万平米，常规服务外包比例相对较高，合理的人员结构配置，有效降低企业运营成本，提升服务品质。

2013 年，百强企业人均产值为 9.2 万元，同比增长 9.7%；人均在管面积 4921 平方米，同比增长 9.3%，企业人均绩效实现快速稳步提升。对比来看，人均产值超越人均在管面积的上涨幅度，主要是在多种经营业务蓬勃发展的背景下，百强企业通过物业服务模式输出、产品与业务创新、行业跨界及产业整合等手段持续拓宽业务外延，初步实现业务转型升级；同时，百强企业利用规模经济共享中后台管理资源，在增加管理面积和营业收入的同时，管理人员数量并没有显著增加，从而有效降低了运营成本，提升了人均绩效。

（3）服务质量：规范管理与多种经营提升服务品质，百强企业助力项目保值增值

- 地方性物业管理条例纷纷出台，促进行业规范发展

表 5 2013 年地方性物业管理条例

名称	时间
《绍兴市区物业管理办法（试行）》	2013.01
《青海省物业服务企业规范化管理考核办法》	2013.01
《兰州市物业管理规定》	2013.03
《漳州市物业管理规定》	2013.03
《天津市社区物业管理办法》	2013.08
《包头市物业管理条例》	2013.09
《杭州市物业管理条例》	2013.11
《深圳经济特区物业管理条例〉实施若干规定》	2013.11
《怀化城区物业管理办法》	2013.12

物业管理法律法规是物业服务行业的顶层建设支柱和行业规范基础。2007 年在国务院通过对《物业管理条例》的进一步修订后，各省、市、自治（区）根据自身情况纷纷出台了相应的法律法规，其中包括行业纲领法规的落地办法，如各地出台的《物业管理条例》、《物业管理办法》，以及针对争议性、热点议题的法规，如《收费管理办法》、《专项维修资金的管理办法》、《物业服务管理用房办法》等。通过纲目列举、粗细搭配，物业服务行业的法律法规体系做到了完整性和互补性，初步实现行业法规的健全完善。

---

① 单位管理面积配置人员不包括外包人员。

· 收缴率和续约率持续高位，多种经营提升服务品质

与业主良好的互动、互惠关系是百强企业能够立足于行业前列的基石。2013 年，百强企业一如既往获得了来自业主的肯定，物业服务费收缴率和项目续约率分别为 95.40%与 98.88%，费用收缴率明显高于 60%-70%之间的行业平均水平。多年来，百强企业始终坚持满意度优先、以人为本的经营理念，2013 年在基本四项物业服务的基础上，企业积极发展社区网络、社区商务、社区金融等多种经营服务，充分满足了业主对社区便利性服务日渐提高的需求；为提升品牌形象，部分百强企业主动终止与低质项目的续约合同，导致项目续约率出现小幅下降，但企业整体盈利水平以及品牌价值均有所提升，为百强企业的持续发展和区域扩张奠定坚实基础。

表 6 主要的多种经营服务类型及内容

业务类型	主要项目内容
房屋中介及资产管理服务	代办房屋买卖、租赁业务，车位、商铺、尾房销售服务等
生活服务	家政服务、装修服务、包裹递送服务、餐饮、会所、看护服务等
电子商务	电子商务平台、提供团购、在线购物等服务
咨询服务	地产前期介入咨询、顾问咨询、装修方案、管理咨询、顾问服务等
专业技术业务	社区或项目外的经营活动，如：独立的电梯公司、园林绿化公司等
其他	资源回收及电梯广告、金融服务、健康及教育服务等

多种经营不仅能够有力地支撑企业的利润，同时也有利于物业服务主业的发展，百强企业通过房屋中介及资产管理服务、生活服务、电子商务、咨询服务以及专业技术服务等，提供全方位服务，服务品质有了较大幅度的提升。百强企业不断探索社区服务创新模式，满足社区业主在生活中的各种需求，有效改善了物业费收缴率以及社区和谐度，提升社区居民整体满意度以及企业的品牌形象。

· 星级小区比例提高，软硬件水平稳中有升

表 7 2013-2014 年星级小区软硬件得分情况

城市	2014 年		2013 年	
	软件得分	硬件得分	软件得分	硬件得分
北京	79.3	80.6	79.4	79.7
上海	77.4	78.6	77.2	78.7
广州	79.6	79.8	77.8	78.0
深圳	80.1	80.0	80.0	79.5
杭州	77.1	77.7	77.3	77.9
南京	76.8	77.9	76.8	78.0
武汉	76.4	78.2	78.5	78.4
天津	79.7	78.7	79.9	78.8
重庆	86.1	86.6	82.6	83.2
成都	81.2	81.8	77.8	78.0
均数	79.4	80.0	78.7	79.0

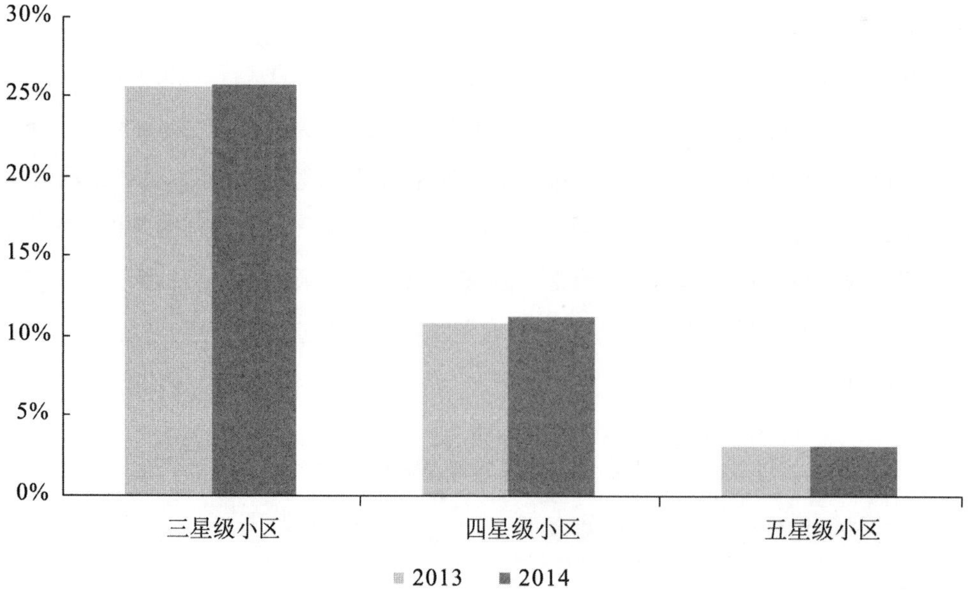

图 7 2013-2014 年百强企业在管小区中三星级以上小区比例

综合管理能力的高低将直接影响在管小区业主对居住舒适度、生活品质、物业外在价值等多方面的体验观感，为了满足、甚至超越业主对客户体验的价值预期，百强企业不断提高对小区人员服务规范、服务质量、服务效率等软性指标要求，同时加大对在管小区物业功能性、智能性、宜居性等硬性资源的投入适配，将企业的内在提升最终落脚于小区服务的品质升华。2014 年，根据中国指数研究院 1-6 月的全国星级评级结果来看，其中百强企业在管小区中三星级以上小区比例达到 40.1%（不完全抽样调查结果），比去年提升了 1.1 个百分点，其中三星级 25.7%、四星级 11.2%、五星级 3.2%，分别比去年提高了 0.2、0.3、0.1 个百分点，为物业服务企业树立了品质服务榜样。而软硬件得分方面，中国十座主要城市的星级小区软硬件得分普遍出现上涨，十城综合软硬件均值得分分别为 79.4 分和 80.0 分，同比分别增长 0.8 和 1.2 个百分点。

- 百强企业优质服务促进项目保值增值

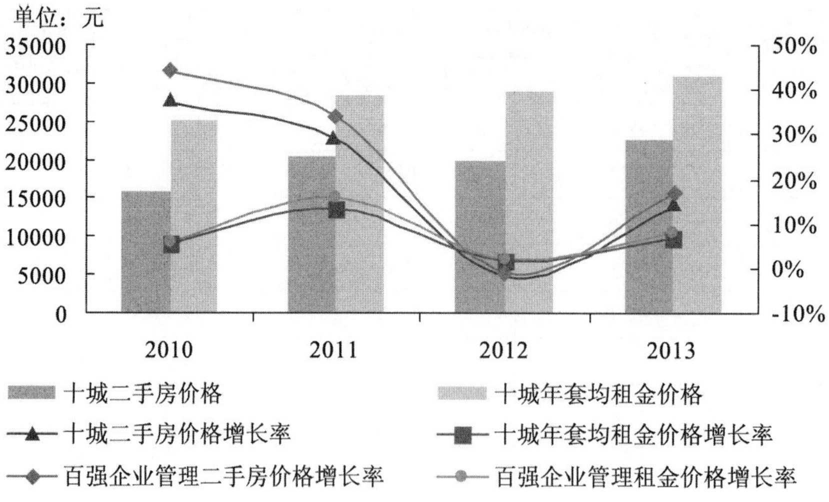

图 8 2010-2013 年百强企业十城[①]在管项目二手房售价、租金与城市均价比较

保持物业外观的历久弥新，塑造管理项目的品牌形象，形成独具韵味的人文景观，是百强企业可以赋予、且有能力创造的物业附加价值。物业保值、增值涉及工程设备、人员形象、视觉设计等诸多方面的管

① 十城包括北京、上海、深圳、广州、天津、武汉、重庆、南京、杭州、成都。

理与经营，百强企业通过对硬件设施设备的维修维护，软件运营服务的专业支持，帮助业主实现置业投资的最大回报。2013 年，中国指数研究院对中国十座主要城市进行的抽样调查显示，百强企业在管二手房项目价格均价高出了普通小区的价格增长，年均正向差额在 0.6-5.4 个百分点，说明企业的优质物业服务对二手房的价格上涨贡献显著，而在房屋租赁市场，租房人也愿意为百强企业的优质服务支付溢价，年均租金比普通小区高出 0.3-2.2 个百分点。万科物业近期对全国各地交付年限超过 10 年以上的 40 个老项目进行了一轮房屋资产价格摸底调研，发现其中八成以上的项目房屋资产价格高于周边社区，良好的物业管理能够促使房屋资产保值增值进一步得到印证。

（4）发展潜力：合同储备面积突破百万平米，科技与人才提供“双核”驱动

· 房地产与土地交易市场齐增长，为企业发展提供保障

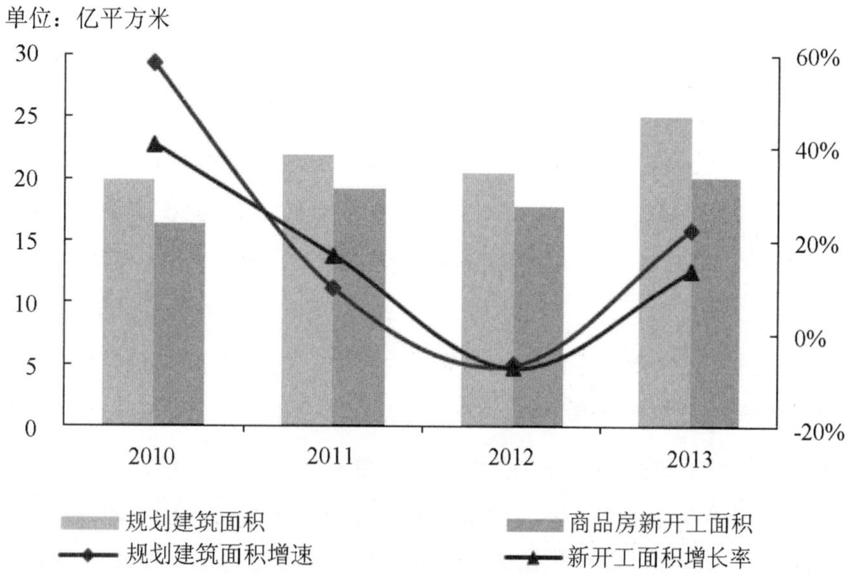

图 9 2010-2013 年 300 城成交土地规划建筑面积以及新开工面积情况

从土地市场成交来看，物业服务的整体市场扩展明显：2013 年 300 城成交土地规划建筑面积为 25.0 亿平方米，同比增长 22.5%，在 2012 年成交出现下滑后再次大幅上涨，扭转了连续两年增速下滑的态势；全国商品房新开工面积 20.1 亿平方米，同比增长 13.5%，房地产市场整体向好，为物业服务企业提供潜在发展空间。

2013 年，百强企业合同储备项目数量均值为 44.5 个，同比增长 24.8%；合同储备项目总建筑面积均值为 114.6 万平方米，同比增长 27.6%，自 2010 年以来连续四年保持增长势头，百强企业未来发展可期。历年发展情况显示，2011 年与 2012 年合同储备项目规模增长最为迅速，一方面是伴随房地产市场的快速扩张，物业管理市场整体需求增长明显；另一方面百强企业凭借其高品质的服务质量以及专业的管理能力，获取项目能力突出。另外，不同类型的百强企业扩张方式差异明显，市场化企业在提升项目管理能力的同时通过兼并收购等方式有效增强市场影响力，非市场化企业在跟随母公司进行市场扩张的同时逐步开展与其他开发企业的合作；2013 年百强企业合同储备项目规模增长速度明显放缓，但仍远远高于 2010 年的增速，百强企业市场引领作用突出。值得注意的是，百强企业单个合同储备项目建筑面积均值自 2011 年以来连续三年上涨，表明百强企业获取大项目的能力逐渐凸显。

· 企业服务标准化与行业培训体系化，共同提升百强企业发展潜力

标准化不仅是物业服务企业提高服务质量的重要手段，同时也是企业跨区域有序发展的重要基础。百

强企业通过对自身发展水平以及业务能力的整体综合考量制定物业服务发展标准，为未来发展指明方向。例如，万科物业、龙湖物业和首开物业等百强企业均建立了企业物业服务标准，使企业物业服务标准化，同时随着行业发展对服务标准不断细化升级，大幅提高物业服务水平，而且区域拓展也更加有序。

管理与技术员工类别	2012年占比	2013年占比
管理类	48.1%	47.6%
机械机电类	24.5%	25.3%
计算机类	17.7%	19.5%
其他	9.7%	7.6%

图10　2013年百强企业员工构成比例

在企业服务标准化的发展背景下，人才是企业之本，也是企业未来发展的最重要的核心资源之一，掌握人才才能把握行业发展的先机。2013年，百强企业管理与技术员工人数占员工总数的比例为7%，较2012年提高1.3个百分点。从管理与员工内部分类来看，管理类占比最高为47.6%，包括物业管理和经济管理人员，机械机电类、计算机类、其他占比分别为25.3%、19.5%、7.6%。对比来看，计算机类人员增长最为迅速，主要是百强企业跟随网络时代的发展主动加大智能化投入，通过引进计算机专业人才创新发展加强企业市场竞争力。

培训是提升企业人才素质的重要手段。百强企业员工能力提升内部培训主要有两种方式：一是内部讲座形式，如保利物业北京公司举办中层干部管理能力提升培训讲座，学习如何提升管理能力、凝聚团队的方法、了解个人素质提高、领导魅力展现和公司影响力提升等知识；二是，百强企业加大与高等院校、机构的合作，引进人才、保障企业未来发展，如中航物业通过与哈尔滨铁建工程技术学校和四平职业大学签订校企合作协议，确保了企业长期稳定的基层员工供给，有效保障企业人才培养和人才储备。

伴随物业行业的发展，针对物业服务企业进行的培训越发多元化以及体系化，优秀的外部培训发挥了越来越重要的作用。百强企业积极参与行业的建设发展，通过参与行业培训、考察交流等方式有效提升企业的市场竞争力，如中国指数研究院的“物业服务六维培训体系”，通过组织高端会议、专业培训、实践交流等活动，对物业服务行业的人才培养形成有力推动，百强企业积极参与其中，有效提升了高端人才的专业服务水平以及合作精神，为未来发展奠定了坚实的基础。

· 科技投入不断增加，提升百强企业管理效率与收入水平

伴随互联网技术的广泛应用和普及，物业服务企业注重用高科技力量武装自己，同时进行管理方面的创新，以此来适应新的环境。百强企业作为行业的领军企业，不断提高智能化投入水平，2013年平均智能化投入115.3万元，同比增长25.1%，连续四年保持增长态势。一方面，2013年百强企业自身智能化投入24.9万元，同比大幅增长56.9%，保障企业适应移动互联时代的节奏，跟上物业服务行业发展的新趋势；另一方面，百强企业在管物业智能化投入90.4万元，同比增长18.4%，物业服务的质量提升明显，显著节约了人力成本。从智能化管理的发展来看，百强企业在2013年着重通过提升企业自身的智能化管理系统来加强服务水平，如中航物业在6月启动新知识管理系统，打造具有中航物业特色的知识管理平台，有效解决系统前台与后台业务管理问题。

（5）社会贡献：百强企业积极承担社会责任，提升业主满意度打造和谐社区

· 百强企业增加就业岗位和扩大保障房管理面积，积极承担社会责任

随着房地产市场的持续快速发展以及老旧住宅物业管理覆盖面的不断扩大，作为劳动密集型行业的物业管理在扩大就业方面进一步发挥积极作用，近年来，由于人力成本的不断上升，百强企业提供的就业岗位数量增长减缓，2013 年，在物业服务人均绩效不断提升的背景下，百强企业提供职位数量均值为 3064 人，小幅增长 1.32%。由于物业服务提供的部分工作岗位包括保洁、保安等技术含量较低的岗位，因此在解决中专毕业生、下岗待业人员、转业军人以及农村务工人员等职业技能较低的人员就业问题方面表现得比较突出。在为解决就业问题做出突出贡献的同时，百强企业在保障性住房的物业管理方面也表现得十分积极。保障房是政府为解决中低收入住房困难家庭提供的限定标准、限定价格或租金的住房，存在着物业服务收费标准低、费用收缴率低等问题，这些都导致保障房的物业管理难度加大，但百强企业保障性住房管理面积近年来持续保持高速增长，2013 年同比增长 22%，在促进社会稳定和谐中起到了重要作用。

- 百强企业物业服务满意度持续保持高位，积极促进和谐社会建设

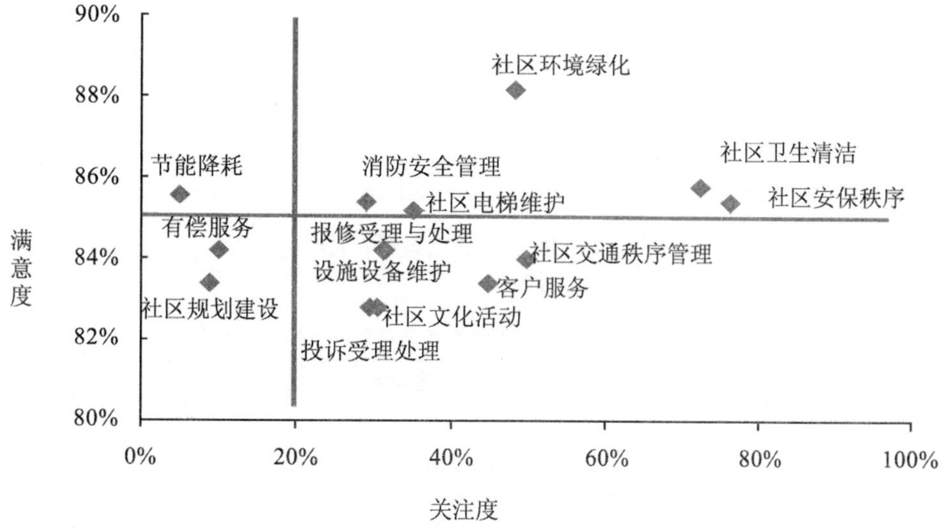

图 11　2014 年百强企业业主满意度调查结果

2014 年 3-5 月，研究组选取全国 100 多个城市进行了网上调研，调研结果显示，业主对百强企业的整体服务水平满意度为 84.95%，各个分项服务满意度均超过了 80%，其中，满意度较高的项目为社区环境绿化、社区卫生清洁、节能降耗、消防安全管理、社区安保秩序、社区电梯维护等基本物业服务项目满意度都超过了 85%，表明百强企业在基础的物业服务方面已经达到了较高水准。从业主对物业服务的关注度来看，业主对有偿服务和社区文化活动的关注度比 2013 年有较大幅度的提高，尤其是对社区文化活动的关注度增长了 20 多个百分点，主要是百强企业为提高业主的粘合度和幸福感，经常组织开展丰富的社区文化活动，有效增进业主与物业公司的交流，推动社区和谐建设，同时两项服务的满意度也保持了较高的水平，反映了业主对百强企业高水平服务的认可。

3.3　2014 中国物业服务百强企业专项研究分析

3.3.1　2014 中国物业服务百强企业服务规模 TOP10

公司规模反映出一家企业真实的业务水平、市场地位与管理能力，在物业服务行业中尤为如此，规模庞大意味着企业拥有更好的市场竞争力、更强的品牌形象与更快的新业务开展速度。万科物业、绿城服务、长城物业、首开物业等优秀企业成为 2014 中国物业服务百强企业服务规模 TOP10。2013 年，服务规模 TOP10 企业在管项目总建筑面积均值达到 7502 万平方米，是百强企业平均面积的 5 倍左右，管理项目增至 390 个，为百强企业均值的 4.6 倍，比去年 3.6 倍高出近一倍，数据显示 TOP10 企业与其余百强企业的规模差距在进

一步拉大，整个行业的集中度不断提高。

表8 2014中国物业服务百强企业服务规模TOP10

序号	企业名称
1	万科物业发展有限公司
2	绿城物业服务集团有限公司
3	金地物业管理集团有限公司
4	保利物业管理有限公司
5	长城物业集团股份有限公司
6	北京首开鸿城实业有限公司
7	北京市均豪物业管理股份有限公司
8	彩生活服务集团有限公司
9	中航物业管理有限公司
10	广东康景物业服务有限公司

3.3.2 2014中国物业服务百强企业服务质量TOP10

2013年，服务质量TOP10企业通过内部服务质量控制体系，在标准、流程、规范等多个层面实施全程监控，充分保障了高端物业服务质量的稳定性、一致性与可持续性。

表9 2014中国物业服务百强企业服务质量TOP10

序号	企业名称
1	金地物业管理集团有限公司
2	绿城物业服务集团有限公司
3	万科物业发展有限公司
4	北京首开鸿城实业有限公司
5	北京市均豪物业管理股份有限公司
6	金科物业服务有限公司
7	深圳市卓越物业管理有限公司
8	廊坊市幸福基业物业服务有限公司
9	北京万通鼎安国际物业服务有限公司
10	江苏新城物业服务有限公司

3.3.3 2014中国物业服务百强满意度领先企业

在2014中国物业服务百强企业研究中，研究组通过对物业服务百强企业业主满意度的调查和研究，发现绿城服务、万科物业等10个企业在业主满意度方面表现突出，总体满意度均值达到了92.4%，高出百强企业业主总体满意度均值7.5个百分点，成为“2014中国物业服务百强满意度领先企业”。满意度领先企业坚持以人为本的人性化服务理念，通过专业化、定制化的服务解决方案，满足客户个性化要求，获得了业主的广泛认可。

表 10 2014 中国物业服务百强满意度领先企业

序号	企业名称
1	绿城物业服务集团有限公司
2	万科物业发展有限公司
3	长城物业集团股份有限公司
4	重庆鸥鹏物业管理有限公司
5	重庆隆鑫物业管理有限公司
6	北京市均豪物业管理股份有限公司
7	彩生活服务集团有限公司
8	保利物业管理有限公司
9	广东中奥物业管理有限公司
10	云南俊发物业服务有限公司

3.3.4 2014 中国物业服务百强企业成长性 TOP10

表 11 2014 中国物业服务百强企业成长性 TOP10

序号	企业名称
1	彩生活服务集团有限公司
2	绿城物业服务集团有限公司
3	北京市均豪物业管理股份有限公司
4	上海银湾物业管理连锁集团
5	廊坊市幸福基业物业服务有限公司
6	阳光城物业服务（福建）有限公司
7	北京凯莱物业管理有限公司
8	浙江佳源物业管理有限公司
9	深圳市特发物业管理有限公司
10	苏州市会议中心物业管理有限公司

企业的成长性反映了企业现阶段的发展状态，也体现着企业在未来发展中所具备的潜力，研究组通过对百强企业的营业收入增长率、合同储备项目及面积增长率等指标的综合分析发现，彩生活物业、绿城服务、均豪物业、银湾物业等企业在成长性方面表现突出，企业实力显著提高。

3.3.5 2014 中国物业服务行业市场化运营领先企业

2013 年，随着市场化进程的不断加快，真正能够掌握市场脉搏、了解市场需求的物业服务企业获得了蓬勃发展，长城物业、均豪物业、银湾物业等 10 家优秀物业服务企业，成为 2014 中国物业服务行业市场化运营领先企业。用专业赢得市场尊重，以诚意打造服务精品，2014 中国物业服务行业市场化运营领先企业以身作则，坚守公平、公正、透明的市场运营准则，积极推动中国物业服务行业的市场化进程。

表 12　2014 中国物业服务行业市场化运营领先企业

序号	企业名称
1	长城物业集团股份有限公司
2	北京市均豪物业管理股份有限公司
3	上海银湾物业管理连锁集团
4	上海东湖物业管理有限公司
5	港联物业（中国）有限公司
6	北京东光物业管理股份有限公司
7	北京凯莱物业管理有限公司
8	广东康景物业服务有限公司
9	山东省诚信行物业管理有限公司
10	杭州佰全物业管理有限公司

3.3.6　2014 中国商用物业服务 TOP10 企业

随着中国房地产行业的日趋成熟，商用物业在开发项目的比重不断加大，在 2014 中国物业服务百强企业研究中，研究组通过对商用物业管理面积、商用物业管理项目、商用物业服务收入、商用物业服务利润等指标的综合分析发现，东湖物业、金融街物业、凯莱物业、均豪物业等 10 家优秀物业服务企业在商业物业服务领域能力突出，处于行业领先地位。

表 13　2014 中国商用物业服务 TOP10 企业

序号	企业名称
1	万达商业管理有限公司
2	上海东湖物业管理有限公司
3	北京金融街物业管理有限责任公司
4	上海陆家嘴物业管理有限公司
5	北京凯莱物业管理有限公司
6	中航物业管理有限公司
7	北京市均豪物业管理股份有限公司
8	北京新世界物业管理有限公司
9	北京万通鼎安国际物业服务有限公司
10	港联物业（中国）有限公司

3.3.7　2013-2014 中国物业服务年度社会责任感企业

物业服务企业不仅向社会大众提供服务产品，换取利润收益，同时担负起对企业内部员工的雇主责任，为社会就业困难群体创造就业上岗机会；对社区承担公共管理责任，为和谐社区、和谐社会构建提供支持。由于对社会公益的卓越贡献，首开物业、保利物业、绿城服务、凯莱物业、天房物业等 10 家优秀的物业服务企业成为 2013-2014 中国物业服务年度社会责任感企业。2013-2014 中国物业服务年度社会责任感企业坚持效益与社会责任并重，积极参与保障房物业服务、社区公益活动、善款捐赠等工作，赢得社会各界的广泛赞誉。

表 14　2013-2014 中国物业服务年度社会责任感企业

序号	企业名称
1	北京首开鸿城实业有限公司
2	保利物业管理有限公司
3	绿城物业服务集团有限公司
4	北京金隅物业管理有限责任公司
5	北京凯莱物业管理有限公司
6	天津市天房物业管理有限公司
7	北京首欣物业管理有限责任公司
8	北京网信物业管理有限公司
9	北京市北宇物业服务公司
10	厦门联发（集团）物业服务有限公司

3.3.8　2014 中国特色物业服务领先企业

表 15　2014 中国特色物业服务领先企业

企业名称	特色领域
金科物业服务有限公司	亲情社区
绿城物业服务集团有限公司	园区生活服务体系
长城物业集团股份有限公司	一应云智慧社区
保利物业管理有限公司	亲情和院-亲情特色服务
彩生活服务集团有限公司	社区服务运营
广东中奥物业管理有限公司	白金管家
北京凯莱物业管理有限公司	城市综合体物业服务
深圳市卓越物业管理有限公司	高端商用物业
北京网信物业管理有限公司	通讯信息楼宇及政府机构物业服务
上海银湾物业管理连锁集团	1+N 模式
北京金隅物业管理有限责任公司	写字楼品质管理特色
北京万通鼎安国际物业服务有限公司	绿色综合服务
廊坊市幸福基业物业服务有限公司	产业新城物业服务
北京东光物业管理股份有限公司	物业后勤保障服务供应商
浙江佳源物业管理有限公司	品质生活定制
杭州佰全物业管理有限公司	高速公路服务区物业
重庆天骄物业管理服务有限公司	私人管家服务
重庆隆鑫物业管理有限公司	优质生活配套服务和度假物业
北京科住物业管理有限公司	科教综合保障服务
廊坊荣盛物业服务有限公司	阳光服务
成都嘉善商务服务管理有限公司	产业园区服务
奥宸物业管理有限公司	“宸”心服务
上海保集物业管理有限公司	云服务社区

为增强企业核心竞争力，百强企业不断对服务内容推陈出新，在服务方式、服务方法上努力改进，通

过多年的发展逐渐形成了自己的服务特色。在 2014 中国物业服务百强企业研究中，研究组通过对服务模式、服务理念、服务体系、服务领域等方面的综合评价，挖掘出一批表现突出的特色物业服务企业。

4 结语

2013 年，中国房地产行业在新型城镇化的推动下继续前行，同时也出现了一定的结构性调整，作为促进房地产不断保值增值的重要软性因素，物业服务的价值得到了更加广泛的认可。同时，行业内部也在积极探索，在努力做好服务的同时，不断拓展外部资源，通过整合与创新，创造更多的利润与价值。2013 年，百强企业收入再攀高峰，人均效能的提升与多元化经营保证了企业利润的正向增长；在经营规模方面，凭借城市拓展与深耕战略，实现了在管面积的持续稳定增长；在服务质量方面，努力提升项目的软硬件水平，获得了业主的肯定。同时，企业积极扩大合同储备与人才储备，不断增加智能化投入方面的力度，保证了发展的可持续性；在社会责任方面，积极安置下岗员工，承担保障房项目，提升业主满意度，力促社会和谐。

目前，企业经营发展中所遇到的最大障碍仍是成本的快速上涨与物业费常年的低位徘徊，在不断呼吁政策支持的同时，百强企业积极开展行业自救，进行了一系列围绕业主、社区的延伸服务，成为行业创富的新动力。《中共中央关于全面深化改革若干重大问题的决定》也提出，“要加快转变经济发展方式，加快建设创新型国家，推动经济更有效率、更加公平、更可持续发展”，为物业服务企业实现转型指明了方向。中国指数研究院、中国房地产 TOP10 研究组连续七年开展中国物业服务百强企业研究，我们将与百强企业一道，见证行业新的发展之路。

附录七　2014 中国重要城市部分典型地产指数系统样本楼盘

城市	典型楼盘	LOGO	项目简介
天津	天津诺德中心		天津诺德中心地处天津市核心地段——百年中山路商圈，由世界 500 强——中国中铁倾力打造的 50 万平方米大型地铁上盖城市综合体。周边天津西站城市副中心、老城厢商业区、滨江道商业区等核心商圈环伺，坐拥 3 号线、6 号线双地铁黄金站点，畅享醇熟城市繁华配套，其以无以复加的城市核心价值，增值无限繁华梦想！项目集国际化精品商业、高端河畔华宅、地标级商务中心、时尚精品酒店等于一体，将都会精华尽收于此，擘画一座开创河北新篇章的一站式都市生活新地标！
禅城	禅城绿地中心		禅城绿地中心位于佛山总部经济第一街季华路之上，总占地约 7.3 万平方米，总建筑面积约 60 万平方米，由 6 栋 87-142 平方米住宅、2 栋 220 米 5A 超甲级写字楼 100-2200 平方米、2 栋甲级商务写字楼 100-1950 平方米、风情商业街及一个近 8 万平方米大型购物中心所组成，将打造成为集高端商务办公集群、时尚休闲餐饮街区、大型高端购物中心、城市贵族居家等的复合型世界级城央综合体，鼎力助推佛山城市升级，并将成为千年佛山新时代城市地标建筑群。
杭州	广厦・天都城		广厦・天都城，浙江广厦旗下大盘品牌项目，规划占地面积 7000 余亩，总建筑面积 480 万平方米，居住人口未来将达 10 万，是广厦“企业参与经营城市”理念的重要战略实施。开发十余年来，天都城已成功地实现了房产、旅游、休闲度假三大板块的完美组合，目前交通、教育、景观休闲、商业等各方面配套都已日趋完善，截止目前已有十多个园区建成交付，几万人居住于此。近年来，广厦・天都城凭借其优越的大盘优势已然成为了杭州城东北成熟大盘，宜居之城的标杆。
杭州	博地中心		博地中心，位居钱江世纪城 CBD 核心，市心路与市政路繁华交汇处，与钱江新城隔江对望，与奥体博览中心比肩而邻，与地铁 2 号线盈丰站无缝对接。项目占地面积 22745 平方米，总建筑面积约 30 万平方米 ，由三栋超高层建筑组成，作为区域内唯一 LEED 金奖认证写字楼，博地中心秉承国际商务格局，以“酒店+办公”双核驱动模式，打造集五星级酒店、甲级写字楼、国际精品商业、顶级空中会所等商务内循环元素于一体的城市商务综合体，谨献给交锋世界的浙商企业总部。
杭州	西溪首座		西溪首座，杭州城西 25 万平方米超大体量绿色国际商务中心，与规划中的西湖区行政和公共服务中心咫尺正对。项目依傍西溪湿地，汇聚具有建筑流线美感的 4 幢 L 形板楼和 7 幢花园独栋，形成半围合式的四合格局，以 3-8 层超低密的亲地设计规划出 4 万平方米商务园景，复原了西溪湿地景观风貌。项目以绿色三星设计为标准，融合二十余项世界领先的绿建技术，打造中国真正生态、节能、环保的顶级写字楼。

续表 1

城市	典型楼盘	LOGO	项目简介
淮安	金圆幸福城	HAPPY CITY 幸福城 ·繁华已至 未来在此·	金圆幸福城项目位于江苏省淮安市淮阴区的主城区，总占地 20 万平方米，地上总建筑面积约 100 万平方米，是目前淮阴区在建最大的集居住、商业、文化等为一体的大型高档住宅建筑群落。项目引进国际上先进的 BLOCK 街区设计理念，将街区与国际化、居住、休闲、娱乐、商务等组合在一起，规划创造了一种全新的居住、生活和商业模式，,建成后将是淮阴第一个集吃、喝、玩、乐、购于一体的大型商业综合体，对于淮阴中心地位的建立起到重要作用。
济南	济南金科城	金科城 纽约区	济南金科城项目紧临经十路，西侧为齐鲁大道、东侧为齐州路，傲据西部新城，扼守大济南西门户，占据西客站“先导区”核心，集品质居住、精品商业、高端办公的全维综合体，六大主题社区，40 万平方米高端商业配套，为济南开启一座城市的繁华。以优越的地理位置、得天独厚的人文环境，构筑新济南 150 万平方米气势恢宏国际人文社区。
南昌	南昌高新绿地中心	高新绿地中心 HIGH-TECH GREENLAND CENTER 268m	高新绿地中心是绿地集团打造的南昌东部第一座地标建筑。项目地处南昌城市中轴线、高新区中心位置，总建筑面积 21 万方，由一栋 268 米的超高层塔楼和一栋 5 层配套商业裙楼组成，将打造成南昌第一标杆品质写字楼，并致力于打造全球首家中式超五星级洲际酒店（洲际华邑酒店）、国际甲级写字楼、大型购物中心于一体的垂直商务综合体，在写字楼中引入 2000 平方米大型宴会厅、260 米高天际泳池等高端配置，引领南昌商务模式变革。
南昌	世茂天城	SHIMAO SKYSCRAPERS 世茂天城	南昌世茂天城位于南昌市红谷滩中心区红谷中大道以北，春晖路以东中央商务区。该地块占地面积 8.3 万平方米，规划总建筑面积 33 万平方米，初步规划建设成为集住宅和商务于一体的高档综合社区。
南昌	南昌万达城	万达文化旅游城 WANDA CULTURAL TOURISM CITY	昌万达城位于九龙湖新区，传承赣鄱千年青瓷文化，以 400 亿铸就 480 万平方米江西近三十年来最大投资项目。南昌万达城规划有文化、旅游、商业、酒店、滨湖酒吧街五大内容，囊括南昌唯一六星级酒店、全球最大规模之一的海洋乐园、超大型室外主题乐园、中部六省唯一儿童主题馆、超大商业中心万达茂等约 210 亿世界级文旅资源。项目落成后预计年接待游客将超过 2000 万人次，并将彻底改变南昌城市定位，使之成为中国文化旅游名城。
南昌	绿地国际博览城	绿地 國際博覧城 GREENLAND INTERNATIONAL EXPO CITY 400 万 m² 世界级综合城	绿地国际博览城是绿地集团全球化战略下的首个世界级城市运营项目，北临省政府、南靠九龙湖、西接西客站、东倚赣江畔。集会展会议、生态休闲、欧洲小镇、文化艺术、地标商务、高端商业和国际居住七位于一体，是九龙湖核心的重要领军项目，对社会、经济、文化发展均有重要影响作用，将全面提升南昌城市能级，是江西的世界门户。
上海	上海绿城玫瑰园	GREENTOWN ROSE GARDEN 上海·绿城玫瑰园	上海绿城玫瑰园位于上海闵行区旗忠超低密度森林别墅区，紧邻旗忠国际网球中心(ATP 大师赛主赛场)、旗忠高尔夫球场、安缦酒店、德威国际学校、40 万平方米商业综合体等高端生活配套，同时享有周边广袤的湿地和园林等优美的生态环境。项目占地约 1205 亩，共规划独立别墅 227 栋。项目内部融合法式、意式、英式、西班牙式多种经典风格，组合成具有自然感、时间感、人文精神的整体社区氛围。

续表 2

城市	典型楼盘	LOGO	项目简介
深圳	SCC 中洲控股中心（原长城中心）	SCC 中洲控股中心	SCC 中洲控股中心矗立于深圳湾 CBD 核心，集 5A 超甲级写字楼、五星级万豪酒店及高端商业为一体。由世界著名的迪拜塔主设计师艾德里安•史密斯设计，建筑气势宏伟，与周围环境融为一体；项目不仅在节能环保方面突出，获得美国 LEED 绿色建筑金级认证，而且在办公效率和舒适度上表现卓越，主要硬件设施皆为国际著名品牌。项目建成后将成为集经济与自然生态于一体的多功能综合体，并将成为深圳南山区富有现代气息的地标性建筑。
沈阳	五矿•紫晶御府	御 紫晶御府 LEGEND MANSION	五矿•紫晶御府，由世界 500 强、央企地产 16 强的五矿地产鼎力打造，项目打造沈河一环文化路上 30 万平米城心私家公园府邸，坐落沈阳唯一政、商、文三脉交汇地；现代简约精工建筑，央企五矿自供钢材；1.8 万平四季私家园林，"一府五园"打造稀缺城市绿氧圈；国宾级 7×24h 尊崇物管为业主量身打造；一站式繁华商街、独立精装入户大堂、城心稀缺板式华宅，集府之大成，造园之大境，礼献城市尊贵人士，成就家族美满人生。
苏州	圆融时代广场	圆融广场 HARMONY CITY 苏州 | 南通 | 无锡	圆融（时代）广场是圆融集团重点打造的一个注重自然生态与休闲体验的绿色都市综合体品牌。它以生态性、宜人性的设计理念，打破了传统综合体中封闭式购物中心的概念，通过建筑、景观、氛围及商业业态的精心设计，以休闲为导向，提供舒适性和人性化的互动消费模式，从而形成一个开放、生态的绿色都市综合体。目前，圆融已拥有苏州、南通、无锡等五个圆融广场，未来该品牌还将更广范围创新拓展。
苏州	中南中心	SUZHOU ZHONGNAN CENTER 苏州中南中心	苏州中南中心是由中南集团投资、美国 Gensler 建筑设计事务所设计的一类超高层公共建筑。项目经美国 EMSI 绿色节能公司认证，由美国利沛建筑与日本青柳技术提供咨询，总高 137 层，总建筑面积 50 万平方米。项目集七星酒店、高端精装住宅、SOHO 精装公寓、超甲级写字楼等业态为一体，其中七星酒店和物业顾问将分别由全球酒店运营品牌丽思卡尔顿和国际知名企业仲量联行服务和担任。众多国际性品牌的加盟合作，将会将项目打造成全国乃至全球最著名建筑。
武汉	奥山世纪城	奥山世纪城 150 万方·滨江枢纽综合体	奥山世纪城，以"武汉滨江商业区·150 万平方米滨江枢纽综合体"的定位，屹立在武昌滨江区二七大桥南岸桥头，总建筑面积约 150 万平方米，涵盖 35 万平方米大型商业购物中心、高档住宅区、商务办公区、娱乐休闲区、商务酒店等业态，建成后将成为武汉城市核心区封面级地标综合体。
武汉	世茂锦绣长江	世茂 錦綉長江 SHIMAO SPLENDID YANGTZE	武汉世茂锦绣长江座落于长江之畔鹦鹉洲，总建筑面积 202 万平方米。是世茂集团斥资百亿在长江流域开发的又一大型国际滨江综合体项目。其地理位置十分优越，居两江之交，武汉三镇之中。项目自 2006 年面市以来成绩斐然，成为江城高端住宅的代表和区域的标杆，更为实现汉阳乃至整个武汉的腾飞而推波助澜。
武汉	世茂龙湾	世茂 龙湾 DRAGON BAY	武汉世茂龙湾，位于武汉市蔡甸区后官湖生态宜居新城核心位置，总投资约 400 亿元人民币，集合世茂集团 20 多年建筑经验，是世茂集团目前在内地投资的首个大型综合性旅游地产项目。预计 8 年整体完工，建成后将形成集旅游、酒店、商业、会展、办公及居住休闲于一体的 50 万平方米航母级综合生活中心，将成为华中生态新城新地标。
长春	长春绿地中心	绿地中心 GREENLAND CENTER CGC 长春	长春绿地中心位于长春市政大道——人民大街旁，长春南部新城、龙首富地，政府规划的长春 CBD"金核四塔"之首。项目总占地面积 17686 平方米，总建面 247876 平方米，包括写字楼二栋（主楼：301 米，共 78 层，副楼：100 米），以及公寓二栋（各 27 层，100 米高），将打造为 301 米长春之巅，春城世界名片。

续表 3

城市	典型楼盘	LOGO	项目简介
长沙	长沙绿地中心		中部金融地标•金融城开篇矩作长沙绿地中心地处长沙市“中部金融城”总部核心区，雄踞中华第一大道——芙蓉中路，占地 23100 平方米，规划总建筑面积 25.9 万平方米，集超 5A 国际甲级写字楼、高端商业等业态于一体，是中部地区顶尖的金融综合体。
长沙	世茂·铂翠湾		世茂铂翠湾位于长沙市先导区——滨江新城核心地带，东至潇湘大道，南临岳麓大道，西依银杉路，北靠安居路。 项目由 21 栋高档住宅、超五星级酒店、社区商业街和幼儿园组成，是河西第一个集商业、住宅、五星级酒店、精品公寓于一体的国际化城市综合体。
长沙	保利国际广场		保利国际广场是中国房地产实力前三甲、央企综合实力第一名——保利地产 2011 年启动的湖南保利最顶级项目，项目位于长沙滨江板块，规划“南湖新城”中心区，长沙 CBD 中央商务区和五一商圈延伸核心地段，比肩橘子洲头，“山、水、洲、城”尽揽，堪称无可复制的绝版地王。项目为顶级滨江豪宅，规划设有高端酒店、写字楼、滨江豪宅、精品公寓、商业街区，为长沙城市名片。
重庆	力帆中心		力帆中心项目系重庆市及江北区重点建设工程，地块位于重庆市两江新区江北嘴中央商务区金融 CBD。地处嘉陵江与长江交汇点的西北角，地块南面为嘉陵江，北面为金沙路，东面紧邻千厮门大桥北桥头，西面为江北城城市公园。项目一线临江，拥三大公园，享四重景观。背倚中央公园，滨江公园，与城市阳台相伴左右，休闲带近在咫尺，可远眺南山、渝中半岛，江景、园景、山景、城景一览无余。项目由加拿大丹•S•汉嘉努全球知名设计咨询事务所设计。
重庆	重庆寰宇天下		重庆寰宇天下地处江北嘴 CBD 核心位置，坐拥两江交汇稀缺景致，三桥四立交畅通交通环绕，近享重庆大剧院、重庆科技馆、中央公园城市核心景观，比肩金融中心地标建筑群，打造江北嘴核心唯一地标豪宅。项目设计将风靡世界的 Art-Deco 风格与吊脚楼、镂花窗等传统重庆建筑元素融为一体，打造出独具特色的新古典之一风格，定制景观设计结合建筑落错有致，营造层层递进的序列，彰显空间的贵族气质。
重庆	力帆•红星国际广场		项目总建筑面积约 100 万平方米，集大型商业中心、五星级酒店、城市休闲商业街、“双塔”甲级写字楼、顶级高尔夫主题“云尚部落”、国际公寓、城市高档住宅等于一体。是力帆集团与红星地产联袂投资近 100 亿元，由红星地产专业商业规划设计院整体规划设计，倾力打造的中国重庆新商务商业城市中心。项目于 2013 年开工，计划于 2016 年初建成并开业运营。

附录八 主要统计指标解释

一、房地产开发企业财务指标

1.资产总计：指企业过去的交易或者事项形成的、由企业拥有或者控制的、预期会给企业带来经济利益的资源。资产一般按流动性分为流动资产和非流动资产。其中流动资产可分为货币资金、交易性金融资产、应收票据、应收账款、预付款项、其他应收款、存货等；非流动资产可分为长期股权投资、固定资产、无形资产及其他非流动资产等。根据会计“资产负债表”中“资产总计”项目的期末余额数填报。

执行 2006 年《企业会计准则》的企业：资产合计=流动资产合计+非流动资产合计；未执行 2006 年《企业会计准则》企业的资产包括流动资产、长期投资、固定资产、无形资产和其他资产等。

2.负债合计：指企业过去的交易或者事项形成的，预期会导致经济利益流出企业的现时义务。负债一般按偿还期长短分为流动负债和非流动负债。根据会计“资产负债表”中“负债合计”项目的期末余额数填报。

执行 2006 年《企业会计准则》的企业：负债合计=流动负债合计+非流动负债合计；未执行 2006 年《企业会计准则》企业的负债合包括流动负债和长期负债。

3.所有者权益合计：指企业资产扣除负债后由所有者享有的剩余权益。公司的所有者权益又称股东权益。包括实收资本、资本公积、盈余公积、未分配利润等。根据会计“资产负债表”中“所有者权益合计”项目的期末余额数填报。

4.主营业务收入：指企业确认的销售商品、提供劳务等主营业务的收入。根据会计“主营业务收入”科目的期末贷方余额（结转前）填报。执行 2006 年《企业会计准则》的企业，如未设置该科目，以“营业收入”代替填报。

（1）土地转让收入：指房地产开发企业按国家规定在报告期转让已经开发的土地和未经开发的土地所得到的收入。根据会计“利润表”和相关核算资料计算填报。

（2）商品房屋销售收入：指房地产开发企业在报告期售出商品房的收入，一次收款的，一次性全部计入销售收入，按合同规定分期收款的，可按合同规定的时间分次计入收入。根据会计“利润表”和相关核算资料计算填报。

（3）房屋出租收入：指房地产开发企业在报告期内，在不改变现有财产所有权关系的条件下，将企业的全部或部分房屋出租给其他单位或个人使用所得到的租金收入。根据会计“利润表”和相关核算资料计算填报。

（4）其他（主营业务）收入：指房地产开发企业在报告期内从事除以上收入外的其他业务活动所得到的收入，包括配套设施销售收入、代建工程结算收入等。根据会计“利润表”和相关核算资料计算填报。

5.主营业务成本：指企业经营主要业务和其他业务所发生的成本总额。根据会计“主营业务成本”科目的期末借方余额（结转前）填报。执行2006年《企业会计准则》的企业，如未设置该科目，以“营业成本”代替填报。

6.销售费用：指企业在销售商品和材料、提供劳务的过程中发生的各种费用，包括保险费、包装费、广告费等费用和为销售本企业商品而专设的销售机构（含销售网点、售后服务网点等）的职工薪酬、业务费等经营费用。建筑业企业销售费用指企业从事施工生产活动过程中发生的各项费用，包括应由企业负担的运输费、装卸费、包装费、保险费、维修费、展览费、差旅费、广告费和其他经费。房地产企业销售费用指企业在从事主要经营业务过程中所发生的各项销售费用，包括转让、销售、结算和出租开发产品等。根据会计“利润表”中“销售费用”项目的本期金额数填报。未执行2006年《企业会计准则》的企业，根据会计“利润表”中“营业费用（或经营费用）”项目的本期金额数填报。

7.主营业务税金及附加：指企业经营主要业务应负担的营业税、消费税、城市维护建设税、教育费附加等。根据会计“主营业务税金及附加”科目的期末借方余额（结转前）填报。执行2006年《企业会计准则》的企业，如未设置该科目，以“营业税金及附加”代替填报。

8.管理费用：指企业为组织和管理企业生产经营所发生的费用，包括企业在筹建期间内发生的开办费、董事会和行政管理部门在企业经营管理中发生的，或者应当由企业统一负担的公司经费等。根据会计“利润表”中“管理费用”项目的本期金额数填报。

9.财务费用：指企业为筹集生产经营所需资金等而发生的筹资费用，包括企业生产经营期间发生的利息支出（减利息收入）、汇兑损失（减汇兑收益）以及相关的手续费等。根据会计“利润表”中“财务费用”项目的本期金额数填报。

10.营业利润：指企业从事生产经营活动所取得的利润。执行2006年《企业会计准则》的企业，营业利润为营业收入减去营业成本、营业税金及附加、销售费用、管理费用、财务费用、资产减值损失，再加上公允价值变动收益和投资收益。未执行2006年《企业会计准则》的企业，营业利润为主营业务收入减去主营业务成本、主营业务税金及附加，加上其他业务利润后，再减去销售费用、管理费用、财务费用后的金额。根据会计“利润表”中“营业利润”项目的本期金额数填报。

11.营业外收入：指企业发生的与经营业务无直接关系的各项收入，包括非流动资产处置利得、非货币性资产交换利得、债务重组利得、政府补助、盘盈利得、捐赠利得等。根据会计“利润表”中“营业外收入”项目的本期金额数填报；未执行2006年《企业会计准则》的企业，“营业外收入”中不含“补贴收入”。

12.营业外支出：指企业发生的与经营业务无直接关系的各项支出，包括非流动资产处置损失、非货币性资产交换损失、债务重组损失、公益性捐赠支出、非常损失、盘亏损失等。根据会计“利润表”中“营业外支出”项目的本期金额数填报。

13.利润总额：指企业在一定会计期间的经营成果，是生产经营过程中各种收入扣除各种耗费后的盈余，反映企业在报告期内实现的亏盈总额。根据会计“利润表”中“利润总额”项目的本期金额数填报。执行2006年《企业会计准则》的企业，利润总额为营业利润加上营业外收入，减去营业外支出后的金额；未执行2006年《企业会计准则》的企业，利润总额为营业利润加上投资收益、补贴收入、营业外收入，再减去营业外支出后的金额。

14.应交所得税：指企业按税法规定，应从生产经营等活动的所得中缴纳的税金。执行2006年《企业会计准则》的企业，根据会计“利润表”中“所得税费用”项目的本期金额数填报；未执行2006年《企业会计准则》的企业，根据会计“利润表”中“所得税”项目的本期金额数填报。

二、房地产开发投资指标

1.计划总投资：指在建的建设工程按照总体设计（或按设计概算或预算）规定的内容全部建成计划需要的总投资。

2.自开始建设累计完成投资：指房地产开发企业在建的房屋建设工程或正在开发的土地开发工程从开始建设到本期止累计完成的全部投资。其计算范围原则上应与“计划总投资”指标包括的工程内容相一致。

报告期以前已建成投产或停、缓建工程完成的投资以及拆除、报废工程的投资，仍应包括在内。但转出的“在建工程”累计投资应予以扣除，转入的“在建工程”以前年度完成的投资应当包括。

3.本年完成投资：指报告期内完成的全部用于房屋建设工程、土地开发工程的投资额以及公益性建筑和土地购置费等的投资。

4.建筑工程：指各种房屋、建筑物的建造工程，又称建筑工作量。这部分投资额必须兴工动料，通过施工活动才能实现。

5.安装工程：指各种设备、装置的安装工程，又称安装工作量。

6.设备工器具购置：指报告期内购置或自制的，达到固定资产标准的设备、工具、器具的价值。

7.其他费用：指在固定资产建造和购置过程中发生的，除建筑安装工程和设备、工器具购置投资完成额以外的费用，不指经营中财务上的其他费用。包括土地出让金、大市政费、四源费（煤、热、自来水、污水）、不可预见费、旧房屋购置，基本畜禽支出，林木支出，退耕退牧还林还草、土壤改良、城市绿化，办公生活用家具、器具购置，建设单位管理费，土地征用、购置及迁移补偿费，政府收费，勘察设计费，研究实验费，可行性研究费，临时设施费，施工机械转移费，设备检验费，负荷联合试车费，土地占用、使用费，建设期应付利息，包干结余，企业债券发行费，合同公证费及工程质量监测费，国外借款手续费及承诺费，汇兑损益，调整器材调拨价格折价，坏账损失，固定资产亏损及损失等。

8.土地购置费：指房地产开发企业通过各种方式取得土地使用权而支付的费用。土地购置费包括：（1）通过划拨方式取得的土地使用权所支付的土地补偿费、附着物和青苗补偿费、安置补偿费及土地征收管理费等；（2）通过出让方式取得土地使用权所支付的出让金；（3）通过“招、拍、挂”方式取得土地使用权所支付的资金。以划拨和“招拍挂”方式取得土地所支付的资金在房地产项目竣工后计入新增固定资产，以出让方式取得土地所有权所支付的出让金不计入新增固定资产。土地购置费按当期实际发生额计入投资。土地购置费为分期付款的，应分期计入房地产开发投资。

9.投资额按工程用途分组：

（1）住宅：指专供居住的房屋，包括别墅、公寓、职工家属宿舍和集体宿舍（包括职工单身宿舍和学生宿舍）等。但不包括住宅楼中作为人防用、不住人的地下室等。住宅按照用途可以划分为经济适用住房和别墅、高档公寓等。按照户型结构可以划分为 90 平方米以下住房，144 平方米以上住房等。

①90 平方米及以下住房：指在房地产开发企业投资建设的商品住宅中，套型建筑面积不超过 90 平方米（包括 90 平方米）的住房。套型建筑面积是指单套住房的建筑面积，由套内建筑面积和分摊的共有建筑面积组成。现房应以商品房销售合同中实际测绘的建筑面积为统计标准，期房根据商品房预售合同中规划设计面积进行统计，待住宅竣工交付使用后，应根据实际测绘面积进行相应调整。

②144 平方米以上住房：指在房地产开发企业投资建设的商品住宅中，套型建筑面积超过 144 平方米（不包括 144 平方米）的住房。现房应以商品房销售合同中实际测绘的建筑面积为统计标准，期房根据商品房预售合同中规划设计面积进行统计，待住宅竣工交付使用后，应根据实际测绘面积进行相应调整。

③别墅、高档公寓：指建筑造价和销售价格明显高于一般商品住宅的商品住宅。别墅一般指地处郊区，独立成栋的商品住宅；高档公寓一般指地处市内高尚社区，高层或多层的商品住宅。别墅、高档公寓的确定标准：一是经有房地产投资计划审批权的主管部门审批建设的别墅、高档公寓开发项目；二是销售价格高于当地同等地段商品住宅平均销售价格一倍以上的别墅、公寓开发项目。该指标可以分析房地产投资结构，反映高收入家庭商品住宅的供求平衡情况。

（2）办公楼：指企业、事业、机关、团体、学校、医院等单位使用的各类办公用房（又称写字楼）。

（3）商业营业用房：指商业、粮食、供销、饮食服务业等部门对外营业的用房，如度假村、饭店、商店、门市部、粮店、书店、供销店、饮食店、菜店、加油站、日杂等房屋。

（4）其他：凡不属于上述各项用途的房屋建筑物，如中小学教学用房、托儿所、幼儿园、图书馆、体育馆等。

10.本年新增固定资产：指在报告期已经完成建造和开发过程并交付使用的房屋和土地开发面积的价值。指房地产开发公司进行开发经营活动的最终成果，即为社会提供的固定资产，而且是在报告期内新增加的。不是反映房地产开发企业本身固定资产的增加。

11.待开发土地面积：指经有关部门批准，通过各种方式获得土地使用权，但尚未开工建设的土地面积。

12.本年土地购置面积：指在本年内通过各种方式获得土地使用权的土地面积。

13.本年土地成交价款：指进行土地使用权交易活动的最终金额。在土地一级市场，是指土地最后的划拨款、“招拍挂”价格和出让价；在土地二级市场是指土地转让、出租、抵押等最后确定的合同价格。土地成交价款与土地购置面积同口径，可以计算土地的平均购置价格。

14.资金来源

（1）本年实际到位资金合计：指房地产开发企业在本年内收到的可用于房地产开发和经营的各种资金来源数之和，包括上年末结余资金、本年度内拨入、借入或以各种方式筹集的资金。

（2）上年末结余资金：指上年资金来源中没有形成投资额而结余的资金。包括尚未用到工程中的材料价值、未开始安装的需要安装设备价值及结存的现金和银行存款等。可根据有关财务数字填报。上年末结余资金不能出现负数，即不能把上年应付工程、材料款作为上年末结余资金的负数来处理。

（3）本年实际到位资金小计：指房地产开发企业实际拨入的，用于房地产开发的各种货币资金。包括国内贷款、利用外资、自筹资金和其他资金。

①国内贷款：指报告期内房地产开发企业向银行及非银行金融机构借入的各种国内借款，包括银行利用自有资金及吸收的存款发放的贷款、上级主管部门拨入的国内贷款、国家专项贷款（包括煤代油贷款、劳改煤矿专项贷款等），地方财政专项资金安排的贷款、国内储备贷款、周转贷款等。

银行贷款：指报告期内向各商业银行、政策性银行借入的用于项目开发建设的各项贷款。

非银行金融机构贷款：指向除上述银行之外从事金融业务的机构借入的用于房地产开发与经营的各项贷款。非银行金融机构包括城市信用社、农村信用社、保险公司、金融信托投资公司、证券公司、财务公司、金融租赁公司、融资公司（中心）等。

②利用外资：指报告期内收到的境外（包括外国及港澳台地区）资金（包括设备、材料、技术在内）。包括对外借款（外国政府贷款、国际金融组织贷款、出口信贷、外国银行商业贷款、对外发行债券和股票）、外商直接投资、外商其他投资（包括补偿贸易、加工装配由外商提供的设备价款、国际租赁，外商投资收益的再投资资金）。不包括我国自有外汇资金（包括国家外汇、地方外汇、留成外汇、调剂外汇和中国银行自有资金发行的外汇贷款等）。各类外资按报告期的外汇牌价（中间价）折成人民币计算。

外商直接投资：指外国投资商在与中国企业（政府）合资、合作或独资中以外汇现金、设备（或实物）、技术、专利或其他方式投入的资金总量。

③自筹资金：指各地区、各部门及企事业单位筹集用于房地产开发与经营的预算外资金。

自有资金：指凡属于房地产企业（单位）所有者权益范围内所包括的资金，是按财务制度规定归企业支配的各种自有资金。包括企业折旧资金、资本金、资本公积金、企业盈余公积金及其他自有资金，也包括通过发行股票筹集的资金。

④其他资金来源：指在报告期收到的除以上各种资金之外其他用于房地产开发与经营的资金。包括国家预算内资金、债券、社会集资、个人资金、无偿捐赠的资金及用征地迁移补偿费、移民费等进行房地产开发的资金。

定金及预收款：定金是为使甲乙双方按约定签订正式经济合同，实现房屋交易，根据有关规定由购房者或单位在报告期交纳的押金。预收款是甲乙双方签订购销房屋合同后，在报告期由购房者或单位交付的首付款及各种手续费（包括其中的外汇）。

个人按揭贷款：又称“个人住房商业性贷款”。是指按照中国人民银行（《个人住房贷款管理办法》，银发[1998]190号）中规定，贷款人（商业银行）向借款人发放的采用分期偿还方式用于购买自用普通住房的贷款。它是银行用其信贷资金所发放的自营性贷款。具体指具有完全民事行为能力的自然人，购买商品房时以其购买的产权住房（或银行认可的其他担保方式）为抵押，作为偿还贷款的保证而向银行申请的住房商业性贷款。从1999年2月开始，个人住房贷款可扩大到借款人自用的各类型住房贷款（《关于开展个人消费信贷的指导意见》，银发[1999]73号）。

15.本年各项应付款合计：指在房地产开发过程中应付未付的投资款。包括应付工程款、应付器材款、应付工资、应付有偿调入器材及工程款、其他应付款、应交税金、应交基建收入、应交投资包干结余、应交能源交通建设基金、应交预算调节基金及其他应交款。各项应付款填报本报告期实际增加数（或发生数），不是填报开始建设以来的累计数。

三、房地产开发企业施工、销售和空置面积指标

1.房屋施工面积：指报告期内施工的全部房屋建筑面积。包括本期新开工的房屋建筑面积、上期跨入本期继续施工的房屋建筑面积、上期停缓建在本期恢复施工的房屋建筑面积、本期竣工的房屋建筑面积以及本期施工后又停缓建的房屋建筑面积。多层建筑应填各层建筑面积之和。

2.房屋新开工面积：指报告期内新开工建设的房屋面积，以单位工程为核算对象，即整栋房屋的全部建筑面积，不能分割计算。不包括在上期开工跨入报告期继续施工的房屋建筑面积和上期停缓建而在本期复工的建筑面积。房屋的开工应以房屋正式开始破土刨槽（地基处理或打永久桩）的日期为准。

3.房屋竣工面积：指报告期内房屋建筑按照设计要求已全部完工，达到住人和使用条件，经验收鉴定合格或达到竣工验收标准，可正式移交使用的各栋房屋建筑面积的总和。

4.不可销售面积：指报告期房地产公司竣工的用于拆迁还建的房屋面积；接受委托、定向开发建设，并收取一定的管理费所建设的统建代建房屋竣工面积；竣工的学校、幼儿园、派出所、居委会、商店等公益设施建筑面积。

5.住宅竣工套数：指报告期内按照设计要求已全部完工，经验收合格，达到住人或使用条件的正式交给开发公司的成套住宅数量（以设计图纸为准）。

6.房屋竣工价值：指报告期内按规定已经上报竣工的房屋本身的建造价值。一般按房屋设计和预算规定的内容计算。包括竣工房屋本身的基础、结构、屋面、装修以及水、电、卫等附属工程的建筑价值，也包括作为房屋建筑组成部分而列入房屋建筑工程预算内的设备（如电梯、通风设备等）的购置和安装费用；不包括厂房内的工艺设备、工艺管线的购置和安装，工艺设备基础的建造；室外的水、暖、电、卫、道路工程、挡土墙等环境工程的费用，办公和生活用家具的购置等费用；购置土地的费用；迁移补偿费和场地平整的费用及城市建设配套投资。

房屋竣工价值不仅包括该竣工房屋在报告期内完成的价值，也包括跨年施工的房屋在本期以前完成的价值。未竣工而转让给其他单位的房屋建筑工程，出让单位不计算竣工价值，待接受单位继续施工并符合竣工条件后，由接受单位计算其竣工价值，包括出让单位在出让前所完成的价值。房屋竣工价值一般按结算价格（或中标价）计算。

7.房屋出租面积：指在报告期期末房屋开发单位出租的商品房屋的全部面积。

8.商品房销售面积：指报告期内出售商品房屋的合同总面积（即双方签署的正式买卖合同中所确定的建筑面积）。本期销售面积指从本月1日起至本月最后一天止出售商品房屋的合同总面积。由现房销售面积和期房销售面积两部分组成。

（1）现房销售面积：指在报告期内正式签订买卖合同、已经竣工达到入住条件的商品房屋建筑面积。包括以一次性付款方式和分期付款方式销售的现房建筑面积。

（2）期房销售面积：指在报告期内正式签订买卖合同、正在建设尚未竣工交付使用的商品房屋建筑面积。包括以一次性付款方式和分期付款方式销售的商品房屋建筑面积。期房销售建筑面积竣工后不再结转为现房销售建筑面积。

9.商品房销售额：指报告期内出售商品房屋的合同总价款（即双方签署的正式买卖合同中所确定的合同总价）。本月销售额指从本月1日起至本月最后一天止出售商品房屋的合同总价款。该指标与商品房销售面积同口径，由现房销售额和期房销售额两部分组成。

（1）现房销售额：指报告期内销售的已竣工商品房屋的合同总价款。包括现房销售前期预收的定金、预收款、首付款及全部按揭贷款的本金等款项。该指标与现房销售面积同口径。

（2）期房销售额：指报告期内销售的正在建设尚未竣工的商品房屋的合同总价款。包括预售房屋前期预收的定金、预收款、首付款及全部按揭贷款的本金等项。该指标与期房销售面积同口径。

10.商品住宅销售套数：指报告期内出售商品房屋合同中总的成套住宅数量（即双方签署的正式买卖合同中所确定的成套住宅数量）。由现房销售套数和期房销售套数两部分组成。

（1）现房销售套数：指报告期内销售的已竣工商品房屋合同中总的成套住宅数量。

（2）期房销售套数：指报告期内销售的正在建设尚未竣工的商品房屋合同中总的成套住宅数量。

11.待售面积：指报告期末已竣工的可供销售或出租的商品房屋建筑面积中，尚未销售或出租的商品房屋建筑面积，包括以前年度竣工和本期竣工的房屋面积，但不包括报告期已竣工的拆迁还建、统建代建、公共配套建筑、房地产公司自用及周转房等不可销售或出租的房屋面积。按照商品房待售时间的长短可以划分为待售一年以下、待售一到到三年（含一年）和待售三年以上（含三年）。

四、主要分组指标

1.登记注册类型：指企业或企业产业活动单位的登记注册类型，按其在工商行政管理机关登记注册的类型填写。

机关、事业单位和社会团体及其他组织的登记注册类型，按其主要经费来源和管理方式，根据实际情况，比照《关于划分企业登记注册类型的规定》确定。

工商行政管理部门对企业（单位）登记注册的类型分为以下几种：

（1）**国有企业**：指企业全部资产归国家所有，并按《中华人民共和国企业法人登记管理条例》规定登记注册的非公司制的经济组织。不包括有限责任公司中的国有独资公司。

（2）**集体企业**：指企业资产归集体所有，并按《中华人民共和国企业法人登记管理条例》规定登记注册的经济组织。

（3）**股份合作企业**：指以合作制为基础，由企业职工共同出资入股，吸收一定比例的社会资产投资组建，实行自主经营，自负盈亏，共同劳动，民主管理，按劳分配与按股分红相结合的一种集体经济组织。

（4）**联营企业**：指两个及两个以上相同或不同所有制性质的企业法人或事业单位法人，按自愿、平等、互利的原则，共同投资组成的经济组织。联营企业包括国有联营企业、集体联营企业、国有与集体联营企业和其他联营企业。

国有联营企业：指所有联营单位均为国有。

集体联营企业：指所有联营单位均为集体。

国有与集体联营企业：指联营单位既有国有也有集体。

其他联营企业：指上述三种联营企业之外的其他联营形式的企业。

（5）**有限责任公司**：指根据《中华人民共和国公司登记管理条例》规定登记注册，由两个以上，五十个以下的股东共同出资，每个股东以其所认缴的出资额对公司承担有限责任，公司以其全部资产对其债务承担责任的经济组织。有限责任公司包括国有独资公司以及其他有限责任公司。

国有独资公司：指国家授权的投资机构或者国家授权的部门单独投资设立的有限责任公司。

其他有限责任公司：指国有独资公司以外的其他有限责任公司。

（6）**股份有限公司**：指根据《中华人民共和国公司登记管理条例》规定登记注册，其全部注册资本由等额股份构成并通过发行股票筹集资本，股东以其认购的股份对公司承担有限责任，公司以其全部资产对其债务承担责任的经济组织。

（7）**私营企业**：指由自然人投资设立或由自然人控股，以雇佣劳动为基础的营利性经济组织。包括按照《公司法》、《合伙企业法》、《私营企业暂行条例》以及《个人独资企业法》规定登记注册的私营独资企业、私营有限责任公司、私营股份有限公司、私营合伙企业和个人独资企业。

私营独资企业：指按《私营企业暂行条例》的规定，由一名自然人投资经营，以雇佣劳动为基础，投资者对企业债务承担无限责任的企业。

私营合伙企业：指按《合伙企业法》或《私营企业暂行条例》的规定，由两个以上自然人按照协议共同投资、共同经营、共负盈亏，以雇佣劳动为基础，对债务承担无限责任的企业。

私营有限责任公司：指按《公司法》、《私营企业暂行条例》的规定，由两个以上自然人投资或由单个自然人控股的有限责任公司。

私营股份有限公司：指按《公司法》的规定，由五个以上自然人投资，或由单个自然人控股的股份有限公司。

个人独资企业：指按《个人独资企业法》、《个人独资企业登记管理办法》的规定，由一个自然人投资，财产为投资人个人所有，投资人以其个人财产对企业债务承担无限责任的经营实体。个人独资企业填表时归入私营独资企业。

（8）其他内资企业：指上述第（1）条至第（7）条之外的其他内资经济组织。

（9）与港澳台商合资经营企业：指港澳台地区投资者与内地的企业依照《中华人民共和国中外合资经营企业法》及有关法律的规定，按合同规定的比例投资设立，分享利润和分担风险的企业。

（10）与港澳台商合作经营企业：指港澳台地区投资者与内地企业依照《中华人民共和国中外合作经营企业法》及有关法律的规定，依照合作合同的约定进行投资或提供条件设立，分配利润、分担风险和亏损的企业。

（11）港澳台商独资经营企业：指依照《中华人民共和国外资企业法》及有关法律的规定，在内地由港澳台地区投资者全额投资设立的企业。

（12）港澳台商投资股份有限公司：指根据国家有关规定，经商务部（原外经贸部）批准设立，并且其中港、澳、台商的股本占公司注册资本的比例达 25%以上的股份有限公司。凡其中港、澳、台商的股本占公司注册资本的比例小于 25%的，属于内资中的股份有限公司。

（13）其他港、澳、台商投资企业：指在中国境内参照《外国企业或个人在中国境内设立合伙企业管理办法》和《外商投资合伙企业登记管理规定》，依法设立的港、澳、台商投资合伙企业。

（14）中外合资经营企业：指外国企业或外国人与中国内地企业依照《中华人民共和国中外合资经营企业法》及有关法律的规定，按合同规定的比例投资设立，分享利润和分担风险的企业。

（15）中外合作经营企业：指外国企业或外国人与中国内地企业依照《中华人民共和国中外合作经营企业法》及有关法律的规定，依照合作合同的约定进行投资或提供条件设立，分配利润、分担风险和亏损的企业。

（16）外资企业：指依照《中华人民共和国外资企业法》及有关法律的规定，在中国内地由外国投资者全额投资设立的企业。

（17）外商投资股份有限公司：指根据国家有关规定，经商务部（原外经贸部）批准设立，并且其中外资的股本占公司注册资本的比例达 25%以上的股份有限公司。凡其中外资股本占公司注册资本的比例小于 25%的，属于内资中的股份有限公司。

（18）其他外商投资企业：指在中国境内依照《外国企业或个人在中国境内设立合伙企业管理办法》和《外商投资合伙企业登记管理规定》，依法设立的外商投资合伙企业。

2. 企业控股情况：根据企业实收资本中某种经济成分的出资人的实际投资情况，或出资人对企业资产的实际控制、支配程度进行分类。具体分为国有控股、集体控股、私人控股、港澳台商控股、外商控股和其他六类。

（1）国有控股：包括：

①在企业的全部实收资本中，国有经济成分的出资人拥有的实收资本（股本）所占企业全部实收资本（股本）的比例大于 50%的国有绝对控股。

②在企业的全部实收资本中，国有经济成分的出资人拥有的实收资本（股本）所占比例虽未大于 50%，但相对大于其他任何一方经济成分的出资人所占比例的国有相对控股；或者虽不大于其他经济成分，但根据协议规定拥有企业实际控制权的国有协议控股。

③投资双方各占 50%，且未明确由谁绝对控股的企业，若其中一方为国有经济成分的，一律按国有控股处理。

（2）集体控股：包括：

①在企业的全部实收资本中，集体经济成分的出资人拥有的实收资本（股本）所占企业全部实收资本（股本）的比例大于 50%的集体绝对控股。

②在企业的全部实收资本中，集体经济成分的出资人拥有的实收资本（股本）所占比例虽未大于 50%，但相对大于其他任何一方经济成分的出资人所占比例的集体相对控股；或者虽不大于其他经济成分，但根据协议规定拥有企业实际控制权的集体协议控股。

（3）私人控股：包括：

①在企业的全部实收资本中，私人经济成分的出资人拥有的实收资本（股本）所占企业全部实收资本（股本）的比例大于 50%的私人绝对控股。

②在企业的全部实收资本中，私人经济成分的出资人拥有的实收资本（股本）所占比例虽未大于 50%，但相对大于其他任何一方经济成分的出资人所占比例的私人相对控股；或者虽不大于其他经济成分，但根据协议规定拥有企业实际控制权的私人协议控股。

（4）港澳台商控股：包括：

①在企业的全部实收资本中，港澳台商经济成分的出资人拥有的实收资本（股本）所占企业全部实收资本（股本）的比例大于 50%的港澳台商绝对控股。

②在企业的全部实收资本中，港澳台商经济成分的出资人拥有的实收资本（股本）所占比例虽未大于 50%，但相对大于其他任何一方经济成分的出资人所占比例的港澳台商相对控股；或者虽不大于其他经济成分，但根据协议规定拥有企业实际控制权的港澳台商协议控股。

（5）外商控股：包括：

①在企业的全部实收资本中，外商经济成分的出资人拥有的实收资本（股本）所占企业全部实收资本（股本）的比例大于 50%的外商绝对控股。

②在企业的全部实收资本中，外商经济成分的出资人拥有的实收资本（股本）所占比例虽未大于 50%，但相对大于其他任何一方经济成分的出资人所占比例的外商相对控股；或者虽不大于其他经济成分，但根据协议规定拥有企业实际控制权的外商协议控股。

（6）其他：除上述五类以外的企业控股情况。

3.隶属关系：指本单位隶属于哪一级行政管理单位，按照国家标准《单位隶属关系代码》（GB/T12404-1997）分为：中央、省、地、县、街道、镇、乡、居民委员会、村民委员会和其他。

中央与地方双重领导的单位，以领导为主的一方来划分中央属或地方属。

各级政府（中央，省，地，县，街道、镇、乡）、党委、人大、政协等机关的隶属关系填写本级。如：省政府的隶属关系填“省”。

居委会、村委会的隶属关系分别填“居委会”和“村委会”。

隶属于“中央”的单位兴办的集体企业，隶属关系填“其他”；省属以下的企业（单位）办的企业（单位），其隶属关系与企业（单位）本身的隶属关系一致。

无主管部门的单位、本省（自治区、直辖市）在外省（自治区、直辖市）的办事机构所开办的第三产业等单位填“其他”。